पौराणिक आख्यानों का विकासात्मक अध्ययन

पौराणिक आख्यानों का विकासात्मक अध्ययन

डॉ. उमापति राय चन्देल

वाणी प्रकाशन

वाणी प्रकाशन
4695, 21-ए, दरियागंज, नयी दिल्ली 110 002
शाखा
अशोक राजपथ, पटना 800 004
फ़ोन : +91 11 23273167 फ़ैक्स : +91 11 23275710
www.vaniprakashan.in
vaniprakashan@gmail.com
sales@vaniprakashan.in

PAURANIK AKHYANON KA VIKASATMAK ADHYAYAN
by Dr. Umapati Rai Chandel

ISBN : 978-93-86799-50-0
Criticism

प्रथम संस्करण 1970
द्वितीय संस्करण 2017

मूल्य : ₹ 595

सिटी प्रेस, दिल्ली-110 095 में मुद्रित

वाणी प्रकाशन का लोगो मक़बूल फ़िदा हुसेन की कूची से

पुण्यशीला

'माई'

बिहँसी देवी

की पावन स्मृति में

प्राक्कथन

कन्हैयालाल मुंशी हिन्दी तथा भाषा-विज्ञान विद्यापीठ, आगरा के तत्त्वावधान में, आगरा विश्वविद्यालय की पीएच. डी. उपाधि के लिए **'मध्ययुगीन हिन्दी सूफ़ी प्रेमाख्यानक काव्य में पौराणिक आख्यान'** विषय पर कार्य करते समय मुझे लगा कि सूफ़ियों द्वारा अपने काव्यों में जिन भारतीय पौराणिक आख्यानों एवं उपाख्यानों का प्रतीकात्मक, दार्ष्टान्तिक, आलंकारिक, उल्लेखात्मक, दार्शनिक और कथानक-रूढ़िगत रूप में प्रयोग किया गया है, उनका मूल स्रोत और विकास-क्रम जानने का प्रयत्न किया जाना चाहिए।

जब मैंने इस दिशा में कार्य आरम्भ किया, तब पहली कठिनाई सामने आयी किसी ऐसे सन्दर्भ ग्रन्थ की प्राप्ति में, जिससे यह पता चल सके कि कोई आख्यान सर्वप्रथम किस ग्रन्थ में उल्लिखित है और बाद में किन-किन ग्रन्थों में, कहाँ-कहाँ आया है। हिन्दी में सन्दर्भ ग्रन्थों का नितान्त अभाव है। पुराण-कथाओं के सन्दर्भ कोश तो न के बराबर हैं—कम से कम जून 1965 ई. तक तो, जब मैंने अपना शोध-प्रबन्ध प्रस्तुत किया, यही दशा थी। अंग्रेजी में डॉ. रामचन्द्र दीक्षितार द्वारा सम्पादित **'पुराण इन्डेक्स'** (३ जिल्दों में) और श्री मैकडॉने के **वैदिक इन्डेक्स'** से ही कथाओं के स्रोत-सन्धान में थोड़ी सहायता मिल सकी। **'वैदिक इन्डेक्स'** मेरे लिए अधिक उपयोगी नहीं रहा, क्योंकि सूफ़ियों द्वारा प्रयुक्त पौराणिक आख्यानों में वैदिक स्रोत के आख्यानों की संख्या इनी-गिनी ही है। **'पुराण इन्डेक्स'** से भी अधिक सहायता न मिल पायी, क्योंकि उसमें **'ब्रह्म पुराण'**, **'विष्णु पुराण'**, **'भागवत पुराण'** और **'मत्स्य पुराण'** आदि चार-पाँच पुराणों की ही अनुक्रमणिका दी गयी है—सो भी पात्र-क्रम से, कथा-क्रम से नहीं। ऐसी स्थिति में, सभी पुराणों और उपपुराणों तथा रामायण-महाभारत आदि ग्रन्थों में अपने काम की कथाओं को मुझे खोजना पड़ा। अच्छे सन्दर्भ ग्रन्थ उपलब्ध होते, तो मेरा बहुत-सा श्रम बच जाता।

पुराणों की रचना का उद्देश्य सामान्य जन को रोचक एवं रूपकात्मक

शैली में अध्यात्म धर्मशास्त्र, नीति-शास्त्र, सृष्टि विज्ञान, इतिहास एवं खगोल आदि का ज्ञान कराना है। इसलिए उनमें संकलित आख्यानों का अनेक दृष्टियों से अध्ययन किया जाना आवश्यक है। उनको कपोल-कल्पित, अप्रामाणिक, मिथ्या और निरी गप्प मान बैठना अपने अज्ञान का ही परिचय देना है। पुराण-कथाओं के बाह्य आवरण को भेदकर उनके मूल तत्त्व तक पहुँचना निश्चय ही कोई आसान काम नहीं है। उसके लिए अनुसन्धाता का बहुज्ञ होना आवश्यक है। पं. माधवाचार्य के **'पुराण दिग्दर्शन'** तथा श्री कालूराम शास्त्री के **'पुराण-वर्म'** में इस दिशा में कुछ प्रयत्न हुआ है, परन्तु अभी बहुत-कुछ किया जाना शेष है।

हिन्दी का मध्यकालीन साहित्य तो अधिकांशतः पुराणों का उपजीव्य है ही, परन्तु आधुनिक साहित्य भी पौराणिक आख्यानों तथा पात्रों को नयी अर्थवत्ता और भंगिमा प्रदान कर उनका प्रतीकात्मक या अन्य प्रकार से उपयोग कर रहा है। आधुनिक युग में बौद्धिक चेतना की प्रबलता के कारण पौराणिक आख्यानों के विवेकीकरण का प्रयास दिखायी देता है। अलौकिकता, अतिमानवीयता के स्थान पर पौराणिक चरित्रों को लौकिकता, मानवीयता प्रदान करने की चेष्टा हुई है। अब, आख्यानों का प्रयोग केवल आख्यान-कथन के लिए नहीं, वरन् सोद्देश्य हो रहा है। चाहे मध्ययुगीन साहित्य की सन्दर्भगर्भिता को उद्घाटित करने का प्रश्न हो, या आधुनिक साहित्य की प्रतीकात्मक एवं व्यंग्यात्मक अभिव्यंजना को समझने का, पौराणिक आख्यानों में परिचित होना किसी भी साहित्य-अध्येता के लिए आवश्यक है। किसी आख्यान को उसके समस्त विकास-क्रम के साथ जानना उसको सामान्य रूप से जानने की अपेक्षा निश्चय ही अधिक उपादेय है। प्रस्तुत प्रबन्ध में आख्यानों को उनके क्रमिक विकास के साथ प्रस्तुत करने का एक विनम्र प्रयास किया गया है।

यों तो किसी एक ग्रन्थ-विशेष में आगत पौराणिक अन्तर्कथाओं का विकासात्मक अध्ययन करने का प्रयत्न डॉ. वागीशदत्त पाण्डेय अपने शोध-प्रबन्ध **'रामचरितमानस की अन्तर्कथाओं का आलोचनात्मक अध्ययन'** में कर चुके हैं, परन्तु लगभग चार सौ वर्षों (14वीं से 18वीं शती ईसवी) की कालावधि में परिव्याप्त एक विशिष्ट काव्यधारा (सूफ़ी प्रेमाख्यान काव्य) के कवियों द्वारा प्रयुक्त पौराणिक आख्यानों के विकासक्रम का अनुसन्धान करने का कार्य मेरे इस ग्रन्थ के द्वारा पहली बार ही हो रहा है। सूफ़ी कवियों ने कुछ ऐसे पौराणिक आख्यानों का सन्दर्भ के रूप में तथा अन्य प्रकार से उपयोग अवश्य किया है जिनका प्रयोग गोस्वामी तुलसीदास भी अपने

'रामचरितमानस' में कर चुके हैं, परन्तु ऐसे आख्यानों की संख्या दस-ग्यारह से अधिक नहीं है। इन कुछ आख्यानों के विकास-क्रम को जानने में मुझे डॉ. पाण्डेय के शोध-प्रबन्ध से, जिसे मैंने उसके अप्रकाशित रूप में ही देखा था, बहुत सहायता मिली। मैं इसके लिए उनके प्रति आभारी हूँ।

मैंने मुल्ला दाऊद के **चन्दायन'** से लेकर शेख निसार के **'यूसुफ-जुलेखा'** तक के सूफ़ी प्रेमाख्यान काव्यों को पौराणिक आख्यानों के प्रयोग की दृष्टि से अपने अध्ययन का विषय बनाया था। यों तो उनमें आगत छोटे-बड़े आख्यानों की संख्या 85 तक है, किन्तु मैंने प्रस्तुत प्रबन्ध में केवल 55 प्रमुख आख्यानों को लिया है।

प्रस्तुत प्रबन्ध में यत्र-तत्र आख्यानों के रूपकात्मक और प्रतीकात्मक अर्थ को समझाने का प्रयत्न भी हुआ है, परन्तु मैंने इस दृष्टि से पुराण-कथाओं का अध्ययन एक अन्य ग्रन्थ में किया है जो शीघ्र ही प्रकाशित होगा।

पौराणिक आख्यानों के विशाल भण्डार को देखते हुए, कुछ आख्यानों के विकासात्मक अध्ययन का मेरा यह कार्य एक लघु प्रयास ही है। सभी पौराणिक आख्यानों के विकास-क्रम को निरूपित करना अपने-आपमें एक बृहत् कार्य है। हिन्दी काव्यों में आधार-कथा तथा अन्तर्कथा आदि के रूप में आगत पौराणिक आख्यानों का विकास-इतिहास जानना भी कुछ कम छोटा काम नहीं है। अनुसन्धाताओं का ध्यान इधर जाना चाहिए। मैं अपनी सीमित शक्ति से चेष्टारत हूँ इस कार्य को सम्पन्न करने में।

वस्तुतः यह ग्रन्थ मेरे शोध-प्रबन्ध **'मध्ययुगीन सूफ़ी प्रेमाख्यानक काव्य में पौराणिक आख्यान'** का उत्तरार्द्ध है। सिवाय इस बात के, कि इसमें जिन आख्यानों का अध्ययन किया गया है, वे किसी न किसी रूप में सूफ़ी प्रेमाख्यानों में आ चुके हैं, इसका अपने वर्तमान रूप में, मूल शोध-प्रबन्ध से कोई प्रत्यक्ष सम्बन्ध नहीं रह गया है। अध्यायों की पुनर्व्यवस्था करके और यथावश्यक संशोधन-सम्पादन करके मैंने इसको स्वतंत्र रूप दे दिया है।

इस ग्रन्थ में वर्णित आख्यानों में बहुत-से आख्यान तो ऐसे हैं जिनका स्रोत केवल पुराण है, किन्तु कुछ ऐसे भी हैं जिनका मूल स्रोत वैदिक साहित्य, 'वाल्मीकि रामायण' तथा 'महाभारत' में मिलता है। लेकिन आख्यानों का वर्गीकरण इस दृष्टि से न करके उन्हें इस ग्रन्थ में अकारादि क्रम से दिया गया है, ताकि इच्छित आख्यान को ढूँढ़ने में पाठक को सुविधा हो सके।

अपने गुरुवर डॉ. सत्येन्द्र के प्रति मैं श्रद्धावनत हूँ जिन्होंने इस विषय पर कार्य करने के लिए मुझे प्रेरित किया और मेरा मार्ग-दर्शन किया। उनका आदर्श, निष्कलंक जीवन मेरे लिए सदैव प्रेरणा का स्रोत रहा है। अपनी

जीवन-संगिनी उषा चन्देल के प्रति, जो गृहस्थी की झंझटों से मुझे मुक्त रखकर अध्ययन के लिए अवकाश और सुविधा देती रही है, मैं किन शब्दों में अपने हृदय की भावना को व्यक्त करूँ? सामग्री-संकलन में आयुष्मान् अवधेशकुमार सिंह चन्देल ने जो सहयोग दिया, उसके लिए मैं उसे अपना स्नेह ही दे सकता हूँ।

हिन्दी साहित्य के अध्येताओं को मेरी यह पुस्तक यदि कुछ भी लाभान्वित कर सकी, तो मैं अपने परिश्रम को सार्थक समझूँगा।

गंगा दशहरा,
सं. 2032 वि.

–उमापति राय चन्देल
हिन्दी विभाग,
पत्राचार पाठ्यक्रम एवं
अनुवर्ती शिक्षा विद्यालय,
दिल्ली विश्वविद्यालय,
दिल्ली-7

अनुक्रम

9. कृष्णावतार की कथा
10. कृष्ण लीला सन्दर्भ
11. कृष्ण द्वारा कालिय नाग का दमन
12. कृष्ण का गोपियों के साथ महारास
13. कृष्ण का अक्रूर के साथ मथुरा-गमन
14. कृष्ण द्वारा कुब्जा का कूबड़ ठीक कर देना
15. कृष्ण द्वारा कंस का वध
16. कृष्ण द्वारा उद्धव को ब्रज भेजना
17. कृष्ण का राधा और गोपियों से पुनर्मिलन
18. कृष्ण द्वारा सांदीपनि के पुत्र को यमपुर से वापस लाना—गुरु-दक्षिणा चुकाना
19. कृष्ण द्वारा सुदामा का दारिद्र्य दूर किया जाना
20. कृष्ण से व्याध का प्रतिशोध लेना
21. गरुड़ द्वारा स्वर्ग से अमृत-आनयन
22. चन्द्रमा और सूर्य से राहु की शत्रुता
23. चन्द्रमा का कलंकी होना
24. चन्द्रमा का क्षयी होना
25. जनमेजय का नाग-यज्ञ
26. द्रौपदी का भण्डार अखूट होना
27. नल-दमयन्ती-प्रेमाख्यान
28. नागों का पाताल लोक में वास
29. नारद-मोह की कथा
30. नृसिंहावतार की कथा
31. परशुराम द्वारा सहस्रबाहु तथा अन्य क्षत्रियों का सर्वान्त करना
32. पाण्डवों की कौरवों पर विजय-सिद्धयोगी की सहायता से
33. पाण्डवों द्वारा कर्म-फल-भोग
34. भगीरथ द्वारा गंगा का पृथ्वी आनयन
35. राम-कथा
    (क) वैदिक साहित्य में राम-कथा का बीज
    (ख) वाल्मीकि रामायण में राम-कथा
    (ग) 'महाभारत' में राम-कथा : 'रामायण' से भिन्नता
    (घ) बौद्ध और जैन-साहित्य में राम-कथा
    (ङ) पुराणों में राम-कथा
    (च) कतिपय अन्य काव्यों में राम-कथा

पुराण साहित्य : एक परिचय

पौराणिक आख्यान उन्हीं आख्यानों को कहेंगे जो पुराणों से लिए गये हैं। इन आख्यानों के स्वरूप को समझने के लिए पुराणों का सामान्य परिचय अपेक्षित है।

अठारह पुराण

पुराणों या महापुराणों की संख्या अठारह मानी जाती है।[1] ये कृष्ण द्वैपायन या व्यास-रचित अथवा सम्पादित माने जाते हैं। वस्तुतः व्यास रचित पुराणों की संख्या बीस है।[2] विविध पुराणों में अठारह पुराणों का उल्लेख जिस क्रम से किया गया है, उसमें अन्तर पाया जाता है, किन्तु अधिकांश पुराण[3] जिस क्रम से सहमत हैं, वह यह है :

1. ब्रह्म 2. पद्म 3. विष्णु 4. शिव या वायु
5. भागवत 6. नारदीय[4] 7. मार्कण्डेय 8. अग्नि
9. भविष्यत् 10. ब्रह्मवैवर्त्त 11. लिंग 12. वाराह
13. स्कन्द 14. वामन 15. कूर्म्म 16. मत्स्य,
17. गरुड़ 18. ब्रह्माण्ड

विष्णु, पद्म, भागवत, मार्कण्डेय, ब्रह्मवैवर्त्त आदि पुराणों में ब्रह्म पुराण को प्रथम और ब्रह्माण्ड पुराण को अंतिम पुराण गाना गगा है।

'पद्म पुराण'[5] में अठारह पुराणों का वर्गीकरण सत, रज और तम गुणों के आधार पर किया गया है और उनको किसी न किसी देवता से सम्बद्ध कर दिया गया है। सात्विक पुराणों में विष्णु, नारदीय भागवत, गरुड़, पद्म और वाराह पुराणों की गणना की गयी है और उनको पुराण कहा गया है। ब्रह्म, ब्रह्मवैवर्त्त, मार्कण्डेय, भविष्यत्, वामन और ब्रह्माण्ड पुराणों को रजोगुणी तथा ब्रह्मा से सम्बन्धित माना गया है। मत्स्य, कूर्म्म, लिंग, शिव, वायु, स्कन्द और अग्नि पुराणों को तमोगुणी तथा शिव से सम्बन्धित बताया गया है। किन्तु, ये पुराण जिस रूप में आज उपलब्ध हैं उसमें उनका यह साम्प्रदायिक रूप सुरक्षित नहीं रह सका है। मत्स्य को तमोगुणी पुराणों की श्रेणी में रखा गया है, पर उसमें विष्णु और शिव दोनों का प्रभाव वर्णित है। ब्रह्मवैवर्त्त में ब्रह्मा के बजाय कृष्ण का अधिक वर्णन है। ब्रह्म पुराण में

विष्णु और शिव की पूजा के साथ-साथ सूर्य-पूजा का भी प्रतिपादन किया गया है। मार्कण्डेय और भविष्यत् पुराण का दृष्टिकोण साम्प्रदायिक बिल्कुल नहीं है।[6]

अठारह उपपुराण

इन अठारह पुराणों या महापुराणों के अतिरिक्त अठारह ही उपपुराण माने जाते हैं। ऐसी धरणा है कि उनकी रचना महापुराणों के बाद में हुई होगी। विषय-वस्तु की दृष्टि से उपपुराणों का अधिक महत्त्व नहीं है। उनमें देवताओं, तीर्थों एवं व्रतों के माहात्म्य का ही अधिक वर्णन है तथा अतिरंजना की प्रवृत्ति है। उनमें जो आख्यान या उपाख्यान हैं, वे भी एक या दूसरे प्राचीन पुराण से सम्बन्धित हैं। उनके नामों के विषय में भी मतैक्य नहीं है। अलग-अलग पुराणों में उनकी अलग-अलग सूची दी गयी है। फिर भी, प्रमुख उपपुराण ये हैं–

विष्णुधर्मोत्तर, कल्कि, नारदीय, कापिल, कालिका, सनत्कुमार, नृसिंह, औशनस्, वारुण, माहेश्वर, साम्ब, सौर, पाराशर, मारीच, भार्गव, दुर्वासस्, शिवधर्म, आदित्य, मानव, कौमार आदि[7]।

पुराणों की वर्ण्य वस्तु : 'पंच लक्षण'

शास्त्रीय दृष्टि से पुराणों में पाँच विषयों का जिन्हें 'पंचलक्षण' कहा गया है, वर्णन होना चाहिए।[8] ये पाँच लक्षण या विषय हैं–

1. 'सर्ग या सृष्टि-उत्पत्ति का वर्णन।
2. 'प्रतिसर्ग' या प्रलय के पश्चात् सृष्टि की पुनर्रचना का वर्णन।
3. 'वंश' या देवताओं आदि की वंश-परम्परा (जीनिओलॉजी) का अन्वेषण।
4. 'मन्वन्तर या आदि मनु से प्रारम्भ होने वाले चौदह मनुओं के समय का वर्णन।
5. 'वंशानुचरित' या सूर्य और चन्द्रवंशों में उत्पन्न राजपुरुषों का इतिहास।

विष्णु पुराण में इन पंचलक्षणों का सबसे अच्छा निरूपण हुआ है। नारद तथा वामन आदि कुछ पुराणों में इन लक्षणों का निर्वाह अच्छा नहीं हो सका है। बहुत कम पुराण ऐसे हैं जिनमें उक्त पंचलक्षणों का सम्यक् निर्वाह हुआ है। अधिकांश पुराणों में जाति और आश्रम के धर्म-कर्म तथा व्रत-तीर्थ आदि के माहात्म्य का वर्णन मिलता है। पुराणों का प्रिय विषय इतिहास और आख्यान भी है। पुराणों में ऐसे आख्यानों का पल्लवित और रूपान्तरित स्वरूप मिलता है जो वैदिक साहित्य में केवल बीज रूप में मिलते हैं। बहुत-सी लोक-कथाओं को पौराणिक और ऐतिहासिक रंग देकर इनमें समाविष्ट कर लिया गया है। पुराणों में राजवंशों का इतिहास जिस रूप में दिया गया है, उसमें आलंकारिकता अधिक है। तथ्य और कपोल-कल्पना का

जाल इस प्रकार बुना गया है कि कल्पना के कुहासे को हटा कर तथ्य-दर्शन कर लेना दुष्कर कार्य हो गया है। फिर भी, कुछ विद्वानों ने पुराणों में वर्णित ऐतिहासिक तथ्यों की छानबीन की है और उनमें से बहुत काम की सामग्री प्राप्त की है। डॉ. काशीप्रसाद जायसवाल तथा वी.ए. स्मिथ महोदय ने इस दिशा में अच्छा कार्य किया है। स्मिथ महोदय ने विष्णु पुराण को मौर्य वंश (326-185 ई. पू.), मत्स्य पुराण को आन्ध्र वंश (225 ई. तक) और वायु पुराण को चन्द्रगुप्त प्रथम (लगभग 320-330 ई.) के शासन-काल के प्रामाणिक वृत्तान्त का स्रोत बताया है।[9] पुराणों में सांख्य और योग दर्शन की भी बहुत-सी बातें बिखरी पड़ी हैं।

पुराणों की अविश्वसनीयता

पुराण-वार्त्ता के सामान्य पाठक को उसकी आलंकारिक शैली में कही हुई बातें कभी-कभी बड़ी विचित्र और अविश्वसनीय लगती हैं। फलतः बहुत-से लोग, जिनमें देशी-विदेशी दोनों हैं, पुराण-वार्त्ता को बेसिर-पैर की गप्प कह कर उसकी उपेक्षा कर देते हैं। पुराणों की रचना का मुख्य प्रयोजन सामान्य जन को धर्मशास्त्र, सृष्टि-विज्ञान, इतिहास एवं खगोल-शास्त्र आदि का ज्ञान कराना जान पड़ता है। पुराणों में तथ्यों को कल्पना के मिश्रण से मनोरंजक बनाया गया है और आख्यान के आवरण में उन्हें सामान्य जन के लिए ग्राह्य बनाने की चेष्टा की गयी है। प्राचीन काल में पुराणों को सुनने-सुनाने का माहात्म्य कदाचित् इसीलिए अधिक माना जाता था, क्योंकि ये ज्ञान-विज्ञान के प्रसारण के उपयुक्त साधन थे। किसी अधिकारी विद्वान् की सहायता से पुराणों का अध्ययन करना इसलिए आवश्यक है, ताकि उनके निहितार्थ को भली प्रकार समझा जा सके। पुराणों की कथा-शैली को न समझ कर उनके प्रति अश्रद्धा प्रकट करने की प्रवृत्ति आजकल विशेष है। प्राचीन संस्कृत-वाङ्मय में इतिहास और पुराण दो अलग विद्याओं के नाम थे, जिनका अध्ययन और अनुशीलन नित्य-प्रति करना आवश्यक माना जाता था।[10] पुराणों को अविश्वसनीय कहते समय लोग यह भूल जाते हैं कि पुराणों के वंश और वंशानुचरितों में मानव-सभ्यता के जिस इतिहास का वर्णन है, वह ऐतिहासिक होते हुए भी पौराणिक है, और इसीलिए उसमें तथ्यान्वेषण करते समय तनिक सावधानी की आवश्यकता है। पुराण सृष्टि-विद्या का नाम है और उसमें मानव-इतिहास के साथ-साथ ग्रह-नक्षत्रों का वर्णन तथा विविध प्राकृतिक व्यापारों का आलंकारिक शैली में निरूपण भी पाया जाता है। पुराण-कथाओं में अचेतन ग्रह-नक्षत्रों तथा चेतन मानव की भावनाओं का मानवीकरण करने के साथ-साथ सत्कर्मों में प्रवृत्ति और दुष्कर्मों से विरक्ति उत्पन्न करने के लिए भी रोचक और अद्भुत कहानियों का संकलन किया गया है।[11] यदि पुराणों के उपमित कथा-रूप को समझा जा सके, तो उनकी बहुत-सी कथाओं और

वृत्तों के पीछे सृष्टि विज्ञान, मानव-स्वभाव, आचार-शास्त्र और मानव-इतिहास के उपयोगी तथ्यों का संयोजन मिलेगा। किन्तु, आज उचित शिक्षण के अभाव में यह सर्व-सम्भव नहीं रह गया है, इसीलिए पुराणों की उपेक्षा हो रही है और उनके प्रति अश्रद्धा का प्रदर्शन मिलता है।

अहल्या और इन्द्र के जार, चन्द्रमा द्वारा गुरु-पत्नी तारा के अपहरण और अपनी पुत्री सरस्वती से ब्रह्मा के बलात्कार की कथाएँ सामाजिक जीवन की कुत्सा की अभिव्यंजनाएँ मात्र नहीं हैं, अपितु उनके द्वारा सामाजिक, ज्योतिष्कीय और राजनीतिक तत्त्वों का आख्यान भी हुआ है। दक्षिणगामी अगस्त्य की प्रतीक्षा करता हुआ विन्ध्याचल एक अविश्वसनीय कल्पना नहीं, वरन् भूगर्भ-शास्त्र के एक तथ्य का कथात्मक निरूपण मात्र है। अगस्त्य का दक्षिण, अर्थात् पृथ्वी के और निचले स्तर सुतल में चले जाना पर्वतों के ऊँचे बढ़ने की समाप्ति का सूचक है।[12]

पुराणों की कथाओं तथा इतिहास के पौराणिक प्रस्तुतीकरण में पाठक को जो सबसे अधिक अविश्वसनीय वस्तु लगती है, वह है वर्षों की गणना। किसी की आयु, राजत्वकाल या तपस्या-काल को कई सहस्र और लक्ष वर्षों में विस्तृत कर देना अपने-आप में एक मखौल बन जाता है। जिस उर्वशी को ऋग्वेद[13] में पुरूरवा के साथ केवल चार वर्ष तक सहवास-सुख भोगते बतलाया जाता है, वही विष्णु पुराण में 61 सहस्र वर्षों तक सुखोपभोग करती पायी जाती है।[14] इसका क्या अर्थ? वस्तुतः पुराणों में आगत सहस्र शब्द संख्यावाचक न होकर पूर्णार्थक है। ग्रह-नक्षत्रों की आयु के विषय में आये सहस्र, लक्ष तथा कोटि शब्द का वही अर्थ है जो साधारणतः ग्रहण किया जाता है, किन्तु यदि पुराण में किसी मनुष्य की आयु आदि के लिए इन शब्दों का प्रयोग हो तो वहाँ सहस्र का अर्थ पूरा, लक्ष का अर्थ उसके साथ आयी संख्या से कुछ मास या दिन कम, तथा कोटि का अर्थ जिस संख्या के साथ वह आये, उससे कुछ मास या दिन अधिक होगा।[15] इससे आयु की अतिरंजना की समस्या एक हद तक सुलझ जायेगी। उदाहरण के लिए, उर्वशी और पुरूरवा का साथ, विष्णु पुराण के अनुसार, पूरे 61 वर्ष मानना होगा। ऐसे ही, जब वाल्मीकि रामायण[16] में दशरथ की आयु साठ सहस्र वर्ष होने पर राम के जन्म की बात कही जाती है, तो उसका अर्थ पूरे साठ वर्ष की आयु लगाना होगा। फिर भी यह गुर सर्वत्र फलदायी होगा, ऐसा कहना ठीक नहीं है। पुराणों में बहुत-सी ऐसी बातें कही गयी हैं जिनकी तर्क-संगति बैठानी कठिन है और उन पर सिर खपाना व्यर्थ होगा।

पुराणों का रचना काल और उनका 'पुराणत्व'

पुराणों की रचना कब-कब हुई, इस पर विद्वानों में मतैक्य नहीं हो पाया है। कुछ अन्तःसाक्ष्यों के आधार पर कतिपय पुराणों का रचना-काल निर्धारित करने की चेष्टा

हुई है, परन्तु वे निष्कर्ष सर्वमान्य नहीं हैं। पुराणों का रचना-काल निर्धारण करते समय दो अतियों का सामना करना पड़ता है—एक ओर तो भारत की धर्मप्राण जनता का परम्परागत विश्वास है जो वेदों के साथ-साथ पुराणों का नाम लेता है और उसे उनका किसी तिथि-परिधि में घेरा जाना सह्य नहीं है, दूसरी ओर, कुछ पाश्चात्य भारत-विद्याविद् हैं जो पुराणों को एक हज़ार वर्ष पहले से पूर्व की रचना मानने को तैयार नहीं हैं। एच. एच. विल्सन महोदय ऐसे ही विद्वानों में हैं।[17] प्रो. विल्सन विष्णु, भागवत और वाराह—इन तीन पुराणों को 12वीं शती का, ब्रह्मा को 14वीं शती का, पद्म को 15-16वीं शती का और नारदीय पुराण को 16-17वीं शती ईसवी का रचित मानते हैं।[18]

पाश्चात्य विद्वानों में पार्जिटर और विंटरनित्ज़ महोदय ने पुराणों के काल-निर्धारण की दिशा में महत्त्वपूर्ण प्रयास किया है, भारतीय विद्वानों में लोकमान्य बाल गंगाधर तिलक, डॉ. रामचन्द्र दीक्षितार, डॉ. काशीप्रसाद जायसवाल, डॉ. हज़ारा तथा डॉ. वासुदेवशरण अग्रवाल आदि के प्रयास भी महत्त्वपूर्ण हैं।

पुराणों के रचयिता कृष्ण द्वैपायन या व्यास कहे जाते हैं और उनको तथा वेदों की ऋचाओं का संकलन-सम्पादन करने वाले वेदव्यास को एक ही मान लिया जाता है। यही कृष्ण द्वैपायन व्यास महाभारत के भी रचयिता माने जाते हैं। किसी भी एक 'व्यास' के लिए सम्पूर्ण वैदिक संहिता, महाभारत और अष्टादश पुराण की रचना करना मानवीय शक्ति-सीमा को ध्यान में रखते हुए सम्भव नहीं लगता, फिर इन सभी ग्रन्थों का रचनाकाल एक नहीं है। ऐसी दशा में यह विचार अधिक तर्कसंगत लगता है कि वेदों का संकलन-सम्पादन करने वाले वेदव्यास कोई और होंगे और 'महाभारत तथा पुराणों के रचयिता कृष्ण द्वैपायन व्यास कोई और। पुराणों का आदि रूप भी कुछ और रहा होगा; नाम यही होगा, पर उनकी वस्तु सर्वांश में यही न रही होगी। यह भी संभव है कि प्रारम्भ में उनकी संख्या भी अठारह न रही हो। कुछ अंश तो बहुत प्राचीन परम्परा की विच्छिन्न कड़ी के रूप में सुरक्षित हैं और कुछ अंश बहुत बाद के जान पड़ते हैं। विंटरनित्ज महोदय के मतानुसार प्रारम्भिक पुराणों की रचना सातवीं शती के पूर्व ही हो गयी होगी।[19]

काल-निर्णय की समस्या 'महाभारत', 'रामायण', और अष्टादश पुराणों के सन्दर्भ में एक जैसी उलझी हुई है। जिस प्रकार कृष्ण द्वैपायन व्यास 'महाभारत' के रचयिता और महाभारत-युद्ध के द्रष्टा दोनों बताये जाते हैं, उसी प्रकार वाल्मीकि भी 'रामायण' महाकाव्य के रचयिता होने के साथ-साथ राम जीवन के साक्षी भी कहे जाते हैं। इसलिए इन काव्यों की रचना का समय कुरु-वंश और इक्ष्वाकु-वंश के काल-निर्णय के साथ नत्थी हो जाता है। पुराणों के काल-निर्णय में भी ऐसी ही अनेक कठिनाइयाँ हैं।

इस ऊहापोह में, जिसका ओर-छोर इतिहासज्ञों और भारत-विद्याविदों। (इंडोलॉजिस्ट्स) को काफी तर्क-वितर्क के पश्चात् भी नहीं मिल पाया है, न पड़ कर एक अन्य दृष्टिकोण से इस समस्या पर विचार करना अधिक समीचीन होगा।

पुराण का नाम वेदिक संहिता[20], ब्राह्मण[21], आरण्यक[22], उपनिषद्[23], धर्मसूत्र[24], रामायण[25], महाभारत[26], निरुक्त[27], अष्टाध्यायी[28], अर्थशास्त्र (चाणक्य)[29] और चरक संहिता[30] में आता है, इससे यह तो सिद्ध हो ही जाता है कि पुराण का अस्तित्व बहुत पुराकाल से है। परन्तु, आज पुराण जिस रूप में मिलते हैं, क्या उन्हीं का उल्लेख इन प्राचीन आर्य ग्रन्थों में 'पुराण' नाम से हुआ है? निश्चय ही नहीं। हमारा ध्यान इस बात पर जाना चाहिए कि संस्कृत का वैदिक साहित्य (वेद, ब्राह्मण, आरण्यक और उपनिषद्) कभी 'श्रुति' रहा था, अर्थात् लिखित रूप में आने से पूर्व कई शती तक यह सारा साहित्य गुरु-शिष्य परम्परा से प्राप्त ज्ञान रहा। इसी प्रकार महाभारत और रामायण की कथा कहने की श्रोता-वक्ता पद्धति इनके लोक-गाथात्मक स्वरूप की ओर संकेत करती है। 'रामायण' के विषय में तो प्रसिद्ध ही है कि उसको समग्र रूप में वाल्मीकि ने लव-कुश को कण्ठाग्र करा दिया था और वे उसे सस्वर गाते फिरते थे। गाथा-गायन की इस परम्परा ने ही आगे चल कर उन घुमक्कड़ गायकों को जन्म दिया जिनको बाद के साहित्य में 'कुशीलव' जाति का कह कर पुकारा जाता है। मध्यकालीन भाट-चारणों के ये पूर्वज ही वस्तुतः रामायण, महाभारत तथा पुराणों के आदिगायक रहे हैं। रामायण, महाभारत तथा पुराणों में जो बहुत-से आख्यान हैं, वे कभी लोक-वार्त्ता के रूप में रहे होंगे और हमारे चारण भाटों के पूर्वजों ने सदियों तक इन गाथाओं को गा-गा कर लोकरंजन किया होगा। 'पद्म पुराण'[31] के एक आख्यान में 'मकर' नामक दैत्य द्वारा ब्रह्मा के पास से वेदों को चुरा कर समुद्र में जा छिपने और उसमें बहुत सी अन्यान्य बातों का मिश्रण कर देने तथा विष्णु द्वारा मत्स्यावतार में वेदों का उद्धार कर व्यास के रूप में उनको परिमार्जित करने का उल्लेख आता है। यह कथा-रूपक लोक और शिष्ट साहित्य के परस्पर आगम-निगम का सूचक है। कृष्ण द्वैपायन व्यास से पूर्व किन्हीं व्यासों द्वारा 27 बार पुराण-साहित्य का संकलन-सम्पादन होना[32] भी इसी तथ्य को प्रमाणित करता है कि पुराण अनेक बार लोक से साहित्य में और साहित्य से लोक में आते-जाते रहे। यही स्थिति रामायण और महाभारत के आख्यानों की भी रही होगी, जब तक कि अंतिम रूप से उन्हें शिष्ट साहित्य का रूप न दे दिया गया होगा। वैदिक साहित्य से लेकर रामायण, महाभारत तथा पुराण आदि तक में कुछ कथाओं तथा कुछ श्लोकों का समान रूप में किंचित् परिवर्तन के साथ प्राप्त होना भी यही सूचित करता है कि चाहे वेद हो या रामायण-महाभारत या पुराण आदि—इन सबने जिस मूल स्रोत से उत्स ग्रहण किया, वह एक था, और निस्सन्देह, वह 'लोक' था।

मूलतः इनका स्रोत लोक-वार्त्ता है जो सही अर्थों में 'पुराण' या प्राचीन कही जा सकती है। उसी को वेद, रामायण, महाभारत तथा पुराणों ने अपने-अपने दृष्टिकोण के अनुसार ग्रहण कर लिया। हिन्दू, जैन और बौद्ध पुराणों में से भी कौन कम प्राचीन है और कौन अधिक, इस विवाद में न पड़ कर यह निर्विकल्प रूप से कहा जा सकता है कि इन सबका स्रोत एक था। समान स्रोत से प्राप्त सामग्री को सबने अपने विशिष्ट दृष्टिकोण से ग्रहण किया और विशिष्ट प्रयोजन की सिद्धि के लिए उनका उपयोग किया। डॉ. सत्येन्द्र का यह कथन विचारणीय है कि 'वेदों को लोक-भूमि ही आगे चल कर पौराणिक स्वरूप प्राप्त कर सकी। पुराणों के समय तक वैदिक कालीन लोक कितनी ही परिस्थितियों से जटिल होता चला गया था। फलतः लोक-वार्त्ता, लोक तत्त्व अथवा लोकाभिव्यक्ति की लोक-भूमि पर समस्त पुराण-साहित्य निर्मित हुआ।'[33] "आज तक की समस्त साहित्यिक अभिव्यक्ति का एकमात्र आन्तरिक आधार यह पुराण वार्त्ता है, जो वस्तुतः लोकवार्त्ता है।"[34]

इस प्रसंग में **डॉ. सुनीतिकुमार चाटुर्ज्या** के उस मत का उल्लेख करना आवश्यक है जिसमें वे वेद-पूर्व की इस लोक-वार्त्ता का, जिससे कई पौराणिक आख्यान निस्सृत हुए, सम्बन्ध द्राविड़ परम्परा से जोड़ते हैं। उनका कथन है कि "पौराणिक परम्पराओं का पूर्वार्य काल के अनार्य द्रविड़ (तथा दक्षिण-देशीय) राजाओं और वंशों से सम्बन्धित होना केवल सम्भव ही नहीं, नितान्त विश्वसनीय हो सकता है। इस परम्परा की कथाओं तथा उपाख्यानों का कालान्तर में आर्यीकरण हो गया। मतलब यह कि जिन जनों में से ये विकसित हुई थीं, उनके आर्यीकरण होने पर ये कथाएँ भी आर्य-भाषा प्राकृत एवं संस्कृत में अनूदित कर ली गयीं। इस प्रकार के सम्मिश्रण में एक भाषा द्वारा एकीकृत दोनों जातियों की दन्तकथाएँ भी अविच्छेद्य रूप से सम्मिलित हो गयीं।"[35] और "इस दृष्टि से सूर्यवंश और चन्द्रवंश की अधिकांश पौराणिक कथाएँ प्राग् आर्य सम्भूत किन्तु उत्तरकाल में आर्य बनी हुई दन्तकथाएँ मात्र मानी जा सकती हैं।"[36] डॉ. चाटुर्ज्या के इस कथन से यह भ्रम उत्पन्न हो सकता है कि भारतीय इतिहास आर्यों और अनार्यों के संघर्ष का इतिहास है और उसी का एक रूप पुराणों में प्राप्त होता है। वस्तुतः पुराणों के सम्बन्ध में आर्य-अनार्य-मिश्रण का प्रश्न उठाना उचित नहीं है। पुराणों में सुर और असुर का जो भेद किया गया है, वह जातिवाचक न होकर गुणवाचक है। एक ही पिता कश्यप की दो पत्नियों से उत्पन्न देव और दैत्य आध्यात्मिक और भौतिक शक्तियों के रूपक हों तो हों पर आर्य-अनार्य के रूपक कदापि नहीं हो सकते।

पुराणों का वर्तमान रूप

मूलतः पुराण-ग्रन्थ न इतने भारी-भरकम रहे होंगे, न विशृंखलित और न संकीर्ण

साम्प्रदायिक। हिन्दू कर्म-काण्डों, अनुष्ठानों और आचारों में जैसे-जैसे वृद्धि होती गयी और जैसे-जैसे उनको लेकर अलग सम्प्रदाय स्थापित होते गये, वैसे-वैसे इस बात की आवश्यकता अनुभव की जाने लगी कि प्रत्येक सम्प्रदाय अपने मतवाद के समर्थन के लिए सामान्य जनता के सम्मुख, जो प्रारम्भ से ही धर्मभीरु और आप्तवाक्य को प्रमाण मान कर चलने वाली रही है, पुराणों को साक्ष्य के रूप में उपस्थित करे और उनको धर्मशास्त्रों की तरह प्रामाणिक रूप दे सके। बस, इसी आवश्यकता ने पुराणों में प्रक्षेप प्रक्रिया को स्फुरण प्रदान किया। पुराणों के साथ एकाधिक बार छेड़छाड़ की गयी और ऐसे लोगों के द्वारा उनके मूल रूप में पर्याप्त संशोधन और परिवर्द्धन कर दिया गया जो शिव और विष्णु के आराधक होने के साथ-साथ वेदों, स्मृतियों या धर्मशास्त्रों, विशेषतः वर्णाश्रम धर्म में भी अत्यधिक अनुरक्त थे और जो अपने नये सम्प्रदाय के निमित्त अपनी प्राचीन आस्थाओं को एकबारगी छोड़ने के लिए प्रस्तुत न थे। इस प्रकार नये प्रकार के साम्प्रदायिकों की श्रेणी का उदय हुआ जिनको स्मार्त्त शैव या स्मार्त्त वैष्णव कहा जा सकता है। ऐसे ही लोगों ने वर्तमान हिन्दू धर्म को जन्म दिया। ऐसी श्रेणियों या सम्प्रदायों में वृद्धि होने के साथ-साथ पुराण वस्तु में भी काट-छाँट और अभिवृद्धि होने लगी।[37] अतः यह कहना बहुत कठिन है कि जिस रूप में पुराण आज हमें प्राप्त हैं, वे कब लिखे गये। वे अलग-अलग कालों में लिखे गये, बस इतना ही कहा जा सकता है। हाँ, कुछ-एक पुराणों के रचना-काल पर उनके अन्तःसाक्ष्य के आधार पर किंचित् प्रकाश पड़ता है। विष्णु पुराण, मार्कण्डेय पुराण, ब्रह्माण्ड पुराण, वायु पुराण, भागवत पुराण और मत्स्य पुराण कदाचित् अन्य पुराणों से प्राचीनतर हैं। विष्णु पुराण, वायु पुराण और ब्रह्माण्ड पुराण में अन्य राजवंशों के साथ-साथ गुप्तवंशी सम्राटों का भी उल्लेख मिलता है, इससे यह अनुमान किया जा सकता है कि उनकी पूर्णता की प्रक्रिया चौथी शताब्दी ईसवी तक समाप्त नहीं हुई थी। वायु पुराण का उल्लेख बाण-रचित 'हर्षचरित' में आता है, इसलिए कहा जा सकता है कि सातवीं शती ईसवी के पूर्व भी उसका अस्तित्व था। मार्कण्डेय पुराण के विषय में भी यही कहा जा सकता है, क्योंकि बाण ने जो 'चण्डीशतक' लिखा और भवभूति ने 'मालती-माधव', उनमें मार्कण्डेय पुराण के उस अंश की, जो देवी या चण्डीमाहात्म्य अथवा दुर्गासप्तशती के नाम से प्रसिद्ध है, प्रेरणा खोजी जा सकती है। मार्कण्डेय पुराण में गुप्त काल की समृद्ध स्वर्णयुगीन संस्कृति की छवि भी अंकित मिलती है।[38] परन्तु, बहुत-से पुराणों में 'पृथ्वीराज रासो' की तरह इतने अन्तर्विरोध मिलते हैं, जिनके कारण उनका काल-निर्धारण किसी के लिए भी टेढ़ी खीर हो गया है। जो ग्रन्थ पुराणों के नाम के अन्तर्गत आज मिलते हैं, वे अपने मूल रूप से पर्याप्त भिन्न हैं; उनके कुछ अंश जो प्रकीर्ण रूप में हैं, अवश्य मूल रूप में या उसके सन्निकट हैं, परन्तु उनका अधिकांश विभिन्न सूतों और पुरोहितों की उर्वर

कल्पना के द्वारा तोड़ा-मरोड़ा हुआ है। उनके इसी रूप के लिए विंटरनित्ज महोदय ने पुराणों को 'पुरानी बोतल में नयी शराब' की उपमा दी है।

क्या 'रामायण' और महाभारत पुराण हैं?

'रामायण' और 'महाभारत' की गणना पुराणों में नहीं होती, ये महाकाव्य हैं। फिर भी, पौराणिक आख्यानों का स्रोत-अनुसंधान करने की दृष्टि से इनका बड़ा महत्त्व है। 'महाभारत' तो अपने वर्तमान रूप में अधिकांशतः, और उसका परिशिष्ट या 'खिल' कहा जाने वाला 'हरिवंश' तो पूर्णतः पुराण के अतिरिक्त और कुछ है ही नहीं। 'रामायण' के प्रथम और सप्तम अध्याय तथा उसके कुछ अन्य अंश भी अपने पौराणिक स्वरूप का साक्ष्य देते हैं।[39]

पुराणों की रचना-शैली की विशेषताएँ

पुराणों का अध्ययन करने पर उनकी रचना-शैली की कुछ विशेषताएँ हमारे सामने स्पष्ट हो जाती हैं। वे ये हैं :

1. पुराणों की रचना वक्ता-श्रोता पद्धति पर हुई है—सूत-शौनक संवाद के रूप में अधिकांश पुराण लिख गये हैं। कथा की परम्परा बताने तथा शंका-समाधान के रूप में कथा कही गयी है।

2. पुराणों में अलौकिक, अतिमानवीय और अतिप्राकृत तत्त्वों और उनके अतिशयोक्तिपूर्ण कथन का आधिक्य है।

3. पुराणों की रचना में प्रबन्ध काव्य और धर्मगाथा (माइथालाजी) की शैलियों का समन्वय किया गया है।

4. बहुत-से आख्यान कई पुराणों में एक-जैसे मिलते हैं। प्रत्येक पुराण में कुछ ऐसे आख्यान हैं जो दूसरों में नहीं मिलते और कुछ आख्यान किंचित परिवर्तन के साथ कई पुराणों में ग्रहण कर लिए गये हैं।

5. जो पुराण जिस देव-सम्प्रदाय से विशेषतः सम्बन्धित हैं, उनमें उसी के इष्ट देव का माहात्म्य और गौरव वर्णित है।

6. दान, व्रत, उपवास आदि धार्मिक कृत्यों, तीर्थों तथा पुराण-श्रवण की महिमा का वर्णन अधिकांश पुराणों का मुख्य विषय बन गया है; यहाँ तक कि इनके आगे 'पंचलक्षणों' के निष्ठापूर्वक निर्वाह की भी अवहेलना कर दी गयी है।

7. पुराणों के आख्यानों का गठन किसी योजना और क्रम को लिए हुए नहीं है। इस दृष्टि से उनकी कथा-वस्तु शिथिल है और उनमें अवान्तर प्रसंगों का आधिक्य है।

प्रस्तुत ग्रन्थ में पुराणों का उपयोग

प्रस्तुत ग्रन्थ में पौराणिक आख्यानों का विकास-इतिहास देखने के लिए हमने पुराणों के लिए उसी क्रम को स्वीकार कर लिया है जो विष्णु पुराण में दिया है और जिसका उल्लेख ऊपर हो चुका है। वायु के बाद शिव का और भागवत के बाद देवी भागवत का क्रम हमने सुविधा की दृष्टि से स्थापित कर लिया है। इसके अतिरिक्त महाभारत के खिल भाग एवं पुराण लक्षण से सम्पन्न हरिवंश पुराण को हमने महाभारत के साथ, उसके पश्चात् ही लिया है। इस प्रकार प्रस्तुत प्रबन्ध में कथा-स्रोत एवं कथा-विकास का अध्ययन करने में वैदिक साहित्य, रामायण, महाभारत और हरिवंश के साथ 20 पुराणों और विष्णुधर्मोत्तर, नारदीय, कल्कि और सौर आदि प्रमुख उपपुराणों का उपयोग किया है। साथ ही 'अध्यात्म रामायण', 'अद्भुत रामायण', 'आनन्द रामायण', रघुवंश और रामचरित-मानस आदि राम-कथा काव्यों का भी यथास्थान उपयोग किया गया है। जैन पुराणों और बौद्ध जातकों से भी कुछ कथाओं का विकास जानने में सहायता ली गयी है।

सन्दर्भ

1. विष्णु पुराण 3/6, भागवत पुराण 12/7, 13, पद्म पु. 1/89-93, वाराह पु. 112, मत्स्य पु. 53, अग्नि पु. 272 और मार्कण्डेय पुराण 134, लिंग पु. 139, भविष्य पु. 1/1, शिव पु. 7/7, स्कन्द पुराण 1/4 आदि में अठारह पुराणों की नाम गणना करायी गयी है।
2. जिन पुराणों में पुराणों की नामावलि और संख्या दी गयी है, उनमें संख्या के सम्बन्ध में तो कोई मतभेद नहीं है, परन्तु (1) शिव और वायु. पु. तथा (2) भागवत और देवी भागवत के युग्मों में से एक को महापुराण और दूसरे को उपपुराण मानने की प्रवृत्ति है। कुल मिला कर संख्या को अठारह ही रखने की चेष्टा की गयी है। इस प्रकार विभिन्न पुराणों में दी गयी पुराणों की नामावलि में अन्तर मिलता है। वैष्णव सम्प्रदाय की पुष्टि करने वाले पुराण देवी भागवत को पुराण न मान कर उपपुराण मानते हैं। पद्मपुराण (पातालखण्ड, अ. 115/89-93), ब्रह्मवैवर्त्त पु. (4/131/10-29), भविष्य पुराण 1/1, भागवत पु. 12/13/3-8, मार्कण्डेय पुराण 134, लिंग पुराण 139, विष्णु पु. 3/6/20-24, शिव पु. 7/7 तथा स्कन्द पु. 1/4 में अठारह पुराणों में वायु को महापुराण न मान कर शिव पुराण को महापुराण माना गया है। आजकल लोग शिव और वायु पुराण को एक मान लेते हैं और भागवत तथा देवीभागवत में से प्रथम को महापुराण मान कर अठारह पुराणों की संख्या पूरी कर लेते हैं। किन्तु ये दोनों ही बातें भ्रामक हैं। न तो शिव पुराण और वायु पुराण ही एक हैं और न ही देवी भागवत उपपुराण है। इसलिए पुराणों की संख्या को बीस मान कर चलना उचित जान पड़ता है। ये सभी व्यास-रचित कहे जाते हैं।
3. विष्णु भागवत (12/13), पद्म, वाराह, मत्स्य, अग्नि और मार्कण्डेय आदि।
4. नारदीय और बृहन्नारदीय दो पुराण मिलते हैं जिनमें से एक को उपपुराण तथा दूसरे को महापुराण कहा जाता है। नारदीय पुराण से अपनी महत्ता सूचित करने के लिए बृहन्नारदीय को 'बृहत' विशेषण लगाना पड़ा। हमने बृहन्नारदीय को ही महापुराण माना है। इस सम्बन्ध में और भी दे. 'ए हिस्ट्री ऑव इण्डियन लिटरेचर' डॉ. विंटरनित्ज, जिल्द 1, पृ. 557

5. पद्‌म पुराण, उत्तर खण्ड, अ. 263
6. 'ए हिस्ट्री ऑव इण्डियन लिटरेचर' डॉ. विंटरनित्ज, जिल्द 1, पृ. 532
7. पद्‌म पुराण, पाताल खण्ड, 115/94-97 और गरुड़ पुराण, 323/17-20 में उपपुराणों की सूची दी गयी है।
8. 'सर्गश्च प्रतिसर्गश्च वंशमन्वन्तराणि च। वंशानुचरितं चैव पुराणं पंचलक्षणनम्।'
   विष्णु पुराण, 6/8/2, ब्रह्मवैवर्त्त पुराण, 131/7 और मत्स्य पुराण, 53/64
9. दे. 'ए हिस्ट्री ऑव इण्डियन लिटरेचर, डॉ. विंटरनित्ज, जिल्द 2. प्रका. कलकत्ता विश्वविद्यालय, 1927, पृ. 524
10. 'इतिहासपुराणमित्यहरहः स्वाध्यायमधीते'। शतपथ ब्राह्मण, 11/5/7/9
11. 'पुराण कथा-कौमुदी' : पं. रघुनाथदत्त बन्धुः, प्रका. नेशनल पब्लिशिंग हाउस, दिल्ली, प्र. सं. 1962, भूमिका, पृ. 'ण'
12. वही, भूमिका, पृ. 'द'
13. ऋग्वेद, 10/95
14. विष्णु पुराण, अंश 4, अध्याय 6, श्लोक 48
15. 'पुराण कथा-कौमुदी', भूमिका, पृ. 'न'
16. वाल्मीकि रामायण, बालकाण्ड, 21/10
17. दे. 'ए हिस्ट्री ऑव इण्डियन लिटरेचर', जिल्द 1, डॉ. विंटरनित्ज, 1927, पृ. 526 पर उद्‌धृत श्री विल्सन का मत।
18. 'हिन्दी विश्वकोश' : श्री नागेन्द्रनाथ बसु। देखिए 'पुराण' शब्द पर टिप्पणी।
19. 'ए हिस्ट्री ऑव इण्डियन लिटरेचर', जिल्द 1, पृ. 525
20. अथर्ववेद, 11/7/24
21. शतपथ ब्राह्मण, 10/4/31/12 और 11/5/7/9
22. तैत्तिरीय आरण्यक 2/9
23. छान्दोग्य उपनिषद् 7/6/1/1 और बृहदारण्यक उपनिषद् 2/4/10
24. आपस्तम्ब धर्म पुत्र 2/24/3/1 और 6/19/13
25. वाल्मीकि रामायण, बा. का. सर्ग 9/1
26. महाभारत, आदि पर्व 5/2, स्वर्गारोहण पर्व 6/67
27. निरुक्त 3/1/24
28. अष्टाध्यायी 4/3/105
29. अर्थशास्त्र 5/2/51/5
30. चरक संहिता, श्यारीर स्थान, 4/44
31. पद्‌म पुराण, उत्तर खण्ड, 2310/13-32
32. अतीतास्तु तथा व्यासाः सप्तविंशतिरेव च पुराणसंहितास्तैस्तु कथितास्तु युगे-युगे॥—भागवत पुराण 1/3/24
33. 'मध्ययुगीन हिन्दी साहित्य का लोकतात्त्विक अध्ययन' : डॉ. सत्येन्द्र, प्रकाशक : विनोद पुस्तक मन्दिर, आगरा, प्र. सं., पृ. 62
34. वही, पृ. 63
35. 'भारतीय आर्य भाषा और हिन्दी', : डॉ. सुनीतिकुमार चाटुर्ज्या प्रकाशक : राजकमल प्रकाशन, दिल्ली, प्रथम हिन्दी संस्करण, 1954, पृ. 57
36. वही, पृ. 58

37. दे. 'द हिस्ट्री ऐण्ड कल्चर ऑव द इण्डियन पीपुल : द क्लासिकल एज,' श्री आर. सी. मजूमदार, जिल्द 2, अध्याय 15, पृ. 297
38. डॉ. वासुदेवशरण अग्रवाल का लेख—भारत की स्वर्णयुगीन संस्कृति का परिचायक मार्कण्डेय पुराण, साप्ताहिक हिन्दुस्तान, 5 जनवरी, 1958
39. दे. 'ए हिस्ट्री ऑव इण्डियन लिटरेचर' : डॉ. विंटरनित्ज, पृ. 454, 518 तथा 'हरिवंश पुराण : एक सांस्कृतिक अध्ययन' : वीणापाणि पाण्डे, प्रकाशन-शाखा, सूचना विभाग, उत्तर प्रदेश, लखनऊ, प्र. सं. 1960, पृ. 6

□

पौराणिक आख्यान : परिभाषा

पहले कहा जा चुका है कि साहित्य के रूप में नहीं, अपितु लोकवार्त्ता के रूप में वेदों से भी पहले पौराणिक आख्यानों का अस्तित्व था। 'मत्स्य पुराण' में लिखा है कि ब्रह्मा ने पहले पुराण को स्मरण किया, फिर वेदों का प्रकाश किया।[1] 'पद्मपुराण' में भी कथन है कि 'सभी शास्त्रों के निर्माण से पूर्व ब्रह्मा ने पुराण का स्मरण किया।'[2] 'वायु पुराण' में भी ऐसा ही कथन है।[3] 'विष्णु पुराण' में 'पुराण' की परिभाषा देते हुए कहा गया है—'यस्मात् पुरा हि अनति इदम् पुराणम्'[4] अर्थात् जो बहुत प्राचीन काल से चला आ रहा है, वह पुराण है। इन कथनों का भी यही आशय है कि कुछ पौराणिक आख्यान लोकानुश्रुति के रूप में वैदिक साहित्य की रचना के पूर्व भी उपस्थित थे। उनमें से कुछ को सांकेतिक रूप से वेदों में ग्रहण कर लिया गया होगा। यह स्वाभाविक लगता है कि प्राकृतिक शक्तियों के प्रति श्रद्धा या भय की भावना को धार्मिक विश्वासों के रूप में वेदों में संग्रह कर चुकने के उपरान्त उस काल की मनीषा ने प्राचीन लोकाचार-सम्बन्धी कथाओं को पुराणों में संग्रह कर दिया होगा। 'भागवत पुराण' में कहा है कि 'ब्रह्मा ने अपने अलग-अलग चार मुखों से चार वेदों की (पूर्व मुख से ऋग्वेद की, पश्चिम मुख से सामवेद की, दक्षिण मुख से यजुर्वेद की और उत्तर मुख से अथर्ववेद की) रचना की। फिर अपने चारों मुखों से इतिहास-पुराण रूप पाँचवें वेद का सृजन किया।'[5] पुराण साहित्य की पंचम वेद के रूप में प्रसिद्धि[6] भी इस बात की सूचक है कि साहित्य के रूप में पुराणों की रचना वेदों के बाद हुई, परन्तु लोकवार्त्ता के रूप में वे किसी न किसी रूप में वेदों की रचना से पूर्व भी लोकमानस में जी रहे थे, यह निस्सन्देह है।

पौराणिक आख्यान और विश्वास के लिए अंग्रेजी में 'मिथ' या 'माइथालाजी' शब्द प्रचलित है। 'मिथ' शब्द का अर्थ जहाँ देवताओं एवं वीरों की प्राचीन परम्परागत गाथा है जो किसी तथ्य या प्राकृतिक सिद्धान्त की व्याख्या प्रस्तुत करती है, वहाँ उसका अर्थ मिथ्या या कपोलकल्पित भी होता है।[7] किन्तु 'मिथ' से निर्मित 'माइथालाजी' शब्द उस भावना को व्यक्त करने में असमर्थ है, जो हमारे 'पुराण-गाथा' शब्द से व्यक्त होती है। हमारे यहाँ 'पुराण' शब्द प्रामाणिकता का द्योतक है। उस शब्द

के साथ 'मिथ्या' या कपोल-कल्पना का दूर का भी सम्बन्ध नहीं। हिन्दू धर्म एक पौराणिक धर्म है। उसका जो रूप आज हमें मिलता है, वह महाकाव्यों (रामायण और महाभारत) तथा अठारह पुराणों पर आधारित है। भारतीय पौराणिक आख्यान एक ज़ीवित धर्म और विश्वास के रूप में हैं। इसलिए 'मिथ' या 'माइथालाजी' शब्द का प्रयोग भारतीयों के मानस में वह भावना नहीं जगा पाता, वह रूप-चित्र उपस्थित नहीं कर पाता, जो 'पुराण' शब्द करता है। चूँकि पौराणिक विश्वासों और आख्यानों का धर्म के साथ घनिष्ठ सम्बन्ध है, इसलिए 'मिथ' या 'माइथालाजी' के लिए हमारे यहाँ 'धर्मगाथा' शब्द गढ़ लिया गया है। इस प्रकार धर्मगाथा शब्द किसी प्रकार 'पुराण-गाथा' या 'पौराणिक आख्यान' शब्द का समानार्थी है।

धर्मगाथा या पौराणिक आख्यान के सम्बन्ध में मेरिया लीच ने कहा है–"'मिथ' वह कथा है जो किसी युग में घटित दिखायी गयी हो। इन कथाओं में किसी देश के धार्मिक विश्वास, प्राचीन वीरों, देवी-देवताओं, जनता की अलौकिक तथा अद्भुत परम्पराओं तथा सृष्टि-रचना का वर्णन होता है।[8]" मेरिया लीच के कथन से निम्न बातें स्पष्ट होती हैं : 'मिथ' या धर्मगाथा वह है–

(1) जिसकी पृष्ठभूमि धार्मिक हो,

(2) जिसके प्रधान पात्र देवी-देवता हों,

(3) जिसका प्रधान वर्ण्य-विषय सृष्टि की रचना तथा प्राकृतिक शक्तियों (सूर्य, चन्द्रमा, वायु, अग्नि आदि) के क्रिया-कलापों और उनके सम्बन्ध में आदिम मनुष्य की धारणाओं को विज्ञान-पूर्व युग के विज्ञान के रूप में प्रकट करना हो।[9]

डॉ. सत्येन्द्र का इस सम्बन्ध में मत है कि "केवल देवी-देवताओं के आने से कोई कहानी धर्मगाथा नहीं हो सकती। कितनी ही लोक-कहानियाँ ऐसी प्रचलित हैं जिनमें शिव-पार्वती, विष्णु आदि का उल्लेख मिलता है, पर उन्हें धर्मगाथा नहीं कहा जा सकता। किसी तथ्य की व्याख्या करने वाली कहानियों में भी देवी-देवताओं का समावेश होता है, पर उन्हें भी सदैव धर्मगाथा नहीं कह सकते। कारण यह है कि धर्म-गाथा के लिए केवल यही आवश्यक नहीं कि उसमें देवी-देवताओं का समावेश हो, यह भी आवश्यक नहीं कि देवताओं में आस्था हो (यहाँ आस्था से अभिप्राय है कहानी में कही बात पर विश्वास करना), किन्तु धर्मगाथा के लिए आवश्यक है कि उक्त दोनों बातों के साथ उसका धार्मिक माहात्म्य भी हो। उसके कहने-सुनने में किसी धार्मिक लाभ की भी सम्भावना हो। किन्तु इन सबसे अधिक महत्त्व का तत्त्व यह है कि धर्मगाथा में देवी-देवता का समावेश परम्परित कथा-अभिप्राय (मोटिफ) के रूप में नहीं होता। धर्मगाथा किसी न किसी देवी-देवता के वृत्त से गुँथी रहती है"।[10]

डॉ. कृष्णदेव उपाध्याय के मत से, "कोई कथा तभी तक 'मिथ' कही जा सकती है जब तक उसके प्रधान पात्र देवी और देवता हैं अथवा इन पात्रों में देवत्व

की भावना बनी है। परन्तु, जब ये पात्र देवत्व की कोटि से नीचे उतर कर मनुष्यों की श्रेणी में आ जाते हैं तब उस कथा को 'लीजेण्ड' कहने लगते हैं"।[11]

उपर्युक्त विवेचनों और परिभाषाओं पर विचार कर हम इस निष्कर्ष पर पहुँचते हैं कि पौराणिक कथा में देव-परिकर के समावेश के साथ-साथ उसमें धार्मिकता या धार्मिक माहात्म्य की भावना भी होनी चाहिए, इसके बिना वह देव-कथा भले बन जाय, 'धर्मगाथा' नहीं बन सकती।

धर्मगाथाओं या पौराणिक आख्यानों (मिथ्स) का निजन्धरी आख्यानों (लीजेण्ड्स) के साथ भी घनिष्ठ सम्बन्ध है। यों तो उनमें यह तात्त्विक अन्तर है कि 'पौराणिक आख्यान यदि प्रकृति-सम्बन्धी जिज्ञासामूलक अनुभूतियों के काल्पनिक, धार्मिक और कथात्मक प्रतीक या समाधान हैं, तो निजन्धरी कथाएँ जीवन की ठोस अनुभूतियों की प्रतीक हैं'[12], तो भी पौराणिक आख्यानों की निजन्धरी आख्यानों में और निजन्धरी आख्यानों की पौराणिक आख्यानों में परिणति होती रहती है। कालान्तर में निजन्धरी कथाओं के पात्र पौराणिक देवता बन जाते हैं और पौराणिक देवता निजन्धरी कथाओं के नायक। सांकर्य की यह प्रक्रिया चलती रहती है और दोनों का मिश्रण लोकमानस इस खूबी से कर देता है कि दोनों में अन्तर करना कठिन हो जाता है। इन्द्र, वरुण, राम, कृष्ण और विक्रमादित्य आदि के आख्यानों में इस प्रक्रिया के उदाहरण मिल सकते हैं। प्राकृतिक शक्ति से देवत्व में और देवत्व से निजन्धरी मानवी व्यक्तित्व में परिणत होने का एक रोचक दृष्टान्त इन्द्र और वृत्रासुर का आख्यान है। उससे पौराणिक आख्यानों और निजन्धरी आख्यानों के सांकर्य को समझने में भी सहायता मिलती है : वैदिक युग के कवि सूर्य की असीम शक्ति, अन्धकार के नाशक उसके तेजस्वी रूप के प्रति श्रद्धावनत होकर उसे इन्द्रदेव का रूप दे बैठे। सर्पों के आकार वाले बादलों का संहारकर्त्ता सूर्य अब वृत्र नाम के अहि का संहारकर्त्ता इन्द्र बन गया। जब इन्द्र ने अग्नि (प्राकृतिक तत्त्व से उठ कर अग्नि को भी दैवी व्यक्तित्व दे दिया गया) की सहायता से सर्पाकार बादलों को नष्ट कर दिया, तो सरमा (उषा) प्रकट हुई। इन्द्र और वृत्रासुर का यही पौराणिक आख्यान निजन्धरी आख्यान का रूप ग्रहण करने लगता है और इन्द्र राम बन जाता है, इन्द्र-सहायक अग्नि वनगामी राम के भाई लक्ष्मण के रूप में सामने आता है (अग्नि अहर्निश प्रज्वलित रहता है, और वनवास के दिनों में लक्ष्मण की पलकें भी एक क्षण को नहीं झपकीं); वृत्र रावण बनता है और रावण के विनाश के बाद सरमा रूपी सीता प्रत्यक्ष होती है।[13] यह विश्वास करने के पर्याप्त कारण हैं कि राम और कृष्ण के व्यक्तित्व प्रारंभ में निजन्धरी ही रहे होंगे। जैसे मध्ययुग में विक्रमादित्य और भोज के, तथा वर्तमान युग में गांधी जी और जवाहरलाल नेहरू के व्यक्तित्व। परन्तु कालान्तर में राम और कृष्ण पौराणिक व्यक्तित्व में परिणत हो

गये। वाल्मीकि 'रामायण' के दूसरे से छठे काण्ड में (जो 'रामायण' के आदि रूप का स्वरूप प्रस्तुत करते हैं) राम अवतारी व्यक्तित्व न होकर अपने मानवी व्यक्तित्व में ही हैं। इससे भी सूचित होता है कि उनका धर्मगाथायी रूप वाद की चीज है।

सन्दर्भ

1. 'पुराणं सर्वशास्त्राणां प्रथमं ब्रह्मणास्मृतम्। अनन्तर च वक्त्रेभ्यो वेदास्तस्य विनिःसृताः'॥
—मत्स्य पुराण, अध्याय 53, श्लोक 3
2. 'पुराणं सर्वशास्त्राणां प्रथमं ब्रह्मणास्मृतम्'। पद्म पुराण सृष्टि खण्ड, 1/45
3. वायुपुराण, अध्याय 1, श्लोक 54
4. विष्णुपुराण, अध्याय 1, श्लोक 203
5. श्रीमद्भागवत पुराण, स्कंध 3, अध्याय 12, श्लोक 37-39
6. अथर्ववेद, 9/7/24
7. "**Myth:** an ancient traditional story of gods or heroes, offering an explanation of some fact or phenomenon : a fable : a ficticious person or thing. **Mythology :** a collection of myths. : Chambers Compact English Dictionary, **W. & R.** Chambers Ltd., London and Edinburgh, ed. 1954."
8. "**Myth** is a story presented as having actually occured in a previous age explEining the cosmological and supernatural traditions of a people, their gods, heroes, cultural traits, religious beliefs etc." Marie Leach. Dictionary of Folklore, part 2, page 778
9. "**Myths** explain matters in the science of a pre-scientific age." मेरिया लीच, वही, पृ. 778
10. 'मध्ययुगीन हिन्दी साहित्य का लोकतात्त्विक अध्ययन', डॉ. सत्येन्द्र, प्रका. विनोद पुस्तक मन्दिर, आगरा, प्र. सं., पृ. 39
11. 'हिन्दी साहित्य का बृहत् इतिहास' (षोडश भाग), प्र. सं., सम्पादक श्री राहुल सांकृत्यायन और डॉ. कृष्णदेव उपाध्याय, पृ. 120
12. 'हिन्दी महाकाव्य का स्वरूप-विकास', डॉ. शम्भूनाथ सिंह, प्रकाशक, हिन्दी प्रचारक पुस्तकालय, वाराणसी, प्रथमावृत्ति 1956, पृ. 28
13. देखिए, 'ब्रज लोकसाहित्य का अध्ययन' : डॉ. सत्येन्द्र, प्रकाशक, साहित्य रत्न भंडार, आगरा, द्वितीय संस्करण, पृ. 17-18

प्राचीन साहित्य में पौराणिक आख्यान

'पौराणिक आख्यान' का सीमित अर्थ अठारह हिन्दू पुराणों में वर्णित आख्यानों से है, परन्तु 'पुराण' शब्द का प्रयोग हमारे यहाँ प्राचीन आख्यानों के अर्थ में होता आया है। वैदिक साहित्य में भी जो 'पुराण' शब्द का उल्लेख आया है, वह इसी अर्थ में। अतः पौराणिक आख्यान की परम्परा का अनुसंधान करते हुए वैदिक साहित्य और महाकाव्यों (रामायण तथा महाभारत) आदि को भी ध्यान में रखना उचित है।

वैदिक साहित्य में आख्यान

ऋग्वेद न केवल हमारा प्राचीनतम ग्रन्थ है, अपितु आख्यान-परम्परा का आदि स्रोत भी वही है। बहुत-से आख्यान बीज रूप में ऋग्वेद में मिलते हैं। बाद में उन्हीं का पल्लवन ब्राह्मणों, उपनिषदों, सूत्र-ग्रन्थों, महाकाव्यों और पुराणों में हुआ मिलता है। ऋग्वेद में कोई आख्यान वर्णनात्मक रूप में नहीं है, देवताओं और ऋषियों की स्तुति के रूप में है। आख्यानों का संकेत-मात्र उसमें मिलता है।

मैकडानेल ने ऋग्वेदीय देवताओं को तीन भागों में बाँटा है[1] : (1) द्यु-स्थानीय (2) अन्तरिक्ष-स्थानीय (3) पृथ्वी-स्थानीय। प्रथम वर्ग में मित्र, वरुण, सविता, पूषा, उषा आदि; द्वितीय वर्ग में इन्द्र, अपाम्, वायु, पर्जन्य, रुद्र, मरुत आदि; और तृतीय वर्ग में पृथ्वी, अग्नि, सोम आदि प्राकृतिक शक्तियों की देव-कल्पनाएँ मिलती हैं। ऋग्वेद में इन देवों से सम्बन्धित कई आख्यान सूत्र रूप में मिलते हैं। देवताओं के अतिरिक्त ऋग्वेद में राजा, ऋषि, पुरोहित तथा असुरों के भी आख्यान हैं। ऋषियों तथा पुरोहितों में विश्वामित्र, वसिष्ठ, गौतम तथा अगस्त्य आदि के आख्यान हैं और असुरों में वृत्र, पणि, बल तथा शम्बर आदि के। सबसे अधिक आख्यान इन्द्र के सम्बन्ध में हैं। यों भी ऋग्वेद के समस्त सूक्तों की संख्या का लगभग चतुर्थांश—लगभग 250 सूक्त—इन्द्र का गुणगान करने में व्यय किया गया है[2]। इन्द्र-अदिति[3], इन्द्र-इन्द्राणि[4], इन्द्र-मरुत्[5], इन्द्र-सरमा-पणसि[6] आदि कई आख्यान इन्द्र से सम्बन्धित हैं, यम-यमी का आख्यान[7] भी है। इन्द्रादि देवताओं के व्यक्तिगत आख्यानों को छोड़ कर ऋग्वेद में पाये जाने वाले आख्यानों की संख्या 29 है। वे ये हैं—

सरमा (1/6/5), शुनःशेप (1/24/1), कक्षिवत् तथा स्वनय (1/125), दीर्घतमस (1/147), अगस्त्य तथा लोपामुद्रा (1/179), गृत्समद (2/12), वसिष्ठ तथा विश्वामित्र (3/53, 7/33 आदि), सोमावतरण (3/13), वामदेव (4/18), त्रयरुण तथा वृषजान (5/2), अग्नि-जन्म (5/11), श्यायाश्व (5/52-61), सप्तवध्रि (5/78), ब्रबु तथा भरद्वाज (6/45), ऋजिश्वन तथा अतियाज (6/52), सरस्वती तथा वध्रयश्व (6/61), विष्णु के तीन पग (6/69), वृहस्पति-जन्म (6/71), राजा सुदाम (7/18 आदि), नहुष (7/95), असंग (8/1-33), अपाला (8/91), कुत्स (10/38), राजा असमाति तथा चार होता (10/57-60), नाभानेदिष्ठ (10/61-62), वृषाकपि (10/86), उर्वशी तथा पुरूरवा (10/95), देवापि तथा शान्तनु (10/98), नचिकेतस् (10/135)।

अथर्ववेद में अगस्त्य-उत्पत्ति; वसिष्ठ-विश्वामित्र-द्वेष; पृथु, नारद, मरुतों की उत्पत्ति तथा राहु द्वारा चन्द्र को ग्रसने की कथाएँ उपलब्ध होती हैं। इनमें से राहु द्वारा चन्द्र को ग्रसित करने की कथा तो पहले-पहल अथर्ववेद में ही मिलती है।

ब्राह्मण ग्रन्थों में, जो एक प्रकार से वैदिक संहिताओं के भाष्य हैं, दृष्टान्त-रूप से कुछ आख्यान आये हैं। इनमें वैदिक संहिताओं की अपेक्षा आख्यानों का स्वरूप कुछ विशद अवश्य हो गया है। ब्राह्मण ग्रन्थों में, विशेषतः शतपथ ब्राह्मण में कुछ अधिक आख्यान आये हैं जिनमें इन्द्र द्वारा वृत्रासुर और विश्वरूप-वध, त्वष्टा द्वारा वृत्र की उत्पत्ति, ध्रुव, पुरूरवा-उर्वशी, कद्रू-सुपर्ण, दधीचि, मित्रावरुण, पृथु, वसिष्ठ-विश्वामित्र आदि के आख्यान प्रमुख हैं। इन्द्र और अहल्या का आख्यान तो प्रथमतः शतपथ ब्राह्मण में ही आता है। जल-प्लावन की कथा भी इस ब्राह्मण में आयी है।

उपनिषदों में भी आध्यात्मिक ज्ञान को स्पष्ट करने के लिए आख्यानों का उपयोग किया गया है। हरिश्चन्द्र-शुनःशेप (मैत्रेय उपनिषद्), अश्विनीकुमार-दध्यङ् (तैत्तिरीय उपनिषद्), पृथु (जैमिनीय् उपनिषद्), याज्ञवल्क्य-गार्गी (बृहदकारण्यक उपनिषद्) के आख्यान ऐसे ही हैं।

ब्राह्मण तथा आरण्यक (शतपथ ब्राह्मण के चौदहवें काण्ड के प्रथम तीन भाग) ग्रन्थों की तरह प्रत्येक वैदिक संहिता के अपने सूत्रग्रन्थ भी हैं। विविध सूत्रग्रन्थों में इन्द्र-अहल्या, नारद, ध्रुव, हरिश्चन्द्र-शुनःशेप आदि के आख्यान संकेत रूप में मिलते हैं।

यास्क मुनि कृत 'निरुक्त' (ऋग्वेद की शब्दानुक्रमणिका 'निघण्टु' की व्याख्या) में ऋग्वेद में आये समस्त आख्यानों का विवरण एक स्थान पर पहली बार ही आया है। ऋग्वेद में जो आख्यान संकेत रूप में हैं, उनकी पूरी कथा निरुक्त में प्राप्त होती है।

ऋग्वेद के पूरक साहित्य में शौनककृत 'बृहद्द वता' की भी गणना की जाती है। उसमें अगस्त्य, विश्वामित्र तथा वसिष्ठ आदि की कथाएँ आती हैं।

महाकाव्यों में आख्यान

(क) रामायण : सम्भव है कि 'रामायण' ने विश्वामित्र द्वारा शुनःशेप की रक्षा तथा इन्द्र-अहल्या आख्यान एवं अन्य कुछ स्थलों पर वैदिक साहित्य से प्रेरणा प्राप्त की हो और उसका दाय ग्रहण किया हो, किन्तु वाल्मीकि ने रामकथा को मुख्यतः लोकवार्त्ता से संग्रह किया और काव्यत्व के लिए उपयुक्त उसके अंशों को ग्रहण कर एक मार्मिक प्रबन्ध काव्य का सृजन कर दिया। यह पहले कहा जा चुका है कि वाल्मीकि ने जब राम-कथा को अपने काव्य में निबद्ध किया, उसके बहुत पहले से राम-कथा गाथा रूप में लोक-नायकों द्वारा गायी जाती रही थी। वाल्मीकि ने उसको व्यवस्थित रूप दे दिया। यह भी कह चुके हैं कि वाल्मीकि रामायण के प्रथम और सप्तम काण्ड रामायण में बाद के जुड़े अंश हैं। रामायण में जो अन्तर्कथायें मिलती हैं, उनमें से अधिकांश इन प्रथम और सप्तक काण्डों में ही आयी हैं। वसिष्ठ-विश्वामित्र-द्वेष, वामनावतार, इन्द्र-अहल्या-जार, शुनःशेप, सप्त मरुतों के जन्म आदि के उपाख्यान बालकाण्ड में आये हैं। उत्तरकाण्ड में निमि-वसिष्ठ के परस्पर शाप की कथा (इसके अन्तर्गत वसिष्ठ और अगस्त्य की उत्पत्ति तथा पुरूरवा-उर्वशी-प्रेम की कथायें भी आ गयी हैं) ययाति की कथा, वृत्रासुर-वध तथा इन्द्र-अहल्या की कथा आयी हैं। अन्यत्र बालि-सुग्रीव तथा हनुमान आदि की उत्पत्ति, ताड़का का राक्षसी होना, कार्त्तिकेय का जन्म, सगर के पुत्रों का गंगा द्वारा उद्धार होना आदि आख्यान आते हैं। नल-नील, कबन्ध-कैकेई को प्रदत्त दो वरदान, सीता-निन्दक रजक आदि के लघु उपाख्यान भी 'रामायण' में मिलते हैं।

(ख) महाभारत : महाभारत इतिहास-पुराण, महाकाव्य, दर्शन-धर्मग्रन्थ सभी कुछ है। वह एक प्रकार का विश्वकोश है। अपने मूल रूप में महाभारत एक वीर काव्य या लोक-गाथा (बैलेड) ही रहा होगा। कहते हैं कि कृष्ण द्वैपायन व्यास ने जिस मूल कथा को लोक-स्रोत से लेकर लिखा, उसका नाम उन्होंने 'जय' रखा था और उसमें ८,८०० श्लोक ही थे। वैशम्पायन ने जिस कथा को कहा, उसका नाम 'भारत' था और उसकी श्लोक संख्या बढ़ कर 24,000 हो गयी। उसमें आख्यान और उपाख्यान न थे। परन्तु उग्रश्रवा (सौति) ने जिस कथा को शौनक आदि को सुनाया, उसमें विविध आख्यान-उपाख्यान तो आ ही जुड़े, 'हरिवंश' पुराण भी परिशिष्ट रूप में आ जुड़ा। फिर उसमें एक लाख से भी अधिक श्लोक हो गये। अपने बृहदाकार के कारण ही यह बाद में 'महाभारत' कहा जाने लगा।

'महाभारत' में कौरव-पाण्डवों के विग्रह का आख्यान तो मुख्य है ही, इसके अतिरिक्त उसमें कई उपाख्यान भी गुँथे हुए हैं। आदि पर्व का शकुन्तलोपाख्यान और वन पर्व के मत्स्योपाख्यान, रामोपाख्यान, शिवि-उपाख्यान, नलोपाख्यान अपने-आप में स्वतन्त्र आख्यान जैसे हैं। इनमें नवोपाख्यान है जिसका अस्तत्व 'महाभारत' से बहुत पूर्व का होना चाहिए। प्राचीन आख्यान भी 'महाभारत' में पाये जाते हैं, जैसे—

अगस्त्य द्वारा समुद्र का पीना, विन्ध्य पर्वत-वृद्धि का अवरोधन, अम्बरीष-दुर्वासा प्रसंग, समुद्र मन्थन, इन्द्र-वृत्तासुर, अगस्त्य-उत्पत्ति, विश्वामित्र-वसिष्ठ-द्वेष आदि।

पुराण-साहित्य में आख्यानों का स्वरूप

पुराण-साहित्य में 'रामायण' और 'महाभारत' की आख्यान परम्परा बहुत पल्लवित हुई, किन्तु पुराणों में आख्यानों को ऐतिहासिक और धार्मिक स्वरूप देने का जितना प्रयास हुआ, उतना उनके काव्यात्मक तथा शीलगत रूप को उभारने का नहीं। केवल श्रीमद्भागवत पुराण ही एक ऐसा पुराण है जो काव्यतत्त्व की दृष्टि से भी समृद्ध है। पुराणों ने अपने पूर्ववर्ती ग्रन्थों तथा लोकानुश्रुतियों से बहुत कुछ संचित किया, शुनःशेप, वामनावतार, इन्द्र-अहल्या जार, मरुत्, ययाति तथा पुरूरवा-उर्वशी आदि अनेक प्राचीन आख्यानों का पुराणों में वर्णन किया गया। अवतारवाद का प्रभाव दिखाने के लिए मत्स्य, कूर्म्म, वाराह तथा वामन आदि की कथाओं का भी इनमें समावेश हुआ। बहुत-से नये आख्यानों का भी जन्म हुआ, जिनके विषय में यह कहना कठिन है कि वे पुराण-लेखक की कल्पना की उपज थे अथवा लोकानुश्रुति से ग्रहण किये गये थे। भागवत धर्म का प्रभाव प्रकट करने के लिए भगवद्भक्तों की बहुत-सी कथाएँ भी पुराणों में गढ़ ली गयीं। अजामिल, पिंगला गणिका, गज-ग्राह युद्ध आदि की कथाएँ इसी कोटि की हैं। विविध धार्मिक सम्प्रदायों के प्रभाव में आकर पौराणिक आख्यानों में संकीर्ण साम्प्रदायिक उद्देश्यों की सिद्धि के लिए परिवर्तन, परिवर्द्धन और संशोधन होते रहे जिन्होंने पुराणों का स्वरूप बहुत विकृत कर दिया और पुराण 'भानुमती के पिटारे' के समान हो गये।

उत्तरकालीन संस्कृत साहित्य में पौराणिक आख्यान

उत्तरकालीन संस्कृत साहित्य पर जिसका प्रारम्भ कालिदास[8] से माना जा सकता है और जिसकी अखण्ड धारा बारहवीं शती तक प्रवाहित रही, 'रामायण', 'महाभारत और पुराण साहित्य का बहुत प्रभाव पड़ा। आख्यानों की दृष्टि से तो अब तक का समस्त संस्कृत साहित्य इन्हीं का उपजीव्य है, परन्तु अन्य प्रकार से भी इन ग्रन्थों ने उसे प्रभावित किया, विशेषतः 'रामायण' ने।

इससे पूर्व भी पौराणिक आख्यानों पर आधारित कुछ काव्य लिखे गये जैसे— पाणिनि का व्याकरण, जिनका समय 500 ई.पू. माना जाता है। इनके द्वारा कई आख्यानों का उल्लेख मिलता है जिसमें से अब कई प्राप्य नहीं हैं।[9]

कालिदास से संस्कृत काव्य का जो उत्थान-युग प्रारम्भ हुआ, उसमें तीन प्रकार के आख्यानों का श्रव्य काव्यों में उपयोग किया गया। ये तीनों प्रकार क्रमशः रामायण, महाभारत और पौराणिक आख्यानों से सम्बन्धित थे।

प्रथम प्रकार के काव्यों में कालिदास का 'रघुवंशम्' शिरोमणि तुल्य है। 19 सर्गों के इस काव्य में दिलीप से लेकर रामचन्द्र तक अयोध्या के सूर्यवंशी राजाओं के आख्यान वर्णित हैं। इस आख्यानक काव्य में लोक-कथा की कई कथानक-रूढ़ियों का प्रयोग हुआ है। कालिदास के उपरान्त भट्टिकवि ने 'रावण-वध' महाकाव्य की रचना की जिसके 22 सर्गों में राम-जन्म से लेकर उनके राज्याभिषेक तक की कथा वर्णित है। कुछ कम प्रसिद्ध कवियों, जैसे भीमक, कुमारदास भट्टि, वामन भट्ट, चक्रकवि तथा भोजराज आदि ने भी परवर्ती काल में रामकथा सम्बन्धी काव्य तथा चम्पू लिखे। रामकथा का जैन-रूपान्तर रविषेणाचार्य (660 ई.) ने 'पद्मचरित' में प्रस्तुत किया।

संस्कृत में राम-कथा को लेकर कुछ उत्कृष्ट दृश्य काव्यों की भी रचना हुई, उनमें भास-कृत 'प्रतिमा' और 'अभिषेक' नाटक तथा भवभूति-कृत 'महावीर चरित' और 'उत्तररामचरित' नाटक विशेष उल्लेखनीय हैं। मुरारि-कृत 'अनर्घ राघव', राजशेखर-कृत 'बाल रामायण', किसी अज्ञात कवि का लिखा 'हनुमन्नाटक तथा जयदेव-कृत 'प्रसन्न राघव' आदि नाटक भी महत्त्वपूर्ण हैं।

द्वितीय प्रकार के, अर्थात् 'महाभारत' के पौराणिक आख्यानों एवं उपाख्यानों से सम्बन्धित काव्यों में 'किरातार्जुनीयम्' (भारवि), 'शिशुपाल-वध' (माघ) और 'नैषधीय चरितम्' (श्रीहर्ष) अधिक प्रसिद्ध हैं। 'किरातार्जुनीयम्' में अर्जुन द्वारा पाशुपत अस्त्र की प्राप्ति के लिए शिव के प्रीत्यर्थ तपस्या और किरातवेशधारी शिव से युद्ध की कथा वर्णित है। माघ के 'शिशुपाल वध' में कृष्ण द्वारा चेदि-नरेश शिशुपाल के वध की कथा का वर्णन है। 'महाभारत' के नलोपाख्यान के आधार पर संस्कृत में जो कई काव्य और चम्पू (गद्य-पद्य मिश्रित) लिखे गये, उनमें 'नैषधीय चरितम्' एक उज्ज्वल रत्न के समान है। त्रिविकम कृत 'नलचम्पू' इसी परम्परा का काव्य है।

'महाभारत' के आख्यानों एवं उपाख्यानों पर आधारित जो दृश्यकाव्य संस्कृत में लिखे गये, उनमें से कुछ प्रमुख हैं—भासकृत 'पंचरात्रम्', 'दूतवाक्यम्', 'मध्यम व्यायोग', 'दूत घटोत्कच', 'ऊरुभंग', कालिदास-कृत 'अभिज्ञान शाकुन्तलम्', भट्टनारायण-कृत 'वेणी-संहार', क्षेमेन्द्र-कृत 'भारतमंजरी' आदि। इन नाटकों में कालिदास का 'अभिज्ञान शाकुन्तलम्' अन्तर्राष्ट्रीय प्रसिद्धि प्राप्त कर चुका है। इसमें महाभारत के शकुन्तलोपाख्यान के आधार पर कथा वर्णित है, परन्तु कवि ने कुछ मौलिक उद्भावनाएँ भी की हैं, जैसे दुर्वासा-शाप और सहिदानी वाली अँगूठी की कल्पना। महाभारत के शकुन्तलोपाख्यान और 'अभिज्ञान शाकुन्तलम्' में वस्तुगत और शैलीगत दोनों प्रकार की पर्याप्त भिन्नता है।

तीसरे प्रकार के, अर्थात विशुद्ध पौराणिक आख्यानों से सम्बन्धित काव्यों एवं नाटकों की संख्या संस्कृत में यद्यपि अधिक नहीं है, तथापि उनमें से कुछ रचनाएँ बहुत महत्त्वपूर्ण हैं। काव्यों में कालिदास का 'कुमारसम्भवम्' शीर्षस्थानीय है। इस काव्य में

सती-विरह-व्याकुल शिव की घोर तपस्या, कामदेव-बहन, शिव को वर रूप में प्राप्त करने के लिए पार्वती की तपस्या, कार्त्तिकेय-जन्म तथा तारकासुर-वध आदि उपाख्यान वर्णित हैं। अन्य काव्यों में रत्नाकर-कृत 'हर-विजय', क्षेमेन्द्र-कृत 'दशावतार-चरित', रामदेव-कृत 'पारिजात-हरण' और श्रीकण्ठ दीक्षित-कृत 'गंगावतरण' उल्लेखनीय हैं।

पौराणिक आख्यानों पर आधारित नाटकों में अधिक प्रसिद्ध हैं—कालिदास-कृत 'विक्रमोर्वशीयम्' (जिसमें पुरूरवा और उर्वशी की प्रेम-कथा वर्णित है), अश्वघोष-कृत 'उर्वशी-वियोग', हस्तिमल्ल-कृत 'अंजना-पवनंजय' तथा वामन भट्टनायक-कृत 'पार्वती-परिणय'।

कुछ निजन्धरी आख्यानों पर लिखित नाटक भी प्रसिद्ध हैं, जिनमें विशेषतः राजा उदयन से सम्बन्धित आख्यान वर्णित है। भासकृत 'प्रतिज्ञायौगन्धरायण' और 'स्वप्नवासवदत्ता; तथा हर्षवर्धन-कृत 'रत्नावली' और 'प्रियदर्शिका' इसी कोटि के नाटक हैं। श्रीहर्ष-कृत 'नागानन्द' और भवभूति-कृत 'मालती-माधव' नाटक भी अपनी आख्यानगत विशेषता एवं काव्यशैली के कारण विशेष प्रसिद्ध हैं।

पालि और प्राकृत में पुराण-साहित्य तथा पौराणिक आख्यान

हिन्दू पुराणों की भाँति जैन और बौद्ध पुराणों की भी रचना हुई जिनकी संख्या क्रमशः 24 और 9 मानी जाती है। जैनों के 24 पुराणों के नाम हैं—

आदिपुराण, अजितनाथ पुराण, सम्भवनाथ पुराण, अभिनन्दी पुराण, सुमति नाथ पुराण, पद्मप्रभ पुराण, सुपार्श्व पुराण, चन्द्रप्रभ पुराण, पुष्पदंत पुराण, शीतलनाथ पुराण, श्रेयांस पुराण, वासुपूज्य पुराण, विमलनाथ पुराण, अनन्तजित पुराण, धर्मनाथ पुराण, शांतिनाथ पुराण, कुण्डनाथ पुराण, अरनाथ पुराण, मल्लिनाथ पुराण, मुनिसुव्रत पुराण, नेमिनाथ पुराण, नेमिनाथ का पुराण, पार्श्वनाथ पुराण, सम्मति पुराण।[10]

'आदिपुराण' का उत्तरार्द्ध ही 'उत्तर पुराण' के नाम से प्रसिद्ध है जिसमें उपर्युक्त पुराणों में से क्रमशः 2 से लेकर 24 तक के पुराण सम्मिलित हैं। जैन महापुराणों को 'त्रिषष्ट्यवयवी पुराण' भी कहते हैं, क्योंकि उनमें 63 महापुरुषों के चरित वर्णित हैं। 24 तीर्थंकर, 12 चक्रवर्ती, 9 वासुदेव, 9 प्रतिवासुदेव, 9 बलदेव—इन 63 महापुरुषों, शलाका पुरुषों के चरित का वर्णन इन पुराणों में मिलता है। ये पुराण दिगम्बर सम्प्रदाय वालों ने लिखे। श्वेताम्बर सम्प्रदाय वालों ने इनकी तुलना में, 'चरिउ' या चरित-काव्य-ग्रन्थों की रचना अपभ्रंश में की। उनमें अनेक महापुरुषों के स्थान पर एक ही महापुरुष का चरित्र-वर्णन होता था।

उपर्युक्त पुराणों में 'आदि पुराण', 'पद्मप्रभु पुराण', 'अरिष्टनेमि पुराण' (जिसे जैनियों का 'हरिवंश पुराण' भी कहते हैं) और 'उत्तर पुराण' अधिक प्रसिद्ध हैं। इनमें भी 'आदि पुराण' और 'उत्तर पुराण' का अधिक महत्त्व माना जाता है।

पालि और प्राकृत में पौराणिक आख्यानों का उपयोग करते हुए कुछ काव्य लिखे गये, परन्तु उन पर बौद्ध और जैन धर्मों का साम्प्रदायिक रंग चढ़ा मिलता है। पाँचवीं शती के 'जातकट्ठवण्णना' में संगृहीत पालि में लिखित 'दशरथ जातक' राम-कथा का बौद्ध संस्करण प्रस्तुत करता है।

प्राकृत में अधिकांश काव्य राम और कृष्ण की कथाओं के आधार पर लिखे गये हैं। विमल सूरि का 'पउम चरिय'[11] और प्रवरसेन का 'सेतुबन्ध' (रावणवहो या रावणवध) प्राकृत भाषा में राम-कथा को लेकर लिखे गये महाकाव्यों में उल्लेखनीय हैं। हेमचन्द्र ने प्राकृत में एक जैन रामायण लिखी। उनके द्वारा लिखित 'त्रिषष्टिशलाका पुरुष चरित' में भी राम-कथा का वर्णन है। इनके अतिरिक्त जिनदास-कृत 'रामपुराण' और सोमदेव सूरि-कृत 'रामचरित' भी उल्लेखनीय हैं। कृष्ण-कथा पर लिखे प्राकृत काव्यों में श्री कृष्णलीला शुक का 'श्री चिह्न काव्य' (सिरिचिंध काव्य) महत्त्वपूर्ण है।

अपभ्रंश साहित्य में पौराणिक आख्यान

अपभ्रंश का अधिकांश साहित्य जैन कवियों द्वारा लिखित है। जैन कवि प्रचारक पहले हैं और कवि बाद में। अपभ्रंश साहित्य में जैन महापुराणों, पुराणों और चरित काव्यों में आख्यान मिलते हैं। पौराणिक आख्यान मुख्यतः जैन महापुराणों और पुराणों में आये हैं। जैन पुराणों का उद्देश्य 63 महापुरुषों का चरित वर्णन करना है। जैनों ने राम, लक्ष्मण और रावण को जैन-धर्मावलम्बी तो माना ही है, उनकी गणना त्रिषष्टि महापुरुषों में की है। प्रत्येक कल्प के त्रिषष्टि महापुरुषों में से नौ बलदेव, नौ वासुदेव और नौ प्रतिवासुदेव माने जाते हैं। ये तीनों सदा समकालीन होते हैं। राम, लक्ष्मण और रावण क्रमशः आठवें बलदेव, वासुदेव और प्रतिवासुदेव माने गये हैं।[12]

अपभ्रंश काव्यों में राम-कथा के दो रूप मिलते हैं। एक रूप तो विमल सूरि के 'पउम चरिय' के अनुसार है और दूसरा रूप गुणभद्र के 'उत्तरपुराण' के अनुसार। अपभ्रंश के कुछ कवियों ने राम-कथा-वर्णन में 'विमल सूरि' का अनुसरण किया है और कुछ ने गुणभद्र का। अपभ्रंश के प्रथम कवि स्वयंभू (8वीं-9वीं शती) प्रथम वर्ग में आते हैं और पुष्पदंत द्वितीय वर्ग में।[13]

स्वयंभू के 'पउम चरिउ' में राम-कथा का जैन-रूपांतर प्राप्त होता है। इसी कवि द्वारा रचित एक अन्य ग्रन्थ 'रिट्ठणमि चरिउ' (रिष्टनेमि चरित) या 'हरिवंश पुराण' में महाभारत और श्रीमद्भागवत पुराण की कुछ कथाओं को ग्रहण किया गया है। पुष्पदन्त-विरचित 'महापुराण' (तिसट्ठि महापुरिस गुणालंकार)—1016-22 वि.—की 69 से 79 संधि तक राम-कथा वर्णित है। इसी की 81 से 92 संधि तक महाभारत की कथा कही गयी है। इसी को कवि ने 'हरिवंश पुराण' अभिहित किया है। हरिषेण ने वि. सं. 1040 में एक 'धम्म परिक्खा' शीर्षक ग्रन्थ लिखा जिसमें हिन्दुओं के विविध पौराणिक आख्यानों में पायी जानेवाली असंगतियों पर प्रकाश

डाला गया है। प्राकृत में भी इसी प्रकार का एक ग्रन्थ 'धूर्त्ताख्यान' हरिभद्र सूरि ने 8वीं शती वि. में लिखा था जिसमें हिन्दू पुराणों पर व्यंग्य किया गया था।

पुष्पदंत ने अपभ्रंश में एक धार्मिक काव्य—'णायकुमार चरिउ' (नागकुमार चरित) लिखा जिसमें अनेक पौराणिक आख्यानों, उपाख्यानों में शिव द्वारा कामदेव-दहन और ब्रह्मा का सिर काटना, विष्णु द्वारा वाराहावतार में पृथ्वी का उद्धार, देव-दानवों द्वारा समुद्र मन्थन, शेषनाग के सिर पर पृथ्वी की स्थिति आदि मुख्य हैं। रामायण और महाभारत के पात्रों और कथा-प्रसंगों का भी यत्र-तत्र उल्लेख मिलता है। पौराणिक पात्रों कृष्ण, अर्जुन, नकुल, शिखण्डी, द्रोणाचार्य अश्वत्थामा, रावण, अक्षयकुमार और विभीषण का अलंकार्य प्रयोग वीर कवि-रचित 'जंबुसामि चरिउ' (1076 वि.) में भी हुआ है।[14]

अपभ्रंश काव्यों में हिन्दू पौराणिक आख्यानों को तोड़-मरोड़ कर जैन धर्म के प्रतिपादन का साधन बना लिया गया, इस पर आश्चर्य और क्षोभ करने का कोई कारण नहीं, क्योंकि हिन्दू ब्राह्मणों ने भी सम्प्रदाय-समर्थन के लिए पौराणिक आख्यानों का मनचाहा प्रयोग किया ही है।

सन्दर्भ

1. 'वैदिक माइथालाजी' : मैकडानेल, अनुवादक श्री रामकुमार राय, चौखम्बा विद्या-भवन वाराणसी, प्र. सं. 2018
2. 'वैदिक देव-शास्त्र' (वैदिक माइथालाजी : मैकडानेल), रूपान्तरकार—डॉ. सूर्यकान्त, प्रकाशक, श्री भारत भारती प्रा. लि., दिल्ली-6, प्रथम सं. 1961; पृ. 126
3. ऋग्वेद, 4।18
4. वही, 10।86
5. वही, 1।165-170
6. वही, 10।51।3
7. वही, 10।11 (101 ऋचाओं में)
8. कालिदास के काल के विषय में विद्वानों में मतैक्य नहीं है। ए. वी. कीथ महोदय कालिदास का काल चौथी शती ई. (गुप्तकाल) में निर्धारित करते हैं। (दे. ए हिस्ट्री आफ् संस्कृत लिटरेचर : ए. वी. कीथ, आक्सफर्ड, 1928, पृ. 82)। परन्तु कुछ अन्य विद्वान कालिदास का काल प्रथम शती ई. पू. निर्धारित करने के पक्ष में हैं (दे. संस्कृत साहित्य का संक्षिप्त इतिहास : श्री वाचस्पति गैरोला, चौखम्बा विद्याभवन, काशी, 1960, पृ. 741)।
9. संस्कृत साहित्य का सं. इतिहास : श्री वाचस्पति गैरोला, पृ. 724
10. 'हिन्दुत्व' : रामदास गौड़, प्रकाशक : बाबू शिवप्रसाद गुप्त, सेवा-उपवन, काशी, पृ. 416
11. डॉ. जैकौबी द्वारा सम्पादित और जैन धर्म-प्रचारक सभा भावनगर से 1914 ई. में प्रकाशित।
12. 'अपभ्रंश-साहित्य' : डॉ. हरिवंश कोछड़, प्रका. भारती साहित्य मन्दिर, दिल्ली, 1956; पृ. 37-38
13. वही, पृ. 40
14. वही, पृ. 147 और 152

कुछ पौराणिक आख्यानों का विकास-क्रम

विविध पौराणिक आख्यानों के मूल स्रोत और उनके क्रमिक विकास को देखने का प्रयास हिन्दी और हिन्दीतर भारतीय भाषाओं में बहुत कम हुआ है। इस दिशा में अधिक कार्य अपेक्षित है। हम इस अध्याय में 55 पौराणिक आख्यानों के विकासात्मक अध्ययन का विनम्र प्रयास कर रहे हैं। यह प्रश्न हो सकता है कि इन आख्यानों को ही हमने अध्ययनार्थ क्यों चुना। एक ही समाधान दिया जा सकता है कि ये सभी आख्यान किसी न किसी रूप में मध्ययुगीन हिन्दी सूफ़ी प्रेमाख्यानक काव्यों में प्रयुक्त हुए हैं—कहीं इनका प्रतीकात्मक रूप में, कहीं आलंकारिक रूप में, कहीं दार्ष्टान्तिक रूप में और कहीं मात्र उल्लेखात्मक रूप में प्रयोग हुआ है। ये आख्यान वैदिक, महाकाव्यीय और पौराणिक स्रोत के हैं। यहाँ इनको कथा-वर्गों में विभाजित न करके अकारादि क्रम से ही लिया गया है, ताकि किसी कथा को तत्काल खोजने में असुविधा न हो। नीचे इनकी एक सूची दी जा रही है—

1. अगस्त्य ऋषि द्वारा समुद्र-शोषण।
2. इन्द्र-अहल्या-आख्यान।
3. इन्द्र का अपने वज्र से पर्वतों के पंख काटना।
4. उषा अनिरुद्ध-प्रेमाख्गान।
5. कच-देवयानी-प्रेमाख्यान।
6. कर्ण-जन्म की कथा।
7. कर्ण द्वारा इन्द्र को कवच-दान।
8. कार्त्तिकेय-जन्म की कथा।
9. कृष्णावतार की कथा।
10. कृष्ण की लीलाओं का पौराणिक सन्दर्भ।
11. कृष्ण द्वारा कालिय नाग का दमन।
12. कृष्ण का गोपियों के साथ महारास।
13. कृष्ण का अक्रूर के साथ मथुरा-गमन।
14. कृष्ण द्वारा कुब्जा का कूबड़ ठीक कर देना।

15. कृष्ण द्वारा कंस का वध।
16. कृष्ण द्वारा उद्धव को ब्रज भेजना।
17. कृष्ण का राधा और गोपियों से पुनर्मिलन।
18. कृष्ण द्वारा सांदीपनि गुरु के पुत्र को यमपुर से वापस लाना—गुरुदक्षिणा चुकाना।
19. कृष्ण द्वारा सुदामा का दारिद्र्य दूर किया जाना।
20. कृष्ण से व्याघ्र का प्रतिशोध लेना।
21. गरुड़ द्वारा स्वर्ग से अमृत-आनयन।
22. चन्द्रमा और सूर्य से राहु की शत्रुता।
23. चन्द्रमा का कलंकी होना।
24. चन्द्रमा का क्षयी होना।
25. जनमेजय का नाग-यज्ञ।
26. द्रौपदी का अक्षय भण्डार।
27. नल-दमयन्ती प्रेमाख्यान।
28. नागों का पाताल-लोक में वास।
29. नारद-मोह की कथा।
30. नृसिंहावतार की कथा।
31. परशुराम द्वारा सहस्रबाहु (सहस्रार्जुन) तथा अन्य क्षत्रियों का विनाश।
32. पाण्डवों की कौरवों पर विजय—एक सिद्ध योगी की सहायता से।
33. पाण्डवों द्वारा कर्म-फल-भोग।
34. भगीरथ द्वारा गंगा का पृथ्वी पर आनयन।
35. राम-कथा (इसके अन्तर्गत राम-कथा के 19 प्रसंगों का उल्लेख और है सम्पूर्ण राम-कथा का विकास दिखाया गया है)।
36. विष्णु का मत्स्यावतार—शंखासुर को लीलना और वेदों का उद्धार करना।
37. विष्णु के वामनावतार की कथा।
38. शकुन्तला-दुष्यन्त-प्रेमाख्यान।
39. श्रवणकुमार की कथा।
40. शिवजी के ललाट पर द्वितीया का चन्द्र।
41. शिवजी के कन्धे पर दो हत्याएँ होना :
    (क) ब्रह्मा की हत्या,
    (ख) कामदेव की हत्या।
42. शिवजी का कामदेव से पराजित होना।
43. शिवजी द्वारा अंधकासुर का वध।

44. शिवजी का त्रिनेत्र और योगीश्वर होना।
45. शिवजी की शरण में आकर राम का रण जीतना।
46. शिवजी द्वारा त्रिपुर-संहार।
47. शिवजी द्वारा दक्ष-यक्ष-विध्वंस।
48. शिवजी द्वारा सती का परित्याग।
49. शिवजी का पार्वती के कहने से कैलास छोड़ देना।
50. शुकदेव जी का दो घड़ी से अधिक कहीं न ठहरना।
51. समुद्र-मन्थन की कथा।
52. हनुमान का आकाश में चढ़ना।
53. हनुमान द्वारा ऋषि-राक्षस (कालनेमि) का वध।
54. हनुमान का भीम से युद्ध और अर्जुन की ध्वजा पर आसीन होना।
55. हरिश्चन्द्र की सत्यप्रियता एवं दानशीलता की कथा।

1. अगस्त्य ऋषि द्वारा समुद्र-शोषण

अगस्त्य ऋषि द्वारा समुद्र-शोषण की कथा वैदिक साहित्य में नहीं आती। यह कथा पौराणिक युग की उपज है। इस कथा का उद्देश्य अगस्त्य की लोकोपकारी प्रवृत्ति और उनके तपोबल की महिमा को दिखाना है। पौराणिक साहित्य में यह कथा निम्न रूपों में प्राप्त होती है–

'महाभारत'[1] के अनुसार जब इन्द्र ने वृत्रासुर का वध कर दिया तब वृत्र के अनुयायी कालकेय आदि दैत्य देवताओं के भय से समुद्र में जा छिपे। दैत्यों ने यह गुप्त मन्त्रणा की कि देवताओं से पार पाने का एक ही उपाय है कि ऋत्विक्, ऋषियों को मार दिया जाये, उनके यज्ञ-कर्म में बाधा पहुँचाई जाये। न यज्ञ हो पायेंगे, न अपना भाग प्राप्त कर देवता पुष्ट हो सकेंगे। फिर, निर्बल देवताओं को हराना कठिन नहीं रह जाएगा। अपनी इस योजना के अनुसार, कालकेय नामक दैत्य वसिष्ठ, च्यवन, भरद्वाज आदि ऋषियों के अग्निहोत्र में विघ्न डालने लगे और तपस्वियों को मारने लगे। यह सब संहार-लीला कर वे समुद्र में जा छिपते थे। इस प्रकार देवता उनका कुछ नहीं बिगाड़ पाते थे। जब कुछ पार न बसायी, तब इन्द्रादि देवता विष्णु भगवान के पास गये। विष्णु ने सुझाया कि महर्षि अगस्त्य को, जिन्होंने विन्ध्याचल का बढ़ना अपने तपोबल से रोक दिया था, समुद्र-शोषण के लिए तैयार किया जा सके तो काम बन सकता है। देवतागण अगस्त्य के पास पहुँचे और अपनी विपत्ति में सहायता करने की प्रार्थना की।[2] अगस्त्य ने सागर पान करना स्वीकार कर लिया। देवताओं और ऋषियों के साथ समुद्र-तट पर जाकर मित्रावरुण के

पुत्र अगस्त्य ने सबके देखते-देखते समुद्र को पीना आरम्भ कर दिया। कुछ ही देर में उन्होंने समुद्र को जलशून्य कर दिया। समुद्र को निर्जल हुआ देख, देवता लोग अपना दिव्य आयुध लेकर दैत्यों पर पिल पड़े। दैत्यगण उनके सामने दो घड़ी से अधिक नहीं टिक सके। मरने से बचे हुए दैत्य पाताल लोक में चले गये। देवताओं ने इस उपकार के लिए अगस्त्य की स्तुति की। पुनः समुद्र भरने की प्रार्थना की, तो अगस्त्य ने कहा कि मैंने यह जल तो पचा लिया, अब आप लोग समुद्र को भरने का कोई दूसरा ही उपाय सोचें।[3]

अगस्त्य द्वारा समुद्र पान की कथा **'पद्मपुराण'** में दो स्थलों पर आयी है—सृष्टि खण्ड के अध्याय 19 और 22 में। अध्याय 19 की कथा तो बिल्कुल महाभारत के वन पर्व में आयी कथा के समान है। किन्तु, अध्याय 22 की कथा में कुछ भिन्नता है। उस कथा के अनुसार वृत्रासुर-वध के उपरान्त जब तारक, कालकेय कमलाक्ष, कालदंष्ट्र, विरोचन आदि दैत्य समुद्र में छिपे रह कर, मौका पाते ही, देवताओं और ऋषियों को सताने के अपने छापामार युद्ध को सहस्त्रों युग तक चलाते ही रहे, तब इन्द्र ने अग्नि और मारुत को समुद्र सुखाने का आदेश दिया।[4] किन्तु समुद्र सुखा देने से उसमें रहने वाले जीव-जन्तुओं का भी नाश हो जाएगा और यह अधर्म होगा, इस आधार पर अग्नि और मारुत ने समुद्र को सुखाने से इन्कार कर दिया। इन्द्र को उनकी इस अवज्ञा पर रोष आया और उन्होंने उन्हें शाप दिया कि तुम दोनों पृथ्वी पर मुनियों के रूप में अवतार लो, किन्तु मनुष्य रूप में भी तुम्हें चुल्लुओं में भरकर समुद्र को पीना पड़ेगा।[5] इन्द्र के शाप-वश अग्नि और मारुत मित्रावरुण के वीर्य से अगस्त्य और वसिष्ठ के रूप में कुम्भ (घड़े) से उत्पन्न हुए। दोनों ही उग्र तपस्वी हुए।[6]

अगस्त्य ने मलय पर्वत पर घोर तपस्या की। परन्तु, उन्हें इस बात पर बड़ा रोष आया कि तारकासुर संसार के लोगों को बहुत पीड़ा पहुँचा रहा है, और उन्होंने समुद्र को पी लिया। उनके इस कार्य से प्रसन्न होकर शंकर, ब्रह्मा, विष्णु आदि वहाँ उपस्थित हुए और उन्होंने अगस्त्य को कई वर प्रदान किये।[7]

'महाभारत' और **'पद्म पुराण'** की इस कथा में भिन्नता के स्थल ये हैं—

1. 'पद्म पुराण' के अनुसार, अगस्त्य और वसिष्ठ इन्द्र द्वारा अग्नि और मारुत को दिये हुए शाप के कारण मनुष्य-योनि में उत्पन्न हुए। 'महाभारत' में ऐसा उल्लेख नहीं।

2. 'महाभारत' में अगस्त्य पहले से ही समुद्र-शोषण में समर्थ बताये गये हैं, जबकि **'पद्म पुराण'** में उन्होंने यह शक्ति अपने तप से अर्जित की है।

3. 'महाभारत' में अगस्त्य देवताओं की प्रार्थना पर समुद्र-शोषण के लिए प्रस्तुत होते हैं, किन्तु **'पद्म पुराण'** में जग पीड़ा से व्यथित हो कर। यहाँ प्रेरणा बाह्य नहीं, अन्तर की है।

4. **'महाभारत'** में देवताओं ने दैत्य-नाश के उपरान्त अगस्त्य जी से समुद्र को फिर से भर देने की प्रार्थना की है और अगस्त्य जी ने इसमें अपने को असमर्थ बताया है, क्योंकि जो जल उन्होंने पी लिया था, वह पच चुका है। **'पद्म पुराण'** में न देवताओं की ओर से इसके लिए कोई अनुरोध है, न अगस्त्य की ओर से असमर्थता प्रकाशन।

'भविष्य पुराण'[8] में भी यह कथा आई है, किन्तु उसमें इसका रूप 'महाभारत' और **'पद्म पुराण'** से भिन्न है। भिन्नता इन बातों में है–

1. **'भविष्य पुराण'** में देवताओं के डर से समुद्र में छिपे हुए दैत्य वृत्रासुर के अनुयायी नहीं, प्रत्युत् इल्वल और वातापि के अनुयायी हैं। अगस्त्य ने वातापि का मांस खा कर और उसे पचाकर नष्ट कर दिया था तथा इल्वल को अपने तपोबल से भस्म कर दिया था। (2) उनके न रहने पर उनके अनुयायी अगस्त्य के तेज से डर कर समुद्र में जा छिपे थे, किन्तु घात लगा कर वे देवताओं को निर्बल करने के लिए ऋषियों के यज्ञादि कर्म में विघ्न उपस्थित करते रहते थे। देवताओं की प्रार्थना पर अगस्त्य ने समुद्र को सोख लिया। फिर देवताओं ने दैत्यों का वध कर दिया।

'स्कन्द पुराण'[9] में इस कथा का जो रूप मिलता है, वह पूर्व कथा रूपों से बिल्कुल अनूठा और मौलिक है। कथा संक्षेप में इस प्रकार है–प्राचीन काल में देवों और असुरों में बहुत समय तक संग्राम चलता रहा। दैत्यों ने ब्रह्मा, विष्णु और इन्द्रादि देवताओं को अपने बल-विक्रम से पराजित कर दिया। तब शिव ने मैदान सँभाला। उन्होंने देवताओं की ओर दैत्यों से युद्ध किया। उनके त्रिशूल की मार के सामने दैत्य टिक न सके और डर कर समुद्र में जा छिपे। किन्तु वे ऋषियों के अग्निहोत्र तथा तपस्या आदि में बराबर विघ्न डालते रहे। अगस्त्य ऋषि उस समय चमत्कारपुर में निवास करते थे। देवतागण उनके पास गये और उनसे समुद्र को पी जाने की प्रार्थना की। अगस्त्य ने कहा कि इस समय तो मुझमें यह सामर्थ्य नहीं है, परन्तु योगिनी सिद्ध करके मैं एक वर्ष बाद इस कार्य को करने में समर्थ हो जाऊँगा। देवता चले गये। अगस्त्य ने विशोषिणी देवी का विधिवत् आराधन आरम्भ किया। उनकी भक्ति-भावना से देवी प्रसन्न हुई। उसने वर माँगने को कहा। अगस्त्य ने कहा कि आप प्रसन्न हैं, तो मेरे मुख में प्रविष्ट होइए, ताकि मैं समुद्र को सोख सकूँ। विशोषिणी देवी ने 'तथास्तु' कह दिया। उनकी कृपा से अगस्त्य ने समुद्र को सुखा दिया, फिर देवताओं ने उसमें छिपे दैत्यों का वध कर दिया।

समुद्र को फिर से भरने की बात यहाँ नहीं उठायी गयी है। इस कथा-रूप में तन्त्र-मन्त्र और योगिनी-डाकिनी सिद्ध करने की प्रवृत्ति की छाप दिखाई देती है।

'मत्स्य पुराण'[10] **में** भी अगस्त्य के समुद्र शोषण की कथा आयी है। यहाँ

कथा का रूप बिल्कुल वैसा ही है जैसा **'पद्म पुराण'** के सृष्टि खण्ड, अध्याय 22 की कथा का। घटनाओं का क्रम भी मिलता-जुलता है।

उपर्युक्त पुराणों के अतिरिक्त **'आनन्द रामायण'** में भी यह कथा आती है। उसमें अन्य बातें तो महाभारत की कथा के अनुसार हैं, किन्तु एक बात उसमें नवीन है। समुद्र को एक बार सोख लेने पर अगस्त्य ने उसके जल को मूत्र के रूप में निकाल दिया जिससे समुद्र पुनः भर गया, किन्तु अब उसका जल खारा हो गया।[11]

2. इन्द्र-अहल्या-आख्यान

कथा का मूल स्रोत–इन्द्र और अहल्या आख्यान का स्रोत वैदिक माना जाता है, परन्तु वस्तुतः इसका भी मूल स्रोत अधिकांश पौराणिक आख्यानों की भाँति लोक में है। शिष्ट साहित्य में इस कथा का प्राचीनतम रूप **शतपथ ब्राह्मण**[12] में मिलता है। वहाँ कथा का संकेत मात्र है। इस ब्राह्मण में ऋत्विज ऋषि ने यज्ञ-कर्म के समय देवताओं का आह्वान करते हुए जब इन्द्र का आह्वान किया है, तब उसे 'हरिव', 'मेघातिथेमेष', 'वृषणश्वस्य मेने', 'गौरावस्कन्दिन' और 'अहल्यायै जार' विशेषणों से सम्बोधित किया है।[13] इन विशेषणों का अर्थ क्रमशः यह है–इन्द्र के पास अच्छे घोड़े थे, इन्द्र मेघातिथि का मेष बना था, इन्द्र को वृषण-रहित जानो, इन्द्र गौतम की दारा का भोक्ता है और इन्द्र अहल्या का जार है। इससे यह पता चलता है कि **शतपथ ब्राह्मण** में आने से पूर्व इन्द्र के वृषणहीन होने और अहल्या का जार होने की कथा लोक में प्रचलित रही होगी, तभी वह विशेषण रूप में प्रयुक्त हो पायी।

शतपथ ब्राह्मण के अतिरिक्त वैदिक साहित्य में **जैमिनीय ब्राह्मण** (2/79), **तैत्तिरीय आरण्यक** (1/12/3), **षड्विंश ब्राह्मण** (1/1/19) **तथा लाट्यायन श्रोतसूत्र** (1/3/1) तथा **द्राह्यायण श्रोतसूत्र** (1/2/1-2) आदि में भी इस कथा के सूत्र मिल जाते हैं। इससे यह पता चलता है कि इस आख्यान के विकास में इन ब्राह्मण तथा सूत्रग्रन्थों का भी योग रहा।[14]

कथा का निहितार्थ

'विष्णु पुराण' और **'वायु पुराण'** में अहल्या को दिवोदास की बहन और वध्रयश्व की मेनका से उत्पन्न पुत्री कहा गया है।[15] परन्तु, **'वाल्मीकि रामायण'** में उसके 'अहल्या' नामकरण का कारण बताते हुए कहा गया है कि उसके शरीर में कुछ भी विरूपता न थी–

'हलं नामेह वैरूप्यं हल्यं तत्प्रभवं भवेत्।
यस्या न विद्यते हल्यं तैनाहल्येति विश्रुता'॥[16]

कुमारिल भट्ट ने इस कथा के निहितार्थ को स्पष्ट करते हुए तंत्रवार्त्तिक 1/3/7 में कहा है कि "सम्पूर्ण तेजस्वी पदार्थों में ऐश्वर्य है, इस कारण तेजपुंज को इन्द्र कहा गया है। दिन में लीन होने के कारण 'अहल्या' का शाब्दिक अर्थ रात्रि है। सूर्य ही रात्रि के क्षयस्वरूप जरण का कारण है। अहल्या (रात्रि) जिसमें जीर्ण हुई अथवा जिसके उदय होने से अहल्या जीर्ण हुई, उसी को अहल्या-जार कहते हैं। 'अहल्या जार शब्द का अर्थ सूर्य है। इसमें पर-स्त्री के साथ व्यभिचार की बात आलंकारिक शैली में ही कही गयी है।"[17] अहल्या रात्रि है और इन्द्र सूर्य। रात्रि के पीछे सूर्य का दौड़ना तो एक प्राकृतिक सत्य है, अतः देवताओं द्वारा धर्म-उल्लंघन करने का प्रश्न ही नहीं उठता।

कथा का विकास क्रम

'वाल्मीकि रामायण' में इन्द्र-अहल्या जार की कथा दो स्थलों[18] पर आयी है और दोनों में ही परस्पर भिन्नता है।

बालकाण्ड में इस कथा का रूप यह है : मिथिला की ओर जाते हुए रामचन्द्र मार्ग में एक निर्जन, मनोरम आश्रम को देख कर विश्वामित्र से उसके विषय में जिज्ञासा करते हैं। विश्वामित्र ने बताया—कभी यहाँ गौतम अपनी पत्नी अहल्या के साथ तपस्या करते थे। एक दिन गौतम अपने आश्रम से कहीं दूर गये थे। इन्द्र गौतम का वेश धारण कर आ गया और उसने अहल्या से रति की इच्छा प्रकट की। अहल्या को ऋषि की असमय रति की इच्छा पर आश्चर्य हुआ। उसने योग-बल से जान लिया कि यह व्यक्ति गौतम नहीं, इन्द्र है, परन्तु देवरति के कुतूहलवश वह समागम के लिए प्रस्तुत हो गयी और उस समागम से उसने अपने को कृतार्थ अनुभव किया।[19] रमण कर इन्द्र जैसे ही आश्रम से निकला वैसे ही गौतम आ गये। गौतम ने अपना वेश धारण किये दूसरे व्यक्ति को जो देखा, तो उनका माथा ठनका। योग-बल से वे सारी बात जान गये। उन्होंने इन्द्र को वृषणरहित हो जाने का शाप दिया।[20] तुरन्त ही इन्द्र के वृषण गिर पड़े। गौतम ने अहल्या को वायु-मात्र भक्षण करते हुए, निराहार, भस्मशायिनी रूप में अदृश्य रहते हुए हज़ारों वर्षों तक उसी निर्जन आश्रम में तप करते रहने का शाप दिया।[21] अहल्या जब मुनि के सामने बहुत गिड़गिड़ायी, तब मुनि ने शाप-मोचन का उपाय बताया कि त्रेता युग में दशरथ-पुत्र राम के वन आने पर तू उनके दर्शनों से पवित्र होगी, तभी शरीर धारण कर पुनः मेरे पास रहने योग्य होगी।[23] इन्द्र और अहल्या को शाप देकर गौतम हिमालय में तप करने चले गये।

यहाँ अहल्या का शिला होना तथा इन्द्र का सहस्रभग होना सूचित नहीं होता। यहाँ तो इन्द्र को पहले ही 'सहस्राक्ष' सम्बोधित किया गया है—

'अथ दृष्टवा सहस्राक्षं मुनिवेषधरं मुनिः।
दुर्वृत्तं वृत्तसम्पन्नों रोषाद्वचनमब्रवीत्॥[23]

उत्तरकाण्ड में कथा रूप इस प्रकार है—मेघनाद द्वारा पराजित इन्द्र को ब्रह्मा ने स्वयं यह कथा सुनाई है। ब्रह्मा ने इन्द्र को बताया—मैंने कुतूहलवश एक ऐसी नारी का निर्माण किया जिसकी रचना प्रत्येक प्राणी के अंग-प्रत्यंग की सुन्दरता को लेकर की गयी थी। उसके शरीर में किसी प्रकार की कोई विरूपता न थी, इसलिए उसका 'अहल्या' नाम पड़ा। कन्या का निर्माण कर लेने पर मुझे उसके उपयुक्त वर की चिन्ता हुई। तुम भी उस पर आसक्त हुए, किन्तु मैंने उसे कुछ समय के लिए गौतम ऋषि के पास धरोहर-रूप में रखना ही ठीक समझा। गौतम उसके साथ बहुत संयमपूर्वक रहे और उन्होंने समय आने पर वह कन्या मुझे लौटा दी। मैंने प्रसन्न होकर वह कन्या गौतम को ही दान कर दी। इससे देवता निराश हो गये। एक बार तुम कामातुर हो मुनि के आश्रम में उनकी अनुपस्थिति में गये। तुमने सौन्दर्य से दीप्त उस स्त्री को देखा और उसका सतीत्व भंग किया। गौतम ऋषि इसी बीच आ गये और उन्होंने देख लिया और शाप दिये—(1) शत्रु द्वारा पराभूत होकर तू पकड़ा जाएगा। (2) जगत् के प्रत्येक व्यभिचार का आधा पातक तुझे लगेगा। (3) इन्द्र-पद एक इन्द्र के पास सदैव नहीं रहेगा। इन्द्र को शाप देकर मुनि ने अहल्या को यह शाप दिया—'तू आश्रम के समीप रूपहीन होकर रह। इतनी सुन्दर होने पर भी तूने ऐसा निन्दित कर्म किया, अतः आज से तू ही अकेली सुन्दरी नहीं रहेगी। अहल्या ने जब मुनि को अपनी निर्दोषता बतायी और कहा कि आपके रूप से भ्रमित होकर ही मुझसे यह अपराध हुआ है, अन्य किसी कामना से मैंने यह कार्य नहीं किया, तब मुनि ने कहा कि रामचन्द्र का आतिथ्य करने पर तू शाप से छूट जाएगी। शाप देकर मुनि आश्रम छोड़ कर तप करने चले गये।

उपर्युक्त दोनों कथा-रूपों में अन्तर यह है कि बालकाण्ड में अहल्या के जन्म की कोई कथा नहीं दी गयी। उत्तरकाण्ड में ब्रह्मा द्वारा उसे अलौकिक सौन्दर्य-सम्पन्न बनाना बताया गया है और यह भी कि इन्द्र पहले से ही उस पर मोहित था। बालकाण्ड में जार-कर्म की यह मनोवैज्ञानिक पृष्ठभूमि नहीं दी गयी है। बालकाण्ड में अहल्या यह जानते हुए भी कि गौतमवेशधारी व्यक्ति इन्द्र है, देवता से रति करने के कुतूहलवश उससे समागम करती है, किन्तु उत्तरकाण्ड में वह इन्द्र को पहचान नहीं पाती और छली जाती है। प्रथम में सकाम होने से उसका कार्य पापपूर्ण हो जाता है और द्वितीय में अकाम भाव होने से वह निर्दोष रहती है। यही कारण है कि दोनों स्थलों पर उसको दिये शाप में भी भिन्नता है।

'महाभारत' में केवल एक श्लोक में इस कथा की ओर संकेत किया गया है। उसमें बताया है कि अहल्या पर बलात्कार करने के कारण गौतम के शाप से

इन्द्र को, 'हरिश्मश्रु' (हरी दाढ़ी-मूँछों वाला) होना पड़ा और विश्वामित्र के शाप से उन्हें अपना अण्डकोश खो देना पड़ा। उनकी जगह भेड़ के अण्डकोश जोड़े गये।[24]

'ब्रह्म पुराण'[25] में गौतमी गंगा तथा इन्द्र तीर्थ के माहात्म्य वर्णन प्रसंग में इस कथा का उल्लेख हुआ है। यहाँ अहल्या के जन्म एवं पालन-पोषण आदि की घटनाएँ 'रामायण' के उत्तरकाण्ड के समान हैं, शेष घटनाओं में नवीनता है। संक्षेप में कथा यह है–'ब्रह्मा द्वारा निर्मित लोकातीत रूप-गुण सम्पन्न कन्या (अहल्या) को जब यौवनागमन तक अपने पास रखने के बाद गौतम ऋषि ने ब्रह्मा को अक्षत ही लौटा दिया, तब ब्रह्मा उनके संयमपूर्ण आचरण से बहुत प्रसन्न हुए। इन्द्र, अग्नि, वरुण आदि सभी देवता उस पूर्ण युवती अहल्या को माँगने लगे। सबमें इन्द्र अधिक आतुर था। ब्रह्मा ने शर्त लगा दी कि जो कोई पृथ्वी की परिक्रमा करके सबसे पहले लौटेगा, उसी को अहल्या मिलेगी। सभी देवता परिक्रमा करने चले। गौतम ने अर्द्धप्रसूता कामधेनु को पृथ्वी-स्वरूपा मानकर उसी की प्रदक्षिणा की, उन्होंने शिव-लिंग की भी परिक्रमा कर ली। फिर ब्रह्मा के पास गये। ब्रह्मा ने गौतम को अहल्या दे दी। सभी देवता निराश हो गये। इन्द्र के मन में ईर्ष्या जागी। ब्रह्मा ने ब्रह्मगिरि का क्षेत्र गौतम को दे दिया। वे वहीं रहकर तप करने लगे। इन्द्र चोरी-छिपे एक बार गौतम के आश्रम में आया और ब्राह्मण के रूप में बहुत दिनों तक वहाँ रहा। एक दिन गौतम शिष्यों सहित कहीं बाहर गये हुए थे। गौतम का रूप धारण कर इन्द्र अहल्या के पास गया। अहल्या ने उसे गौतम ही माना। इन्द्र ने रमण किया। तभी गौतम वापस आ गये। आश्रम के रक्षकों ने उन्हें द्वार पर ही कह दिया कि आप आश्रम के भीतर और बाहर रहते हैं, यह आपके तप का ही प्रभाव है। गौतम की बोली सुन कर अहल्या ने जोर से पूछा कि तू कौन है? गौतम के शाप के भय से इन्द्र बिडाल बन कर छिप गया। अहल्या भी लज्जावश मुनि से कुछ न बोली। गौतम ने जब शाप देने की बात कही, तब बिडाल रूपधारी इन्द्र अपने वास्तविक रूप में प्रकट हुआ। मुनि ने इन्द्र का सहस्रभग तथा अहल्या को शुष्क नदी हो जाने का शाप दिया। अहल्या ने अपने को निर्दोष बताया। शाप-मोचन के लिए मुनि ने अहल्या को उपाय बताया कि गौतमी गंगा से जब तुम्हारे नदी रूप का संगम हो जाएगा तब तुम अपना पूर्व रूप प्राप्त कर लोगी। इन्द्र ने भी अपराध स्वीकार कर शाप-मुक्ति का उपाय पूछा। गौतम ने उससे कहा कि गौतमी गंगा में स्नान करने से तुम्हारे पाप नष्ट हो जायेंगे और तुम्हारे सहस्रभग सहस्र नेत्रों में परिवर्तित हो जायेंगे।

'पद्म पुराण'[26] में वर्णत कथा में 'ब्रह्म पुराण' की कथा की अपेक्षा ये नवीनताएँ हैं–(1) ब्रह्मा ने अहल्या को किसी लोकपाल को न देकर गौतम को दे दिया, इसका इन्द्र ने बुरा माना। वह तो पहले से ही अहल्या पर आसक्त था। अहल्या से रति करने के लिए अवसर की प्रतीक्षा में रहा। एक बार जब गौतम स्नान तथा संध्या

के लिए पुष्कर तीर्थ में गये थे, इन्द्र ने मुनि का वेश धारण कर अहल्या से रति की याचना की। अहल्या ने जब समय की अयुक्तता पर उनका ध्यान दिलाया, तब उन्होंने पातिव्रत की दुहाई दी। अहल्या ने रमण किया। उधर गौतम जैसे ही ध्यानमग्न हुए, उन्हें इन्द्र और अहल्या का कुकर्म दिखाई दिया। वे तुरन्त आश्रम में लौटे। इन्द्र मार्जार बन गया। गौतम ने उसे सहस्रभग हो जाने तथा लिंग पतन होने का शाप दिया। मुनि ने अहल्या को भी मांस और नखों से रहित केवल अस्थि-चर्म युक्त शुष्क शरीर वाली होने का शाप दिया। (2) अहल्या ने जब प्रार्थना की, तब मुनि ने कहा कि रामचन्द्र द्वारा निर्दोष बताये जाने पर तू शाप-मुक्त हो जाएगी। इन्द्र ने जल में रह कर इन्द्राक्षी नामक देवी की आराधना की। देवी ने प्रसन्न होकर उसके शरीर के सहस्र भगों को नेत्रों में परिवर्तित कर दिया। देवी की कृपा से ही इन्द्र को शिश्न और मेषाण्ड भी मिले।

'श्रीमद्भागवत पुराण'[27] में भरत-वंश के वर्णन-प्रसंग में गौतम, अहल्या और उनके पुत्र शतानन्द का नामोल्लेख हुआ है। अहल्या को यहाँ मुद्गल की कन्या बताया गया है। इसमें इन्द्र-अहल्या के जार-कर्म की कोई सूचना नहीं मिलती।

'देवीभागवत पुराण'[28] में भी इस आख्यान का उल्लेख-मात्र हुआ है। वत्रासुर के वध के पश्चात् ब्रह्महत्या के डर से इन्द्र छिप गया, नहुष को स्वर्ग का राजा बनाया गया और उसने इन्द्राणी से समागम करने की इच्छा प्रकट की। जब देवताओं तथा ऋषियों ने उसे इस पापकर्म से विरत होने का उपदेश दिया, तब उसने इन्द्र द्वारा अहल्या के साथ किये जार-कर्म की सूचना दी। किन्तु, यहाँ इसका उल्लेख सांकेतिक ही है, विस्तार से नहीं।

'ब्रह्मवैवर्त्त पुराण'[29] में दो स्थलों पर यह कथा आयी है। दोनों कथाओं में थोड़ी-सी भिन्नता है, अधिकांशतः समानता है। अध्याय 47 की कथा में इन्द्र गंगा-तट पर नग्न स्नान करती हुई अहल्या को देखता है और वहीं उसके साथ व्यभिचार करता है। गौतम इन्द्र को शाप देते हैं कि चूँकि तुम वेद के ज्ञाता होकर भी योनि-लुब्ध हुए, अतः तुम सहस्रयोनि हो जाओ। उन्होंने अपने शाप और बृहस्पति के कोप के कारण इन्द्र के श्रीभ्रष्ट हो जाने की भविष्यवाणी भी की। शाप मोचन के लिए गौतम ने इन्द्र को एक सहस्र वर्ष तक सूर्य की आराधना करने का उपाय बताया जिससे उसके भग नेत्र में परिणत हो गये। अहल्या को उन्होंने पाषाण मूर्ति हो जाने का शाप दिया। साठ सहस्र वर्ष तक इसी प्रकार रहने के बाद रामचन्द्र के चरण स्पर्श से अहल्या के शापमुक्त होने का उपाय भी उन्होंने बताया।

अध्याय 61-62 की कथा में अन्य बातें तो अध्याय 47 की कथा के समान हैं, पर कुछ बातें विशेष हैं, जैसे—इन्द्र सूर्य पर्व पर पुष्कर क्षेत्र में गंगा-स्नान करने जाता है। अहल्या का सौन्दर्य देख मूर्च्छित हो जाता है। दूसरे दिन वह विवस्त्र

अहल्या को स्नान करते देख कामासक्त हो जाता है। अहल्या को वह लोभ देता है कि जितना कामशास्त्र मैं जानता हूँ, उतना गौतम नहीं। अतः तुम मेरे पास रहो। अहल्या उसके हत्थे नहीं चढ़ती और पर-स्त्री-प्रेम के लिए इन्द्र की भर्त्सना करती है। स्नान से लौटकर अहल्या इन्द्र के इस व्यवहार की शिकायत गौतम से करती है। गौतम हँसकर टाल देते हैं और इन्द्र की निन्दा मात्र करके रह जाते हैं। पर, इन्द्र तो अपनी घात में लगा ही था। एक दिन गौतम शिव का दर्शन करने गये हुए थे, कि इन्द्र ने गौतम का वेश बना कर छलपूर्वक अहल्या से रमण कर लिया। गौतम ने ज्ञान-दृष्टि से बात जान ली और आश्रम में लौट आये। उन्होंने इन्द्र को सहस्रभग हो जाने का शाप दिया और अहल्या को पाषाण-मूर्ति हो जाने का।

'लिंग पुराण'[30] में केवल एक श्लोक में कथा का संकेत-मात्र है। यहाँ गौतम इन्द्र को शाप ही नहीं देते, वरन क्रुद्ध होकर उसे पृथ्वी पर पटक स्वयं उसके वृषण को उखाड़ लेते हैं। गौतम के पौरुषपूर्ण प्रतिशोध का रूप बस इसी एक पुराण में मिलता है।

'स्कन्द पुराण' के नागर खण्ड, अध्याय 134 में एक अन्य कथा मिलती है जो इन्द्र-अहल्या-गौतम आख्यान से बहुत सादृश्य रखती है। कथा यह है—ऋषि हारीत की पत्नी जलाशय पर स्नान करने गयी हुई थी। उसकी सुन्दरता पर कामदेव आसक्त हो गया। मुनि-पत्नी का मन भी कामदेव से रति के लिए मचल उठा। कामदेव से उसने रमण किया। हारीत को पता चल गया। उन्होंने कामदेव को कोढ़ी और अपनी पत्नी को शिला होने का शाप दिया। कामदेव की प्रार्थना पर खण्डशिला की आराधना से कष्ट दूर होने का उपाय भी बतला दिया।

'स्कन्द पुराण' में ही अन्य दो स्थलों पर[31] इन्द्र-अहल्या का आख्यान आया है। अवन्ती खण्ड की कथा अहल्या-तीर्थ के माहात्म्य-वर्णन-प्रसंग में कही गयी है। कथा इस प्रकार है—प्राचीन काल में गौतम नामक एक कर्मनिष्ठ ब्राह्मण था। उसकी सुन्दर स्त्री का नाम अहल्या था जिस पर इन्द्र मोहित था। एक दिन गौतम की अनुपस्थिति में उसने अहल्या के पास जाकर गौतम की दरिद्रता और अपने ऐश्वर्य एवं देवराज होने का बढ़ा-चढ़ा कर वर्णन किया तथा उससे रति की याचना की। इन्द्र के वैभव की बात सुन कर अहल्या का स्त्री-चित्त डाँवाँडोल हो उठा। उसने इन्द्र की इच्छा पूरी की। तभी गौतम आ गये। उन्होंने इन्द्र को भागते देखा। उसे बहुभग होने का शाप दिया और अहल्या को अश्ममयी होने का। अहल्या ने प्रार्थना की तो एक हज़ार वर्ष बाद राम-दर्शन से शाप-मुक्त होने का उपाय उसे बतला दिया।

इसी पुराण के नागर खण्ड की कथा में इन्द्र को सहस्रभग और अहल्या को शिला होने का शाप तो पूर्ववत् दिया गया है, किन्तु यहाँ बृहस्पति की प्रार्थना पर गौतम ने इन्द्र को सहस्रभग के स्थान पर सहस्र-नेत्र होने का वर दे दिया है। माता

के शिला होने के शाप से पुत्र शतानन्द दुःखी हुए, अतः उनकी प्रार्थना पर गौतम ने रामचन्द्र के चरण स्पर्श से शाप मुक्त होने का उपाय बताया।

'स्कन्द पुराण' की इस कथा में पूर्वापेक्षा दो नवीन तत्त्व आ जुड़े हैं–(1) अहल्या का इन्द्र के वैभव पर लुभाना और (2) शतानन्द तथा बृहस्पति की प्रार्थना पर क्रमशः अहल्या और इन्द्र का शाप-मोचन। अहल्या के शापग्रस्त रहने की अवधि यहाँ एक हज़ार वर्ष ही है, जबकि 'ब्रह्मवैवर्त्त पुराण' में साठ हज़ार वर्ष थी।

'अध्यात्म रामायण' में भी यह कथा बालकाण्ड में आयी है। उसमें ब्रह्मा द्वारा अहल्या का सुन्दर-तत्त्वों के सार से निर्माण, गौतम के पास उसे धरोहर-रूप में रखना तीनों लोकों की परिक्रमा करके गौतम का अहल्या को प्राप्त करना, इन्द्र-अहल्या जार-कर्म तथा दोनों को क्रमशः सहस्रभग तथा शिला होने का शाप आदि बातें तो हैं ही, पर एक बात विशेष है–चूँकि आश्रम में पाप हुआ, इसलिए गौतम ने आश्रम को भी प्राणी-विहीन कर दिया।

'आनन्द रामायण'[32] में यह कथा संक्षेप में आयी है। कथा का रूप 'अध्यात्म रामायण' जैसा ही है। पृथ्वी परिक्रमा करके गौतम अहल्या को पाते हैं। इन्द्र को ईर्ष्या होती है। बदला लेने की भावना से वह अहल्या का भोग करता है। शाप और शापमोचन की घटनाएँ भी पूर्ववत् हैं।

'योग वासिष्ठ'[33] में यह कथा एक अन्य रूप में ही आयी है जो सर्वथा नवीन है। मगध के राजा इन्द्रद्युम्न की पत्नी का नाम अहल्या था। वह अत्यन्त रूपवती थी। उसी नगर में इन्द्र नामक एक ब्राह्मण रहता था। एक दिन किसी कथावाचक से अहल्या ने इन्द्र-अहल्या-जार आख्यान सुना। उसने सोचा कि मैं भी तो अहल्या ही हूँ, अतः वह इन्द्र ब्राह्मण पर आसक्त हो गयी। उसकी सखी ने इन्द्र को महल में बुला कर अहल्या से उसकी भेंट करा दी। राजा को किसी प्रकार पता चल गया। उसने रानी को समझाया। जब रानी न मानी, तब उसने उसे और ब्राह्मण दोनों को मरवा डाला। किन्तु भौतिक शरीर से नष्ट होकर भी वे दोनों प्रेमी अनेक जन्मों तक मानसिक रूप में प्रेम में पगे रहे।

'कथा सरित्सागर'[34] में भी यह कथा आयी है। एकान्त पाकर गौतम की सुन्दर पत्नी अहल्या से इन्द्र का प्रणय-निवेदन, अहल्या का मान जाना, गौतम का तपोबल से सब जान लेना तथा गौतम को देखते ही इन्द्र का मार्जार बन जाना आदि बातें तो इसमें पूर्ववत् हैं। नयी बातें केवल दो हैं–(1) गौतम ने जब अहल्या से पूछा कि तेरे साथ कौन था, तब अहल्या ने झूठ बोल दिया कि मार्जार था। इस असत्य भाषण के लिए गौतम ने उसे शिला बनने का शाप दिया। इन्द्र को सहस्रभग होने का शाप उसके छल के लिए दिया। (2) अहल्या का शाप-मोचन जब कि पहले की भाँति राम के चरण-स्पर्श से होने का उल्लेख है, तब इन्द्र के शाप मोचन के लिए

विश्वकर्मा द्वारा निर्मित तिलोत्तमा अप्सरा का दर्शन बताया है। इन्द्र उसको देखते हैं तो सहस्रभग के स्थान पर सहस्राक्ष हो जाते हैं। इस प्रकार इन्द्र के पतन और उद्धार दोनों का कारण नारी ही होती है।

3. इन्द्र का अपने वज्र से पर्वतों के पंख काटना

इन्द्र द्वारा पर्वतों के पंख काटने की घटना का वर्णन संक्षेप में **'महाभारत** के परिशिष्ट (खिल भाग) कहे जानेवाले **'हरिवंश पुराण'** में हुआ है। कथा इस प्रकार है : विष्णु भगवान ने वाराहावतार लेकर हिरण्याक्ष का वध किया और उसके द्वारा अपहृता पृथ्वी का उद्धार किया। जब पृथ्वी प्रकृतिस्थ हुई तब इन्द्र ने पृथ्वी के स्थिर न रहने देने में पर्वतों को सबसे बड़ा अपराधी जान कर उन्हें अपनी-अपनी जगह पर स्थापित करके सौ पर्ववाले वज्र से उन सबकी पाँखें काट दीं।[36] इन्द्र ने सब पर्वतों के पंख काट दिये, रह गया एकमात्र मैनाक। उसके साथ देवताओं ने यह शर्त कर ली थी कि यदि तुम समुद्र में स्थित रहे, तो तुम्हारे पंख नहीं काटे जायेंगे।[37] तब से मैनाक समुद्र में ही स्थित है। जिन पर्वतों के पंख काटे गये, उनमें प्रसिद्ध सुमेरु पर्वत भी था।

4. उषा-अनिरुद्ध प्रेमाख्यान

उषा-अनिरुद्ध का प्रेमाख्यान सर्वप्रथम **'महाभारत'**[38] में केवल 28 श्लोकों में मिलता है। उसका रूप यह है—

अनिरुद्ध श्रीकृष्णचन्द्र के पौत्र और प्रद्युम्न के पुत्र थे।[39] उषा राजा बलि के ज्येष्ठ पुत्र सहस्रभुज बाणासुर की पुत्री थी। संसार में उसके रूप की तुलना करनेवाली दूसरी स्त्री न थी।[40] अनिरुद्ध प्रच्छन्न रूप में उषा के पास पहुँच गये और उसके साथ रहकर रसकेलि करने लगे। बाणासुर को किसी प्रकार यह पता चल गया। उसने अपनी पुत्री और अनिरुद्ध को कारागार में डाल दिया। अनिरुद्ध को वह नाना प्रकार के कष्ट पहुँचाने लगा। यह समाचार नारद जी द्वारा द्वारका में श्रीकृष्ण को प्राप्त हुआ। समाचार देकर नारद जी बाणासुर की राजधानी शोणितपुर चले गये। कृष्ण भी बलराम और प्रद्युम्न को साथ लेकर, गरुड़ पर सवार होकर बाणासुर की नगरी को चल दिये। वह नगरी सुवर्णमय प्रासादों से युक्त थी और उसके चारों ओर ताम्बे का परकोटा था, नगर-द्वार चाँदी के बने थे। शंकर, कार्तिकेय, भद्रकाली देवी और अग्नि आदि देवता उस पुरी की रक्षा करते थे। कृष्ण का नगर के उत्तर द्वार पर शंकर से युद्ध हुआ। कृष्ण ने शंकर को पराजित कर दिया। पुरी के भीतर

प्रवेश कर कृष्ण बाणासुर के सम्मुख पहुँचे और उससे युद्ध छेड़ दिया। बाणासुर ने अपनी सहस्र भुजाओं में धनुष थामकर बाण-वर्षा आरम्भ कर दी। कृष्ण ने सुदर्शन चक्र से उसकी सहस्र भुजाएँ काट दीं। बाणासुर को परास्त कर कृष्ण कारागृह में बन्द अनिरुद्ध को मुक्त कर लाये। उषा, अनिरुद्ध और बाणासुर के धन रत्नादि को गरुड़ पर रखकर कृष्ण द्वारका लौट आये।

'हरिवंश पुराण'[41] में यह कथा पर्याप्त विस्तार से वर्णित है। इस कथा में 'महाभारत' में वर्णित कथा की अपेक्षा कुछ विशेष तन्तु हैं, जैसे–

(1) जल-क्रीड़ा के लिए गंगा-तट पर जाने पर उषा का शिव-पार्वती का विहार देखना और मन ही मन पति की कामना करना। उषा का पार्वती से प्रिय-मिलन का वर प्राप्त करना। (पार्वती ने उषा को बताया कि बैशाख मास की द्वादशी तिथि को प्रदोष-काल में जब तुम अट्टालिका पर सोई होगी तब एक पुरुष स्वप्न में आकर तुम्हारे साथ रमण करेगा, वही तुम्हारा पति होगा।)[42]

(2) पति का चिन्तन करती हुई उषा का विरहाग्नि में जलना। प्रेम-पीड़ा से सन्तप्त होना। (उषा की दासियों ने इसकी सूचना उसकी माता को दी। माता ने वैद्य बुलाये, पर वैद्य भी असली रोग नहीं पहचान पाये। पर, जाते-जाते यह सम्भावना व्यक्त कर गये कि यह कामजनित वेदना भी हो सकती है।[43])

(3) पार्वती द्वारा बतायी तिथि को उषा के पास स्वप्न में एक पुरुष का आना और उसके साथ रमण करना। जागने पर उषा का इस बात के लिए सन्ताप करना कि स्वप्न में आकर भी किसी पुरुष ने यथार्थ की भाँति उसका कौमार्य भंग कर दिया। उसकी सखियों का उसे ढाढ़स बँधाना।[44]

(4) उषा का अपनी प्रिय सखी चित्रलेखा अप्सरा को बुला कर स्वप्न-दर्शित पुरुष का रूप-वर्णन करना और यह कहना कि आज तुम मेरे प्राणनाथ को न लाओगी, तो मैं प्राण त्याग दूँगी।[45]

(5) चित्रलेखा अप्सरा द्वारा देवता, दानव, दैत्य, किन्नर, यक्ष, गंधर्व, नाग, राक्षस और मनुष्य सभी योनि के विश्वविख्यात श्रेष्ठ पुरुषों का चित्र बनाना और उषा को दिखाना। सब चित्रों के बीच से उषा का अनिरुद्ध के चित्र को पहचान लेना और हर्ष से खिल उठना। फिर अपनी सखी चित्रलेखा से उस चित्रखचित पुरुष के कुल-शील का परिचय जानना।[46]

(6) चित्रलेखा में इच्छानुसार रूप धारण करने और आकाश में विचरने की सामर्थ्य, क्योंकि वह योगिनी। उषा द्वारा उसी रात में अनिरुद्ध की लाने के लिए अपनी सखी पर जोर, अन्यथा प्राण-त्याग की धमकी, अनुनय-विनय करके अपनी दूती बनाकर उसे द्वारका भेजना। चित्रलेखा का तुरन्त अन्तर्धान हो जाना।[47]

(7) चित्रलेखा का अपने माया-बल से एक क्षण में द्वारका पहुँच जाना। वहाँ

समुद्र जल में ध्यानस्थ नारद मुनि से उसकी भेंट। नारद को अपने आगमन का प्रयोजन बताना। नारद जी का यह परामर्श कि अनिरुद्ध को तुम उठा ले जाओ। चित्रलेखा को अपने द्वारा सिद्ध तामसी विद्या देना और यह कहना कि शोणितपुर में युद्ध प्रसंग उपस्थित होने पर मुझे स्मरण किया जाय।[48]

(8) आकाशमार्ग से ही चित्रलेखा का अनिरुद्ध के प्रासाद में पहुँचना। सुन्दरियों से सेवित अनिरुद्ध को मद्यपान करते देखना। नारद द्वारा सिखायी तामसी विद्या से उसका अनिरुद्ध के अतिरिक्त अन्य सबको आच्छादित कर देना। फिर, अनिरुद्ध से उषा का प्रेम-सन्देश कहना। उषा का परिचय देना। अनिरुद्ध का उसे बताना कि स्वप्न में उन्होंने भी उषा को देखा है और तभी से चित्त उसी के मोह में पड़ा है। साथ ही चलने का प्रस्ताव। उषा को देखने की व्यग्रता।[49]

(9) अनिरुद्ध को अदृश्य करके चित्रलेखा का आकाश में उड़ चलना और क्षण मात्र में शोणितपुर में प्रवेश। उषा से अनिरुद्ध को मिलाना। उषा का अनिरुद्ध की पूजा करना। चित्रलेखा द्वारा इस रहस्य को गुप्त रखने का आश्वासन पाकर उसे सन्तोष।[50]

(10) उषा-अनिरुद्ध का एकान्त में जाकर गान्धर्व विवाह करना। समागम करना। दोनों प्रसन्न।[51]

(11) पहरेदारों को पता चल जाना और प्रासाद में अनिरुद्ध की उपस्थिति की सूचना बाणासुर की देना। बाणासुर का अनिरुद्ध को मारने के लिए अपने सैनिकों को भेजना। उषा सन्त्रस्त। अनिरुद्ध का उसे आश्वस्त करना। अनिरुद्ध का बाणासुर के सैनिकों से युद्ध करने के लिए बाहर निकलना[52] चित्रलेखा द्वारा मन ही मन नारद का स्मरण करना। नारद स्मरण करते ही उपस्थित।[53] अनिरुद्ध को निर्भय रहने के लिए कहना।

(12) अनिरुद्ध और बाणासुर के सैनिकों में युद्ध। सैनिकों का पलायन। बाण द्वारा दस हज़ार और सैनिक भेजना। अकेले अनिरुद्ध का उसके भी पाँव उखाड़ देना। अब स्वयं बाणासुर का आगमन। उसकी बाण-वर्षा के सम्मुख भी अनिरुद्ध अडिग। अपने मन्त्री कुम्भाण्ड के सुझाव पर बाणासुर द्वारा माया-युद्ध का आश्रय लेना। स्वयं अदृश्य होकर बाण-वर्षा। सर्पाकार बाणों से बँधकर अनिरुद्ध का निश्चेष्ट हो जाना। कुम्भाण्ड द्वारा बाण को अनिरुद्ध का वध करने से रोकना।[54]

(13) अनिरुद्ध को माया पाश (नागपाश) बँधा देख, नारद जी का तुरन्त द्वारका जाना।

(14) नारदजी से अनिरुद्ध के नागपाश में बन्दी होने का समाचार पाते ही श्रीकृष्ण द्वारा गरुड़ का स्मरण। गरुड़ के आते ही उन पर सवार होकर कृष्ण, बलराम और प्रद्युम्न का शोणितपुर जाना। वहाँ त्रिशिरा ज्वर, शंकर और कार्त्तिकेय

से उनका युद्ध। ब्रह्मा द्वारा शंकर और कृष्ण में मेल कराना। कार्त्तिकेय की कृष्ण से रक्षा कोटवती देवी द्वारा। बाणासुर से कृष्ण का भयंकर युद्ध। सुदर्शन चक्र से उसकी हज़ार भुजाओं में से दो को छोड़ कर शेष को काट डालना। बाण द्वारा शंकर के सम्मुख नृत्य, उन्हें प्रसन्न करके कई वर पाना। महाकाल के रूप में उनके गणों में जा मिलना।[55]

(15) कृष्ण का नारद जी आदि को साथ ले बाणासुर के अन्तःपुर में जाना। गरुण को देखते ही बाण-रूपी महासर्पों का अनिरुद्ध को बन्धन-मुक्त करके भागना। कृष्ण द्वारा कुम्भाण्ड को बाणासुर का राज्य देना। अनिरुद्ध-उषा का विवाह-संस्कार सम्पन्न। सब के साथ कृष्ण का द्वारका के लिए प्रस्थान। द्वारका पहुँचकर आनन्दोत्सव।[56]

'विष्णु पुराण' में उषा-अनिरुद्ध का जो प्रेमाख्यान वर्णित है,[57] उसके उल्लेखनीय प्रसंग में है--(1) सहस्र भुजधारी बाणासुर की पुत्री उषा ने एक दिन शंकर-पार्वती को रति-क्रीड़ा करते देख अपने पति के साथ रमण करने की इच्छा की। पार्वती जी उसके मन का भाव जान कर उससे कहती है कि बैशाख शुक्ला द्वादशी का जो पुरुष रात्रि में स्वप्न में तुझसे हठात् सम्भोग करेगा, वही तेरा पति होगा। (2) पार्वती के कहे अनुसार घटित होता है। अपनी सखी चित्रलेखा से उषा अपना भेद कहती है। चित्रलेखा सात-आठ दिन में देवताओं, दैत्यों, गंधर्वों, मनुष्यों आदि में से श्रेष्ठ व्यक्तियों के चित्र बनाकर उषा को दिखाती है। प्रद्युम्नतनय को उषा अपना स्वप्नदर्शित पुरुष बताती है। (3) यहाँ शंकर जी बाणासुर से कहते हैं कि जिस समय तेरी मयूर-चिह्नवाली ध्वजा टूट जाएगी, उसी समय तेरे साथ किसी का युद्ध होगा। कालान्तर में ध्वजा टूटती है। कौन तोड़ता है, यह यहाँ नहीं बताता गया। (4) अप्सरा चित्रलेखा अनिरुद्ध को उठा लाती है, अनिरुद्ध उषा के साथ रमण करता है, अन्तःपुर के प्रहरी बाणासुर से शिकायत करते हैं। बाणासुर के अनिरुद्ध का युद्ध होता है। अनिरुद्ध नागपाश में बाँधा जाता है। (5) नारद कृष्ण तक समाचार पहुँचाते हैं। कृष्ण द्वारका से बलराम तथा प्रद्युम्न आदि के साथ आते हैं। बाणासुर की रक्षा तीन सिर और तीन पैर वाला माहेश्वर नामक महाज्वर करता है। कृष्ण और बलराम उसकी चपेट में आ जाते हैं। कृष्ण का शंकर और कार्त्तिकेय के साथ भयंकर युद्ध होता है। परन्तु, इनमें से कोई भी कृष्ण के आगे नहीं टिक पाता। दैत्यों को मार कर भगा देने के बाद कृष्ण बाणासुर पर आक्रमण करते हैं और चक्र से उसकी दो को छोड़ कर शेष सारी भुजाएँ काट डालते हैं। शंकर कृष्ण से बाणासुर के प्राण न लेने का अनुरोध करते हैं, क्योंकि उन्होंने उसे अभय-दान दे रखा है। कृष्ण अन्तःपुर में जाते हैं।[58] वहाँ गरुड़ को देख अनिरुद्ध को बाँधने वाले नाग भाग जाते हैं। उषा-अनिरुद्ध आदि को गरुड़ पर चढ़ा कर कृष्ण द्वारका आ जाते हैं।

'शिवपुराण'[58] में आयी कथा में पूर्वापेक्षा कुछ विशेषताएँ हैं। यहाँ वैशाख शुक्ला द्वादशी को अर्द्धरात्रि के समय जब उषा सोने लगती है तब पार्वती की इच्छा से अनिरुद्ध उसके साथ भोग करता है और उनके ही प्रभाव से तुरन्त द्वारकापुरी में अपने घर लौट आता है। उषा अपनी सखी चित्रलेखा से, जो कुशल चित्रकर्त्री है, पिछली रात का समाचार बताती है और कहती है कि उसी पुरुष को फिर लाओ, अन्यथा प्राण दे दूँगी। चित्रलेखा कपड़े पर देवताओं, गन्धर्वों का चित्र बनाती हैं, पर उनमें से किसी भी चित्र को उषा नहीं पहचान पाती। तब चित्रलेखा मनुष्यों के चित्र बनाती है। उनमें से अनिरुद्ध के चित्र को वह पहचान लेती है। चित्रलेखा योगमाया से द्वारका जाती है और अपनी स्त्री के साथ मद्यपान करते अनिरुद्ध को तामसी माया का प्रयोग करके पलंग सहित उठा लाती है तथा उषा के पास उसे ला रखती है। अनिरुद्ध और उषा भोग-विलास कर रहे होते हैं कि अन्तःपुर के रक्षकों को पता चल जाता है। वे बाणासुर से शिकायत कर देते हैं। बाणासुर और अनिरुद्ध का घोर युद्ध होता है। बाणासुर अनिरुद्ध को नागपाश में बाँध देता है। अनिरुद्ध पार्वती का स्मरण करता है जिससे उसका नागपाश जल जाता है।

उधर अनिरुद्ध के गायब होने पर उसकी स्त्री विलाप करने लगी। कृष्ण-बलराम और प्रद्युम्न सभी चिन्तित हुए। चार महीने तक अनिरुद्ध का कोई पता न चला। शिव की प्रेरणा से नारद ने जाकर अनिरुद्ध का समाचार द्वारका में सुनाया। सुनते ही कृष्ण गरुड़ पर सवार होकर बलराम, प्रद्युम्न आदि के साथ चल दिये। बाणासुर से युद्ध आरम्भ हुआ। शिव बाणासुर की ओर से लड़ने आये। कृष्ण और शिव में खूब घमासान युद्ध हुआ। अन्त में कृष्ण ने शिव की स्तुति की और उस शाप का स्मरण कराया जिसे उन्होंने बाणासुर को दिया था। शाप यह था कि कृष्ण तेरी भुजाएँ काट डालेंगे। शिव ने प्रसन्न होकर कृष्ण को सुझाया कि आप जृम्भणास्त्र का प्रयोग करें, मैं सो जाऊँ, तो अपना काम बना लें। कृष्ण ने ऐसा ही किया। बाणासुर की सहस्र भुजाएँ उन्होंने आरी से काट डालीं, केवल चार भुजाएँ छोड़ दीं। शिव की कृपा से बाणासुर के घाव भर गये। कृष्ण बाणासुर का सिर काटने को हुए तो शिव ने वक्र दृष्टि से उन्हें देखा और कहा कि मैंने आपको अपने भक्तों का विनाश करने के लिए सुदर्शन चक्र थोड़े ही दिया था। शिव ने बाणासुर और कृष्ण में मित्रता करा दी। बाणासुर उषा-अनिरुद्ध को दान-दहेज के साथ लेकर उपस्थित हुआ। वह शिव की कृपा से महाकाल गणपति बन कर उनकी सेवा में रहने लगा। कृष्ण उषा-अनिरुद्ध को लेकर द्वारका आ गये।

'श्रीमद्भागवत पुराण'[59] में उषा-अनिरुद्ध की प्रेम कथा बहुत-कुछ 'विष्णु-पुराण' की कथा के समान ही है। विशेषता के स्थल ये हैं—(1) बाणासुर की हज़ार भुजाएँ थीं। एक दिन जब भगवान् शंकर ताण्डव नृत्य कर रहे थे, तब उसने अपने हज़ार

हाथों से अनेक प्रकार के वाद्य बजाकर उन्हें प्रसन्न कर लिया। शंकर ने उससे जब वर माँगने को कहा, तब उसने यह माँगा कि 'भगवान्! आप मेरे नगर की रक्षा करते हुए यहीं रहा करें।' (2) पार्वती और शंकर की कामक्रीड़ा देख कर उषा के मन में पति संगम की कामना नहीं जागती, अपितु स्वप्न में वह देखती है कि 'परम सुन्दर अनिरुद्ध जी के साथ मेरा समागम हो रहा है।'[60] (3) बाणासुर के मन्त्री कुम्भाण्ड की कन्या चित्रलेखा उषा की सखी है। वह चित्रकर्त्री है। उसने विभिन्न योनियों के श्रेष्ठ पुरुषों के चित्र बनाये जिनमें प्रद्युम्न का चित्र देखकर उषा लज्जित हो गयी। जब उसने अनिरुद्ध का चित्र देखा, तब तो लज्जा के मारे उसका सिर नीचा हो गया। उसने मुस्करा कर कहा—'मेरा प्राणवल्लभ यही है, यही है।' (4) चित्रलेखा योगिनी थी, वह जान गयी कि उषा ने जिस चित्र को पहचाना था, वह चित्र कृष्ण के पौत्र अनिरुद्ध का था। (5) उषा ने अनिरुद्ध को अपने अन्तःपुर में कई दिन तक छिपाये रखा। उसका कौमार्य नष्ट हो गया। पहरेदारों को उसका रंग-ढंग देख सन्देह हुआ। उन्होंने बाणासुर को सूचना दी। (6) सुनते ही बाणासुर उषा के अन्तःपुर में आया। अनिरुद्ध को उषा के साथ पासा खेलते पाया। अनिरुद्ध ने उसके बहुत-से सैनिकों को धराशायी कर दिया, तब क्रोधित होकर बाणासुर ने अनिरुद्ध को नागपाश में बाँध दिया। (7) श्रीकृष्ण ने नारदजी से सूचना पाकर जब बाणासुर पर चढ़ाई की, तब शंकर जी नन्दी के साथ बाणासुर की ओर से कृष्ण से लड़ने के लिए आये। अनेक दिव्यास्त्रों का प्रयोग दोनों ने एक-दूसरे पर किया। अन्त में कृष्ण ने शंकर पर जृम्भणास्त्र का प्रयोग किया। युद्ध से विरत होकर शंकर जँभाई लेने लगे। शंकर ने कृष्ण पर माहेश्वर नामक ज्वर को छोड़ा, तो कृष्ण ने वैष्णव ज्वर को शंकर पर। माहेश्वर ज्वर, जिसके तीन सिर और तीन पैर थे, कृष्ण भगवान की शरण में आया। कृष्ण ने उसे अभयदान दिया। (8) कृष्ण ने बाणासुर की चार को छोड़ कर शेष भुजाएँ काट डालीं, पर प्राण नहीं लिए, क्योंकि उन्होंने प्रह्लाद को वर दे दिया था कि वे उसके वंश में पैदा होने वाले किसी भी दैत्य का वध नहीं करेंगे। बाणासुर को कृष्ण ने शिवजी का पार्षद होने का वर दिया। बाणासुर स्वयं अपनी पुत्री उषा के साथ अनिरुद्ध को रथ पर बैठाकर भगवान कृष्ण के पास ले आया। (कृष्ण को उसके अन्तःपुर में जाकर अनिरुद्ध को नागपाश से मुक्त नहीं करना पड़ा)। (9) कृष्ण उषा-अनिरुद्ध को गरुड़ पर बैठाकर द्वारका नहीं लाते, वरन् महादेवजी की सम्मति से एक अक्षौहिणी सेना के साथ द्वारका भेज देते हैं।

'अग्निपुराण'[61] में यह कथा संक्षेप में आयी है। तपस्या के बल से बाणासुर शिव के लिए पुत्रवत् हो गया। शिव ने उससे कहा कि जब तेरा मयूरध्वज गिर जाएगा, तब किसी से तेरा युद्ध होगा। शिव-पार्वती को क्रीड़ारत देखकर बाणासुर की पुत्री उषा ने पति की कामना की। पार्वती ने उससे कहा कि बैशाख की

द्वादशी तिथि को जिस पुरुष को तू स्वप्न में देखेगी, वही तेरा पति होगा। कुम्भाण्ड मन्त्री की कन्या चित्रलेखा की सहायता से अनिरुद्ध उषा के पास लाया जाता है और वह उसके साथ रमण करता है। फिर, वह बाण की ध्वजा को तोड़ देता है। बाण और अनिरुद्ध में घोर युद्ध होता है। नारदजी से समाचार पाकर कृष्ण प्रद्युम्न और बलराम को लेकर शोणितपुर आ जाते हैं। वे अग्नि और माहेश्वर ज्वर को जीतते हैं। शिवजी से उनका युद्ध होता है। नन्दी, विनायक, स्कन्द आदि को कृष्ण ने पराजित कर दिया। शिव पर जृम्भणास्त्र चलाया। बाण की हज़ार भुजाओं को वे काटने लगे, तो शिव की प्रार्थना पर उसकी दो भुजाएँ छोड़ दीं। उषा और अनिरुद्ध को लेकर कृष्ण द्वारका आ गये।

'ब्रह्मवैवर्त्त पुराण'[62] में इस कथा का उत्तरार्द्ध (अनिरुद्ध को छुड़ाने के लिए कृष्णादि का बाणासुर से युद्ध और बाणासुर की ओर से शिव, नन्दी, कार्त्तिकेय आदि का कृष्णादि से युद्ध, बाण की पराजय) तो बहुत-कुछ **'श्रीमद्भागवत'** के अनुसार ही है, परन्तु कथा के पूर्वार्द्ध में यहाँ कुछ नवीनता मिलती है। पार्वती के वरदान के अनुसार अनिरुद्ध का स्वप्न में आकर उषा के साथ समागम करने का उल्लेख तो उपर्युक्त सभी पुराणों में आया है, किन्तु उनमें से किसी में भी यह नहीं आया कि अनिरुद्ध को भी उषा स्वप्न में दिखायी देती है, बल्कि पहले वही स्वप्न में दिखायी देती है, बाद में उसे अनिरुद्ध कृष्ण के पौत्र तथा कामदेव के अवतार प्रद्युम्न के पुत्र एवं ब्रह्मा के अंशावतार अनिरुद्ध को एक रात स्वप्न में एक सुन्दर युवती दिखायी देती है। अनिरुद्ध अपना परिचय उसे दे कर उसका परिचय पूछते हैं। वह कहती है कि मैं शंकर के सेवक बाणासुर की कन्या उषा हूँ। यदि आप मेरे साथ विवाह करना चाहते हैं, तो मेरे पिता अथवा शंकर-पार्वती से प्रार्थना करें। स्वप्न टूटने पर अनिरुद्ध उषा के विरह में व्याकुल हो जाते हैं। रुक्मिणी द्वारा यह समाचार जब कृष्ण को मिला, तब उन्होंने हँसकर कहा कि उषा ने वासना से अनिरुद्ध को व्याकुल बनाया है, मैं उषा को प्रमत्त बना दूँगा। इतना कह कर कृष्ण ने बाणासुर-पुत्री को स्वप्न में एक सुन्दर पुरुष (अनिरुद्ध) का दर्शन कराया। उषा ने उस पुरुष से गान्धर्व विवाह करने का प्रस्ताव किया। अनिरुद्ध ने स्वप्न में ही उससे कहा कि मैं कृष्ण का पौत्र और कामदेव का पुत्र हूँ, उनकी अनुमति के बिना तुम्हें कैसे ग्रहण करूँ। इतना कहकर अनिरुद्ध अन्तर्धान हो गये। उषा स्वप्न की याद करके दुःखी हुई। बाणासुर को पता चला तो वह भी शंकर के पास जाकर कन्या के दुःख में मूर्च्छित हो गया।

उषा ने अपनी सखी चित्रलेखा से स्वप्न का विवरण बताया। चित्रलेखा ने उसे सान्त्वना दी कि शिव और पार्वती जब तुम्हारे नगर में ही विराजमान हैं, तब तुम चिन्ता क्यों करती हो। शिव के परामर्श से चित्रलेखा योगमाया द्वारा द्वारका जाकर निद्रित अनिरुद्ध को रथ में बैठाकर शोणितपुर ले आती है। शंकर ने मना

कर दिया था, अतः चित्रलेखा ने इस बात की खबर बाणासुर को न होने दी। उषा और अनिरुद्ध ने गांधर्व विवाह कर लिया।

बाणासुर के अन्तःपुर के रक्षकों ने भरी सभा में जाकर, अनिरुद्ध के उषा के महल में छिपकर रहने और उषा के गर्भवती होने की सूचना बाणासुर को दी। बाणासुर बहुत लज्जित हुआ। उसने शंकर, गणेश, स्कन्द और पार्वती के रोकने पर भी युद्ध के लिए इच्छा प्रकट की। शंकर ने बाणासुर को चेता दिया कि अनिरुद्ध को जीतना सम्भव नहीं है। परन्तु, भरी सभा में दूतों द्वारा कहे हुए वचन बाणासुर को साल रहे थे, अतः उसने कहा कि पहले अनिरुद्ध को मारकर मैं उषा को भी मारूँगा, अन्यथा आग में जल मरूँगा। माता कोटरी देवी ने भी बाण को समझाया कि उषा-अनिरुद्ध अब विवाहित हैं, तू उषा को दहेज सहित अनिरुद्ध को सौंप दे, नहीं तो युद्ध में कृष्ण तुझे मार देंगे। उधर कृष्ण, बलराम, भीम, अर्जुन, उग्रसेन, सात्यकि, अक्रूर, उद्धव, जयन्त, प्रद्युम्न आदि के साथ एक बड़ी सेना लेकर शोणितपुर पर चढ़ आये थे। शंकर का कथन था कि बाणासुर को यों तो अनिरुद्ध को उषा सौंप देनी चाहिए, किन्तु यदि बाणासुर लड़ने का ही निश्चय करता है, तो मेरा भक्त और पुत्रवत् होने के कारण मैं उसकी सहायता अवश्य करूँगा।

युद्ध की घटनाएँ **'श्रीमद्‌भागवत'** के अनुसार ही वर्णित हैं। इस कथा में चूँकि उषा और अनिरुद्ध एक-दूसरे को स्वप्न में दिखायी देकर अपना परिचय दे लेते हैं, इसलिए चित्रलेखा द्वारा देव, गंधर्व, मनुष्य आदि योनियों के श्रेष्ठ पुरुषों का चित्रांकन करने की आवश्यकता नहीं उत्पन्न हुई है। अनिरुद्ध को नागपाश में बाँधने का भी उल्लेख यहाँ नहीं है। जब कृष्ण अपने चक्र से बाणासुर की सारी भुजाएँ काट डालते हैं, तब शंकर उसको अपनी गोद में लेकर रोते हैं। फिर, उसे लेकर कृष्ण के पास जाते हैं। कृष्ण अपना हाथ बाणासुर पर रखकर उसे अजर-अमर बना देते हैं।

'कथा सरित्सागर' में 'कलिंग सेना की कथा' के अन्तर्गत सन्दर्भ-कथा के रूप में इस प्रेमाख्यान का उल्लेख हुआ है। कथा इस प्रकार है : बाणासुर की पुत्री, उषा अच्छे वर की प्राप्ति के लिए पार्वती की आराधना करती थी। पार्वती ने वर दिया कि जिस पुरुष को तू स्वप्न में अपने पास देखेगी, वही तेरा पति होगा। उसी रात एक सुन्दर राजकुमार उसके पास स्वप्न में आया। परन्तु प्रातःकाल जागने पर वह न मिला, यद्यपि उसके रात भर वहाँ रहने के सारे चिह्न स्पष्ट थे। उषा की एक सखी थी चित्रलेखा, जो अतिमानवीय शक्ति-सम्पन्न थी। चित्रलेखा ने विश्व-भर के सुन्दर पुरुषों के चित्र बनाये, उनमें से उषा ने अनिरुद्ध का चित्र पहचान लिया। चित्रलेखा पातालपुरी से उड़कर द्वारका पहुँची। सोते हुए अनिरुद्ध को जगाया। उससे उषा के प्रेम की बात कही। अनिरुद्ध ने भी उषा को स्वप्न में देखा था। चित्रलेखा अनिरुद्ध को जादू के बल से अपने साथ आकाश-मार्ग से ले आयी। उषा-अनिरुद्ध

का मिलन हुआ। दोनों साथ-साथ कुछ ही दिन रह पाये थे कि बाणासुर को खबर मिली। वह क्रुद्ध हुआ। अनिरुद्ध से उसका युद्ध हुआ। कृष्ण भी सदल-बल अनिरुद्ध की सहायता करने आ पहुँचे। बाणासुर मारा गया। उषा को लेकर अनिरुद्ध द्वारका चला आया। वे दोनों शिव-पार्वती की तरह सुख से रहने लगे।

5. कच-देवयानी-प्रेमाख्यान

यह कथा **'महाभारत'** के आदिपर्व[63] में इस रूप में आयी है—देवताओं के गुरु बृहस्पति और दैत्यों के गुरु शुक्राचार्य थे। दोनों में परस्पर लाग-डाँट रहती थी। सुरों और असुरों में त्रैलोक्य के ऐश्वर्य को हस्तगत करने के लिए जो संघर्ष छिड़ा था, उसमें मरने वाले असुरों को शुक्राचार्य पुनः जिला देते थे, क्योंकि उन्हें संजीवनी विद्या ज्ञात थी। बृहस्पति को यह विद्या ज्ञात न थी, अतः देवताओं का पक्ष निर्बल पड़ता जा रहा था। एक दिन देवतागण बृहस्पति के ज्येष्ठ पुत्र कच के पास जाकर बोले कि इस संकट काल में आपकी सहायता की हमें आवश्यकता है। 'आप दैत्य-गुरु शुक्राचार्य के पास जाइए और उनको प्रसन्न कर संजीवनी विद्या सीख आइये। इससे आप हम देवताओं के साथ यज्ञ में भाग प्राप्त कर सकेंगे।' देवताओं ने इसके लिए उन्हें यह उपाय भी सुझाया कि शुक्राचार्य की पुत्री देवयानी को अनुकूल कर लेने पर कार्य-सिद्धि सरल हो जाएगी।[64]।

देवताओं की प्रार्थना स्वीकार कर कच शुक्राचार्य के पास पहुँचे और अपना परिचय देकर, उनसे शिष्य बना लेने की प्रार्थना की। शुक्राचार्य ने उन्हें शिष्य बनाना स्वीकार कर लिया। एक सहस्र वर्ष के लिए ब्रह्मचर्य व्रत धारण कर कच शुक्राचार्य के समीप रहने लगे। वे सुन्दर युवक थे ही, नृत्य और गान-विद्या में भी निपुण थे, इसलिए देवयानी का सहज आकर्षण उनकी ओर हो गया। कच और देवयानी एक-दूसरे को प्रसन्न करने और अपनी सेवा से सन्तुष्ट रखने की चेष्टा करते थे।[65]

कच को शुक्राचार्य के पास रहते जब पाँच सौ वर्ष बीत गये, तब दैत्यों को उनके उद्देश्य का पता चला। एक दिन कच जब अपने गुरु की गौओं को चराने के लिए वन में गये हुए थे, तब दैत्यों ने अवसर पाकर उनका वध कर डाला और उनके शरीर के टुकड़े-टुकड़े कर मांस कुत्तों-सियारों को खिला दिया। देवयानी ने जब कच के बिना ही गौओं को लौटते देखा तब उसके मन में खटका हुआ। अपने पिता के पास जाकर वह बोली कि निश्चय ही कच मारा गया है, उसे जिलाइए, अन्यथा मेरा जीना कठिन हो जाएगा।[66] शुक्राचार्य ने बेटी का अनुरोध मानकर संजीवनी विद्या का प्रयोग कर कच को पुनः जिला लिया। कच कुत्तों-सियारों का शरीर फाड़ कर पूर्व रूप में ही हो गये। कुछ दिन बाद, जब कच देवयानी के लिए फूल लाने गये

थे, तब दैत्यों ने उन्हें देख लिया और उन्हें फिर मार कर, पीस कर समुद्र के जल में मिला दिया। देवयानी के आग्रह पर इस बार भी शुक्राचार्य ने संजीवनी विद्या के प्रयोग से कच को जीवित कर दिया। कच ने अपने साथ जो घटित हुआ था, वह शुक्राचार्य को बताया।[67]

तीसरी बार फिर कच दैत्यों के हत्थे चढ़ गये। इस बार दैत्यों ने उन्हें मारकर, आग में जला कर भस्म बना लिया और उस भस्म को मदिरा में मिला कर गुरु शुक्राचार्य को पिला दिया। देवयानी ने फिर शुक्राचार्य से कच को जिलाने का अनुरोध किया और कहा कि कच के बिना मैं भी जीवित नहीं रह सकूँगी। शुक्राचार्य ने कहा कि मैं दो बार उसे जिला चुका, दैत्य उसके पीछे पड़े हैं, अतः अब उसे जिला भी दूँ, तो उसका बचना कठिन है। इसलिए उसे जिलाना व्यर्थ है। बेटी के आग्रह के आगे पिता को झुकना पड़ा। शुक्राचार्य ने संजीवनी विद्या का प्रयोग कर कच का नाम लेकर पुकारा, तो वह उनके पेट में से बोला। कच ने शुक्राचार्य को सब आप-बीती बतला दी। शुक्राचार्य बड़े धर्म-संकट में पड़े। यदि वे कच को जिलाते हैं, तो स्वयं मरते हैं। अन्ततः उन्होंने यही निश्चय किया कि कच को संजीवनी विद्या सिखा दी जाये जिससे वह उनके उदर में से निकल आने के बाद, उन्हें भी जीवित कर सके। शुक्राचार्य ने कच को सब समझा दिया। कच ने जीवित होने के बाद मन्त्र-प्रयोग से अपने गुरु को भी जिला लिया।[68]

कच ने एक सहस्र वर्ष तक गुरु के समीप रहकर अपना व्रत पूरा कर लिया, तब उन्हें देवलोक जाने की अनुमति गुरु ने दे दी।

देवयानी कच को प्यार करने ही लगी थी। जब उसे पता चला कि कच का व्रत पूरा हो गया है और उन्हें घर लौटने की अनुमति मिल गयी है, तब उसने कच से अपना पाणिग्रहण करने का निवेदन किया। परन्तु गुरु-पुत्री होने के कारण कच ने तो उसे सदा पूज्या ही समझा था, अतः उसने ऊँच-नीच सब समझाकर उसका प्रणयनिवेदन ठुकरा दिया। तब प्रणय-वंचिता देवयानी ने कच को शाप दिया कि तुम्हारी सीखी संजीवनी विद्या तुम्हें सिद्ध न होगी।[69] कच ने भी देवयानी को प्रतिशाप दिया कि तुम काम के वशीभूत होकर मुझ निर्दोष को शाप दे रही हो, इसलिए कोई भी ऋषि कुमार (ब्राह्मण) तुम्हारा पाणिग्रहण नहीं करेगा। तुमने संजीवनी विद्या मुझे सिद्ध न होने की जो बात कही, सो ठीक है, किन्तु मैं जिसे यह विद्या पढ़ा दूँगा, उसे तो यह सिद्ध होगी ही।[70] ऐसा कह कर कच शीघ्रता से देवलोक चले गये और इन्द्रादि देवताओं ने उन पर प्रसन्न होकर उन्हें यज्ञ भाग का अधिकारी बना दिया। बाद में देवयानी का विवाह भी एक क्षत्रिय राजा ययाति से हुआ। देवयानी और शर्मिष्ठा की कहानी इसी से सम्बन्धित है।

'स्कन्द पुराण'[71] में कच-देवयानी के प्रेम का तो प्रसंग नहीं मिलता, किन्तु

दैत्य गुरु शुक्राचार्य द्वारा मृत-संजीवनी विद्या की प्राप्ति के लिए एक सहस्र वर्ष तक कण-धूम पीते हुए कठोर तपस्या करने, उस तपस्या-काल में इन्द्र-पुत्री जयन्ती द्वारा शुक्राचार्य की सेवा करने, शिवजी का प्रसन्न होकर इस विद्या को शुक्राचार्य को देने आदि घटनाओं का वर्णन हुआ है।

'मत्स्य पुराण'[72] में भी कच-देवयानी का प्रेम-प्रसंग मिलता है, देवताओं की इच्छा से कच दैत्य-गुरु शुक्राचार्य के पास जाते हैं। वहाँ देवयानी उन पर अनुरक्त होती है। कच को दैत्य बार-बार मार डालते हैं और शुक्राचार्य देवयानी के अनुरोध पर उसे जिला देते हैं। अन्त में कच संजीवनी विद्या सीख लेते हैं। कच-देवयानी के परस्पर शाप तक की घटनाएँ 'मत्स्य पुराण' में वैसी ही वर्णित हैं जैसी 'महाभारत' के आदिपर्व में।

6. कर्ण-जन्म की कथा

कर्ण के जन्म और पालन-पोषण आदि की कथा 'महाभारत' के आदिपर्व[73] और वन पर्व[74] में आती है। आदिपर्व के अध्याय 63 में कर्ण-जन्म की कथा एक श्लोक[75] में कह दी गयी है कि कुन्तिभोज की कन्या कुन्ती के गर्भ में सूर्य के अंश से कर्ण की उत्पत्ति हुई। कर्ण जन्म से ही कवच और कुण्डल-धारी था। आदिपर्व के अध्याय 67[76] में यह कथा कुछ विस्तार के साथ कही गयी है और उसमें बताया गया है कि कुन्ती जब अपने पितृ-गृह में कुमारी ही थी तभी उसके अतिथि-सत्कार से सन्तुष्ट होकर महामुनि दुर्वासा ने उसे एक मन्त्र सिखाया जिसके बल से किसी भी देवता का आवाहन किया जा सकता था। कुन्ती ने मन्त्र का प्रभाव देखने के लिए कौतूहलवश सूर्य का आवाहन किया। सूर्य ने कुन्ती के उदर में गर्भ स्थापन किया और उस गर्भ में एक ऐसा पुत्र उत्पन्न हुआ जो जन्म से ही कवच और कुण्डल पहने हुए था[77] और सूर्य के समान तेजस्वी था। कुन्ती ने लोक-लाज और पिता-माता के भय के कारण उस शिशु को एक पेटिका में रख कर जल में बहा दिया। यह पेटिका कौरवों के अधिरथ नामक सूत को मिली। यह और उसकी पत्नी राधा उस शिशु का जिसका नाम उन्होंने वसुषेण रखा, पालन-पोषण करने लगे। बड़ा होने पर यह बालक 'कर्ण' नाम से प्रसिद्ध हुआ और बड़ा वीर तथा योद्धा बना। वह दुर्योधन का मन्त्री और मित्र होने के साथ-साथ उसके शत्रुओं का नाश करने वाला था।[78]

आदिपर्व के 110वें अध्याय में कर्ण जन्म की जो कथा कही गयी है, उसमें कोई नयी बात नहीं, किन्तु कुन्ती के विषय में पता चलता है कि वह वसुदेव जी के पिता शूरसेन की पुत्री पृथा थी। शूरसेन ने अपने सन्तानहीन फुफेरे भाई कुन्तिभोज को पूर्व प्रतिज्ञा के अनुसार अपनी यह पहली सन्तान भेंट कर दी।[79] कुन्तिभोज ने

पृथा या कुन्ती पर अपने अतिथियों के सत्कार का भार डाल रखा था। इसी सिलसिले में कुन्ती को दुर्वासा से दिव्य मन्त्र की प्राप्ति हुई थी। सूर्य ने कुन्ती को कर्ण की उत्पत्ति के बाद पुनः कन्यात्व प्रदान किया। कुन्ती द्वारा जल में प्रवाहित-शिशु को वसु (कवच-कुण्डलादि धन) के साथ (शरीर के साथ चिपके हुए) उत्पन्न होने के कारण सूत अधिरथ और उसकी पत्नी राधा ने उसका नाम 'वसुषेण' रखा। जब वह कुछ बड़ा हुआ तो कौरवों के साथ वह भी कर्ण नाम से गुरु द्रोणाचार्य से अस्त्र-शस्त्र की शिक्षा ग्रहण करने लगा। अर्जुन से कर्ण की सदा लाग-डाँट रहती थी और उनको नीचा दिखाने के लिए वह सदा सचेष्ट रहता था।[80] जब कौरव-पाण्डव द्रोणाचार्य से सीखी अपनी अस्त्र-शस्त्र विद्या का प्रदर्शन एक रंगभूमि में करने लगे, तब कर्ण ने भी वे सब कौशल प्रदर्शित किये जो अर्जुन ने किये थे। कौरवों को इससे बड़ी प्रसन्नता हुई और उन्होंने कर्ण को छाती से लगा लिया। दुर्योधन ने उसे अपने पास रहने और कौरव-राज्य को अपना ही समझने का निमन्त्रण दिया।[81]

अर्जुन ने रंगभूमि में कर्ण को कुछ कड़े शब्द कह दिये। कर्ण अर्जुन से द्वन्द्व युद्ध के लिए प्रस्तुत हो गया। परन्तु, कृपाचार्य के यह कहने पर कि पहले तुम अपने कुलशील का परिचय दो, तब एक राजकुमार (अर्जुन) तुम्हारे साथ लड़ेगा। कर्ण का मस्तक लज्जा से झुक गया। दुर्योधन ने उसी समय कर्ण को अंगदेश के राज-पद पर अभिषिक्त किया।[82] उस समय भीष्म आदि के बीच-बचाव से कर्ण और अर्जुन का युद्ध टल गया। परन्तु कौरवों ने कर्ण को अर्जुन की टक्कर का वीर मानकर उसकी अधिक आवभगत शुरू कर दी।

'देवीभागवत पुराण' में भी दुर्वासा-प्रदत्त मन्त्र के बल से कुन्ती द्वारा सूर्यदेव का आह्वान करना और उनके संसर्ग से अविवाहितावस्था में ही एक पुत्र (कर्ण) को जन्म देना, लोक-लाजवश उस सद्यःजात पुत्र को मंजूषा में बन्द करके दासी के द्वारा कहीं फेंकवा देना, कौरवों के सूत अधिरथ द्वारा उस मंजूषा को प्राप्त करना और कर्ण का पालन-पोषण करना[83], कर्ण का महापराक्रमी होना और दुर्योधन का प्रियत्व प्राप्त करना[84] आदि वर्णित है।

'अग्निपुराण' में कर्ण के विषय में कहा गया है कि इसे कुन्ती ने कौमार्यावस्था में उत्पन्न किया था और वह दुर्योधन का आश्रित था।[85]

7. कर्ण द्वारा इन्द्र को कवच-दान

महर्षि दुर्वासा-प्रदत्त मन्त्र के प्रभाव से कुन्ती ने अपनी कौमार्यावस्था में ही कुतूहलवश सूर्यदेव का आवाहन किया। उनसे उसके एक पुत्र उत्पन्न हुआ। कुन्ती की इच्छानुसार यह शिशु जन्म से ही सूर्य-प्रदत्त कवच और कुण्डल लेकर आया। ये उसके शरीर

में चिपके हुए थे। ये कवच और कुण्डल अमृतमय थे। सूर्य ने जो कुण्डल कर्ण को दिये, वे उन्हें उनकी माता अदिति ने दिये थे। इनको धारण करने के प्रभाव से कर्ण किसी के लिए भी अविजित हो गये थे।[86] अमृत से उत्पन्न कवच-कुण्डल धारण करने के कारण ही कुन्ती द्वारा जल में प्रवाहित कर दिए जाने की स्थिति में भी कर्ण जीवित रह सके थे।[87] इनका पालन-पोषण कौरवों के सारथि अधिरथ और उसकी पत्नी राधा ने किया था।

कर्ण दोपहरी में जल में खड़े होकर, सूर्य के अभिमुख हो सूर्य की स्तुति करते थे और उस दशा में कोई भी ब्राह्मण उनसे कुछ भी माँग कर खाली हाथ नहीं लौट सकता था।[88] जब पाण्डवों के वनवास के बारह वर्ष बीत गये और तेरहवाँ वर्ष आरम्भ हुआ, तब इन्द्र अपने पुत्र अर्जुन की सहायता करने का निश्चय कर, ब्राह्मण का वेश धारण कर, कर्ण के सम्मुख भिक्षार्थ उपस्थित हुए। किन्तु इसके पूर्व ही सूर्यदेव कर्ण को स्वप्न में दर्शन देकर इन्द्र के ब्राह्मण रूप में कवच-कुण्डल माँगने आने की सूचना दे चुके थे और उन्हें कवच-कुण्डल देने से मना कर गये थे और कह गये थे कि कवच-कुण्डल दे देने पर तुम्हारी आयु क्षीण हो जाएगी, अर्जुन से तुम जीत न सकोगे और मृत्यु के अधीन हो जाओगे। किन्तु, कर्ण अपने दान-व्रत से विचलित होने को तैयार नहीं हुए थे।[89] अस्तु, ब्राह्मण-वेशधारी इन्द्र ने जब उनसे कवच-कुण्डल की याचना की और उनके बदले और कुछ ग्रहण करने को प्रस्तुत न हुए, तब कर्ण ने भी कवच-कुण्डल के बदले में इन्द्रदेव से उनकी अमोघ शक्ति की माँग की। वस्तु-विनिगय के आधार पर कर्ण ने अपने शरीर से काट कर कवच-कुण्डल इन्द्र को दे दिए और इन्द्र ने अपनी अमोघ शक्ति कर्ण को प्रदान की। पहले कर्ण का नाम वसुषेण था, परन्तु कर्ण (कर्त्तन) करने के कारण उनका नाम 'कर्ण' या 'विकर्त्तन' हो गया। पाण्डवों ने जब यह सुना, तो वे फूले न समाये और कौरवों ने सुना, तो उनका घमण्ड चूर-चूर हो गया।[90]

8. कार्त्तिकेय-जन्म की कथा

सर्वप्रथम **'वाल्मीकि रामायण'**[91] में ही कार्त्तिकेय जन्म की कथा मिलती है। कथा इस प्रकार है—रुद्र (शिव) ने उमा के साथ विवाह कर दिव्य सौ वर्ष तक रतिक्रीड़ा की, पर पार्वती के कोई सन्तान न हुई। देवता इससे प्रसन्न थे, क्योंकि वे नहीं चाहते थे कि पार्वती के गर्भ से सन्तान उत्पन्न हो। शिव और शक्ति के संयोग से उत्पन्न सन्तान का तेज सहन करने की शक्ति उनमें न थी। उन्होंने शिव से अपना तेजस् (वीर्य) कुछ समय तक के लिए अपने शरीर में ही धारण करने की प्रार्थना की। शिव ने ऐसा ही किया। बाद में शिव स्खलित हो गये और उनका

वीर्य पृथ्वी पर गिरा। पृथ्वी उस वीर्य के तेज को सह न सकी, अतः देवताओं के कहने से अग्नि ने उस वीर्य को धारण किया। पार्वती शिव का शुक्र धारण करने से वंचित रह गयीं, इससे वे देवताओं पर बहुत क्रुद्ध हुईं। उन्होंने देवताओं को शाप दिया कि वे अपनी पत्नियों से पुत्र नहीं पैदा कर सकेंगे। जब अग्नि भी उस वीर्य को धारण करने में असमर्थ रहा, तब वह हिमालय की कन्या गंगा को सौंपा गया। गंगा भी उस तेजस्वी शुक्र को धारण न कर पायी, अतः उसने उस शुक्र को हिमालय के समीप शरवन में डाल दिया। वह वन उस वीर्य के प्रभाव से स्वर्णमय हो गया। देवताओं ने छः कृत्तिकाओं को शरवन में उत्पन्न कुमार का पालन करने के लिए भेजा। कृत्तिकाओं ने यह शर्त रखी कि कुमार की माता मानी जाने पर ही हम उनका लालन-पालन करेंगी। देवताओं ने शर्त मान ली। कृत्तिकाओं से लालित होने के कारण उनका नाम 'कार्त्तिकेय' पड़ा। छः माताओं से पालित होने के कारण वे 'षण्मातृक' भी कहलाये। उन्हीं कुमार को देवताओं ने देवसेनापति बनाया और उन्होंने ही तारकासुर का वध किया।

इस कथा से पता चलता है कि देवतागण तारकासुर के वध के लिए शिव के वीर्य से उत्पन्न सन्तान के तो इच्छुक थे, परन्तु वह सन्तान पार्वती के गर्भ से उत्पन्न हो यह वे नहीं चाहते थे।

'महाभारत' के **वन पर्व**[92], **शल्य पर्व**[93] **और अनुशासन पर्व**[94] में भी यह कथा आयी है। वन पर्व की कथा वाल्मीकि रामायण की कथा से पर्याप्त भिन्न है।

वन पर्व की कथा–वसिष्ठ आदि सप्तर्षियों ने यज्ञ किया। उसमें अन्य देवताओं के साथ अग्निदेव भी आये। ऋषि-पत्नियों के सहज सौन्दर्य को देख अग्नि की इच्छा उनसे संसर्ग करने की हुई, किन्तु यज्ञाग्नि के रूप में तो वे उनको छू नहीं सकते थे, अतः गार्हपत्य अग्नि में उन्होंने प्रवेश किया। शरद ऋतु में ऋषि-पत्नियों के हाथ सेंकते समय अग्नि उनका स्पर्श-सुख तो पा सके, परन्तु उनको उस रूप में पूर्णतः पाना तो हो नहीं सकता था, अतः अग्नि व्याकुल होकर वन में चले गये। उन्हीं दिनों दक्ष-कन्या स्वाहा अग्नि पर आसक्त हो रही थी। जब उसे पता चला कि अग्नि ऋषि पत्नियों पर आसक्त हैं तब उसने वसिष्ठ-पत्नी अरुन्धती को छोड़ कर शेष छः ऋषि पत्नियों का रूप धारण कर अग्नि से भोग किया। अरुन्धती बहुत पतिव्रता थी, अतः उसका रूप धारण करने का उसे साहस न हुआ। वह प्रत्येक प्रतिपदा को अग्नि के पास जाती और उनका वीर्य एक सुवर्ण कुण्ड में डाल आती थी। अग्नि के छः बार के इस संचित वीर्य से उस सुवर्ण कुण्ड से 'षडानन' की उत्पत्ति हुई। उस कुमार के तेज से सारा चराचर जगत् उद्भासित हो उठा। शिव का धनुष और महाशक्ति आदि अस्त्र स्वतः षडानन के पास आ गये। उन्होंने उत्पन्न होते ही क्रौंच आदि पर्वतों को ढहा दिया। चूँकि स्वाहा ने ऋषि पत्नियों का रूप धारण कर अग्नि से संभोग किया

था, अतः छहों ऋषियों ने अपनी पत्नियों को त्याग दिया। तब स्वाहा ने विश्वामित्र को साक्षी बनाकर यह बताया कि कुमार उससे उत्पन्न हैं। इधर इन्द्र आदि देवताओं ने कुमार के तेज को सहन न कर पाने के कारण मातृकाओं को उनका वध करने के लिए भेजा, पर मातृकाएँ उनका वध करने के बजाय उनको वात्सल्यवश अपना दूध पिलाने लगीं। अग्नि ने भी कुमार की रक्षा की। फिर, ईर्ष्यालु देवताओं से कुमार का युद्ध हुआ। कुमार ने देवताओं को पराजित कर दिया। झख मार कर इन्द्र ने देवसेना के साथ कार्त्तिकेय का विवाह कर दिया। देवासुर-संग्राम में कार्त्तिकेय ने ही देव-सेना का सेनापतित्व किया। इस युद्ध में विजयी होने के बाद ब्रह्मा ने कार्त्तिकेय को बताया कि त्रिपुर का संहार करने वाले शिव जी ही तुम्हारे पिता हैं। रुद्र ने अग्नि में प्रवेश कर स्वाहा-रूपिणी उमा के संयोग से लोकहितार्थ तुम्हें उत्पन्न किया है। ब्रह्मा की बात मानकर कुमार ने शिव जी की पूजा की।

'महाभारत' के शल्य पर्व की कथा **'वाल्मीकि रामायण'** की कथा से मिलती-जुलती है। इसके अनुसार, एक बार महादेव जी का वीर्य अग्नि में गिर पड़ा। अग्नि उस वीर्य को भस्म नहीं कर पाये। ब्रह्मा की आज्ञा से अग्नि ने वह वीर्य गंगा में डाल दिया। गंगा भी जब उसे न सँभाल सकीं, तब उन्होंने उसको शरवन में डाल दिया। शरवन कुमार की उत्पत्ति हुई। संयोग से कृत्तिकाएँ उधर से गुजरीं। शिशु को अकेला देख वे उसे दूध पिलाने लगीं। उनके ममत्व को देख कुमार ने छः मुख धारण कर सभी का स्तन-पान किया।

अनुशासन पर्व की कथा का प्रारम्भिक अंश तो 'रामायण' के ही समान है, किन्तु बाद का अंश कुछ भिन्न है। इसके अनुसार, देवता, शिव से पार्वती में वीर्य स्थापित न करने की प्रार्थना करते हैं। खंडित-रति पार्वती देवताओं को अपनी पत्नियों से पुत्र न उत्पन्न कर पाने का शाप देती हैं। देवताओं की प्रार्थना पर शिव ने अपना वीर्य ऊपर चढ़ा लिया, पर उसका कुछ अंश अग्नि में गिर पड़ा। अग्नि ने गंगा में वीर्य को स्थापित किया, उसी से कुमार की उत्पत्ति हुई। जिस समय पार्वती ने देवताओं को शाप दिया, उस समय अग्नि वहाँ उपस्थित न थे, अतः अग्नि कुमार के पिता और गंगा कुमार की माता हुई। यहाँ अग्नि को साक्षात् और शिव को परम्परा से कुमार का पिता बताया गया है। 'रामायण' में यह घटना इस रूप में नहीं मिलती, शेष कथा 'रामायण' के अनुसार है।

'ब्रह्म पुराण'[95] में कार्त्तिकेय जन्म की कथा संक्षेप में ही आयी है। इधर तो तारकासुर के अत्याचार के मारे देवताओं की नाक में दम हो रहा था, उधर शिव शक्ति (पार्वती) के साथ सम्भोग-रत थे। घबराकर देवताओं ने अग्नि को उनके पास रति-भंग कराने के लिए भेजा। अग्नि ने शुक-वेश में गवाक्ष के मार्ग से रमण गृह में प्रवेश किया। शिव ने उसकी धृष्टता से रुष्ट होकर अपना वीर्य उसके मुँह

में डाल दिया। अग्नि उसे धारण करने में असमर्थ हो गया, तब उसने गंगा में उस वीर्य को डाल दिया। गंगा ने स्नानार्थ आयी कृत्तिकाओं में उसको स्थापित किया और कृत्तिकाओं ने शरवन में उस वीर्य को डाल दिया। वहीं कुमार का जन्म हुआ।

'पद्म पुराण'96 में कार्त्तिकेय-जन्म की कथा पूर्वोल्लिखित कथा रूपों से भिन्न रूप में आयी है। तारकासुर ने ब्रह्मा से वर पाया था कि महादेव जी से उत्पन्न पुत्र, जो पैदा होने के सात दिन के भीतर महापराक्रमी हो जाय, मुझे मारे, अन्य कोई न मार सके। यह वर पाकर वह देवताओं को सताने लगा। देवताओं ने महादेव जी से प्रार्थना की। महादेव जी ने पार्वती जी से विवाह किया। विवाहोपरान्त महादेव और पार्वती काम-क्रीड़ा में रत हुए। एक सहस्र वर्ष ऐसे ही बीत गये। उधर तारकासुर का देवताओं पर अत्याचार बढ़ता गया। देवताओं ने महादेवजी को अपने कार्य का स्मरण दिलाने के लिए अग्नि को भेजा। अग्नि ने शुक पक्षी का रूप धारण कर झरोखे की राह रमण-कक्ष में प्रवेश किया। पार्वती लज्जित हो शिव का आधा ही वीर्य ग्रहण कर चली गयीं। शिव ने शेष आधा वीर्य अग्नि से ग्रहण करने को कहा। अग्नि ने अंजलि में शिव का वीर्य लेकर पी लिया। पर, वीर्य उसके उदर में न टिक सका और सबका सब निकल गया। उस वीर्य को सब दिशा-देवियों और देवताओं ने ग्रहण कर लिया। किन्तु, शंकर के उस वीर्य को पचाना सरल न था। वीर्य उनके पेट को फाड़ कर निकल पड़ा और सूर्य के रंग का होकर एक मैदान में एकत्र हो गया। वहाँ कई योजन लम्बा एक सरोवर बन गया। उसमें स्वर्ण कमल खिल आये। पार्वती भी उस जल में क्रीड़ा करने गयीं। उनके सामने ही कृत्तिका नाम की नक्षत्र-रूपिणी 6 स्त्रियाँ वहाँ आयीं और उन्होंने कमल के पत्ते में लेकर सरोवर का जल पी लिया। फिर, वे कृत्तिकाएँ पार्वती से बोलीं कि महादेव जी के वीर्य से उत्पन्न इस जल को हम लोगों ने पी लिया है। इससे हम लोग गर्भ धारण करेंगी और उससे जो पुत्र उत्पन्न होगा, उसे हम तुम्हें दे देंगी। किन्तु, वह हम लोगों का भी पुत्र होगा और हमारी भी रक्षा करेगा। फिर पार्वती ने भी वह जल पान किया। उनके पीते ही सरोवर तिरोहित हो गया। वह जल बालक-रूप में पार्वती की दायीं कोख को फाड़कर बाहर निकल आया। उत्पन्न होते ही वह दैत्यों को मारने चल दिया। इससे इस बालक का नाम 'कुमार' भी हुआ। फिर पार्वती की बायीं कोख को विदीर्ण कर एक बालक और हुआ। यह भी अग्नि के मुख से गिरे हुए महादेव जी के जल-रूप वीर्य से ही उत्पन्न हुआ था। कृत्तिकाओं द्वारा एकत्र करके पार्वती को दिये हुए जल से यह बालक उत्पन्न हुआ, इससे इसके 6 मुख हुए, क्योंकि कृत्तिकाएँ 6 होती हैं। 6 शाखाओं से यह बालक संयुक्त हुआ। वे शाखाएँ उस बालक के सब मुखों में जुड़ गयीं। उसी से इस बालक का एक नाम 'विशाख' हुआ और 'षण्मुख' भी। उसके स्कन्द, स्कन्ध, विशाख, विशाख, षण्मुख और कार्त्तिकेय आदि

कई नाम हुए। 'स्कन्द' नाम सरोवर के जल के सूख जाने के कारण हुआ, विशाख शाखाओं से विशेष रीति से युक्त होने के कारण। शाखाओं के योग से होने के कारण 'स्कन्ध' नाम हुआ। कृत्तिकाओं के दिये हुए जल से उत्पन्न होने के कारण उसका नाम 'कार्त्तिकेय' भी प्रसिद्ध हुआ।

जब प्रथमतः अग्नि ने महादेव जी का वीर्य पीकर उगल दिया था, तब वह एक विशाल शरपतके वन में गिरा था, वहीं सरोवर हो गया था। फिर, उसी जल के पीने से कार्त्तिकेय पैदा हुए, इससे उनका एक नाम 'शरजन्मा' या 'शरजात' भी हुआ। इन्द्र ने उन्हें अपनी देवसेना नामक कन्या पत्नी बनाने के लिए दी। विष्णु ने एक रथ तथा चक्र दिया, कुबेर ने दस लाख यक्ष सेवार्थ दिये, अग्नि ने तेज दिया, वायु ने वाहन दिया, त्वष्टा ने एक खिलौना और एक कुंडल दिया। कार्त्तिकेय ने अपनी गदा से तारकासुर का वध किया।

'शिव पुराण' में यह कथा दो स्थलों[97] पर आयी है। रुद्र संहिता, कुमार खण्ड की कथा कुछ अधिक विस्तृत है। उसका सार यह है : शिव पार्वती का विवाह हो जाने के बाद शिव-पार्वती ने दिव्य सहस्र वर्षों तक एकान्त में क्रीड़ा की। देवतागण तारकासुर से पीड़ित थे। शिव-शक्ति की इस अखण्ड रति से ब्रह्माण्ड काँपने लगा। विष्णु को साथ लेकर सब देवता शिव के पास गये। शिव रति-भंग कर बाहर आये। उनका रेतः स्खलित हुआ। देवताओं के कहने से अग्नि ने कपोत-रूप धारण कर शुक्र को पी लिया। तभी पार्वती वहाँ आ गयीं। उन्होंने अग्नि को सर्वभक्षी होने का शाप दिया और देवताओं को अपनी पत्नियों से सन्तान न उत्पन्न करने का। देवता अग्नि में पकाकर अन्न खाते थे, अतः वीर्य का कुछ अंश उनके उदर में भी पहुँचा। इससे देवता जलने लगे। उन्होंने इस दाह से बचने के लिए शिव की स्तुति की। शि की आज्ञा से वमन कर उन्होंने उन अन्न-कणों को, जिनका संसर्ग अग्नि से हुआ था, बाहर निकाला। अग्नि भी उस वीर्य को न झेल सकी। शिव ने उससे कहा कि शीतपीड़ित जो स्त्रियाँ आग तापने आवें, उनमें इस वीर्य का आधान कर दो। सप्तर्षियों की पत्नियों में से वसिष्ठ पत्नी अरुन्धती ने अन्य ऋषि-पत्नियों को आग न तापने को कहा, पर वे न मानीं। अग्नि ने वह वीर्य ताप के माध्यम से उनमें पहुँचा दिया। वे गर्भवती हो गयीं। ऋषियों ने उन्हें त्याग दिया। किन्तु छहों ऋषि पत्नियाँ भी दाह के मारे उस गर्भ को धारण न कर सकीं और उन्होंने उसे गंगा में डाल दिया। गंगा ने भी अपनी लहरों से उस गर्भ को तटवर्ती शरवन (सरपतों की झाड़ियाँ) में फेंक दिया। वहीं स्कन्द का जन्म हुआ। संयोग से विश्वामित्र वहाँ पहुँच गये। उन्होंने कुमार का जातकर्म-संस्कार आदि किया। अग्निदेव भी वहाँ पहुँचे। उन्होंने कुमार को शक्ति तथा शस्त्र दिये। इसी समय कुमार ने दस पद्‌म राक्षसों को नष्ट कर दिया। इससे सृष्टि में हाहाकार मच गया। इन्द्र भी आया। उसने स्कन्द पर वज्र

प्रहार किया, पर स्कन्द का बाल बाँका न हुआ। स्कन्द दूसरे रूप में पुनः-पुनः उत्पन्न हो जाता था। इस प्रकार चार स्कन्द वहाँ उत्पन्न हो गये। इन्द्र डर कर भागा। इसी बीच षण्मातृकाएँ वहाँ नहाने आयीं। उन्होंने शिशु को स्तन-पान कराया। कार्त्तिकेय ने षण्मुख होकर छहों कृत्तिकाओं को सन्तुष्ट किया। कृत्तिकाएँ उस शिशु को लेकर चली गयीं। एक दिन शिव से पार्वती ने उनके अमोघ वीर्य के परिणाम के विषय में पूछा। शिव ने पृथ्वी से पूछा, पृथ्वी ने अग्नि से, अग्नि ने गंगा से, गंगा ने सूर्य से, सूर्य ने चन्द्र से पूछा। अन्त में पता चला कि शिशु तो कृत्तिकाओं के पास है। शिव कुमार को ससैन्य लिवाने चले। शिव जब कार्त्तिकेय को लेकर आये तब उनके यहाँ पुत्रोत्सव मनाया गया। इस उत्सव में ब्रह्मा तथा अन्य देवताओं ने कुमार को दिव्यास्त्र दिये। इन्हीं से उसने तारकासुर को युद्ध में हराया।

'शिव पुराण' पूर्वार्द्ध, अध्याय 2-4 में आयी कथा 'पद्मपुराण' की कथा से तो पर्याप्त भिन्न है, किन्तु इसी पुराण को रुद्र संहिता, कुमार खण्ड की कथा से उसमें बहुत समानता है। भिन्नता बस यह है—(1) अग्नि के शरीर में प्रविष्ट शिव का वीर्य छः ऋषि-पत्नियों में रोम-कूप द्वारा चला गया जिससे वे गर्भवती हो गयीं। ऋषियों ने अपनी पत्नियों पर कोप किया, तब पत्नियों ने हिमालय की पीठ पर उस वीर्य को छोड़ दिया और फिर उठाकर गंगा में डाल दिया। (2) विश्वामित्र ने नवजात शिशु (कार्त्तिकेय) का संस्कार करते हुए बताया कि यह शिव और गिरिजा का पुत्र है। विश्वामित्र द्वारा प्रदत्त सांगि अर्थात् शक्ति के प्रयोग से कार्त्तिकेय ने एक पर्वत के दो टूक कर दिये। (3) जिन छओं ऋषि पत्नियों ने शिव का तेज धारण किया था, वे पुनः गंगा नहाने आयीं। शिशु कार्त्तिकेय को देखकर उनमें से प्रत्येक का मन चाहा कि उसे उठा लें। सब आपस में झगड़ने लगीं कि यह पुत्र मेरा है। शिशु ने उनका झगड़ा मिटाने के लिए छः मुख होकर सबके स्तनों का दूध पिया। (4) देवता इस शिशु को लेकर कैलास गये। शिव ने पार्वती को स्कन्द (कार्त्तिकेय) का परिचय दिया। पार्वती ने उसे अपना दूध पिलाया।

यहाँ छः कृत्तिकाओं के स्थान पर छः ऋषि-पत्नियों का कुमार को दुग्ध-पान कराना विशेष है।

'ब्रह्मवैवर्त पुराण'[98] में आगत कथा 'शिव पुराण' के कुमार-खण्ड की कथा के समान होते हुए भी कई बातों में भिन्न है। विवाह के बाद शंकर-पार्वती ने दिव्य सहस्र वर्ष तक नर्मदा के तट पर रति-लीला की। दोनों ही एक-दूसरे के अंगस्पर्श से मूर्च्छित हो गये। इस अद्‌भुत सम्भोग लीला को देख कर जब देवता नारायण के पास पहुँचे, तब नारायण ने उनसे कहा कि कोई उपाय ऐसा करो जिससे शिव का वीर्य भूमि पर गिरे, नहीं तो पार्वती के उदर में गर्भाधान होने पर जो सन्तान उत्पन्न होगी, वह देवों और असुरों दोनों के लिए ही घातक होगी। इन्द्र ने शिव की

रति भंग करने के लिए कुबेर को, कुबेर ने वरुण को, वरुण ने वायु को, वायु ने यम को, यम ने अग्नि को, अग्नि ने सूर्य को, सूर्य ने चन्द्रमा को और चन्द्रमा ने ईशान को कहा, किन्तु किसी को साहस न हुआ। तब इन्द्र, चन्द्र, सूर्य और पवन ने बारी-बारी से शिवजी को धीरे से उद्‌बोधन किया। शिवजी जाग तो गये, पर पार्वती जी के डर से सम्भोग-अवस्था में उठने का प्रयत्न न कर सके। जब देवताओं ने फिर स्तुति की, तब उन्होंने पार्वती जी से अलग होने का प्रयत्न किया। इसी बीच उनका वीर्य पृथ्वी पर गिर गया। उसी से स्कन्द उत्पन्न हुए[99]। महादेव जी ने रति से उठकर देवताओं को परामर्श दिया कि आप सब यहाँ से भाग जाइए, अन्यथा पार्वती जी आप पर क्रोधित होंगी। जब पार्वती जी रति-भंग हो जाने के बाद उठीं, तब शिव जी डर के मारे थर-थर काँपने लगे। पार्वती ने देवताओं को व्यर्थ वीर्य हो जाने का शाप दिया।[100]

शंकर का जो अमोघ वीर्य स्खलित हुआ, उसके विषय में पार्वती जी ने विष्णु भगवान से जिज्ञासा की। विष्णु ने देवताओं पर जोर डाला कि उस वीर्य की खोज की जाये। धर्म ने बताया कि वह पृथ्वी पर गिरा, पृथ्वी ने कहा कि मैंने उसे धारण न कर पाने के कारण अग्नि में डाल दिया, अग्नि ने कहा कि मैंने भी असमर्थ होकर उसे शरपतों के वन में डाल दिया। वायु ने बताया कि उस वीर्य से तो एक सुन्दर बालक उत्पन्न हुआ है। चन्द्रमा ने कृत्तिकाओं द्वारा उस बालक के पालन-पोषण की बात कही और उसके कार्त्तिकेय नाम का रहस्य बताया। पार्वती ने प्रसन्न होकर बहुत दान-पुण्य किया।[101] शंकर ने वीरभद्र, विशालाक्ष आदि पार्षदों को भेज कर कृत्तिकाओं के घर पर घेरा डलवा दिया। कृत्तिकाओं ने कार्त्तिकेय का पता बता दिया। नन्दी ने कार्त्तिकेय को अपने साथ चलने को कहा। कार्त्तिकेय आये और विष्णु ने वेदमन्त्र से उनका अभिषेक किया। शिवजी ने उन्हें पाशुपतास्त्र दिया। अन्य देवताओं ने भी उनको विशेष आयुध दिये।[102]

'वाराह पुराण'[103] में कुमार कार्त्तिकेय की उत्पत्ति अनेक मन्वन्तरों में अनेक लोगों के द्वारा होने की बात कही गयी है। आदि मन्वन्तर में पुरुष-स्वरूप शिव और अव्यक्त प्रकृति-स्वरूप उमा से अहंकार-स्वरूप कार्त्तिकेय की उत्पत्ति हुई। उत्पत्ति का कारण यह हुआ : दैत्यों को पराजित करने के लिए देवताओं को एक योग्य सेनापति की आवश्यकता हुई। देवताओं ने इसके लिए शिव से प्रार्थना की। शिव ने शक्ति को क्षुब्ध किया। इससे अग्नि के समान तेजस्वी कार्त्तिकेय का जन्म हुआ। देवताओं ने उन्हें अपना सेनापति बनाया। अन्य मन्वन्तरों में भी कृत्तिका, अग्नि, अम्बिका आदि से पृथक-पृथक कुमार की उत्पत्ति होना कहा गया है।

'स्कन्द पुराण' में यह कथा पाँच स्थलों[104] पर आयी है। सामान्य परिवर्तन के अतिरिक्त पाँचों स्थलों की कथा एक-सी है। माहेश्वर खण्ड की कथा का सार

यह है—तारक के तप से प्रसन्न होकर ब्रह्मा ने उसे वर दिया कि एक बालक को छोड़ अन्य सभी से वह अजेय होगा। वर पाकर तारक देवताओं को कष्ट देने लगा। आकाशवाणी से देवताओं को पता चला कि शिव के वीर्य से उत्पन्न पुत्र से ही तारक मारा जाएगा। इधर शिव सती के वियोग में घोर तपस्या में लीन थे। देवताओं ने कामदेव को तपस्या भंग कराने के लिए शिव के पास भेजा। कामदेव भस्म कर दिया गया। काम के भस्म हो जाने के बाद भी पार्वती ने शिव को पति रूप में प्राप्त करने के लिए कठोर तप किया। शिव प्रसन्न हुए। पार्वती से उनका विवाह हुआ। गन्धमादन पर्वत पर वे पार्वती के साथ विहार करने लगे। उनका रमण शिव-शक्ति का रमण था, अतः वह लोक के लिए अहितकर था। ब्रह्मा और विष्णु ने अग्नि को हंस के रूप में शिव के पास भेजा। हंस-रूपी अग्नि ने शिव से भिक्षा में उनका वीर्य माँगा। पार्वती ने अग्नि को भिक्षा में शिव का शुक्र समर्पित किया। अग्नि ने उस वीर्य को खा लिया। पार्वती ने अग्नि को सर्वभक्षी होने का शाप दिया। शापित अग्नि शिव-शुक्र को न पचा सका। अरुन्धती के रोकने पर भी शीत-पीड़ित कृत्तिकाएँ ताप पाने के लिए अग्नि के पास पहुँचीं। अग्नि ने ताप के द्वारा वह वीर्य कृत्तिकाओं के शरीर में डाला। कृत्तिकाएँ गर्भवती हो गयीं। लोक-लाजवश उन्होंने अपना गर्भ सुमेरु पर्वत पर डाल दिया। वहाँ से वह भ्रूण गंगा में पहुँचा। गंगा भी उस तेज को न सह सकीं। उन्होंने उसे शरवन में फेंक दिया। इसी शरवन में कुमार का जन्म हुआ। नारद ने कुमार के जन्म का वृत्तान्त शिव को सुनाया। शिव अपने गणों के सहित जाकर कुमार को लिवा लाये। कुमार देवताओं के सेनापति बने। उन्होंने नमुचि के पुत्र तारक का वध किया।

'स्कन्द पुराण' की इस कथा पर **'शिव पुराण'** की कथा का पर्याप्त प्रभाव दिखाई देता है।

'वामन पुराण'[105] की कार्त्तिकेय-जन्म कथा महाभारत के शल्य पर्व की कथा से मिलती-जुलती है। इसमें विशेषता इतनी ही है कि प्रत्येक घटना के लिए समय का निर्देश हुआ है, जैसे—अग्नि ने शिव के वीर्य को पाँच हज़ार वर्ष तक धारण किया। अग्नि ने जब उस वीर्य को छोड़ दिया, तब कुटिला नदी में वह वीर्य पाँच हज़ार वर्ष तक रहा। शरवन में भी वह दस हज़ार वर्ष तक पड़ा रहा। वहाँ कार्त्तिकेय की उत्पत्ति हुई।

'मत्स्य पुराण'[106] में वर्णित कथा का 'रामायण' और 'महाभारत' के शल्यपर्व की कथा से पूर्ण साम्य है। यहाँ चैत्र शुक्ला पूर्णिमा को पार्वती की दक्षिण कुक्षि से दैत्यों को मारने वाले कुमार नामक पुत्र की उत्पत्ति हुई। इनके शरजात होने का यहाँ उल्लेख नहीं। शेष कथा पूर्ववत् है।

'ब्रह्माण्ड पुराण'[107] की कथा में जब इन्द्र अग्नि को शिव-पार्वती की रति-क्रीड़ा

में विघ्न डालने के लिए भेजता है, तब पार्वती अग्नि पर रुष्ट होकर उसे शाप देती हैं कि तुम शिव का गर्भ धारण करोगे। बाद में अग्नि ने उस वीर्य को गंगा में और गंगा ने उसको तट पर (शरवन में नहीं) डाल दिया। वहीं कुमार का जन्म हुआ। शेष कथा पूर्ववत् है।

'कथा सरित्सागर' में यह कथा बहुत-कुछ 'शिव पुराण' के समान ही है, फिर भी इसमें कुछ नवीन उद्भावनाएँ की गयी हैं, जैसे–(1) कामदेव को भस्म करने के बाद भी शिव ने पार्वती के तप से प्रसन्न होकर उनसे विवाह किया और काम के बिना ही उन्हें पुत्रवती बनाने का वचन दिया। उनका रमण अनेक वर्ष तक चला। (2) देवताओं ने अग्नि से कहा कि यह रमण-कक्ष में जाकर शिव को अपनी रति समाप्त करने को कहे। किन्तु, शिव के कोप का स्मरण कर अग्नि जल में जा छिपा। वहाँ मेढ़कों ने उसका पता दे दिया। फिर, अग्नि मन्दराचल पर जा छिपा, किन्तु वहाँ के हाथियों ने उसका सुराग देवताओं को दे दिया। अन्ततः देवताओं के बहुत कहने-सुनने पर अग्नि शिव और पार्वती के रमण-कक्ष में गया। (3) जब इतने समय की रति के बाद भी पार्वती पुत्रवती न हुई, तब शिव ने उन्हें गणेश जी की पूजा करने को कहा। पार्वती ने सहस्रों वर्ष तक गणेश की आराधना की। गणेश प्रसन्न हुए। पार्वती ने एक षण्मुखी पुत्र को जन्म दिया, जो 'षडानन' या 'कार्त्तिकेय' के नाम से प्रसिद्ध हुआ। इसी ने देव-सेनापति बन कर तारकासुर को मारा।

9. कृष्णावतार की कथा

कृष्णावतार या कृष्ण-चरित का वर्णन **'महाभारत'**[108], **'ब्रह्मपुराण'**[109], **'पद्म पुराण'**[110], **विष्णु पुराण'**[111], **'वायु पुराण'**[112], **'भागवत पुराण'**[113], **'देवीभागवत पुराण'**[114], **'अग्नि पुराण'**[115], **'ब्रह्मवैवर्त्त पुराण'**[116] और **'लिंग पुराण'**[117] में मिलता है। उनमें आयी कृष्ण-कथा के उस अंश का, जिसमें कृष्ण-जन्म की पूर्व कथा, देवकी के गर्भ से कृष्ण की उत्पत्ति, वसुदेव द्वारा उन्हें गोकुल छोड़ आने और वहाँ से कन्या रूप में उत्पन्न योगमाया को ले आने आदि का वर्णन है, सर्वसम्मत रूप नीचे दिया जा रहा है। भिन्नता के स्थलों का भी निर्देश कर दिया गया है।

कृष्णावतार के कारण पर **'पद्म पुराण'**, **'विष्णु पुराण'**, **'भागवत पुराण'** और **'ब्रह्मवैवर्त्त पुराण'** में प्रकाश डाला गया है। 'पद्म पुराण' और 'विष्णु पुराण' में उल्लेख है कि कंस का अत्याचार जब बहुत बढ़ गया, तब संत्रस्त होकर पृथ्वी विष्णु के पास पहुँची और कंस को मारने के लिए उनसे कृष्णावतार लेने को कहा। विष्णु ने पृथ्वी को ढाढ़स देकर विदा किया और देवकी के आठवें गर्भ से अवतरित होने का आश्वासन दिया। **'पद्म पुराण'** में पृथ्वी पहले ब्रह्मा के समीप गयी है, फिर

ब्रह्मा, पृथ्वी तथा अन्य देवताओं को लेकर विष्णु के पास गये हैं। **'विष्णु पुराण'** में पृथ्वी सीधे विष्णु के पास गयी है।

बन्दीगृह में कृष्ण का जन्म हुआ। भगवान की योगमाया के प्रभाव से सभी पहरुए सो गये, वसुदेव की हथकड़ी-बेड़ी अपने-आप खुल गयीं। द्वार भी खुल गये। कृष्ण को लेकर वसुदेव गोकुल को चले। मार्ग में उफनती हुई यमुना मिली, किन्तु उसने भी अपने को घटाकर वसुदेव को रास्ता दिया। जब वसुदेव गोकुल में नन्द गोप के घर पहुँचे तब सारा घर सोया पड़ा था। वसुदेव ने कृष्ण को यशोदा के पास लिटा दिया और योगमाया-स्वरूपा कन्या को लेकर मथुरा में आ गये। पुनः हथकड़ी-बेड़ी, द्वार, पहरुए पूर्ववत् हो गये। पहरेदारों ने कंस को समाचार दिया। कंस आया। देवकी के हाथ से कन्या को छीनकर उसने उसे शिला पर पटकना चाहा कि कन्या हाथ से छूटकर अष्टभुजा भवानी का रूप धारण कर आकाश में चली गयी और बोली कि तुझे मारने वाला तो पहले ही जन्म ले चुका है। यह सुन कंस बहुत पछताया और भयभीत हुआ। उधर नन्द के घर में पुत्रोत्सव मनाया गया। कृष्ण कुमारावस्था तक गोकुल में ही रहे।

उपर्युक्त सभी ग्रन्थों में कथा का यह रूप मिलता है, किन्तु कइयों में कुछ विशेषताएँ भी हैं, जैसे—**'विष्णु पुराण'** में उल्लेख है कि वसुदेव जब कृष्ण को ले जाने लगे, तब यमुना घुटनों तक उतर गयी थी।[118] उनकी भेंट नन्द जी से, जो कंस को कर देने के लिए आये हुए थे, यमुना तट पर ही हो गयी। **'श्रीमद्भागवत पुराण'** में उल्लिखित है कि कृष्ण ने जन्म ग्रहण करते ही वसुदेव-देवकी को शंख-चक्र-गदा-पद्मधारी बालक के रूप में दर्शन दिये और उनके पूर्व-जन्म का वृत्तान्त उनसे बताते हुए कहा कि पहले देवकी थी पृश्नि और वसुदेव थे सुतपा नामक प्रजापति। उन दोनों ने भगवान से उनकी तरह का ही पुत्र माँगा था। उस वर की पूर्ति के लिए उस जन्म में भगवान 'पृश्निगर्भ' के रूप में उनके पुत्र हुए। पुनः दूसरे जन्म में वसुदेव-देवकी कश्यप और अदिति बने तथा भगवान बने उनके पुत्र उपेन्द्र या वामन। अब तीसरे जन्म में वसुदेव-देवकी के घर उनका पुनः अवतार हुआ है।[119] **'विष्णु पुराण'** और **'श्रीमद्भागवत पुराण'** में यह भी उल्लिखित है कि योगमाया की भविष्यवाणी के बाद कंस को पश्चात्ताप हुआ और वसुदेव-देवकी को बन्दीगृह में रखना व्यर्थ समझ उसने उन्हें मुक्त कर दिया।[120] **'देवी भागवत पुराण'** में प्रसव से पूर्व देवकी वसुदेव को बताती है कि पहले कभी यशोदा ने उससे वादा किया था कि तुम अपने पुत्र को मेरे पास भेज देना, मैं उसका पालन करूँगी। जब कृष्ण-जन्म हो गया, तब आकाशवाणी भी हुई कि 'वसुदेव, तुम इस शिशु को लेकर शीघ्र गोकुल चले जाओ, मैंने सभी रक्षपालों को निद्रा में विमोहित कर दिया है।[121] **'ब्रह्मवैवर्त्त पुराण'** में कंस देवकी की प्रार्थना पर यशोदा की कन्या को बिना मारे ही

छोड़ देता है। कृष्ण की इसी बहन का पाणिग्रहण रुक्मिणी के विवाह के समय दुर्वासा ऋषि के साथ हुआ। यह वृत्तान्त अन्य किसी पुराण में नहीं मिला। **'महाभारत'** में उल्लेख है कि कृष्ण सात वर्ष की अवस्था तक तो ब्रजमण्डल में रहे और तदनन्तर वे वृन्दावन में जाकर गौएँ चराते हुए लीला-विहार करने लगे।[122]

10. कृष्ण लीला सन्दर्भ

कृष्ण जब गोकुल में रहे और उसके अनन्तर जब वे वृन्दावन चले गये, तब उनके द्वारा की गयी अनेक चमत्कारिक और वीरतापूर्ण लीलाओं का उल्लेख महाभारत और पुराणों में आया है। उन लीलाओं में मुख्य हैं—**शंकट-भंजन**[123], **पूतना वध**[124], **अमलार्जुन-उद्धार**[125], **कालिय नाग-मर्दन**[126], **धेनुकासुर-वध**[127], **प्रलम्बासुर-वध**[128], **बकासुर-वध**[129], **तणावर्त्त-वध**[130], **अरिष्टासुर-वध**[131], **केशिन-वध**[132], **वत्सासुर-वध**[133], **अघासुर-वध**[134], **दावानलपान**[135], **गोवर्द्धन-धारण**[136], **वरुण लोक** से नन्द जी को छुड़ा लाना है[137], **व्योमासुर-वध**[138], **सुदर्शन और शंखचूड़ उद्धार**[139], **कुबलयापीड़-वध**[140], **चाणूर और मुष्टिक-वध**[141], **कंसासुर-वध**[142] तथा **कंस वध**।[143]

11. कृष्ण द्वारा कालिय नाग का दमन

'महाभारत' में कृष्ण-चरित्र के वर्णन-प्रसंग में कृष्ण द्वारा बाल्यावस्था में की गगी चमत्कारी लीलाओं के साथ इस लीला का भी उल्लेख हुआ है। वृन्दावन में कदम्ब वन के पास जो ह्रद (कुण्ड) था, उसमें प्रवेश करके कृष्ण ने कालिय नाग के मस्तक पर नृत्य-क्रीड़ा की थी। फिर सब लोगों के सम्मुख ही उसे अन्यत्र जाने का आदेश दिया था।[144]

'ब्रह्मपुराण'[145] में भी कालिय नाग का आख्यान आया है। कृष्ण-बलराम के बिना ही गोपों के साथ कालिय दह पर जाते हैं। गोपों को विषादयुक्त देख कर कालियह्रद में कूदते हैं। वहाँ कालिय सपरिवार आता है और कृष्ण को डँसता है। उधर कृष्ण के ऊपर आने में विलम्ब होता देख गोपियाँ विलाप करने लगती हैं। बलराम नन्द को कृष्ण का वास्तविक रूप बतला कर सान्त्वना देते हैं। ह्रद के भीतर नागपत्नी और कालिय कृष्ण की स्तुति करते हैं। कृष्ण कालिय को समुद्र में चले जाने की आज्ञा देते हैं। कालिय सपरिवार वृन्दावन को छोड़ कर समुद्र की ओर चल देता है। कृष्ण प्रसन्नतापूर्वक झील से बाहर आते हैं।

'पद्‌म पुराण'[146] में भी कालिय नाग-वध का उल्लेख आया है। वह कालिय ह्रद के जल को विषाक्त कर देता था। गोपों का कष्ट दूर करने के लिए कृष्ण

ने उसके फण पर नृत्य किया, उसे निर्विष बनाकर विवश किया कि वह दह को सपरिवार छोड़ जाय।

'विष्णु पुराण'[147] में कालिय नाग के दमन का वृत्तान्त **महाभारत, ब्रह्मपुराण** और **पद्मपुराण** की अपेक्षा अधिक विस्तार से वर्णित हुआ है। यहाँ भी कृष्ण-बलराम को साथ लिए बिना ही वृन्दावन के समीप यमुना-तट पर उस स्थान पर पहुँचते हैं जहाँ यमुना का जल आवर्त्त-युक्त होकर फेनिल हो जाता था। उन्हें पता चला कि वह कालिय नाग का भयंकर कुण्ड है जिसकी विषाग्नि से वृक्ष और पक्षी तक जल जाते थे। उस ह्रद का जल प्यासे मनुष्यों तथा पशुओं के उपयोग में लाने योग्य नहीं रहा था। कृष्ण नाग-कुण्ड में कूद गये। नागराज उनके सम्मुख आया। उसके साथ बहुत-से सर्प और सैकड़ों नाग-पत्नियाँ थीं। उन्होंने कृष्ण को कुण्डलाकार होकर बाँध लिया और उन्हें काटने लगे। उधर गोप-बालक कृष्ण को कालिय-कुण्ड में कूदता देख ब्रज में चले आये। नन्द और यशोदा तथा बहुत-से गोप सुनते ही दौड़े आये। गोपियाँ भी बिलखती हुई आयीं। बलराम जी ने कृष्ण के ईश्वरत्व को बतला कर सबको ढाढ़स बँधाया। ह्रद के भीतर कृष्ण ने उछलकर अपने को नागों के बन्धन से छुड़ा लिया और अपने दोनों हाथों से कालिय नाग के बीच का फण झुकाकर उस पर चढ़ गये और लगे नाचने। उनके नत्य और ताड़न से नाग मूर्च्छित-सा हो गया। नाग-पत्नियों ने कृष्ण से उसे छोड़ देने का अनुरोध किया। पति के प्राणों की भिक्षा माँगी। उन्होंने कृष्ण के ईश्वरत्व को स्वीकार किया। कालिय नाग ने भी कृष्ण की स्तुति की। उसने कहा कि विषधर होने में उसका अपना अपराध तो कुछ है ही नहीं, यह तो विधाता-रचित उसका जाति-स्वभाव है। कृष्ण ने उसे यमुना का जल छोड़ कर परिवार-सहित समुद्र में चले जाने के लिए आज्ञा दी। यह भी कहा कि तेरे फण पर मेरे नर्तन के कारण बने हुए चरण चिह्नों को देखकर सर्प-शत्रु गरुड़ तुझ पर आक्रमण नहीं करेंगे। कालिय नाग कृष्ण को प्रणाम कर बन्धु-बान्धवों सहित समुद्र को चला गया। सर्प के चले जाने पर कृष्ण ऊपर आये। गोपों ने जल को निर्विष और स्वच्छ हुआ जान कर प्रसन्नता प्रकट की। कृष्ण के लोक-रक्षक रूप को देख कर उनकी प्रीति उन पर और बढ़ गयी।

'श्रीमद्भागवत पुराण' में भी इस घटना का विस्तृत उल्लेख है।[148] कालिय नाग द्वारा अपने पाश में कृष्ण को जकड़ना, उनका अपने शरीर को फुला कर नागपाश से मुक्त होना, उसके 101 फनों पर नृत्य करके उसे बेदम कर देना और नागपत्नियों की प्रार्थना पर कृष्ण का अपना नर्त्तन बन्द करना तथा समुद्र में स्थित रमणक द्वीप में रहने के लिए कालिय नाग का सपरिवार प्रस्थान आदि घटनाएँ उल्लिखित हैं। कालिय नाग के चले जाने से कालिय-दह का जल विषहीन और अमृत के समान मधुर हो गया। इस पुराण में कालिय-नाग के रमणक द्वीप को छोड़ कर कालियदह

(यमुना के जल) में आ बसने की कथा भी दी हुई है, जो अन्य किसी पुराण में नहीं मिलती। कथा यह है : विनता के पुत्र गरुड़ कद्रू के नाग-पुत्रों के शत्रु थे। गरुड़ सब सर्पों को खा कर शीघ्र ही समाप्त न कर दें, इसलिए ब्रह्मा जी ने नियम बना दिया कि प्रत्येक मास में एक निर्दिष्ट वृक्ष के नीचे गरुड़ को एक सर्प की भेंट दी जाये। प्रत्येक अमावस्या को गरुड़ को यह भेंट मिलती रहती थी। कद्रू का एक पुत्र कालिय बड़ा अभिमानी था। वह स्वयं तो बलि देना दूर, दूसरे सर्पों द्वारा दी हुई बलि को भी खा लेता। गरुड़ और उसमें युद्ध हुआ। गरुड़ ने उसे भगा दिया। वहाँ से भाग कर कालिय नाग यमुना के दह में आकर रहने लगा। यह कुण्ड ऐसा था जो सौभरि ऋषि के शाप के कारण गरुड़ के लिए अगम्य था। यदि गरुड़ वहाँ आते, तो प्राणों से हाथ धो बैठते। कालिय को यह बात ज्ञात थी, इसीलिए वह इस कुण्ड में, जो बाद में 'कालियदह' के नाम से प्रसिद्ध हुआ, आकर बेखटक रहने लगा। श्रीकृष्ण ने कालिय को अभय-दान देकर पुनः रमणक द्वीप में भेज दिया।[149]

'अग्निपुराण' में केवल इतना ही वर्णन आता है कि वृन्दावन जाकर कृष्ण ने यमुना के दह में कालिय नाग को जीता और उसे वहाँ से निकाल दिया।[150]

'ब्रह्मवैवर्त्त पुराण'[151] में कालिय-दमन की कथा अधिकांशतः श्रीमद्भागवत के अनुसार वर्णित है। कुछ विशेषताएँ ये हैं—(1) कालियदह का विषयुक्त जल पीने से कुछ गौओं की मृत्यु हो जाती है, कृष्ण अपने योग-बल से उन्हें जिला देते हैं, फिर कालिय के स्थान पर जा कूदते हैं। (2) कालिय नाग की पत्नी का, जो कृष्ण की स्तुति करती है, यहाँ सुरसा नाम लिखा है। कृष्ण उसे अपनी धर्म-पुत्री बना लेते हैं और कालिय को धर्म-जामाता। वे यह कहते हैं कि इसके फनों पर नर्त्तन करते समय मेरे जो चरण चिह्न उन पर बन गये हैं, उनको देख कर कालिय का शत्रु गरुड़ भी उसको प्रणाम करेगा। कालिय नाग और गरुड़ में शत्रुता का कारण, गरुड़ को सौभरि ऋषि का शाप, जिसके कारण वे कालिय-दह में नहीं आ सकते थे और इसी कारण कालिय वहाँ रहता था आदि अन्तर्कथाओं को भी यहाँ स्पष्ट किया गया है, किन्तु श्रीमद्भागवत की अपेक्षा यहाँ उनमें कोई नवीनता नहीं।

12. कृष्ण का गोपियों के साथ महारास

कृष्ण पर ब्रज की गोपियों की अनुरक्ति का प्रमाण कृष्ण द्वारा की गयी चीर हरण लीला[152] में तो मिलता ही है, परन्तु सबसे अधिक प्रमाण उस महारास-लीला[153] में मिलता है जिसमें गोपियाँ कृष्ण-प्रेम के आगे लोक-मर्यादा को त्याग कर सर्वोत्तम-समर्पण की भावना से रास-लीला में कृष्ण के साथ सम्मिलित हुई थीं। शरद ऋतु की उजाली रात में, जब कि वन का कोना-कोना स्निग्ध, धवल चाँदनी से मधुस्नात हो रहा था,

तब कृष्ण ने अपनी बाँसुरी पर ब्रज-सुन्दरियों के मन को हरनेवाली कामबीज 'क्लीं' की अस्पस्ट एवं मधुर तान छेड़ दी। कृष्ण ने गोपियों के मन को तो पहले से ही अपने वश में कर रखा था, वंशी की मधुर तान ने तो उनका भय संकोच, धैर्य, मर्यादा आदि सब कुछ छीन लिया। वंशी की ध्वनि सुनते ही, गोपियाँ एक-दूसरे को सूचना दिये बिना ही, घरवालों से चोरी-छिपे, अपने हाथ का सब कुछ काम छोड़ कर, वन की दिशा में चल पड़ीं। उनके पिता-भाई, पति-परिवार ने रोकने की भी चेष्टा की, पर वे न रुकीं और वंशी के वशीकण से खिंचती हुई वहाँ आ गयीं जहाँ कृष्ण अपनी वंशी की धुन में उनका आह्वान कर रहे थे। कृष्ण ने गोपियों के साथ यमुना-पुलिन पर क्रीड़ा की। कृष्ण का प्रेम पाकर गोपियों ने अपने को संसार की स्त्रियों में श्रेष्ठ समझा। उन्हें कुछ मान भी हो आया। उनका गर्व दूर करने के लिए कृष्ण कुछ समय के लिए अन्तर्धान हो गये। प्रेम मतवाली गोपियाँ कृष्णमय हो गयीं। वे कृष्ण की गति-मति, भाव-भंगी का अनुकरण करती हुई एक झाड़ी में जाकर कृष्ण को ढूँढ़ने लगीं, लता-वृक्षों से कृष्ण का पता पूछने लगीं। कृष्ण के विरह में वह रोने-गाने और प्रलाप करने लगीं। तभी कृष्ण उनके बीच प्रकट हो गये। उनके साथ उन्होंने रासक्रीड़ा आरम्भ की। दो-दो गोपियों के बीच एक-एक कृष्ण प्रकट हो गये। एक गोपी और एक कृष्ण यही क्रम था। सभी गोपियाँ ऐसा अनुभव करती थीं कि उनके प्यारे कृष्ण उन्हीं के पास हैं। गोपियों के साथ कृष्ण नाचने लगे। कृष्ण अपने भुजपाश को गोपियों के गले में लपेटे हुए थे। नाचते-नाचते गोपियों के केश, वस्त्र और कंचुकी के बन्धन शिथिल पड़ गये। फिर कृष्ण यमुना-जल में कूद पड़े। गोपियाँ भी उनके पीछे-पीछे कूद पड़ीं। गोपियों के साथ कृष्ण ने कुछ देर तक जल-क्रीड़ा की। फिर वे गोपियों के साथ घिरे हुए, यमुना तट के उपवन में गये और वहाँ उन्होंने गोपियों के साथ विहार किया।[154]

'ब्रह्मवैवर्त्त पुराण'[155] में रास-लीला का जो वर्णन हुआ है, उसमें कृष्ण की मुरली के मादक शब्द को सुन कर कई हज़ार गोपियों का कृष्ण के पास खिंचे आने का उल्लेख है। राधा सुशीला आदि 33 सखियों के साथ, सुशीला अपनी 16 हज़ार सखियों के साथ, कुन्ती गोपी 10 हज़ार सखियों के साथ, कदम्बमाला 13 हज़ार सखियों के साथ कृष्ण के पास आती है। यमुना, जाह्नवी, पद्ममुखी, जावित्री, स्वयंप्रभा, सुधामुखी, शुभा, पद्मा, सर्वमंगला, गौरी एवं पद्मा, कालिका, कमला एवं दुर्गा, सरस्वती, भारती, अपर्णा, रति, गंगा, अम्बिका, सती, नन्दिनी, सुन्दरी, कृष्ण-प्रिया और मधुमति, चम्पा, चन्दना, आदि गोपियों के साथ क्रमशः 14, 9, 9, 15, 7, 14, 14, 14, 16, 14, 16, 13, 14, 14, 14, 16, 13, 10, 13, 16, 13 और 16 हज़ार सखियों का आगमन रासलीला में भाग लेने के लिए होता है और रात में ये सब कृष्ण में अनुरक्ता गोपियाँ उनके साथ 33 वनों में रासक्रीड़ा करती

हैं। इस प्रकार, यहाँ गोपियों की संख्या सोलह सौ ही न रहकर लगभग 3 लाख 4 हज़ार हो जाती है।

13. कृष्ण का अक्रूर के साथ मथुरा-गमन

कंस के आदेश पर, कृष्ण को अक्रूर द्वारा मथुरा ले जाने की घटना का उल्लेख **'महाभारत'** में नहीं आता, किन्तु उसके खिल भाग **'हरिवंश'**[156] में इस घटना का उल्लेख हुआ है। उसमें अक्रूर को वृष्णिवंशी श्वफल्क का पुत्र बताया गया है।[157] **'हरिवंश पुराण'** के अतिरिक्त **'ब्रह्म पुराण'**[158], **'पद्‌म पुराण'**[159], **'विष्णु पुराण'**[160], **श्रीमद्‌भागवत पुराण'**[161], **'देवीभागवत पुराण'**[162], **'अग्नि पुराण'**[163] **और ब्रह्मवैवर्त पुराण'**[164] में इस घटना का उल्लेख हुआ है, जो इस प्रकार है–

कंस यह सोच कर कि अक्रूर ही किसी प्रकार समझा-बुझाकर कृष्ण-बलराम की मथुरा ला सकते हैं, अक्रूर से निवेदन करता है कि वे वृन्दावन जाकर कृष्ण-बलराम को तथा नन्दादि गोपों को ले आयें। इसके लिए कंस ने धनुष-यज्ञ के आयोजन का बहाना कर रखा था। उसने पूरी तैयारी कर रखी थी कि इस बहाने कृष्ण को मथुरा बुला कर उनका वध कर दिया जाये। इसके लिए उसने कुवलयापीड़ हाथी, चाणूर और मुष्टिक नामक आंध्रदेशीय पहलवानों तथा अन्यों को नियुक्त कर रखा था। अक्रूर गोकुल जाते हैं। वहाँ पहुँच कर वे कृष्ण को उन सब अत्याचारों की कहानी सुनाते हैं जो कंस ने उनके माता-पिता देवकी-वसुदेव पर ढाये थे और इस प्रकार उनको मथुरा चलने और वहाँ जाकर कंस का वध करने के लिए उत्तेजित करते हैं। नन्द आदि गोपों को उन्होंने धनुष-यज्ञ-समारोह को देखने और इस अवसर पर अपनी भेंट अथवा कर चुकाने के लिए मथुरा चलने का कंस का निमन्त्रण दिया और उन्हें चलने के लिए तैयार कर लिया। अगले दिन प्रातः अक्रूर सबको लेकर चल दिये। अपने रथ पर उन्होंने कृष्ण और बलराम को बैठा रखा था। वृन्दावन से कुछ दूर चल कर उन्होंने यमुना-तट पर अपना रथ खड़ा किया और स्नान-पूजा के निमित्त यमुना में चले गये। जल में जब उन्होंने डुबकी लगाई, तब उन्हें अद्‌भुत दृश्य दिखायी दिया–कृष्ण भगवान विष्णु के रूप में शेषशय्या पर शयन कर रहे हैं। यह देख अक्रूर चमत्कृत हुए। बाहर आकर उन्होंने देखा कि कृष्ण तो वैसे ही रथ पर बैठे हुए हैं जैसा वह उन्हें बैठाकर गये थे। अक्रूर कृष्ण और बलराम की स्तुति करते हैं। मथुरा में उन्हें पहुँचाकर अक्रूर अपने घर चले जाते हैं और कृष्ण-बलराम नगरावलोकन करते हुए पैदल ही कंस की रंगशाला की ओर पदार्पण करते हैं।

'अग्नि पुराण' में यह प्रसंग कुछ संक्षेप में वर्णित है, अन्यथा अन्य पुराणों में इसका विस्तृत वर्णन हुआ है। **'श्रीमद्‌भागवत'** में इसको सर्वाधिक विस्तार मिला है।

विशेषता और भिन्नता के स्थल ये हैं : **'हरिवंश पुराण'** में कृष्ण के मथुरा जाते समय गोप-गोपियों, माता यशोदा आदि की उपस्थिति का कोई उल्लेख नहीं हुआ है। **'ब्रह्म पुराण'** में कृष्ण के मथुरा चले जाने पर गोप-गोपियाँ दुःखित होकर आपस में कृष्ण की चर्चा करती हैं। **'पद्मपुराण'** में यह दुःख सविशेष वर्णित है। गोप-गोपियाँ कृष्ण के बिछोह में दुःखी होकर 'हा कृष्ण! हा कृष्ण!' कहकर विलाप करती हैं और अश्रुपूरित नेत्रों से उन्हें विदा देती है।[165] **'विष्णु पुराण'** में गोपियों की विरह- सन्तप्तावस्था का प्रथम बार विशद चित्रण हुआ है, गोपियों के प्रेमिल स्वरूप की झाँकी पहली बार मिली है। यहाँ गोपियाँ कृष्ण को नागर वनिताओं के प्रति लुब्ध और गँवार गोपियों के प्रति उदासीन कह कर उपालम्भ देती दिखायी देती हैं। एक गोप जब गोपियों को गुरुजनों के सम्मुख प्रलाप न करने के लिए सावधान करता है, तब गोपियाँ कह देती हैं : 'विरहाग्नि से भस्मीभूत हुई हम लोगों का गुरुजन क्या करेंगे?' प्रेम मार्ग में मर्यादा के उल्लंघन का रूप यहाँ स्पष्ट है। वे अपने भाग्य को कोसती और मथुरावासियों के भाग्य को सराहती हैं। अक्रूर को क्रूर कहने में भी वे नहीं सकुचातीं। जिस रथ पर कृष्ण और बलराम बैठे हैं, उसकी उड़ती धूल को भी वे तब तक देखती हैं जब तक वह दिखना बन्द नहीं हो जाती।[166] **श्रीमद्भागवत'** में भी गोपियों की विरहाकुल दशा का इसी रूप में चित्रण हुआ है। वहाँ गोपियाँ उच्च स्वर में विलाप करने लगती हैं। कृष्ण गोपियों को आते देख कर उन्हें यह कह कर ढाढ़स बँधाते हैं कि 'मैं फिर आऊँगा।' वहाँ भी गोपियाँ तब तक चित्रलिखित-सी खड़ी देखती रहीं जब तक कृष्ण के रथ से उड़ी धूल उन्हें दीखती रही।[167] **'ब्रह्मवैवर्त्त पुराण'** में एक बात ऐसी मिलती है जो अन्य पुराणों में नहीं मिलती और वह यह कि इस प्रसंग में राधा का उल्लेख अन्य गोपियों के साथ हुआ है। राधिका और अन्य गोपियों के सो जाने के बाद रात के तीसरे पहर में कृष्ण मथुरा के लिए गमन करते हैं, ताकि उनको जाता देख कर राधा तथा गोपियाँ दुःखी न हों।[168]

14. कृष्ण द्वारा कुब्जा का कूबड़ ठीक कर देना

कंस की एक दासी कुब्जा के कूबड़ को कृष्ण द्वारा ठीक कर दिये जाने की घटना का वर्णन **'महाभारत'** में नहीं आता, किन्तु उसके खिल भाग **'हरिवंश पुराण'**[169] में आता है। वृत्त इस प्रकार है : जब कृष्ण और बलराम गोकुल से आकर मथुरापुरी (मधुपुरी) में प्रवेश कर रहे थे, तब सड़क पर उन्होंने एक कुब्जा (कूबड़ी) स्त्री को देखा जो अपने हाथों में अनुलेपन (अंगराग) का एक पात्र लिए हुए थी।[170] कृष्ण ने उसे सम्बोधित करके पूछा कि वह किसके लिए अंगराग आदि ले जा रही है। कृष्ण को देखते ही कुब्जा उन पर रीझ गयी और उसने अपने हाथ का अंगराग दोनों भाइयों

को अनुलेपन के निमित्त दे दिया तथा कंस की प्यारी दासी कह कर अपना परिचय दिया। उसने यह भी कहा—'आओ मेरे घर, तुम मेरे हृदयवल्लभ हो।'[171] कुब्जा के मधुर व्यवहार से प्रसन्न होकर लीलाविधि को जानने वाले श्रीकृष्ण ने अपने हाथ की दो अँगुलियों से कुब्जा के कूबड़ के मध्य भाग को धीरे से दबाया। इतने से ही उसका कूबड़ सीधा हो गया।[172] अपने कूबड़ को बैठा देख वह सुन्दरी कुब्जा अत्यन्त अनुरागवती होकर कृष्ण से बोली—'प्रियतम! अब तुम कहाँ जाओगे? मैंने तुम्हें रोक लिया, यहीं रहो और मुझे अंगीकार करो।' कृष्ण ने मुस्कराते हुए कामपीड़ित कुब्जा को वहीं छोड़ दिया और दोनों भाई कंस के राजभवन की ओर चले।[171]

'ब्रह्म पुराण'[174] में वर्णित कुब्जोद्धार-आख्यान पूर्णतः हरिवंश पुराण में वर्णित आख्यान के समान है।

'पद्म पुराण'[175] में कुब्जा का कंस का दासी होना नहीं लिखा है, परन्तु यह उल्लिखित है कि कुब्जा ने चन्दन-पात्र को कृष्ण के अर्पित कर दिया और कृष्ण ने कुब्जा को ऊपर खींच कर उसका कूबड़ ठीक कर दिया तथा रसिक भाव से उसकी ओर देखा।

'विष्णु पुराण' में कुब्जा पर कृष्ण की कृपा का आख्यान सरस रूप से वर्णित है।[176] उसका नाम 'अनेकवक्रा' सूचित हुआ है। कुब्जा बताती है कि कंस को उसके सिवा किसी अन्य का पीसा उबटन पसन्द नहीं पड़ता और वह कंस की विशेष कृपापात्र है। शेष बातें हरिवंश, ब्रह्म और पद्म पुराणों की भाँति ही हैं।

'श्रीमद्भागवत पुराण' में भी कुब्जा (त्रिवक्रा) पर श्रीकृष्ण द्वारा कृपा करने और उसके कृष्ण पर अनुरक्त होने का वर्णन हुआ है और वह 'विष्णु पुराण' तथा पूर्वोल्लिखित पुराणों के समान है। यहाँ भी श्रीकृष्ण अपने चरणों से कुब्जा के पैर के दोनों पंजे दबा लेते हैं और हाथ की दो अँगुलियों से उसके चिबुक को पकड़ कर उसे ऊपर को उचका देते हैं। उचकाते ही तीन जगह से टेढ़ा उसका शरीर सीधा हो जाता है और वह सुन्दर युवती बन जाती है।[177] कुब्जा का मन रखने और उसके साथ रसकेलि करने के लिए कृष्ण के उसके घर जाने का उल्लेख **श्रीमद्भागवत** में आया है।[178]

'अग्नि पुराण' में उल्लेख आया है कि अनुलेपन देने के कारण कृष्ण ने कुब्जा को सीधा कर दिया।[179]

'ब्रह्मवैवर्त्त पुराण'[180] का कुब्जा प्रसंग अब तक वर्णित कुब्जा-प्रसंगों से इस अर्थ में विशिष्ट है कि यहाँ जो कुब्जा कृष्ण को मथुरा के राज-मार्ग पर मिलती है, वह कोई नवोढ़ा नहीं, प्रत्युत् वृद्धा एवं हाथ में लकुटी लिए कुबड़ी है। उसने कृष्ण का चन्दन पुष्प से सत्कार किया। कृष्ण ने उसके भाव से प्रसन्न होकर उसे सुन्दर रूप दे दिया, वह नवोढ़ा भी हो गयी। कंस का वध करने के अनन्तर कृष्ण कुब्जा के साथ प्रेम-मिलन करने के लिए उसके घर भी गये।

15. कृष्ण द्वारा कंस का वध

'महाभारत'[181] में कृष्ण द्वारा कंस-वध का उल्लेख कृष्ण-चरित-वर्णन के प्रसंग में हुआ है। कृष्ण ने कंस को मार कर उग्रसेन को राज-पद पर अभिषिक्त कर दिया। फिर, उन्होंने अपने माता-पिता देवकी-वसुदेव का चरणस्पर्श किया। महाभारत के सभा पर्व में कंस को कार्त्तवीर्य के समान पराक्रमी बताया गया है। भूमण्डल के सब राजा उससे उद्विग्न रहते थे। ऐसे कंस को भी बालक कृष्ण ने मार डाला। कंस के मन्त्रियों और परिवार को भी उन्होंने यमलोक भेज दिया।[182]

'हरिवंश पुराण' में भी कंस-संहार का वर्णन है।[183] कृष्ण और बलराम जब कुबलयापीड़ और चाणूर तथा मुष्टिक आदि आन्ध्रदेशीय मल्लों को मारते हुए कंस के समीप पहुँचे,[184] तब कृष्ण को देखते ही कंस के चेहरे पर पसीने की बूँदें झलक आयीं[2]। उसने नन्द गोप और वसुदेव आदि को अपशब्द कहने प्रारम्भ कर दिये। वसुदेव तथा नन्द पर आक्षेप आते ही कृष्ण कुपित हो उठे। उन्होंने लपक कर कंस के केश पकड़ लिए और उसे मंच से गिरा कर रंगभूमि में घसीटना आरम्भ किया। इतना घसीटा कि उसका शरीर निर्जीव हो गया।[185] उसका वध करके कृष्ण और बलराम अपने माता-पिता के पास पहुँचे और उनके चरणों में प्रणाम किया। आनन्दातिरेक से देवकी के स्तनों से दूध की धार झरने लगी।[186]

'ब्रह्मपुराण'[187] और **'पद्म पुराण'**[188] में भी कंस-वध का उल्लेख कृष्णचरित-वर्णन के प्रसंग में किया गया है और उनकी घटनाओं में हरिवंश से पूर्ण साम्य है।

'विष्णु पुराण'[189] में कंस-वध का प्रसंग तब उपस्थित हुआ है जब धनुष यज्ञ के धनुष को बात की बात में तोड़कर, कुवलयापीड़ हाथी को मार कर और तोशल, चाणूर एवं मुष्टिक आदि मल्लों को यमलोक पहुँचा कर कृष्ण सीधे कंस पर टूटते है।[190] कृष्ण ने मंच पर चढ़कर कंस के केशों को पकड़ लिया और उसे खींच कर पृथ्वी पर दे मारा। उसका मुकुट दूर जा गिरा। कृष्ण कंस के ऊपर जा गिरे। उनके गिरते ही कंस ने प्राण त्याग दिये।[190] फिर कृष्ण ने मृतक कंस के केश पकड़ कर उसकी देह को रंगभूमि में घसीटा। घसीटने से रंगभूमि में दरार के समान परिखा बन गयी। कंस के भाई सुमाली ने आक्रमण किया, तो कृष्ण ने उसे भी मार डाला। कंस को मरा देख रंगभूमि में उपस्थित जनता हाहाकार कर उठी। कृष्ण ने अपने माता-पिता के चरण स्पर्श किये।

'श्रीमद्‌भागवत पुराण' में भी कंस-वध या कंस-उद्धार का उल्लेख आता है।[192] जब चाणूर, मुष्टिक, कूट, शल और तोशल—कंस के ये पाँचों पहलवान कृष्ण-बलराम द्वारा पछाड़े और मारे जा चुके, तब कंस भयभीत होने के साथ-साथ इन दोनों भाइयों से चिढ़ गया और लगा अनर्गल प्रलाप करने। कृष्ण को सामने पाते ही, उसने कृपाण

का वार करने के लिए पैंतरा बदलना आरम्भ किया, किन्तु कृष्ण ने झपट कर उसे पकड़ लिया, उसे मंच से गिरा दिया, उस पर कूद पड़े। उनके कूदते ही कंस मर गया। उसके शव को उन्होंने रंगभूमि में खूब घसीटा।

'देवी भागवत पुराण' में देवकी-वसुदेव विवाह के अवसर पर इस आकाश-वाणी का वर्णन है कि 'देवकी' के आठवें गर्भ से उत्पन्न सन्तान के हाथों तेरा (कंस का) वध होगा'।[193] कृष्ण जब गोकुल में पूतना, केशी आदि का वध कर देते हैं तब कंस धनुष-यज्ञ का आयोजन करता है और उसे देखने के बहाने से अक्रूर के द्वारा कृष्ण को मथुरा बुलाता है। वहाँ आकर कृष्ण कंस के विश्वासपात्र महाबली मल्ल चाणूर, मुष्टिक, शल, तोशल आदि का वध कर देते हैं। कंस को भी केश पकड़ कर खींच लेते और मार डालते हैं। तदुपरान्त अपने माता-पिता को बन्दीगृह से मुक्त करते हैं और उग्रसेन को राज्य दे देते हैं।[194]

'अग्नि पुराण' में कृष्ण द्वारा कंस को मारकर उसके पिता उग्रसेन को राज्य देने का उल्लेख है।[195]

16. कृष्ण द्वारा उद्धव को ब्रज भेजना

कृष्ण का सन्देश लेकर उनके सखा और मन्त्री उद्धवजी के गोकुल-आगमन का उल्लेख **'श्रीमद्‌भागवत पुराण'**[196] में हुआ है। एक दिन कृष्ण ने उद्धवजी से कहा कि गोपियाँ मेरे वियोग में बहुत दुःखी हैं, मेरे लिए उन्होंने पति-पुत्र आदि सभी सगे-सम्बन्धियों को छोड़ दिया है। मैंने उनसे कह रखा है कि 'मैं आऊँगा'। इसी आधार पर वे जीवित हैं। अतः तुम जाकर उनको बोध दो।

उद्धव कृष्ण का सन्देश लेकर नन्दगाँव गये। रात को नन्द बाबा ने उनका यथोचित सत्कार किया। अगले दिन प्रातः गोपियों को नन्द जी के घर के आगे एक स्वर्ण-रथ खड़ा देख उत्सुकता हुई। उन्होंने उद्धवजी को देखा जो कृष्ण के समान रूप-रंग वाले थे और जिन्होंने पीताम्बर धारण कर रखा था। कृष्ण द्वारा बाल्यावस्था और किशोरावस्था में की गयी लीलाओं को याद कर-करके गोपियाँ उद्धव के सामने रोने लगीं। उसी समय एक भौंरा कहीं से उड़ता हुआ आ गया। एक गोपी ने उसी को लक्ष्य करके कृष्ण को उपलाम्भ देना आरम्भ किया। भौंरे के मिस उसने कृष्ण को कपटी, रस-लोभी और प्रेम-वंचक कहा। गोपियों ने अपनी यह आशंका उद्धव के सम्मुख व्यक्त की कि कृष्ण नागर स्त्रियों के रंग-रूप, हाव-भाव से छले जा चुके होंगे, उन्हें ब्रज की गँवार ग्वालिनों की याद भला क्यों आती होगी?

गोपियों के प्रेमातिरेक से उद्धव भी अप्रभावित न रह सके। उन्होंने गोपियों के सर्वात्म-समर्पण के लिए उनकी प्रशंसा की और कृष्ण का सन्देश उनको सुनाया।

कृष्ण ने महारास की रात्रि का स्मरण करा कर गोपियों को आश्वासन दिया था कि मैं फिर तुमसे मिलूँगा। गोपियाँ कृष्ण को भूलने में तो सर्वथा असमर्थ थीं, किन्तु उद्धव के समझाने-बुझाने और कृष्ण के सन्देश से उनकी विरह-व्यथा कुछ कम हो गयी। उद्धवजी कई महीनों तक ब्रज में ही रहे और कृष्ण की अनेक लीलाओं की चर्चा करके अपने और गोप-गोपियों के मन को आनन्दित करते रहे। गोपियों का कृष्ण के प्रति अनन्य भाव देख कर उनके मुँह से हठात् निकल पड़ा—"इस पृथ्वी पर केवल इन गोपियों का ही शरीर धारण करना श्रेष्ठ और सफल है।" भक्ति-भाव की छूत उनको भी इतनी लगी कि वे सोचने लगे, क्या ही अच्छा होता कि मैं वृन्दावन धाम की कोई झाड़ी, लता अथवा औषधि ही बन जाता। उन्होंने गोपियों के भाग्य को सराहा, जिन्होंने स्वजन-सम्बन्धियों तथा लोक-वेद की मर्यादा का परित्याग करके भगवान कृष्ण के साथ तन्मयता और प्रेमभाव स्थापित कर लिया था। नन्द बाबा के ब्रज में रहने वाली गोपांगनाओं की चरण-धूलि को उन्होंने बार-बार प्रणाम किया। उद्धवजी मथुरा लौट आये और ब्रजवासियों में, विशेषतया गोपियों में उन्होंने प्रेममयी भक्ति का जो उद्रेक देखा था, उसका वर्णन श्रीकृष्ण से किया।

'ब्रह्मवैवर्त्त पुराण'[187] में भी उद्धव के ब्रजगमन और वहाँ कृष्ण के प्रति राधा और गोपियों के भक्ति-भाव को देख कर प्रभावित होने आदि का वर्णन आया है। उद्धव के वृन्दावन में पहुँचने तक नन्द मथुरा से लौटे नहीं होते। उद्धव राधा से कहते हैं कि कृष्ण, बलराम जी और नन्द जी सहित शीघ्र ही यहाँ आयेंगे। प्रिय का यह समाचार जान कर राधा उद्धव को अपनी रत्नजटित अँगूठी दे देती है। राधा मूर्च्छित हो जाती है और सुध आने पर कृष्ण को मथुरा से लाने को कहती है। उद्धव जब वृन्दावन से मथुरा लौटकर कृष्ण के पास अपनी ब्रज-यात्रा का समाचार सुनाने जाते हैं, तब भी यही कहते हैं कि हे कृष्ण! राधा की आप में अनन्य भक्ति है, उसको छोड़ना उचित नहीं। मैंने राधा से कह दिया है कि कृष्ण तुम्हारे पास शीघ्र ही आयेंगे। कृष्ण रात को स्वप्न में गोकुल जाते हैं और राधा तथा ब्रजवासियों को प्रसन्न कर पुनः मथुरा आ जाते हैं।

17. कृष्ण का राधा और गोपियों से पुनर्मिलन

कृष्ण के मथुरा और वहाँ से द्वारका चले जाने के बाद क्या उनका राधा और गोपियों से पुनः मिलन हुआ? लोकश्रुति और काव्यों के अनुसार तो एक बार गोकुल से मथुरा जाने के बाद कृष्ण फिर वहाँ नहीं लौटते और राधा तथा गोपिकाएँ उनके विरह में सदैव सन्तप्त रहती हैं। देखें, पुराणों का साक्ष्य इस सम्बन्ध में क्या है।

'हरिवंश पुराण'[198] में ऐसा वर्णन आता है कि यादवों और शाल्व प्रदेश के

राजा ब्रह्मदत्त के पुत्रों—हंस और डिम्भक—के मध्य गोवर्द्धन पर्वत के पास युद्ध हुआ था, क्योंकि हंस और डिम्भक ने राजा ब्रह्मदत्त द्वारा किये जा रहे राजसूय यज्ञ के लिए द्वारकाधीश कृष्ण से दुस्साहसपूर्वक कर रूप में नमक की माँग की थी।[199] उस युद्ध में कृष्ण ने हंस को मार दिया और डिम्भक ने आत्महत्या कर ली। उस युद्ध से अवकाश पाकर कृष्ण और बलराम गोवर्द्धन पर्वत पर एक वृक्ष की छाया में लेटे हुए अपने बाल्यजीवन की स्मृतियों में खोये हुए थे कि उनके आगमन का समाचार पाकर उनसे भेंट करने के लिए गोप-गोपियों सहित नन्द-यशोदा आये। वे मक्खन, दही, खीर, खिचड़ी, मोरपंख के बाजूबन्द आदि वस्तुओं की सौगात लेकर कृष्ण-बलराम के समीप गये[200], कृष्ण ने गोप-गोपियों, गायों-बछड़ों, गोरस-गोचर आदि सबका समाचार ऐसे पूछा, मानो उनको छोड़ कर वे कुछ समय पूर्व ही आये हों। नन्द ने कृष्ण से कहा कि मुझे एक दुःख व्यथित किये रहता है कि मैं तुम्हें भर आँख देख नहीं पाता।[201]

परन्तु इस मिलन-गोष्ठी में 'राधा' का कहीं नाम नहीं आता। कृष्ण से मिलने वालों में 'राधा' नाम की कोई गोपी नहीं, न कृष्ण ने अलग से उसका समाचार ही पूछा है। इसका कारण यही जान पड़ता है कि महाभारत के रचना-काल में राधा को कृष्ण के जीवन में वह स्थान नहीं मिल पाया था, जो बाद में पुराणों ने दे दिया।

'श्रीमद्भागवत पुराण'[202] में कृष्ण-बलराम के पुनः गोप-गोपियों से मिलने का उल्लेख आया है। एक बार जब सर्वग्रास सूर्यग्रहण लगा, तब बहुत-से राजा और प्रजा-वर्ग के लोग कुरुक्षेत्र स्थित समन्तपंचक तीर्थ में एकत्र हुए। उस अवसर पर वहाँ मत्स्य, उशीनर, कोसल, विदर्भ, कुरु, सृंजय, काम्बोज, केकय, मद्र, कुन्ती, आनर्त एवं केरल आदि बहुत से देशों के सैकड़ों नरपति आये थे। भीष्म पितामह, धृतराष्ट्र, दुर्योधनादि कौरव, युधिष्ठिर आदि पाण्डव, गांधारी, कुन्ती आदि बहुत-से व्यक्ति वहाँ पहुँचे। श्रीकृष्ण वसुदेव, उग्रसेन, देवकी, बलराम, प्रद्युम्न, अनिरुद्ध आदि परिजनों के साथ द्वारका से उस तीर्थ में गये। कृष्ण-बलराम का वहाँ आगमन सुन कर नन्द, यशोदा तथा बहुत-से गोप और गोपियाँ उत्कण्ठापूर्वक वहाँ पहुँचीं। नन्द-वसुदेव मिले, यशोदा से देवकी तथा रोहिणी मिलीं। सबने एक-दूसरे का कुशल-क्षेम पूछा। देवकी और रोहिणी ने अपने पुत्रों का स्वपुत्रवत् पालन करने के लिए यशोदा के प्रति आभार प्रकट किया। गोपियों ने भी चिरकाल के पश्चात् अपने मोहन को देखा और मन ही मन उनका आलिंगन किया। कृष्ण ने जब देखा कि गोपियाँ उनसे तादात्म्य प्राप्त करना चाहती हैं, तब वे एकान्त में उनके पास गये, उनको हृदय से लगाया, उनका कुशल-मंगल पूछा और अपने प्रेम के प्रति उन्हें आश्वस्त किया। कृष्ण ने अपनी मधुर और रसपूर्ण बातों से गोपियों के चित्त को परितोष दिया।[203]

अक्रूर द्वारा मथुरा ले जाये जाने के बाद कृष्ण का गोकुल के गोप-गोपियों से

पुनर्मिलन का यही एक वर्णन **'श्रीमद्भागवत पुराण'** में मिलता है, किन्तु कृष्ण का पुनः दर्शन प्राप्त करने वाली गोपियों में राधा का कहीं नाम नहीं आता।

'ब्रह्मवैवर्त्त पुराण' में कृष्ण के साथ राधा और गोपियों का मिलन दो प्रकार से होने का उल्लेख मिलता है—एक स्वप्न दशा में, दूसरे प्रत्यक्षतः। राधा और गोपियों की सगुण कृष्ण-भक्ति में सराबोर होकर जब उद्धव ब्रज से लौटते हैं तब कृष्ण से अपनी ब्रज-यात्रा का समाचार सुनाते हुए कहते हैं कि मैंने राधा से कह दिया है कि कृष्ण तुम्हारे पास शीघ्र ही आयेंगे। अपने मित्र के वचन का सम्मान करते हुए कृष्ण रात को स्वप्न में गोकुल जाते हैं और राधा तथा ब्रजवासियों को प्रसन्न कर पुनः मथुरा आ जाते हैं।[204] प्रत्यक्ष मिलन के सन्दर्भ निम्नलिखित हैं :

इसी पुराण में एक अन्य स्थल पर[205] उल्लेख है कि श्रीदामा के शाप से मुक्त होने के बाद राधा कृष्ण से पुनः मिलती हैं और कृष्ण पुनः राधा के साथ चौदह वर्ष तक रास-क्रीड़ा करते हैं।

'ब्रह्मवैवर्त्त पुराण' में ही अन्यत्र[206] यह उल्लेख है कि अक्रूर के साथ कृष्ण के मथुरा जाने का जब समय उपस्थित होता है, तब राधा एक दुःस्वप्न देखती हैं। कृष्ण राधा को सान्त्वना देते हैं कि श्रीदामा गोप के शापवश कुछ समय के लिए मेरा तुम्हारा वियोग होगा, किन्तु फिर हम दोनों का मिलन होगा। इसी पुराण में एक दूसरी जगह[207] उल्लेख आता है कि राधा के साथ रासक्रीड़ा करने के बाद जब कृष्ण सो जाते हैं, तब ब्रह्मा उन्हें नींद में कहते हैं कि उठिए, भक्त श्रीदामा के शाप का स्मरण कर सौ वर्ष तक राधा का बन्धन छोड़िए। गोलोक में पुनः उससे आपका मिलन होगा।

'ब्रह्मवैवर्त्त' में ही अन्यत्र[208] कृष्ण मथुरा से नन्द को विदा करते समय उनसे कहते हैं कि मेरी प्राणाधिष्ठात्री देवी राधा के साथ सौ वर्ष तक मेरा वियोग होगा, फिर मैं उसके साथ गोलोक जाऊँगा, वहीं मेरा-उसका मिलन होगा।

किन्तु, **'ब्रह्मवैवर्त्त पुराण'** में ही यह वर्णन भी आया है कि सौ वर्ष बीत जाने पर जब राधा श्रीदामा के दिये हुए शाप (मानव-योनि में आकर ब्रजांगना गोपी बनने का) से मुक्त हुईं, तब उन्होंने सिद्धाश्रम में आकर गणेश का पूजन किया। वहीं नन्द, यशोदा, अन्य गोकुलवासी तथा कृष्ण भी आये थे। कृष्ण-राधा का मिलन हुआ। वहाँ से कृष्ण सबके साथ द्वारका आये। द्वारका से नन्द-यशोदा को कृष्ण ने वृन्दावन भेजा। स्वयं भी राधा के आग्रह पर वे वृन्दावन गये। वहाँ वन-उपवनों में गोपियों और राधा के साथ विहार किया, यशोदा आदि से मिले। वहीं भाण्डीर वट के नीचे, जहाँ पहले कभी उन्हें ब्राह्मण स्त्रियों द्वारा अन्न दिया गया था, कृष्ण ने राधा, नन्द, यशोदा और समस्त गोप-गोपियों को एकत्र किया। स्वर्ग से विमान आया। सभी लोग उसमें बैठकर अपने नश्वर शरीरों को छोड़ गोलोक चले गये। इस

प्रकार सबको सालोक्य मोक्ष देकर कृष्ण ने वृंदावन को गोप-गोपियों से शून्य देखकर अमृत-वृष्टि कर पुनः गोप-गोपिकाओं को जीवित कर दिया।[209]

18. कृष्ण द्वारा सांदीपनि के पुत्र को यमपुर से वापस लाना—गुरु-दक्षिणा चुकाना

कृष्ण द्वारा अपने गुरु सांदीपनि के अपहरित मृत पुत्र को जीवित ला कर गुरु-दक्षिणा के रूप में दिये जाने की घटना का उल्लेख पहले-पहल **'महाभारत'** में प्राप्त होता है।[210] कथा इस प्रकार है—

बलराम जी के साथ जब कृष्ण मथुरा आ गये और कंस को मार कर उग्रसेन को वहाँ का राजा बना दिया, तब दोनों भाई विद्या-प्राप्ति हेतु सांदीपनि गुरु के यहाँ गये। कृष्ण और बलराम ने चौसठ दिन में ही चारों वेदों और छहों शास्त्रों का ज्ञान प्राप्त कर लिया तथा अन्य कलाएँ भी सीख लीं। बारह दिन में उन्होंने गज और अश्व विद्या तथा पचास दिन में समग्र धनुर्वेद सीख लिया। जब उनका अध्ययन समाप्त हो गया, तब उन्होंने अपने गुरु से दक्षिणा माँगने को कहा। सांदीपनि ने यह गुरु-दक्षिणा माँगी—'समुद्र में नहाते समय मेरे पुत्र को तिमि नामक जल-जन्तु पकड़ कर ले गया और खा गया। तुम दोनों उस मेरे मरे हुए पुत्र को जीवित करके यहाँ ला दो।' श्रीकृष्ण और बलराम ने समुद्र में पैठ कर उस असुर को मार गिराया जिसने उनके गुरु-पुत्र को मारा था। कृष्ण की कृपा से सांदीपनि का पुत्र, जो बहुत समय से यमलोक में जा चुका था, पुनः जीवित होकर पूर्वशरीर में खड़ा हुआ। बलराम और श्रीकृष्ण ने अपने गुरु को उनका खोया पुत्र ला सौंपा।

'हरिवंश पुराण'[211] में भी यह कथा वर्णित है। महाभारत के सभापर्व की कथा से इसका कुछ अधिक विस्तार है। घटनाएँ तो इसमें सभापर्व के सदृश ही हैं, किन्तु इसमें कुछ विशेष सूचनाएँ प्राप्त होती हैं, जैसे—(1) सांदीपनि काशिदेश के रहने वाले थे और उनका आश्रम अवन्तीपुरी (उज्जयिनी) में था। (2) सांदीपनि गुरु का इकलौता पुत्र तीर्थयात्रा के अवसर पर 'तिमि' नामक मत्स्य द्वारा मार डाला गया था। (3) कृष्ण और बलराम दोनों उसे ढूँढ़ने नहीं जाते, अकेले कृष्ण जाते हैं।[212] (4) समुद्र ने कृष्ण को दर्शन दिया और उसी ने बताया कि सांदीपनि मुनि के पुत्र को पंचजन नामक एक दैत्य ने तिमि रूप धारण कर अपना ग्रास बना लिया है। कृष्ण ने पंचजन को मार डाला, पर वहाँ उन्हें गुरु का पुत्र नहीं मिला।[213] (5) पंचजन के यहाँ कृष्ण को उसका एक शंख मिला, जिसे कृष्ण ने अपने उपयोग में ले लिया। वही उनका प्रिय शंख 'पाञ्चजन्य' कहलाया।[214] (6) पंचजन के यहाँ जब सांदीपनि का पुत्र नहीं मिला तब कृष्ण उसे ढूँढ़ने यमलोक पहुँचे। वहाँ यमराज

ने जब उसे लौटाने से इंकार कर दिया, तब यमराज से कृष्ण का युद्ध हुआ।[215] युद्ध में यमराज की पराजय हुई। यमराज ने सांदीपनि-पुत्र को लौटा दिया। कृष्ण ने अपनी दिव्य शक्ति से उसे पूर्ववत् जीवित कर दिया।[216] उसे लाकर गुरु सांदीपनि को सौंप दिया। गुरु ने कृष्ण की भूरि-भूरि प्रशंसा की। कृष्ण और बलराम गुरु की आज्ञा से मथुरा लौट आये।

'ब्रह्मपुराण' में इस प्रसंग का कोई उल्लेख नहीं है, किन्तु **'पद्म पुराण'** में केवल एक श्लोक में इसका उल्लेख है कि गुरु सान्दीपनि से विद्यार्जन करने के उपरान्त उनके मृत पुत्र को लाकर कृष्ण ने उनकी गुरु-दक्षिणा चुकायी।[217]

'विष्णु पुराण' में भी अपने उपनयन-संस्कार के उपरान्त कृष्ण और बलराम का काशी में उत्पन्न और अवन्तीपुरवासी सांदीपनि मुनि के पास विद्याध्ययन के लिए जाने, चौंसठ दिन में ही सब शास्त्र और अस्त्र विद्या का प्रयोग सीख लेने तथा गुरु-दक्षिणा के रूप में गुरु सांदीपनि के मृत पुत्र को जीवित करके ला देने का वर्णन हुआ है।[218] यहाँ पंचजन का समुद्र में शंख-रूप में रहना, उसकी अस्थियों से उत्पन्न शंख—पांचजन्य—को कृष्ण द्वारा ग्रहण कर लेना और कृष्ण-बलराम दोनों का यमपुर जाकर सूर्य-पुत्र यम को जीतना एवं गुरु-पुत्र को शरीर-युक्त कर अपने गुरु को लौटा देने की घटनाएँ विशेष उल्लेखनीय हैं।

'श्रीमद्भागवत् पुराण'[219] में वर्णित यह कथा अधिकांशतः 'हरिवंश' और 'विष्णु पुराण' के समान ही है, किन्तु कुछ अन्तर भी है, जैसे—(1) कृष्ण और बलराम दोनों मृत गुरु-पुत्र की खोज में जाते हैं, अकेले कृष्ण नहीं। (2) इस सारे प्रयास में कृष्ण और बलराम को विरोध का सामना नहीं करना पड़ा—प्रभास-क्षेत्र के समुद्र-तट पर उनके पहुँचते ही, उनको साक्षात् परमेश्वर जान कर, समुद्र अनेक प्रकार की पूजा-सामग्री लेकर उनके सामने उपस्थित होता है और शंख के रूप में अपने भीतर रहने वाले एक असुर द्वारा सांदीपनि के पुत्र को चुराये जाने की सूचना देता है। कृष्ण तुरन्त जल में जा घुसते हैं और शंखासुर को मार डालते हैं। (3) सांदीपनि के पुत्र को शंखासुर के पेट में न पाकर जब दोनों भाई यमराज की पुरी संयमनी में जाकर अपना शंख बजाते हैं, तब यमराज उनके स्वागतार्थ उपस्थित होता है और उनके आदेशानुसार गुरु-पुत्र को ला देता है। यहाँ **'हरिवंश'** और **'विष्णु पुराण'** की भाँति यमराज से संघर्ष होने का उल्लेख नहीं आता। कृष्ण और बलराम उस जीवित बालक को लाकर अपने गुरु को सौंप देते हैं और इस रूप में गुरु-दक्षिणा चुका कर, गुरु की अनुमति प्राप्त कर मथुरा लौट आते हैं।

'अग्निपुराण' में केवल इतना ही उल्लेख है कि सान्दीपनि से शस्त्रास्त्रों का ज्ञान प्राप्त कर कृष्ण ने उनको उनका पुत्र लाकर दे दिया। इस सिलसिले में उन्होंने पंचजन दैत्य को जीता और यम की पूजा ग्रहण की।[220]

'ब्रह्मवैवर्त्त पुराण' में सान्दीपनि के आश्रम में जाकर कृष्ण का एक मास में ही चारों वेदों का ज्ञान प्राप्त कर लेने और गुरु-दक्षिणा में उनके मृत पुत्र को यमलोक से लाकर, जीवित करके लौटाने तथा उसके साथ दशकोटि स्वर्ण मुद्राएँ भी देने का उल्लेख है।[221]

'स्कन्दपुराण'[222] में यह प्रसंग **'हरिवंश पुराण'** के अनुसार ही वर्णित है। अन्तर इत्ना ही है कि पंचजन यहाँ **'हरिवंश'** की भाँति तिमि के रूप में नहीं, शंख के रूप में रहता है। **'हरिवंश'** में पंचजन के पास एक शंख का होना उल्लिखित है जिसे कृष्ण ने ले लिया। **'स्कन्द पुराण'** में पंचजन स्वयं शंख है। पंचंजन को मार कर कृष्ण ने उसकी खोल को अपना 'पांचजन्य' शंख बना लिया। प्रभास-क्षेत्र में गुरु-पुत्र के समुद्र में डूबने का उल्लेख है। गुरु-पुत्र पंचजन के पास है, इसकी सूचना कृष्ण को समुद्र देता है। जब पंचजन को मारने के बाद उसके यहाँ कृष्ण को गुरु-पुत्र न मिला तब वे यमलोक गये। यम से लड़ने के लिए वरुण ने कृष्ण को रथ प्रदान किया।

19. कृष्ण द्वारा सुदामा का दारिद्र्य दूर किया जाना

'महाभारत' में कृष्ण के किसी ब्राह्मण मित्र सुदामा का उल्लेख नहीं मिलता। **'हरिवंश'**, **'ब्रह्म'**, **'पद्म'** **'विष्णु'**, **'शिव'**, **'वायु'** आदि पुराणों में भी विप्र सुदामा का कोई उल्लेख नहीं है। सुदामा का दारिद्र्य दूर करने की कथा पहले-पहल **'श्रीमद्भागवत पुराण'**[223] में ही मिलती है। कथा इस प्रकार है–

एक ब्राह्मण, जिनका नाम सुदामा था, उन दिनों से ही कृष्ण के परम मित्र थे, जिन दिनों दोनों सान्दीपनि गुरु के पास साथ-साथ विद्याध्ययन करते थे। कृष्ण तो कालान्तर में द्वाराकाधीश हो गये, किन्तु सुदामा एक अपरिग्रही, अनासक्त ब्राह्मण की भाँति अपनी दीन-हीन दशा में ही सन्तुष्ट रहते हुए अपनी पत्नी सहित काल-यापन करते रहे। एक दिन उनकी पत्नी ने अपने दारिद्र्य से दुःखी होकर, बार-बार कह कर उनको श्रीकृष्ण के पास द्वारका जाने के लिए प्रेरित किया। पत्नी ने पास-पड़ोस से माँग कर चार मुट्ठी चिउड़े ला दिये, जिन्हें सौगात के रूप में कृष्ण को देने के लिए सुदामा ने अपने जीर्ण-शीर्ण दुपट्टे के एक छोर में बाँध लिया। वे चलते जाते थे और सोचते जाते थे कि मुझे भगवान श्रीकृष्ण के दर्शन कैसे प्राप्त होंगे।[224]

द्वारका पहुँचकर सुदामा किसी प्रकार अनेक ड्योढ़ियों और द्वारपालों से रक्षित श्रीकृष्ण के अन्तःपुर में पहुँचे। उस समय कृष्ण रुक्मिणी के पलंग पर विराजे हुए थे और रुक्मिणी उनकी चरण-सेवा कर रही थीं। सुदामा को देखते ही कृष्ण ने दौड़ कर उनको आलिंगन में बाँध लिया, उन्हें अपने पलंग पर बैठाया, उनके चरण धोकर चरणोदक को सिर पर लिया और धूप-दीप से उनकी आरती उतारी।

लक्ष्मी-स्वरूपा रुक्मिणी सुदामा को चँवर डुला रही थीं। कृष्ण-सुदामा अपने गुरुकुल जीवन के संस्मरण सुन-सुना रहे थे। कृष्ण ने सुदामा को स्मरण दिलाया कि कैसे एक दिन गुरु-पत्नी ने उन दोनों को वन से लकड़ी लाने के लिए भेजा था, कितने जोर का आँधी-पानी उस दिन आ गया था—एक वृक्ष के तले उन्हें भीगते-ठिठुरते वह रात काटनी पड़ी थी और कैसे अगले दिन प्रातः उनके गुरु कुछ शिष्यों के साथ चिन्ताकुल होकर उन्हें ढूँढ़ने आये थे और उन लोगों की गुरु-भक्ति तथा कष्ट-सहिष्णुता की प्रशंसा की थी। गुरुकुल से लौटने के बाद सुदामा के जीवन के विषय में भी कृष्ण ने जानकारी प्राप्त की। किन्तु सहज-संकोची और धन-ऐश्वर्य के प्रति विरक्त सुदामा ने अपने दुःख-दारिद्र्य की चर्चा नहीं की। परन्तु अन्तर्यामी भगवान कृष्ण से क्या छिपा था? वे जान गये थे कि सुदामा के आगमन का प्रयोजन क्या है।[225]

कृष्ण ने सुदामा से पूछा—'मित्र! अपने घर से तुम मेरे लिए क्या उपहार लाये हो, देते क्यों नहीं?' सुदामा त्रिलोकी के ऐश्वर्य के स्वामी भगवान को चार मुट्ठी चिउड़े की भेंट देते सकुचा रहे थे, अतः इस प्रश्न के उत्तर में उन्होंने झेंपते हुए सिर नीचा कर लिया। अब कृष्ण ने ही सुदामा की कांख में दबी गठरी को छीन लिया और उसे खोल कर उसमें से एक मुट्ठी चिउड़ा लेकर खाने लगे। उसे खाकर कृष्ण जैसे ही दूसरी मुट्ठी भरने को हुए, उनकी पत्नी रुक्मिणी जी ने उनका हाथ पकड़ लिया और कहा कि इहलोक और परलोक की सारी समृद्धि प्रदान करने के लिए यह एक मुट्ठी चिउड़ा ही बहुत है। सुदामा जी कृष्ण का आतिथ्य सुख भोगते हुए, जो उनके लिए अकल्पित था, वहाँ रात-भर रहे। अगले दिन बिना कुछ माँगे, वे द्वारका से विदा हुए। कृष्ण ने भी प्रत्यक्ष रूप से उन्हें कुछ न दिया। मार्ग में सुदामा कृष्ण की मैत्री, उनके सौजन्य तथा उनकी ब्राह्मण-भक्ति की मन ही मन प्रशंसा करते जाते थे।[226]

चलते-चलते वे वहाँ आये, जहाँ उनकी मड़ैया थी। परन्तु, यह क्या! वहाँ का तो नक्शा ही बदला हुआ था। रत्नजटित प्रासाद वहाँ खड़े थे, सुन्दर सरोवरों में भाँति-भाँति के पुष्प और पक्षी सुशोभित थे, सुन्दर-सुन्दर स्त्री-पुरुष बन-ठनकर इधर-उधर घूम रहे थे। ब्राह्मण सुदामा सोचने लगे—'मैं यह क्या देख रहा हूँ? यह किसका स्थान है? यदि वह यही स्थान है जहाँ मैं रहता था, तो यह ऐसा कैसे हो गया?[227] अपने पति का शुभागमन सुन कर सुदामा की पत्नी स्वागत के लिए निकल आयी। उसका रूप और उसकी साज-सज्जा भी पहले से बदली हुई दिखायी दी। उसने सोने का हार पहन रखा था। सुदामा ने अपने प्रासाद में प्रवेश किया जो मणि-माणिक, हाथी-दाँत और स्वर्ण-रजत आदि के उपस्करों से सुसज्जित था। सुदामा ने विचारा कि उनकी यह अकस्मात् समृद्धि श्रीकृष्ण की करुणा की देन है। उनकी प्रेम-भक्ति कृष्ण के प्रति और बढ़ गयी।[228]

'श्रीमद्भागवत' के अतिरिक्त यह कथा अन्य किसी पुराण में नहीं मिलती।

20. कृष्ण से व्याध का प्रतिशोध लेना

'महाभारत' के मौसल पर्व'[229] में कृष्ण के जरा नामक एक व्याध से मारे जाने का प्रसंग उल्लिखित है। कृष्ण ने दुर्वासा की जूठी खीर को अपने सब अंगों में तो लपेट लिया था, पर भूल से अपने पैर के तलुवों में नहीं लपेटा था। दुर्वासा के वरदान से उनका सारा शरीर (तलुवों को छोड़ कर) वज्र के समान दृढ़ हो गया, किन्तु तलुवे निर्बल रह गये।[230] यादवों के आपस में लड़-भिड़कर सर्वनाश को प्राप्त हो जाने और बलराम के परमधाम गमन के उपरान्त कृष्ण अपने पिता वसुदेव जी से विदा ले और अपनी रानियों की सुरक्षा के लिए शीघ्र द्वारका आने का सन्देश अर्जुन के पास भेज कर, महायोग (समाधि) का आश्रय ले वन में पृथ्वी पर लेटे हुए थे। तभी जरा नामक एक व्याध मृगों का आखेट करता आया। कृष्ण को एक मृग समझ कर उसने उन्हें अपने बाण का लक्ष्य बनाया। बाण कृष्ण के तलुवे में ही लगा, जो दुर्वासा की जूठी खीर न लपेटने के कारण निर्बल रह गया था। कृष्ण मृत्यु के इस निमित्त को पाकर बैकुण्ठ सिधार गये।[231]

किन्तु **'महाभारत'** के इस प्रसंग में बहेलिया द्वारा अपना प्रतिशोध लेने के लिए कृष्ण को मारने का अभिप्राय प्रकट नहीं होता।

'श्रीमद्भागवत पुराण' में भी कृष्ण के परमधाम-गमन के प्रसंग में एक बहेलिया द्वारा कृष्ण के पाँव में तीर मारने की घटना का उल्लेख हुआ है।[232] यदुवंशियों के आपस में ही लड़-भिड़ कर कट मरने और बलराम द्वारा शरीर-त्याग के उपरान्त श्रीकृष्ण ने भी अपने परमधाम जाने का निश्चय कर एक पीपल के वृक्ष के नीचे आसन जमाया। जरा नामक व्याध ने उनके लाल-लाल तलुवों को हरिण का थूथन समझ कर तीर से उन्हें बींध दिया। परन्तु, जब उसे पता लगा कि उसने तो भगवान की ही हत्या कर डाली है, तब वह बहुत घबड़ाया। कृष्ण से उसने क्षमा माँगी, पश्चात्ताप प्रकट किया। कृष्ण ने उसे क्षमा ही नहीं किया, उसे अपना दिव्य धाम भी प्रदान किया। वह व्याध विमान में बैठकर सशरीर बैकुण्ठ चला गया।

'ब्रह्मवैवर्त्त पुराण' में श्रीकृष्ण के महाप्रयाण काल का वर्णन करते हुए कहा गया है कि कदम्ब मूल में लेटे हुए कृष्ण को एक व्याध ने अपने बाण का लक्ष्य बनाया। फिर उस व्याध को कृष्ण ने बैकुण्ठ भेज दिया।[233] **'लिंग पुराण'** में भी इस घटना का इसी रूप में वर्णन आया है।[234]

21. गरुड़ द्वारा स्वर्ग से अमृत-आनयन

प्रसिद्ध है कि गरुड़ जी अपने पंखों पर स्वर्ग से अमृत का घट रख कर लाये थे। अमृत की कुछ बूँदें उनके पंखों में लग गयी थीं और उनके पंख हिलाने से अमृत झड़ता था।[235]

गरुड़ द्वारा स्वर्ग से अमृत लाने की कथा **'महाभारत'**[236] में इस प्रकार वर्णित है : गरुड़ ने एक बार अपनी माता विनता से पूछा कि माँ, मैं तुम्हारा क्या प्रिय करूँ? विनता ने कहा कि तुम मुझे कद्रू के दासीत्व से छुड़ाओ।[237] गरुड़ ने कद्रू के नाग पुत्रों से अपनी माता को मुक्त कर देने की शर्त पूछी। नागों ने अमृत पाने पर विनता को दासीत्व से मुक्त कर देने की बात कही। माता की आज्ञा लेकर गरुड़ अमृत लाने चल दिये। स्वर्ग से अमृत-घट लेकर वे चले, तो इन्द्र ने अपने वज्र से उन पर प्रहार कर दिया, किन्तु गरुड़ का उससे बाल बाँका न हुआ। इन्द्र ने गरुड़ से मित्रता कर ली। इन्द्र ने उन्हें सर्पभक्षी होने का वर दिया। गरुड़ ने अमृत का घड़ा नागों को सौंप दिया, किन्तु तभी इन्द्र ने उसका अपहरण कर लिया। इससे लाभ यह हुआ कि अमृत नागों के हाथ भी न लगा और गरुड़ की माता दासीत्व से मुक्त हो गयी।

'पद्म पुराण'[238] में यह कथा **'महाभारत'** के अनुसार ही आयी है। **'वायु पुराण'**[239] में कद्रू-विनता के द्वेष-भाव का तो उल्लेख है, परन्तु गरुड़ के स्वर्ग से अमृत लाने की घटना का उल्लेख नहीं है। **'स्कन्दपुराण'**[240] में गरुड़ द्वारा स्वर्ग से अमृत लाकर अपनी माँ को दासीपन से मुक्त कराने की घटना का जो वर्णन है, वह **'महाभारत'** और **'पद्म पुराण'** की कथा के लगभग समान है।

22. चन्द्रमा और सूर्य से राहु की शत्रुता

राहु द्वारा चन्द्रमा के ग्रसित होने का उल्लेख सर्वप्रथम **अथर्ववेद**[241] में मिलता है। **'ऋग्वेद'**[242] में केवल इतना ही उल्लेख मिलता है कि चन्द्रमा में निरन्तर परिवर्तन होता रहता है। **'वाल्मीकि रामायण'** में समुद्र-मन्थन और उसके द्वारा प्राप्त अमृत के बँटवारे के समय देवों और दैत्यों में हुए संघर्ष का वर्णन तो मिलता है[243], किन्तु राहु के सिर काटे जाने की घटना का उसमें उल्लेख नहीं आता। सूर्य और चन्द्रमा के साथ राहु की शत्रुता के कारण का सर्वप्रथम पता 'महाभारत' से चलता है। **'महाभारत'** में समुद्र-मन्थन की घटना का वर्णन[244] हो चुकने के उपरान्त जब मोहिनी-रूपधारी विष्णु द्वारा अमृत पिलाने का प्रसंग उपस्थित होता है, तब इसका उल्लेख हुआ है।[245] विष्णु केवल देवताओं को ही अमृत पिलाये जा रहे थे और

दानव उनके इस अन्याय को टुकुर-टुकुर ताक रहे थे। राहु नामक एक दानव से यह न देखा गया, उसने माया-शक्ति से देवता का रूप बनाया और देवताओं में आ मिला। विष्णु ने उसे भी अमृत दे दिया और वह उसे पीने भी लगा। किन्तु, अमृत अभी उसके कण्ठ तक ही पहुँचा था कि सूर्य और चन्द्रमा की शिकायत पर विष्णु भगवान् ने अपने चक्र से उस दानव का सिर काट दिया। चूँकि अमृत की बूँदें धड़ तक नहीं पहुँची थीं, इसलिए धड़ तो मृत होकर पृथ्वी पर आ गिरा, किन्तु अमृत पी लेने के कारण राहु का सिर अमर हो गया। वह भयंकर सिर सूर्य और चन्द्रमा से उसी दिन से वैर मानने लगा और इसीलिए वह आज भी दोनों पर ग्रहण लगाता है।[246] पौराणिक मान्यताओं के आधार पर राहु चन्द्रमा और सूर्य से प्रतिशोध लेने के लिए ही उन पर ग्रहण लगाता है।

(राहु का सिर काटे जाने और चद्रमा तथा सूर्य से उसकी शत्रुता का वर्णन प्रायः उन सभी स्थानों पर प्रसंगवश हुआ है जहाँ समुद्र-मन्थन और उसके फलस्वरूप प्राप्त अमृत के वितरण का वर्णन किया गया है। अतः इस वृत्त में पाये जाने वाले वैविध्यों के लिए इस अध्याय का 'समुद्र-मन्थन की कथा' वाला अंश देखिए।)

'ब्रह्मवैवर्त्त पुराण'[247] में चन्द्रमा के राहु-ग्रस्त होने का कारण देवगुरु बृहस्पति की पत्नी तारा द्वारा चन्द्रमा को दिया गया शाप बताया है। कथा इस प्रकार है : भाद्रपद शुक्ला चतुर्थी को गुरु-पत्नी तारा मन्दाकिनी नदी में स्नान कर रही थी। वहीं से चन्द्रमा ने उसका हरण कर लिया। तारा ने उसको बहुत समझाया कि ब्राह्मणी और गुरु-पत्नी होने के नाते मैं तुम्हारी माता-तुल्य हूँ, गुरु-तुल्य हूँ, गुरु-पत्नी-गमन से सौ ब्रह्म-हत्या का पाप लगता है। किन्तु चन्द्रमा ने उसे नहीं छोड़ा। जब वह उसे भोगने को उद्यत हुआ, तब तारा ने उसे शाप दिया कि तुम कलंकी, यक्ष्मा से पीड़ित तथा राहुग्रस्त होओगे। चन्द्रमा ने रोती हुई तारा को गोदी में बिठाकर नाना नदी-नद तथा पर्वतों में रमण किया।

परन्तु **'ब्रह्मवैवर्त्त पुराण'**[248] में सूर्य के राहु-ग्रस्त होने का कारण जमदग्नि ऋषि द्वारा उसका शापित होना बताया गया है। कथा इस प्रकार है : एक समय परशुराम के पिता जमदग्नि ऋषि रेणुका के साथ नर्मदा-तट पर दिन में ही सम्भोग कर रहे थे। यह देख, सूर्य ने कहा कि ऋषि! आप ब्रह्मा के प्रपौत्र हैं, वेदों के ज्ञाता हैं, आप धर्म का त्याग क्यों कर रहे हैं, क्योंकि दिन में मैथुन को शास्त्रों में वर्जित माना है। सूर्य के टोकने पर जमदग्नि ने मैथुन तो त्याग दिया, पर सूर्य पर बहुत रुष्ट हुए और लगे कहने कि मेरे आगे पाण्डित्य और शास्त्र-ज्ञान बघारने वाला तू कौन? जमदग्नि ने क्रुद्ध होकर सूर्य को शाप दिया कि चूँकि तुमने हमारा रस-भंग किया, अतः तुम राहु-ग्रस्त होओगे। सूर्य ने भी जमदग्नि को शाप दिया कि क्षत्रिय के शस्त्र से तुम्हारा मरण होगा। दोनों का कलह देख ब्रह्मा ने बीच-बचाव किया और सूर्य से कहा कि

न्यून एवं अधिक वर्ष में ही तुम राहुग्रस्त होओगे और वह ग्रहण कहीं दिखाई देगा और कहीं नहीं। जमदग्नि को ब्रह्मा ने बताया कि तुम्हारी मृत्यु कार्त्तवीर्यार्जुन से होगी; तुम्हारा पुत्र 21 बार पृथ्वी को क्षत्रियविहीन करेगा।

'ब्रह्मवैवर्त्त पुराण' की इस कथा में नवीनता यह है कि यहाँ अमृत पीते समय राहु की शिकायत विष्णु से करने की घटना को लेकर राहु और सूर्य में वैर-भाव का उल्लेख नहीं होकर उसका कारण जमदग्नि का शाप बताया गया है।

23. चन्द्रमा का कलंकी होना

चन्द्रमा का कलंकी होने से तात्पर्य उसके द्वारा अपने गुरु बृहस्पति की पत्नी तारा का अपहरण करने वाले आख्यान से है। यह आख्यान वैदिक साहित्य में नहीं मिलता। इसका उद्भव और विकास पौराणिक साहित्य में ही हुआ है।

'हरिवंश पुराण'[249] में इस आख्यान का उल्लेख इस रूप में हुआ है—जब अत्रि-मुनि की आँखों से सोम-रूप तेज जल के आकाश में चढ़ने लगा, तब ब्रह्मा जी ने चन्द्रमा को बीज, औषधि, ब्राह्मण और जल का राजा बना दिया। प्रचेताओं के पुत्र दक्ष ने अपनी नक्षत्र-रूपिणी सत्ताईस कन्याएँ चन्द्रमा को ब्याह दीं। चन्द्रमा ने राजसूय यज्ञ किया। उसे अहंकार हो गया। अनीतिवश उसने बृहस्पति की भार्या तारा का बलपूर्वक अपहरण कर लिया। देवताओं तथा देवर्षियों के कहने पर भी उसने उसे नहीं लौटाया। बृहस्पति बहुत क्रुद्ध हुए। चन्द्रमा शुक्राचार्य की शरण में चला गया। इस प्रश्न को लेकर देवताओं और दानवों में संग्राम ही छिड़ गया। रुद्र ने बृहस्पति की सहायता की, क्योंकि वे बृहस्पति के पिता अंगिरा के शिष्य थे। ब्रह्मा ने दोनों पक्षों को समझा-बुझाकर यह युद्ध बन्द कराया और तारा को लाकर बृहस्पति को दे दिया। उस समय तारा गर्भवती थी। बृहस्पति ने अपने क्षेत्र में पराये बीज पर आपत्ति की। तारा ने सींकों के झुरमुट में जाकर तेजस्वी बुध को जन्म दिया। ब्रह्मा के पूछने पर तारा ने बता दिया कि यह सोम (चन्द्रमा) का पुत्र है।

'ब्रह्म पुराण' में चन्द्रमा की उत्पत्ति और उसके द्वारा तारा-हरण की कथा दो स्थलों[250] पर आयी है। अध्याय 9 की कथा में तारा के बलात् भोग आदि का वृत्तान्त तो वैसा ही है जैसा हरिवंश पुराण में, किन्तु चन्द्रमा की उत्पत्ति की कथा इसमें कुछ भिन्न रूप में दी हुई है। तपस्या करते हुए अत्रिमुनि के नेत्रों से जो सात्विक आँसू गिरे, उनको दशों दिशाओं ने गर्भ में धारण कर लिया, किन्तु वे तेजोमय अश्रु को न झेल पायीं और उन्हें पृथ्वी पर गिरा दिया। ब्रह्मा ने उन गर्भ-खण्डों को लेकर एक पुरुष की रचना कर दी। वही चन्द्रमा, ओषधीश तथा ब्राह्मणों का स्वामी हुआ।

अध्याय 152 की कथा में कुछ विशेषताएँ हैं। अत्रि-पुत्र चन्द्रमा बृहस्पति का

शिष्य था। उनसे उसने सब विधाएँ पढ़ीं। जब गुरु-दक्षिणा देने का प्रश्न उठा, तब गुरु ने चन्द्रमा को अपनी पत्नी तारा के पास परामर्श करने के लिए भेजा। चन्द्रमा तारा के सौन्दर्य को देख कामासक्त हो गया। उसे बलात् अपने घर ले आया और उससे भोग किया। किन्तु, चन्द्रमा देवताओं के कोप से डरा भी, इसलिए वह शुक्र की शरण में चला गया। बृहस्पति ने शुक्र के पास जाकर दुःखड़ा रोया। शुक्र ने बृहस्पति के सम्मुख प्रतिज्ञा की कि तारा को दिला कर ही अन्न-जल ग्रहण करूँगा। शुक्र ने शिव की आराधना की। शिव ने मनोरथ-सिद्धि का आशीर्वाद दिया। वर पाकर शुक्र बृहस्पति को साथ ले चन्द्रमा के पास गये, परन्तु चन्द्रमा ने तारा को लौटाने सम्बन्धी उनकी बात भी अनसुनी कर दी। तब शुक्र ने क्रोधित होकर चन्द्रमा को कोढ़ी हो जाने का शाप दिया। कुष्ट से विकृत-गलित अंग वाले चन्द्रमा ने तारा को छोड़ दिया। तारा ने गौतमी गंगा में स्नान किया जिससे उसका पाप धुल गया।

'पद्म पुराण' में भी यह कथा दो स्थलों[251] पर आयी है। दोनों स्थलों पर कथा अधिकांशतः तो ब्रह्मपुराण के समान है, किन्तु कुछ भिन्नताएँ भी हैं। सृष्टि खण्ड की कथा में ये विशेषताएँ हैं—सोम (चन्द्रमा) ने राजसूय यज्ञ किया। यज्ञान्त पर चन्द्रमा की सुन्दरता पर लक्ष्मी, दिति, तुष्टि, प्रभा, कुहू, कीर्त्ति, वसु, धृति आदि रीझ गयीं। सोम ने सबका भोग किया। वाटिका में घूमती हुई शृंगारवती तारा का चन्द्रमा ने बलात् हरण किया और वहीं भोग किया। इसके अनन्तर वह उसे अपने घर भी ले गया। बृहस्पति की ओर से रुद्र और चन्द्रमा की ओर से नक्षत्र तथा दैत्य युद्ध में उतरे। इस घटना के एक वर्ष बाद बृहस्पति के घर पर ही तारा के पुत्र उत्पन्न हुआ। सब देवता उपस्थित हुए। उनके बार-बार पूछने पर तारा ने बताया कि उस पुत्र का पिता चन्द्रमा है।[252]

उत्तर खण्ड, अ. 211 की कथा में चन्द्रमा की उत्पत्ति, चन्द्रमा द्वारा राजसूय यज्ञ, चन्द्रमा द्वारा तारा का हरण, तारा के कारण देव-दानवों का 'तारकामय' युद्ध आदि घटनाएँ सृष्टि खण्ड अ. 12 के अनुसार ही हैं। उत्तरांश में कुछ अन्तर है। ब्रह्म ने देव-दानवों का युद्ध रुकवा कर तारा बृहस्पति को दिला दी। बृहस्पति ने तारा को गर्भवती पाया। उन्होंने सब देवताओं के सामने तारा से उसके गर्भ के विषय में पूछा। तारा चुप रही। इस पर गर्भस्थ शिशु बाहर आकर तारा से क्रोधपूर्वक बोला कि यदि तू मेरे पिता का नाम नहीं बताएगी, तो मैं शाप दे दूँगा। पुत्र के शाप के भय से तारा ने उसका चन्द्रमा का पुत्र होना सबके सामने स्वीकार किया।

'विष्णु पुराण'[253] में यह कथा संक्षेप में आयी है। 'पद्म पुराण' के उत्तर खण्ड के समान ही कथा है। अन्तर इतना ही है कि जब तारा को वापस पाकर बृहस्पति ने अपने क्षेत्र में दूसरे के बीज पर आपत्ति की, तब तारा ने वह गर्भ 'इषीकास्तम्ब' (सींक की झाड़ी) में त्याग दिया। वही बुध था। चन्द्रमा उसे अपने पास ले गया।

'वायु पुराण'[254] में इस कथा का पूर्वार्द्ध तो हरिवंश पुराण और ब्रह्म पुराण के सदृश है, परन्तु उत्तरार्द्ध पद्म पुराण उत्तर खण्ड में आयी कथा के। अन्तर यह है : बुध की प्राप्ति के बाद चन्द्रमा यक्ष्मा-ग्रस्त होकर तेजहीन होने लगा। अपने पिता अत्रि के पास गया। अत्रि ने उसका पाप-शमन कर उसे पुनः तेजयुक्त कर दिया। यक्ष्मा-ग्रस्त होने का कारण यहाँ भी 'पद्म पुराण' सृष्टि खण्ड के ही समान नहीं बताया गया है।

'श्रीमद्भागवत पुराण'[255] की कथा 'पद्म पुराम' उत्तर खण्ड और 'विष्णु पुराण' की कथा के समान है। अन्तर इतना ही है कि जब बृहस्पति ने अपने क्षेत्र में दूसरे का बीज धारण करने पर तारा को शाप देने की धमकी दी, तब तारा ने गर्भ को त्याग दिया। परन्तु शिशु को अत्यन्त सुन्दर और कांतिमान देख बृहस्पति का मन उसे अपने पास ही रख लेने को ललचाया। चन्द्रमा और बृहस्पति में उस पुत्र के पितृत्व के प्रश्न को लेकर धींगा-धींगी हो गयी। बाद में ब्रह्मा के सामने तारा ने चन्द्रमा को उस कुमार का पिता स्वीकार किया।

'देवी भागवत'[256] की कथा पूर्वोल्लिखित रूपों से कुछ भिन्न है। रूप और यौवन में मत्त तारा एक बार अपने यजमान चन्द्रमा के यहाँ गयी। चन्द्रमा उसे देख कर कामासक्त हो गया। तारा भी उसके वैभव को देखकर कामपीड़ित हो गयी। दोनों ने स्वेच्छा से भोग किया। जब काफी देर होने पर भी तारा घर न लौटी, तब बृहस्पति ने एक शिष्य को उसे लिवाने के लिए भेजा, किन्तु तारा ने चन्द्रमा के पास से आना स्वीकार नहीं किया। बृहस्पति भी बुलाने गये, पर चन्द्रमा ने कह दिया कि तारा स्वयं आयी है, यदि वह नहीं जाना चाहती, तो मैं उसे बलात् नहीं भेज सकता। बृहस्पति क्रुद्ध तो बहुत हुए, पर क्या करते, अपना-सा मुँह लेकर लौट आये। कुछ दिन बाद कामार्त्त होकर वे पुनः चन्द्रमा के पास पहुँचे और तारा को न लौटाने पर शाप देकर भस्म कर देने की धमकी दी। चन्द्रमा ने कहा कि क्रोधी और कामार्त्त का शाप निष्फल रहता है। बृहस्पति निराश ही लौटे। इन्द्र के पास गये। इन्द्र ने सोम के पास दूत भेजा। चन्द्रमा ने टका-सा जवाब दे दिया कि अनुरक्ता तारा को मैं नहीं लौटाऊँगा, करना हो सो कर लो। बृहस्पति के द्वेषवश शुक्राचार्य स्वयं चन्द्रमा के पास अपनी और दैत्यों की सहायता का आश्वासन देने के लिए पहुँचे। इसके बाद देवासुर संग्राम होने और ब्रह्मा के प्रयत्न से गर्भवती तारा के बृहस्पति के पास लौटाने आदि की घटनाएँ **'पद्म पुराण'** उत्तर खण्ड के समान हैं। बुध के लिए पुनः दोनों पक्षों में संग्राम होने की घटना एक नया विकास है।

इसके पूर्व इस कथा के जितने रूप प्राप्त हुए, उनमें तारा के बलात् हरण की ही बात कही गयी थी। 'देवी भागवत' में ही पहली बार तारा के स्वेच्छया चन्द्रमा के घर जाने का उल्लेख आया है।

'अग्नि पुराण'[257] में कथा को अधिक विस्तार नहीं मिला है। पद्म पुराण के सृष्टि खण्ड की तरह यहाँ भी चन्द्रमा राजसूय यज्ञ की समाप्ति पर अवभृथ स्नान के उपरान्त नौ देवियों से भोग करता है। तारा का हरण करता है। देव-दानव में युद्ध होता है। ब्रह्मा बृहस्पति को तारा वापस दिलाते हैं। यह सब तो पूर्ववत् वर्णित है। एक ही नयी बात है, जो इससे पूर्व नहीं मिली थी, वह यह कि गर्भ-त्याग के बाद तारा को जो पुत्र हुआ, उसने स्वयं यह रहस्य बताया कि मैं चन्द्रमा के वीर्य से तारा के गर्भ से पैदा हुआ हूँ।

'भविष्य पुराण'[258] में तारा को दक्ष प्रजापति की कन्या कहा गया है। चन्द्रमा जब तारा के साथ बलात्कार करने लगता है तब तारा उसे परदारगमन के दोष बताती है। इस कथा में चन्द्रमा और दैत्यों से एक बार हार जाने के बाद देवता विष्णु को लेकर पुनः युद्ध करने आते हैं। विष्णु सुदर्शन चक्र से चन्द्रमा का सिर काटने को तैयार हो जाते हैं, तब ब्रह्मा उन्हें रोक देते हैं। विष्णु ने दक्ष प्रजापति के शाप से मिलता-जुलता शाप चन्द्रमा को दिया कि अमावस्या को वह नष्ट हो जाएगा और फिर जन्म लेकर पूर्णिमा तक वृद्धिगत होता रहेगा। ब्रह्मा ने जब तारा को वापस दिला दिया तब चन्द्रमा ने सब देवताओं के सामने कहा कि इसको मेरा गर्भ है, अतः जो सन्तान होगी, वह मेरी होगी। बृहस्पति ने तर्क दिया कि जिसका क्षेत्र होता है, उसी का उसके बीज पर अधिकार होता है। अन्त में ब्रह्मा ने ही समझौता कराया। बुध चन्द्रमा को दिला दिया और तारा बृहस्पति को। शेष कथा **पद्म पुराण, उत्तर खण्ड** के समान है।

'ब्रह्मवैवर्त्त पुराण'[259] में यह कथा दो बार आयी है। प्रकृति खण्ड की कथा के अनुसार चन्द्रमा ने जाह्नवी तट पर तारा को देखा। प्रणय-भिक्षा माँगी। तारा ने कहा कि गुरु-पत्नी होने के नाते मैं तुम्हारे लिए माता के समान हूँ। उसने चन्द्रमा को धिक्कारा भी। पर, चन्द्रमा ने बलात् उसका अपहरण कर लिया और अपने रथ में बैठा कर सौ वर्ष तक भिन्न-भिन्न स्थानों में उससे रमण किया। यहाँ चन्द्रमा ब्रह्मा तथा सनकादि ऋषियों के समझाने-बुझाने पर, बिना युद्ध किये, तारा को बृहस्पति को लौटा देता है। इसके आगे की घटना का इसमें कोई उल्लेख नहीं है।

कृष्ण-जन्म खण्ड की कथा में जब चन्द्रमा तारा को बलात् भोगने को तैयार होता है तब तारा उसे कलंकी, यक्ष्मा-पीड़ित तथा राहुग्रस्त होने का शाप देती है। चन्द्रमा तारा को शुक्र के आश्रम में ले जाता है। शुक्र जब चन्द्रमा को समझा रहे होते हैं, तभी ब्रह्मा, शिव आदि सेना-सहित वहाँ पहुँच जाते हैं। शिव ने जब चन्द्रमा को त्रिशूल से मारने की धमकी दी, तब वह शिव की शरण में आया। शिव ने चन्द्रमा को क्षीरसागर में स्नान कराके पवित्र किया और उसके दो खण्ड करके, एक खण्ड को अपने मस्तक पर धारण किया और दूसरे खण्ड को ब्रह्मा के सामने छोड़

दिया। चन्द्रमा ने लज्जित होकर समुद्र में कूद कर आत्महत्या कर ली। पुत्र वियोग में अत्रि की आँखों से जो आँसू समुद्र में गिरे, उन्हीं से चन्द्रमा निष्पाप होकर पुनः समुद्र से प्रकट हुआ। शिव ने चन्द्रमा से कहा कि तारा के शाप के कारण तुम्हें यक्ष्मा रोग होगा, पर मेरे आशीर्वाद से उसका प्रतीकार हो जाएगा। तुमने भाद्रपद शुक्ल चतुर्थी को गुरु-पत्नी से भोग किया, इसलिए उस दिन तुम्हें देखने वाला पाप का भागी होगा। तारा के हरण के कारण तुम युग-युग तक कलंकित माने जाओगे और तुम्हारे बिम्ब में मृगाकृति बनी रहेगी। शिवजी की आज्ञा से तारा भी चन्द्रमा के गर्भ को त्यागकर शुद्ध हो गयी। शिव ने तारा को बृहस्पति को सौंप दिया।

'वाराह पुराण'[260] में जो कथा आयी है, उसमें तारा के बृहस्पति-पत्नी होने का उल्लेख नहीं है, उसे चन्द्रमा के भाई धर्म की पत्नी बताया गया है। तारा-हरण, देवासुर संग्राम और ब्रह्मा द्वारा शान्ति एवं मध्यस्थता का प्रयास आदि घटनाएँ अन्य पुराणों के समान यहाँ भी वर्णित हैं। कथा का भिन्न अंश यह है—ब्रह्मा ने प्रजापालन के लिए धर्म को उत्पन्न किया। चन्द्रमा ने अपने भाई धर्म की पत्नी तारा का अपहरण किया। धर्म दुःखी होकर वन में चला गया। सृष्टि में घोर अव्यवस्था फैल गयी। देवता और असुर आपस में लड़ने लगे। नारद ने ब्रह्मा से इस युद्ध की सूचना दी। ब्रह्मा ने युद्ध रुकवाया। उनके कहने से धर्म वन से वापस आ गया।

'स्कन्द पुराण'[261] की कथा श्रीमद्भागवत की कथा के अनुसार है। **'मत्स्य पुराण'**[262] की कथा पद्म पुराण, उत्तर खण्ड की कथा से मिलती-जुलती है और **'ब्रह्माण्ड पुराण'**[262] की कथा ब्रह्म पुराण अध्याय 9 के अनुसार वर्णित है। इनमें कोई नवीन तत्त्व कथा में नहीं जुड़ा है।

'गरुड़ पुराण'[264] में केवल दो श्लोकों में कथा का संकेत-मात्र दिया गया। सोमवंश का परिचय देते हुए चन्द्रमा द्वारा गुरु-पत्नी तारा से बुध की उत्पत्ति का उल्लेख हुआ है। इसी बुध से पुरूरवा का जन्म भी हुआ।

इस कथा का आध्यात्मिक अर्थः 'पुराण वर्म'265 में इस कथा को एक आध्यात्मिक रूपक बतलाया गया है। बृहस्पति और चन्द्रमा तो गुरु-शिष्य के प्रतीक हैं ही। गुरु विद्या में रमण करता है, इसलिए यह उसकी पत्नी हुई। परन्तु, विद्या साधारण नहीं, वह 'तारा' है। जो संसार-सागर से तारती है वही तारा-विद्या है (तारयति संसार सागरात् या सा तारा-विद्या)। शिष्य गुरु की विद्या को ग्रहण करता है, इसे ही गुरु-पत्नी तारा का शिष्य चन्द्रमा द्वारा अपहरण कहा गया। गुरु की विद्या को पाकर शिष्य के अन्तःकरण में ज्ञान पैदा होता है, उसे ही 'बुध' कहा गया है। जब शिष्य को ज्ञान मिल जाता है तब उसे विद्या की आवश्यकता नहीं रहती, अतः वह विद्या पुनः गुरु के पास लौट जाती है, जैसे कि तारा बृहस्पति के पास चली गयी।

24. चन्द्रमा का क्षयी होना

वैदिक साहित्य के संहिता[266] तथा ब्राह्मण[267] ग्रन्थों में नक्षत्रों के साथ चन्द्रमा के विवाह का उल्लेख हुआ है। ऐतरेय आरण्यक[268] में ही पहली बार चन्द्रमा का रोहिणी पर विशेष प्रेम तथा अन्य नक्षत्रों के प्रति उदासीनता उल्लिखित है। परवर्ती पुराण साहित्य में दक्ष द्वारा चन्द्रमा को शाप देने की घटना का विकास हुआ, किन्तु उसका आधार लोकवार्त्ता ही रही होगी, क्योंकि जन-मानस ने एक पिता द्वारा दारिद्र्य के कारण अपनी कई कन्याओं को एक ही व्यक्ति से ब्याहने, जामाता का उनमें से किसी एक पर विशेष प्रेम और अन्यों के प्रति उपेक्षा-भाव रखने, अन्य बहनों द्वारा असन्तुष्ट होकर अपने पिता से शिकायत करने, पिता का जामाता से सब पत्नियों को समान समझने का उपदेश देने और उसे न मानने पर शाप देने की कल्पना सहज ही करके इसे कथा रूप दे दिया होगा। वहाँ से इसने पुराणों में स्थान पा लिया होगा। महाभारत तथा पुराणों में इस कथा के निम्नलिखित रूप प्राप्त होते हैं—

'महाभारत'[269] में वैशम्पायन और जनमेजय के संवाद-रूप में यह आख्यान कहा गया है। दक्ष ने अपनी सत्ताईस कन्याओं का विवाह चन्द्रमा से कर दिया। उन सभी बहनों में से रोहिणी पर चन्द्रमा का सर्वाधिक प्यार था। उपेक्षिता बहनों ने अपने पिता से शिकायत की। दक्ष ने पहले तो चन्द्रमा को समझाया, पर जब चन्द्रमा के व्यवहार में सुधार नहीं हुआ, तब दक्ष ने राजयक्ष्मा की सृष्टि की और उसे चन्द्रमा के शरीर में प्रविष्ट कराके चन्द्रमा को कान्तिविहीन कर दिया। चन्द्रमा को क्षय हो जाने से समस्त वनस्पतियाँ तथा औषधियाँ सूखने लगीं। प्रजा को कष्ट होने लगा। दक्ष ने कहा कि यदि चन्द्रमा अपनी सभी पत्नियों पर समान रूप से स्नेह करे और शिव की आराधना कर सरस्वती-तीर्थ में स्नान करे, तो वह पुनः रोग रहित हो सकता है, किन्तु शाप के कारण उसे पन्द्रह दिन तो क्षयग्रस्त होना ही पड़ेगा। दूसरे पखवारे में वह उपचय (वृद्धि) को प्राप्त होगा।

'ब्रह्मपुराण'[270] में चन्द्रमा द्वारा तारा-हरण के प्रसंग में इस घटना की ओर भी संकेत किया गया है। **'वायुपुराण'**[271] में तारा-हरण के प्रसंग में ही चन्द्रमा का यक्ष्माग्रस्त होना और उसके पिता अग्नि द्वारा उसे रोगमुक्त करना उल्लिखित है, किन्तु उसमें यह नहीं बताया गया कि चन्द्रमा को रातयक्ष्मा क्यों हुआ? 'महाभारत' की कथा में शाप देने वाले भी दक्ष हैं और उसका मोचन करने वाले भी वही, किन्तु 'ब्रह्मपुराण' में शापदाता का उल्लेख नहीं है और मोचनकर्ता अत्रि मुनि हैं। यही दोनों में अन्तर है।

'शिव पुराण'[272] की कथा **'महाभारत'** के शल्य पर्व वाली कथा से बहुत मिलती-जुलती है। यहाँ भी दक्ष के शाप के कारण चन्द्रमा को यक्ष्मा हुआ है। देवतागण

चन्द्रमा की रोग-मुक्ति के लिए ब्रह्मा से प्रार्थना करते हैं। ब्रह्मा ने शाप-मोचन का उपाय यह बताया है कि चन्द्रमा प्रभास क्षेत्र में जाकर शिव की आराधना करे। चन्द्रमा ने 6 मास तक 'मृत्युंजय' मन्त्र का दस करोड़ जप किया। शिव ने प्रसन्न होकर उसे पन्द्रह दिन तक क्षय और पन्द्रह दिन तक उपचय का वर दिया।

'भविष्य पुराण'[273] में तारा-हरण प्रसंग में विष्णु दक्ष के शाप से मिलता-जुलता शाप चन्द्रमा को देते हैं। इससे पता चलता है कि चन्द्रमा द्वारा तारा-हरण करने के पूर्व ही उसे दक्ष का क्षय-ग्रस्त होने का शाप मिल चुका था। इस पुराण में दक्ष के शाप की ओर संकेत-मात्र किया गया है।

'ब्रह्मवैवर्त्त पुराण'[274] में भी, तारा-हरण के प्रसंग में ही चन्द्रमा को राजयक्ष्मा-ग्रस्त दिखाया गया है। जब चन्द्रमा तारा पर बलात्कार करने पर उद्यत हुआ तब तारा ने उसे कलंकी यक्ष्मापीड़ित और राहु-ग्रस्त होने का शाप दिया। यहाँ शाप-निवृत्ति का उपाय नहीं दिया गया है।

'वाराह पुराण'[275] की कथा महाभारत वाली कथा से मिलती-जुलती है। सब पत्नियों से समान भाव से प्रेम न करने के कारण चन्द्रमा को दक्ष के शाप से यक्ष्मा-ग्रस्त होना पड़ता है। समुद्र-मन्थन के समय जब समुद्र में से चन्द्रमा का पुनर्जन्म होता है, तब शाप-मोचन होता है।

'स्कन्द पुराण'[276] में यह कथा चार स्थलों पर आयी है। रेवा खण्ड और अर्बुद खण्ड के अन्तर्गत आयी हुई कथाएँ पूर्णतः **'शिव पुराण'** की कथा के समान हैं। प्रभास खण्ड की कथाएँ महाभारत वाली कथा से साम्य रखती हैं। नागर खण्ड की कथा भी महाभारत के समान है। एक ही अन्तर है कि यहाँ चन्द्रमा की शाप-मुक्ति हाटकेश्वर क्षेत्र में शिवलिंग स्थापित करने से होती है और महाभारत में सरस्वती तीर्थ में स्नान करने से।

25. जनमेजय का नाग-यज्ञ

अभिमन्यु के पौत्र और परीक्षित के पुत्र राजा जनमेजय ने जब अपने पिता की मृत्यु का बदला लेने के लिय सर्प-यज्ञ का अनुष्ठान किया और ऋत्विजों के मन्त्रों से खिंच-खिंचकर सर्प यज्ञ-कुण्ड में गिरने लगे, यहाँ तक कि वासुकि को भी लगा कि अब उसकी भी बारी है, तभी वासुकि की बहन नागकन्या जरत्कारु का पुत्र आस्तीक आकर जनमेजय और उसके यज्ञ की छलपूर्वक प्रशंसा करने लगा। उससे प्रसन्न होकर जनमेजय ने उससे कहा कि वर माँगो। जनमेजय के ऋत्विजों ने राजा को वर देने के लिए मना किया, क्योंकि जिस नागराज तक्षक ने उसके पिता परीक्षित को डँसा था, वह तो सर्प-यज्ञ से डर कर इन्द्र की शरण में जा छिपा था

और बहुत से नागों के यज्ञ-कुण्ड में जल मरने के बाद भी वास्तविक शत्रु तक्षक जीवित था। पहले तो जनमेजय ठहर गया, किन्तु जब ऋत्विजों ने प्रबल मन्त्रों को बार-बार पढ़कर तक्षक का नाम ले-लेकर आह्वान करना आरम्भ किया और तक्षक उनके बल से खिंचकर आने लगा—वह यज्ञमण्डप के समीप आ ही गया था कि तभी जनमेजय ने आस्तीक को वर देने की इच्छा प्रकट की। आस्तीक ने वर माँगा कि सर्प-यज्ञ बन्द कर दिया जाय। वचन हार जाने के कारण जनमेजय ने यज्ञ बन्द कर दिया, किन्तु उसे इसका पश्चात्ताप बना रहा, क्योंकि वह अपने पिता की मृत्यु के मूल कारण तक्षक को यज्ञ-कुण्ड में भस्म नहीं कर सका। इतने सर्पों की जान लेने पर भी वास्तविक शत्रु बेदाग ही बच गया।[277]

'महाभारत' के आदि पर्व में ही अन्य दो स्थलों[278] पर जनमेजय के नाग-यज्ञ की कथा आयी है। **आदि पर्व** के **अध्याय 3** में उतंक ऋषि राजा जनमेजय को उनके पिता के हत्यारे नागराज तक्षक से प्रतिशोध लेने के लिए उकसाते हैं। निरपराध परीक्षित को डँसकर तक्षक ने जो अनुचित कर्म किया, उसका उसे दण्ड देने के लिए सर्प-यज्ञ का अनुष्ठान करने का परामर्श वे जनमेजय को देते हैं। उतंक तक्षक पर इसलिए कुपित हैं क्योंकि उसने उनको अपने गुरु का एक कार्य करने में बाधा डाली थी। जनमेजय उतंक से अपने पिता के स्वर्गवास का कारण जान कर शोक-सन्तप्त हो जाते हैं।

आदि पर्व के **अध्याय 49-58** में यह कथा पूर्वापर प्रसंग के साथ वर्णित है। राजा जनमेजय से उनके मन्त्रिगण उनके पिता महाराज परीक्षित की मृत्यु का वृतान्त इस प्रकार बताते हैं—

परीक्षित का वन में मृगया करने जाना। एक मृग का पीछा करते हुए शमीक ऋषि के आश्रम में पहुँचना। शमीक से मृग का पता पूछना। शमीक मौनव्रती। पता न बतला सके। परीक्षित क्रुद्ध। वहीं पृथ्वी पर पड़े एक मृत सर्प को उठाकर ऋषि के गले में डाल देना। ऋषि का शान्त रहना।[279] परीक्षित राजधानी में वापस। शमीक के पुत्र शृंगी बहुत क्रोधित। पिता के अपमान का वृत्त जान कर परीक्षित को शाप कि 'आज से सात रात के बाद मेरी वाक्-शक्ति से प्रेरित प्रचण्ड विषधर तक्षक नाग उस व्यक्ति को डँस लेगा जिसने मेरे निरपराध पिता पर मरा साँप डाला है।[280] शमीक द्वारा परीक्षित को शृंगी के शाप की तथा सावधान रहने की सूचना भिजवाना। सुन कर परीक्षित भयभीत। सातवाँ दिन आया, तब ब्रह्मर्षि कश्यप का राजा परीक्षित को अपने तपोबल से बचाने की नीयत से जाना। मार्ग में ब्राह्मण वंशधारी नागराज तक्षक से उनकी भेंट। तक्षक द्वारा अपने विष का प्रभाव देखने के लिए एक वृक्ष को डँसना। वृक्ष विष से जल कर भस्म। कश्यप द्वारा उस वृक्ष को मन्त्र-बल से हरा-भरा कर देना। तक्षक का प्रभूत धन देकर कश्यप को बीच में

से ही लौटा देना। परीक्षित पूरी तरह सतर्क, पर तक्षक का घात लगा कर उन्हें जा डँसना। परीक्षित की मृत्यु। मन्त्रियों से परीक्षित का मृत्यु-वृत्तान्त जान कर जनमेजय का सर्प यज्ञ करने का निश्चय।[281]

जनमेजय द्वारा ऋत्विजों को बुलाकर यज्ञ-मण्डप तैयार करवाना। सेवकों को आदेश देना कि बिना मुझे सूचित किये किसी अपरिचित व्यक्ति को यज्ञ-मण्डप में प्रवेश न करने दिया जाय।[282] सर्प-यज्ञ का विधिपूर्वक प्रारम्भ। मन्त्राहूत होकर सर्पों का आ-आकर स्वयमेव यज्ञकुण्ड में गिरना। छोटे-बड़े, बच्चे-बूढ़े, सफेद-काले-पीले सभी तरह के सर्प।[283] उस यज्ञ में ऋत्विज के रूप में चण्डभार्गव, कोत्सउद्गाता, शार्ङ्गरव, वेदव्यास, उद्दालक, श्वेतकेतु, नारद, पर्वत आदि ऋषि उपस्थित।[284] सर्पों के जलने से चतुर्दिक चिराँयध की दुर्गन्ध। नागराज तक्षक का भयभीत होकर इन्द्र की शरण में जाना। वासुकि का अपनी बहन जरत्कारु (जिसका विवाह जरत्कारु ऋषि से हुआ था) से यह कहना कि वह अपने पुत्र आस्तीक को जनमेजय के पास यज्ञ बन्द कराने के लिए भेजे।[285] (यहाँ नागकन्या जरत्कारु सर्पों को उनकी माता कद्रू द्वारा दिये शाप की बात आस्तीक को बताती है। कद्रू और विनता में इन्द्र के अश्व उच्चैःश्रवा के रंग को लेकर शर्त बद गयी। कद्रू ने पुत्रों से कहा—उच्चैःश्रवा की पूँछ से लिपट कर उसे काला कर दो, क्योंकि कद्रू ने उसका रंग काला बतलाया था। परन्तु, उसके पुत्रों ने इन्कार कर दिया। कद्रू का शाप कि तुम जनमेजय के नागयज्ञ में भस्म होगे। उस शाप से मुक्ति के लिए ही जरत्कारु मुनि से जरत्कारु का विवाह हुआ, जिससे आस्तीक की उत्पत्ति। उसी में यज्ञ बन्द कराने की सामर्थ्य[286])। आस्तीक का यज्ञमण्डप के समीप जाकर यज्ञ-अनुष्ठान और जनमेजय की प्रशंसा। जनमेजय का आस्तीक से वर माँगने को कहना। तभी तक्षक के नाम की आहुतियाँ डाली जाने लगीं। इन्द्र के दुपट्टे में छिप कर तक्षक का आना। तक्षक को अकेला छोड़ इन्द्र का भाग जाना। आस्तीक का जनमेजय से सर्प-यज्ञ बन्द करने का वर माँगना। वर देना। यज्ञ बीच में ही बन्द। तक्षक, वासुकि आदि नाग बच गये।[287]

'पद्मपुराण'[288] में जनमेजय के नागयज्ञ का तो प्रत्यक्षतः वर्णन नहीं हुआ है, किन्तु नागों के विनाश के पीछे एक शाप-कथा के होने का वर्णन हुआ है। अनन्त, वासुकि, तक्षक, महाबल, कार्कोटक, नागेन्द्र, पद्म, महापद्म, शंख, कुलिक और अपराजित आदि सर्पों से संसार के भर जाने पर, इन विषधरों से संत्रस्त होकर प्रजा ब्रह्मा जी के पास फरियाद लेकर पहुँची। ब्रह्मा ने प्रजा को अभय देकर विदा किया और उसके जाते ही वासुकि आदि नाग-प्रमुखों को बुला कर उन्हें डाँट-फटकार बतायी और शाप दिया कि चूँकि तुम लोग प्रतिदिन मनुष्यों का नाश करते हो, अतः भावी वैवस्वत मन्वन्तर में तुम्हारा घोर क्षय होगा एवं सोमवंशीय राजा द्वारा जनमेजय द्वारा तुम्हारा विनाश होगा। शापित सर्पों ने ब्रह्माजी के पैर पड़कर कहा कि आपने ही तो

हमें विषधर और क्रूर बनाया है, फिर आप ही हमें शाप देते हैं, यह क्यों? उन्होंने जनमेजय के सर्प-यज्ञ से अपनी रक्षा का उपाय पूछा। ब्रह्माजी ने बताया कि जरत्कारु नामक एक ब्राह्मण होगा, उसको वासुकि अपनी बहन जरत्कन्या को दे देवें। उनसे जो सन्तान होगी वह तुम्हारी रक्षा करेगी। तुम लोग सुतल, वितल और तलातल इन तीन स्थानों में जाकर रहो। ब्रह्माजी के ऐसा कहने पर वे सब रसातल में चले गये।

'श्रीमद्भागवत पुराण' में जनमेजय के नाग-यज्ञ का वर्णन दो स्थलों[289] पर हुआ है। **नवम स्कन्ध** में शुकदेवजी परीक्षित को भविष्य की बात बताते हुए इस यज्ञ की चर्चा करते हैं। वे कहते हैं कि तक्षक द्वारा काट लेने से जब तुम्हारी मृत्यु हो जाएगी, तब तुम्हारा पुत्र जनमेजय क्रुद्ध होकर सर्पयज्ञ कराएगा और आग में सर्पों का हवन करेगा। द्वादश स्कन्ध की कथा में बताया गया है कि जब बहुत भयंकर विषधर सर्प भी आ-आकर जनमेजय के यज्ञ-कुण्ड में गिरने लगे, किन्तु अन्त तक तक्षक आता नहीं दिखायी दिया, तब जनमेजय ने ऋत्विजों से कहा कि अधम तक्षक क्यों नहीं आ रहा? ऋत्विजों ने कहा कि वह इन्द्र की शरण में चला गया है और इन्द्र उसकी रक्षा कर रहे हैं। तब, जनमेजय ने झुँझला कर कहा कि आप लोग इन्द्र सहित तक्षक को क्यों नहीं अग्निकुण्ड में आवाहन करते? तब ऋत्विजों ने तक्षक के साथ ही इन्द्र का आवाहन करना आरम्भ किया। मन्त्र-बल से इन्द्र भी खिंचकर आने लगे और यज्ञ-कुण्ड में गिरने वाले ही थे कि बृहस्पति ने जनमेजय से कहा कि सर्पराज तक्षक को मारना तुम्हारे लिए उचित नहीं। वह अमृत पीने के कारण अजर-अमर हो चुका है। तुमने पहले ही बहुत-से निरपराध सर्पों को जला दिया है, अब अपना यह अभिचार-यज्ञ बन्द करो। बृहस्पति के कहने से जनमेजय ने यज्ञ बन्द करा दिया।

श्रीमद्भागवत की इस कथा में दो नयी बातें हैं: (1) महाभारत के आदि पर्व में जिस प्रकार इन्द्र अग्नि-कुण्ड में गिरने से बचने के लिए मन्त्राहूत होकर अपने शरणागत तक्षक को छोड़ कर भाग खड़े होते हैं, उस प्रकार का हीन आचरण दिखाने से इन्द्र को यहाँ बचा लिया गया है। (2) तक्षक को अग्निकुण्ड में गिरने से बचाने और सर्प-यज्ञ को बन्द कराने का श्रेय जरत्कारु-पुत्र आस्तीक के स्थान पर यहाँ देवगुरु बृहस्पति को मिला है।

26. द्रौपदी का भण्डार अखूट होना

द्रौपदी के भण्डार के अखूट होने की कल्पना सच्चक्रिया से सम्बन्धित है। द्रौपदी की गणना पाँच महासतियों में की जाती है। सत्ययुग की ब्रह्मविद्या-रूपिणी वेदवती का ही त्रेता में सीता होना और सीता का ही द्वापर में द्रौपदी होना कहा गया है।[290]

'महाभारत' के वन पर्व[291] में एक कथा आयी है जिससे द्रौपदी के भण्डार के अखूट होने की लोक-कल्पना को बल मिला है। कथा इस प्रकार है–द्रौपदी के पास सूर्य की दी हुई एक अक्षय बटलोही (पतीली) थी जिसकी विशेषता यह थी कि जब तक द्रौपदी अपने पतियों को भोजन करा कर स्वयं भी भोजन न कर ले, तब तक उसमें का भोजन कभी समाप्त नहीं होता था। पाण्डव उस पात्र की सहायता से वन में रहते हुए भी ब्राह्मणों को अन्न-दान से तृप्त करते थे।[292] पर दुर्योधनादि ने जब यह सुना तो उनकी छाती पर साँप लोट गया। उन्हीं दिनों दुर्वासा ऋषि अतिथि बन कर दुर्योधन के यहाँ पधारे और दुर्योधन के सेवा-सत्कार से बहुत सन्तुष्ट हुए। उन्होंने जब कुछ माँगने के लिए कहा, तब दुर्योधन ने उनसे यही माँगा कि आप इसी तरह हमारे बड़े भाई युधिष्ठिर के कभी अतिथि बनिए और ऐसे समय वहाँ पधारिए जब द्रौपदी समस्त ब्राह्मणों, पाँचों पतियों को भोजन करा कर तथा स्वयं भी भोजन करके विश्राम कर रही हो।[293] दुर्वासा ने ऐसा करने का वचन दिया। दुर्योधनादि की इसमें चाल यह थी कि ऐसे समय अक्षय पात्र का प्रभाव समाप्त हो चुका रहेगा, पाण्डव दुर्वासा का समुचित आतिथ्य कर न सकेंगे, फलतः उनके शाप के भागी होंगे। एक दिन ऐसी ही स्थिति में दुर्वासा ऋषि अपने दस हज़ार शिष्यों के साथ पाण्डवाश्रम में पहुँचे। युधिष्ठिर ने अर्घ्य-आसनादि से उनका सत्कार करके भोजन करने के लिए कहा। ऋषि अपने शिष्यों सहित स्नानादि से निवृत्त होने चले गये। किन्तु, द्रौपदी के चित्त पर चिन्ता सवार हो गयी। ऐसी दशा में अन्न कहाँ से आवे इतने व्यक्तियों के लिए? यदि आतिथ्य न हुआ, तो दुर्वासा से शापित होना निश्चित था। द्रौपदी मन ही मन कृष्ण का स्मरण करने लगी। स्मरण करते ही कृष्ण वहाँ उपस्थित हो गये। द्रौपदी ने दुर्वासा और उनके शिष्यों के आगमन का समाचार सुनाया। पर कृष्ण बोले–"कृष्णा, मुझे बहुत जोर की भूख लग रही है, पहले कुछ खिला, तब बात कर।" द्रौपदी ने कृष्ण को वस्तुस्थिति बतलायी और कहा कि मेरे भोजन कर चुकने के कारण सूर्यनारायण की दी हुई बटलोही में अब कुछ भी नहीं है। कृष्ण ने बटलोही मँगाकर देखी। उसमें कहीं जरा-सा साग चिपटा हुआ था। उसे लेकर ही कृष्ण ने खा लिया और कहा–"इस शाक से सम्पूर्ण विश्व की आत्मा, यज्ञभोक्ता सर्वेश्वर भगवान श्रीहरि तृप्त और सन्तुष्ट हों।"[294] यह कहकर कृष्ण ने सहदेव से कहा कि दुर्वासा को भोजन के लिए लिवा लाओ। उधर, दुर्वासा के जो शिष्य स्नानादि के उपरान्त जप आदि कर रहे थे, उन्हें अचानक ऐसा अनुभव हुआ कि उनका पेट भर गया है। उन्हें डकार पर डकार आने लगी। अब तो उन्हें लेने के देने पड़े। उन्होंने दुर्वासा से कहा कि हमें भूख बिल्कुल नहीं है और उधर युधिष्ठिर के यहाँ रसोई तैयार हो चुकी है। दुर्वासा ने सोचा कि अब चुपचाप भाग चलने में ही कुशल है, अतः उन्होंने शिष्यों को जल्दी से जल्दी वहाँ से चल देने की आज्ञा

दी।[295] उन्हें डर था कि कहीं युधिष्ठिर अन्न बिगड़वाने के लिए उन्हें शाप न दे दें।

सूर्यनारायण द्वारा प्रदत्त बटलोही ही द्रौपदी के भण्डार के अखूट होने का कारण बनी।

27. नल-दमयन्ती-प्रेमाख्यान

नल-दमयन्ती की कथा सर्वप्रथम **'महाभारत'**[296] के अन्तर्गत मिलती है। किन्तु इस आख्यान में जो अकृत्रिमता, नैतिकता और मार्मिकता है, उसके आधार पर पेंजर का अनुमान है कि इसका मूल स्रोत वैदिक युग में होना चाहिये। पेंजर ने अपने इस अनुमान के लिए तीन कारण दिये हैं : (1) नलोपाख्यान 'महाभारत' की मूल कथा का अंग नहीं है। (2) इसकी भाषा और रचना-शैली वैदिक साहित्य के अनुरूप है और (3) इसमें जिन इन्द्र, वरुण, यम, अग्नि आदि देवताओं का उल्लेख आया है, वे भी पौराणिक नहीं, वैदिक देवकुल से सम्बन्धित हैं।[297] इस धारणा में सत्यांश हो सकता है, परन्तु हमारे पास कोई ऐसा साधन नहीं जिससे इसके वैदिक युगीन होने के पुष्ट प्रमाण दिये जा सकें। यह तो स्पष्ट ही है कि ऋग्वेद आदि में जो इने-गिने आख्यान बीज रूप में आये हैं उनमें नल-दमयन्ती का आख्यान नहीं आता है। अतः हमें यही मान कर चलना पड़ेगा कि इस आख्यान का आदि स्रोत महाभारत के वनपर्व में उल्लिखित नलोपाख्यान ही है।

महाभारत के परवर्ती पुराण साहित्य[298] में दो नलों का उल्लेख आता है : एक निषध देश के राजा नल का, जो राजा वीरसेन के पुत्र थे और दूसरे, इक्ष्वाकुवंशी राजा नल का, जो रामायण के कथा-नायक श्री रामचन्द्र के बाद के सूर्यवंशी राजाओं में चौथे स्थान पर आते हैं और जिनके पिता का नाम निषध[299] था। इसी कारण उनको नैषध भी कहा गया। प्रथम नल चन्द्रवंशी थे और द्वितीय नल सूर्यवंशी। नल-दमयन्ती आख्यान के साथ जिस नल का सम्बन्ध है, वे अयोध्या के सूर्यवंशी इक्ष्वाकु-कुलीन राजा ऋतुपर्ण के मित्र थे। नल के आख्यान के जितने रूप मिले हैं, उनमें (**'नैषधीय चरितम्'** और **'नल चम्पू'** को छोड़ कर) अयोध्या नरेश राजा ऋतुपर्ण का उल्लेख अपरिहार्यतः आया है। अयुतायु का पुत्र यह ऋतुपर्ण राजा नल का सहायक और द्यूतक्रीड़ा का पारदर्शी कहा गया है।[300] उसने बदले में नल से अश्वविद्या सीखी थी।[301] ऋतुपर्ण रामचन्द्र से भी पहले हुआ था। उसके और राम के मध्य तेरह राजा हो चुके थे—ऋतुपर्ण > सर्वकाम > सुदास > सौदास > मित्रसह (कल्माषपाद) > अश्मक > मूलक > दशरथ > इलिविल > विश्वसह > खट्वांग > दीर्घबाहु > रघु > अज > दशरथ > राम।[302] इस प्रकार यदि नल को सूर्यवंशी (इक्ष्वाकुवंशी) माना जाय, तो उनका काल ऋतुपर्ण से बहुत बाद का सिद्ध होता है

और इससे उनके और ऋतुपर्ण की मित्रता की संगति नहीं बैठती। अतः **नल-दमयन्ती आख्यान के नल चन्द्रवंशी, निषध देश के राजा वीरसेन के पुत्र एवं ऋतुपर्ण के समकालीन थे और थे रामचन्द्र से बहुत पुराकालीन।**

पुराणों में इन राजा नल का आख्यान विस्तार में नहीं मिलता। **'विष्णु पुराण'**, **'भागवत पुराण'** और **'वायु पुराण'** में इनके विषय में केवल इतना ही उल्लेख आया है कि ये इक्ष्वाकुवंशी राजा ऋतुपर्ण के मित्र थे। ऋतुपर्ण ने इनकी सहायता की थी और इन्होंने ऋतुपर्ण से द्यूत-क्रीड़ा सीखी थी और ऋतुपर्ण ने इनसे अश्व विद्या[303] किस प्रसंग में ऋतुपर्ण ने नल की सहायता की थी, इसका कोई उल्लेख उक्त पुराणों में नहीं मिलता। **'विष्णु पुराण'** में आहुक और आहुकी नामक शिवभक्त भील-दम्पति की कथा आयी है, जिन्होंने अतिथि के रूप में आये साधु वेशधारी शिव की रक्षा के लिए अपने प्राण दे दिये। शिव ने उन्हें वर दिया कि अगले जन्म में तुम नल-दमयन्ती के नाम से निषध देश के राजा-रानी बनोगे।[304]। **'स्कन्द पुराण'** में अवश्य दमयन्ती का उपाख्यान आया है।[305] पर उसमें कथा की दृष्टि से कोई नवीनता नहीं।

'महाभारत' के अनन्तर उत्तरकालीन संस्कृत साहित्य में पुनः नल-दमयन्ती का प्रेमाख्यान कवियों का प्रिय विषय बन गया। इस प्रेमाख्यान के आधार पर लिखित काव्यों में **'नलोदय काव्य'306**, **'नलचम्पू'** (**'दमयन्ती कथा'**[307] और **'नैषधीय चरितम्'**[308] आदि मुख्यतः उल्लेखनीय हैं। **कथा सरित्सागर**[309] में भी नल-कथा मिलती है।

यहाँ हम 'महाभारत' में आगत 'नलोपाख्यान' को संक्षेप में देकर और उसको आधार मान कर यह देखने का प्रयास करेंगे कि **'नलोदय काव्यम्'**, **'नलचम्पू'** (**दमयन्ती-कथा**), **'कथा-सरित्सागर'** और **'नैषधीय चरितम्'** में नल-कथा में क्या परिवर्तन-परिवर्द्धन हुए। समान अंशों की पुनरावृत्ति न करके केवल भिन्नता के स्थलों का ही उल्लेख किया जाएगा।

'महाभारत' के वन पर्व में, 52 से 79 तक के अध्यायों में द्यूत-क्रीड़ा में सब कुछ हारे खिन्न-मन युधिष्ठिर को बृहदश्व ऋषि द्वारा द्यूत के ही कारण सब कुछ गँवाने वाले, विपत्ति-ग्रस्त नल की कथा सुनायी गयी है। यह एक प्रकार की दृष्टान्त कथा बन गयी है। इस नलोपाख्यान का संक्षिप्त रूप यह है :

नल निषध देश के राजा। वीरसेन के पुत्र नल के छोटे भाई का नाम पुष्कर। दमयन्ती विदर्भ-नरेश भीम की पुत्री। कुण्डिनपुर विदर्भ की राजधानी। दमयन्ती-जन्म की कथा : भीम निःसन्तान होने से दुःखी—दमन ऋषि का भीम के राजभवन में स्वतः पदार्पण—राजा द्वारा उनकी बड़ी आवभगत—ऋषि प्रसन्न—रानी को एक कन्या, तीन पुत्र होने का वरदान दिया : कन्या—दमयन्ती। पुत्र : दम, दान्त और दमन।

नल और दमयन्ती दोनों रूपवान। लोगों से एक-दूसरे के रूप-गुण की प्रशंसा सुन कर दोनों के हृदय में बिना देखे ही प्रेमोत्पन्न। नल ने स्वर्ण-पंखों वाला एक

हंस पकड़ा। हंस ने कहा कि मुझे छोड़ दो तो दमयन्ती के हृदय में तुम्हारे लिए अनुराग उत्पन्न करूँगा। वह तुम्हें छोड़ किसी से विवाह न करेगी। नल ने हंस को मुक्त कर दिया। हंस ने दमयन्ती के पास जाकर नल के रूप-गुण की प्रशंसा बढ़ा-चढ़ाकर की। दमयन्ती और भी अनुरक्त हो गयी। उसने हंस के द्वारा अपना प्रेम-सन्देश नल के पास भेजा।

पुत्री को विवाह के योग्य जान कर भीम ने स्वयंवर का आयोजन किया। नारद और पर्वत ऋषि ने स्वयंवर का समाचार देवलोक में पहुँचाया। इन्द्र, अग्नि, यम, वरुण स्वयंवर में भाग लेने के लिए चले। मार्ग में नल से भेंट। नल भी कुण्डिनपुर ही जा रहा था। इन्द्रादि देवताओं ने नल को अपना दूत बनाकर दमयन्ती के पास भेजा यह कहने को कि वह उनमें से किसी को अपना पति चुन ले। इन्द्र की कृपा से नल अदृश्य होकर अन्तःपुर में प्रविष्ट हो गये। दमयन्ती नल को देख कर मोहित। पूछने पर नल ने अपना परिचय दिया। देवताओं का सन्देश भी कहा। देव-कोप न हो, इस डर से दमयन्ती ने भरे स्वयंवर में नल को वरण करने का अपना निश्चय दुहराया।

स्वयंवर आरम्भ होते ही चारों देवता नल का रूप धारण कर उसके पास जा बैठे। दमयन्ती दुविधा में पड़ गयी कि इनमें से असली नल कौन से हैं? देवताओं के जो लक्षण वह जानती थी, वे उनमें नहीं दिखायी दिये। उसने देवताओं से प्रार्थना की कि वे अपना वास्तविक रूप प्रकट कर दें। देवताओं द्वारा दमयन्ती में वह शक्ति उत्पन्न कर दी गयी जिससे वह मनुष्य और देवता में पहचान कर सके। पसीना न आना, पलकें न गिरना, धारण किये पुष्पहार का न मुरझाना, धूलिकण न पड़ना, पृथ्वी-तल को चरणों का स्पर्श न करना, परछाईं न पड़ना—ये सब देवताओं के लक्षण।

नल के प्रति दमयन्ती की अनन्य प्रेम-निष्ठा देख कर चारों देवता प्रसन्न हो गये। प्रत्येक ने दो दो बर नल को दिये। इन्द्र ने कहा—'यज्ञ में प्रत्यक्ष-दर्शन और मरने पर शुभ गति दूँगा।' अग्नि ने कहा—'इच्छा करते ही मैं प्रकट हो जाऊँगा। मरने पर तेजस्वी लोक दूँगा।' यम ने कहा—'तुम्हारी बनायी रसोई में उत्तमोत्तम स्वाद होगा। धर्म में तुम्हारी निष्ठा अविचल रहेगी।' वरुण ने वर दिया—'इच्छा करते ही मैं प्रकट हो जाऊँगा। तुम्हारी पुष्पमाला कभी न मुरझाएगी। सदा सुगन्धित बनी रहेगी।'

राजा भीम ने नल-दमयन्ती का विधिवत् विवाह-संस्कार कर दिया। कुछ दिन तक ससुराल में रहने के बाद नल निषध देश को वापस। नल से दमयन्ती को एक पुत्र (इन्द्रसेन) और एक पुत्री (इन्द्रसेना) उत्पन्न।

स्वयंवर से वापसी में लोकपालों (इन्द्रादि देवताओं) की भेंट कलि और द्वापर से हुई। दमयन्ती ने देवताओं को छोड़ मर्त्य नल को वरा, यह सुन कर कलि अत्यन्त क्रुद्ध हुआ। उसने निश्चय किया कि नल के भीतर प्रविष्ट होकर उनकी मति भ्रष्ट

करूँगा और उन्हें राज्य-च्युत कराऊँगा। कलि ने द्वापर से कहा कि तुम जुए के पासों में प्रवेश कर मेरी सहायता करना।

कलि ने बारह वर्ष तक प्रतीक्षा की। नल ने अपना आचरण ऐसा रखा कि कलि को कोई अवसर ही न मिला। एक दिन मूत्रत्याग के बाद नल ने हाथ-मुँह तो धो लिए, किन्तु पैर नहीं धोये। इसी अशौचावस्था में वे संध्या करने बैठ गये। बस कलि को मौका मिला, वह नल के भीतर प्रविष्ट हो गया। दूसरा रूप धारण कर कलि ने पुष्कर के पास जाकर उसे नल से जुआ खेलने के लिए उकसाया। वृषभ (साँड) के रूप में कलि पुष्कर के साथ नल के पास आया।

नल और पुष्कर में द्यूत-क्रीड़ा हुई। नल की हार पर हार होने लगी। मन्त्रियों और प्रजा के अनुरोध पर दमयन्ती ने नल को मना किया, परन्तु नल ने उसकी एक न सुनी।

आसन्न दुर्भाग्य को देख कर दमयन्ती ने अपने पुत्र-पुत्री को नल के सारथी वार्ष्णेय के साथ अपने पीहर भेज दिया। वार्ष्णेय वापस नहीं आया। वह वहाँ से राजा ऋतुपर्ण की चाकरी करने के लिए अयोध्या चला गया।

द्यूत-क्रीड़ा में नल वस्त्राभूषण सब हार गये। कुछ भी शेष न रहा। तब पुष्कर ने दमयन्ती को भी दाँव पर लगाने को कहा। नल ने ऐसा नहीं किया। वे दमयन्ती के साथ राज-भवन को छोड़ गये। नल-दमयन्ती के तन पर एक-एक धोती रह गयी। पुष्कर के डर से किसी प्रजाजन ने उनकी बात भी न पूछी।

वन में, भूख-प्यास से व्याकुल नल ने स्वर्णिम पंखों वाले पक्षियों के झुण्ड पर अपना अधोवस्त्र फेंका। पक्षी उसे ले उड़े। कहते गये : 'हम द्यूत के पोस हैं। तुम्हें निपट नंगा करके अब हमें सन्तोष है।'

नल का दमयन्ती को विदर्भ देश की ओर जाने वाला मार्ग दिखाना। दमयन्ती शंकित। एक वस्त्र से दोनों अपनी लज्जा ढँके वन-वन घूमने लगे। एक रात वे एक धर्मशाला में सोये। दमयन्ती को वहीं सोयी छोड़ कर नल तलवार से उसकी आधी धोती काट कर और उसे पहन कर चल दिये। दमयन्ती को इस प्रकार वन में अकेली छोड़ते उन्हें मोह तो हुआ, पर अन्ततः उस पर उन्होंने विजय पा ली।

दमयन्ती जब प्रातःकाल जागी, तब उसने अपने पार्श्व में नल को नहीं पाया। वह विलप करने लगी। कोई चारा न देख कर उसने विदर्भ की राह ली। वन में एक अजगर ने उसे पैरों की ओर से निगलना आरम्भ किया। अभी वह उसे आधा ही निगल पाया था कि एक व्याध आया। उसने अजगर को मार कर दमयन्ती की रक्षा की।

परन्तु व्याध दमयन्ती के सौन्दर्य पर लुभा गया। कामातुर होकर उसने बलात्कार करना चाहा। पतिव्रता दमयन्ती के शाप से वह निष्प्राण हो गया।

वहाँ से चल कर दमयन्ती वन में तपस्वियों के आश्रम में पहुँची। तपस्वियों की भविष्यवाणी : 'शीघ्र ही पति से तुम्हारा मिलन होगा। तुम पुनः राज-सुख भोगोगी।' इतना कह कर तपस्वीगण तथा आश्रम सब अदृश्य हो गये।

आगे जाने पर, दमयन्ती की भेंट एक सार्थ (व्यापारी दल) से हुई। सार्थ राजा सुबाहु के नगर चेदि की ओर जा रहा था। दमयन्ती भी उसके साथ हो ली। रात में उनका पड़ाव एक सरोवर पर पड़ा। जंगली हाथियों ने दमयन्ती और कुछ ब्राह्मणों को छोड़ कर, शेष सबको रौंद डाला। दमयन्ती को सबने अशुभ बताया। उनके साथ वह चेदि नगर में आयी। चेदि की राजमाता ने दमयन्ती को अपने पास बुला भेजा। दमयन्ती इस शर्त पर उनके पास रही कि किसी का उच्छिष्ट नहीं खाऊँगी, किसी के पैर नहीं धोऊँगी, पर-पुरुष से वार्त्तालाप नहीं करूँगी। राजमाता ने उसकी सारी शर्तें स्वीकार कर लीं और उसे अपनी पुत्री सुनन्दा की सहेली बना दिया।

दमयन्ती को वन में अकेली छोड़ कर नल चले तो एक अन्य वन में पहुँचे। वहाँ दावानल प्रज्ज्वलित थी। ज्वाला से घिरा एक नाग उनको सहायता के लिए पुकारने लगा। नारद मुनि के शाप से वह नाग स्थावर बन गया था। उसका नाम कर्कोटक था। कर्कोटक ने अपना शरीर अंगुष्ठ मात्र कर लिया। उसने नल से कहा कि कुछ दूर तक मुझे ले चलो, तो मेरा शाप छूटे। मैं तुम्हारा उपकार करूँगा। नल उसे लेकर एक-एक पग गिनते हुए चले, 'दश' कहते ही नाग ने उन्हें डँस लिया।

विष के प्रभाव से नल का रंग काला पड़ गया। वे कुरूप हो गये। नाग ने कहा—'चिन्ता न करो। कलि मेरे विष-दाह से जल जाएगा'। उसी ने सुझाया कि तुम अयोध्या-नरेश ऋतुपर्ण के पास जाओ, अपना नाम 'बाहुक' रख लो। तुम ऋतुपर्ण को अश्वविद्या सिखा कर उससे द्यूत-विद्या सीखना। शीघ्र ही तुम्हें पत्नी-पुत्र तथा राज्य की प्राप्ति होगी। कर्कोटक ने नल को दो दिव्य वस्त्र दिए। वह बोला—मेरा स्मरण कर लेना और इन वस्त्रों को पहन लेना; ऐसा करते ही तुम्हें तुम्हारा पूर्व रूप प्राप्त हो जाएगा।

नल अयोध्या में आये। ऋतुपर्ण के सामने उन्होंने अपने गुणों का बखान किया। ऋतुपर्ण ने नल को अश्वशालाध्यक्ष बना दिया।

उधर राजा भीम ने अपनी पुत्री और जामाता को खोजने के लिए, पुरस्कार का लालच देकर, बहुत-से ब्राह्मणों को यत्र-तत्र भेज दिया। उनमें से एक, सुदेव नामक ब्राह्मण चेदि पहुँचा। वह दमयन्ती को पहचान गया। चेदि की राजमाता दमयन्ती की मौसी निकली। उसने दमयन्ती को आदरपूर्वक विदा किया।

दमयन्ती ने संकोच छोड़ कर अपनी माँ से कहा कि नल का पता लगाओ, अन्यथा मेरे प्राण न बचेंगे। राजा भीम ने नल को खोजने के लिए दिशा-दिशा में ब्राह्मण भेजे। दमयन्ती ने नल की खोज में जानेवाले ब्राह्मणों को बुला कर कहा कि

जहाँ भी जाओ, इस बात को जोर-जोर से कहना कि नल ने मुझ अकेली को वन में छोड़ कर बड़ा अत्याचार किया। धोती फाड़ने वाली बात भी कहना।

पर्णाद नामक ब्राह्मण अयोध्या पहुँचा। ऋतुपर्ण की राजसभा में उपस्थित होकर उसने ऐसा ही कहा। बाहुक ने एकान्त में उससे कहा—जिसने भी यह निष्ठुरता की होगी, विवशतावश ही की होगी। दमयन्ती तो पतिव्रता है, उसे अपने पति की निन्दा नहीं करनी चाहिए। पर्णाद ने लौटकर दमयन्ती से, जो देखा था कह सुनाया।

माता का परामर्श लेकर दमयन्ती ने सुदेव को अयोध्या भेजा—ऋतुपर्ण से यह कहने को कि अगले दिन ही प्रातः दमयन्ती का दूसरा स्वयंवर है और उनका उसमें पहुँचना आवश्यक है।

सुदेव से इतने शीघ्र स्वयंवर होने का समाचार पाकर ऋतुपर्ण को बाहुक की अश्वविद्या की याद आयी। बाहुक ने सन्ध्या से पूर्व कुण्डिनपुर पहुँचाने का आश्वासन दिया। अच्छी नस्ल के चार दुर्बल घोड़े छाँट कर उसने रथ में जोते। घोड़े पवन-वेग से चले। मार्ग में ऋतुपर्ण का उत्तरीय गिर पड़ा। क्षण-मात्र में वह चार कोस पीछे रह गया। ऋतुपर्ण ने कहा कि तुम अश्वचालन में निश्चय ही प्रवीण हो, परन्तु मैं गणित-शास्त्र में पारंगत हूँ। प्रमाणस्वरूप उन्होंने एक बहेड़ा वृक्ष के फलों की गिनती क्षण-भर में कर दी। बाहुक ने रथ रोक कर पेड़ को काट डाला। फल गिने तो ऋतुपर्ण द्वारा बतायी संख्या को सही पाया। ऋतुपर्ण ने बाहुक को द्यूत-विद्या सिखा दी। कलि नल के शरीर से निकल गया। उसने नल से क्षमा माँगी और बहेड़े के वृक्ष में समा गया।

संध्या से पूर्व ही बाहुक ने ऋतुपर्ण को कुण्डिनपुर पहुँचा दिया। परन्तु वहाँ स्वयंवर का कोई समारोह न देखकर ऋतुपर्ण को आश्चर्य हुआ। भीम को भी उन्हें आया देखकर आश्चर्य हुआ।

दमयन्ती ने नल की परीक्षा लेने के लिए अपनी सखी केशिनी को उस स्थान में भेजा जहाँ बाहुक नामधारी नल को ठहराया गया था। दमयन्ती ने केशिनी को आदेश दे दिया था कि "माँगने पर भी बाहुक को पानी और आग न देना। जो देखो, उसकी सूचना देना।" केशिनी ने देखा कि नल ने खाली घड़ों को दृष्टिमात्र से भर दिया। एक मुट्ठी तिनके को सूर्य की ओर दिखाकर आग जला ली। बात की बात में भोजन तैयार कर लिया। छोटे द्वार बाहुक के प्रवेश करते समय ऊँचे हो जाते थे। मसले जाने पर भी फूल और अधिक खिल जाते थे और उनकी सुगन्ध बढ़ जाती थी। दमयन्ती ने बाहुक द्वारा बनाये हुए भोजन में से थोड़ी-सी बानगी मँगाकर चखी। उसमें उसे वही स्वाद आया जो नल की रसोई में आता था। फिर उसने केशिनी के साथ अपने दोनों बच्चों को बाहुक के पास भेजा। बाहुक उन्हें छाती से लगा कर रो पड़ा। दमयन्ती का रहा-सहा सन्देह भी दूर हो गया।

उसने अपनी माता से कह कर बाहुक को अन्तःपुर में बुलाया। दोनों एक-दूसरे को देखते ही रो पड़े। नल की आँखों के किनारे कुछ-कुछ लाल थे। आँखों में आँसू लाल दिखायी देते थे और गिरते समय श्वेत लगते थे। दम्पति ने परस्पर उपालम्भ दिया।

दमयन्ती ने अपने पातिव्रत का साक्ष्य देने के लिए वायु, सूर्य और चन्द्र का आह्वान किया। अन्तरिक्ष से वायु ने कहा कि हमने तीन वर्ष तक दमयन्ती की शील-रक्षा की है। दमयन्ती पवित्र सती है। नल को पूर्ण विश्वास आ गया।

अब, नल ने कार्कोटक का स्मरण किया। उन्होंने उसके दिये दोनों दिव्य वस्त्र पहन लिए। उनके प्रभाव से उन्हें अपना पूर्व-रूप प्राप्त हो गया। सब बड़े हर्षित हुए। ऋतुपर्ण ने वस्तुस्थिति जानी, तो सेवा-कर्म कराने के लिए नल से क्षमा माँगी। नल ने ऋतुपर्ण को शालिहोत्र विद्या (अश्वविद्या) सिखायी और उनसे द्यूत-विद्या सीखी।

दमयन्ती और बच्चों को ससुराल में छोड़ कर नल ससैन्य निषधदेश आये। उन्होंने पुष्कर के सामने जुआ खेलने का प्रस्ताव रखा। जुआ न खेलने पर युद्ध करने की धमकी दी। नल ने इस बार दाँव पर अपनी सारी सम्पत्ति और दमयन्ती तक को लगा दिया। इस बार द्यूत-क्रीड़ा में नल की जीत हुई। पुष्कर अपने दुर्व्यवहार की याद कर डरा। नल ने उसे क्षमा कर दिया। राज्य का एक अंश उसे निर्वाह के लिए दे दिया।

नल दमयन्ती को विदर्भ से विदा करा लाये। पुत्र-पुत्री-पत्नी सहित वे सुखपूर्वक वर्षों तक न्यायपूर्ण शासन करते रहे।

'नलोदय काव्यम्' में 'महाभारत' के उपर्युक्त नलोपाख्यान की भाँति ही नल-दमयन्ती में रूप-गुण-श्रवण-जनित प्रेम है; हंस यहाँ भी दूतत्व करता है; इसमें भी कामार्त्त व्याध दमयन्ती के शाप से मर जाता है। कथा में भिन्नता के अंश ये हैं—(1) दमन ऋषि का तथा राजा भीम के पुत्रों का इसमें उल्लेख नहीं। (2) इन्द्र, अग्नि, वरुण, यम के अतिरिक्त वायु भी स्वयंवर में आता है। नल को दमयन्ती के अन्तःपुर में जाने का आदेश इन्द्र देते हैं। (3) देवता यहाँ स्वयंवर के उपरान्त नल को वरदान नहीं देते, जैसा उन्होंने 'महाभारत' में दिया है। (4) देवताओं की भेंट केवल कलि से होती है, द्वापर से नहीं। (5) नल ने वन में हंसों के झुण्ड पर क्षुधार्त्त होकर धोती नहीं फेंकी, बल्कि दमयन्ती के अनुरोध से फेंकी। (6) इसमें हाथियों द्वारा सार्थ को रौंदे जाने की घटना का उल्लेख नहीं है। दमयन्ती सार्थ के साथ ही चेदि पहुँचती है। शेष कथा 'महाभारत' के अनुसार है।

त्रिविक्रम भट्ट-रचित **'नल चम्पू' या 'दमयन्ती कथा'** में भी राजा भीम का निःसन्तान होना उल्लिखित है। रानी को रात में स्वप्न में शिवजी के दर्शन होते हैं, शिवजी उसे पारिजात-मंजरी देते हैं और दमन ऋषि के आगमन की पूर्व-सूचना दे

देते हैं। दमन ऋषि आकर राजा भीम को कन्या-रत्न पाने का आशीर्वाद देते हैं। यहाँ भी नल तथा दमयन्ती में परस्पर रूप-गुण-श्रवण-जनित अनुराग है। इसमें जब नल हंस को नहीं छोड़ते, तब आकाशवाणी होती है कि यह दमयन्ती को प्राप्त कराने में सहायक होगा; नल का दूतत्व करेगा। दोनों के हृदय में एक-दूसरे के लिए अनुरक्ति उत्पन्न करने का श्रेय हंस को होता है। नल दमयन्ती से पूर्व परिचित नहीं। आकाशवाणी से दमयन्ती का नाम सुन कर नल हंस से दमयन्ती के बारे में जानना चाहते हैं। इन्द्र, वरुण, यम तथा कुबेर से ('महाभारत' में कुबेर की जगह अग्नि है) नल की भेंट तब होती है जब वे दमयन्ती स्वयंवर में भाग लेने के लिए जा रहे होते हैं। इन्द्र आदि लोकपालों से स्वयं नल ने ही पूछा कि मैं आपका क्या प्रिय करूँ? इन्द्रादि देवों ने नल को दमयन्ती के पास इस निमित्त भेजा कि वे दमयन्ती के सामने देवों की प्रशसा करें और उनके प्रति उसमें अनुराग उत्पन्न करें। नल ने भीम के अन्तःपुर में अदृश्य रूप में प्रवेश किया। दमयन्ती अपने अन्तःपुर में नल से प्रत्यक्ष वार्त्तालाप नहीं करती, एक सखी के माध्यम से करती है। शील की दृष्टि से यह उद्भावना उत्तम है। **'नल-चम्पू'** में नल दमयन्ती के अन्तःपुर से लौटते ही नहीं। स्वयंवर का क्या हुआ, पता नहीं। काव्य यहीं समाप्त हो गया है। **'महाभारत'** के 'नलोपाख्यान' का केवल पूर्वार्द्ध ही इसमें है, उत्तरार्द्ध इसमें वर्णित नहीं है। दमयन्ती स्वयंवर का सन्देश ले जानेवाले ब्राह्मण के हाथ नल को श्लेषार्थ-गर्भित प्रेम-सन्देश भेजती है जिसे पढ़कर नल और भी विरहाकुल हो जाते हैं।

'कथा सरित्सागर' के नवम लम्बक की छठी तरंग में नल का जो आख्यान आया है वह मुख्यतः 'महाभारत' के नलोपाख्यान पर ही आधारित है। 'महाभारत' की कथा जैसी सरलता इसमें भी है। यहाँ भी यह दृष्टान्त कथा के रूप में वर्णित है। 'महाभारत' में नलोपाख्यान द्यूत-क्रीड़ा में सर्वस्व हार जाने के कारण होनेवाले दुःख को उदाहृत करने के लिए आया है, किन्तु यहाँ राजा महिपाल की प्रोषितपतिका रानी बन्धुमति से एक ब्राह्मण यह कथा यह बताने के लिए कहता है कि वियोग के बाद संयोग अवश्यम्भावी है। यहाँ नल-दमयन्ती का आपस में रूप-गुण-श्रवण-जनित पूर्वराग चित्रित है। परन्तु इसमें महाभारत के नलोपाख्यान की तुलना में कुछ भिन्नताएँ भी हैं, जो ये हैं : (1) हंस को पहले नल नहीं, दमयन्ती पकड़ती है। हंस मानव-वाणी में अपने को छोड़ देने की प्रार्थना करता है और कहता है कि छोड़ दोगी तो नल के साथ तुम्हारा मिलन कराऊँगा। (2) राजा भीम स्वयंवर का आयोजन दमयन्ती के कहने पर करते हैं। स्वयंवर के लिए जाते हुए मार्ग में नल की भेंट इन्द्र, अग्नि, वरुण और यम के अतिरिक्त वायु से भी होती है। दमयन्ती जब लोकपालों (इन्द्रादि देवताओं) की निन्दा कर चुकती है तब नल अपने को प्रकट करते हैं। इन्द्रादि देवता स्वयंवर से पहले ही नल को वर देते हैं—सबने यह वर

दिया कि तुम्हारे इच्छा करते ही हम उपस्थित हो जायेंगे। (4) यहाँ कलि और द्वापर दोनों नल से समान रूप से कुपित हैं। दोनों ही दम्पति का बिछोह कराने की प्रतिज्ञा करते हैं। (5) अधिक मदिरा-पान से बेसुध होकर नल बिना संध्या-वंदन किये ही और बिना पैर धोए शय्या पर चले जाते हैं। कलि को नल की देह में प्रवेश करने का अच्छा अवसर हाथ लगता है। द्वापर पुष्कर की देह में प्रवेश कर जाता है और उसे सत्य-भ्रष्ट कर देता है। (6) नल और पुष्कर में एक बैल के लिए जुआ होता है। पुष्कर के पास दान्त नामक एक श्वेत और सुन्दर बैल था। नल ने उस बैल को माँगा। पुष्कर ने इंकार कर दिया। पुष्कर ने जुआ खेलने का प्रस्ताव रखा। शर्त यह रखी गयी कि जो जुए में जीते, वह बैल को ले। तीन दिनों तक जुआ होता रहा। बैल के लिए जुआ होना कथा में नयी उद्भावना है। 'महाभारत' में इतना ही उल्लेख है कि कलि साँड के रूप में पुष्कर के साथ गया। 'महाभारत' में दान्त भीम के एक पुत्र का नाम है, किन्तु यहाँ बैल का है। (7) इसमें पुष्कर दमयन्ती को दाँव पर लगाने का अपमानजनक सुझाव देता है। नल उसकी बात नहीं मानते और जुए में अपना सर्वस्व गँवा बैठता है। (8) नल अपना उत्तरीय दो हंसों पर फेंकते हैं। वे निपट नंगे नहीं हो जाते। आकाशवाणी होती है कि ये दोनों हंस जुए की गोटें हैं। (9) कामार्त्त व्याध जब दमयन्ती पर बलात्कार करने को उद्यत होता है तब उसकी मृत्यु सर्पदंश से हो जाती है। (10) कर्कोटक के विष-प्रभाव से नल काले-कुरूप ही नहीं हो जाते, उनकी भुजाएँ भी छोटी हो जाती हैं। इस काव्य में नल का नाम 'बाहुक' नहीं 'ह्रस्ववाहु' है। कर्कोटक ने नल को 'अग्निधौत' नामक दो वस्त्र प्रदान किये जिनको पहनने से पूर्व रूप की प्राप्ति सम्भव हो सकती थी। (11) चेदि जानेवाले ब्राह्मण का नाम इसमें सुदेव नहीं, सुयेण है और वह राजा भीम का मन्त्री है। (12) पुष्कर की देह में से जब द्वापर निकल गया, तब वह पुनः धर्मात्मा हो गया। नल ने उसे अपना आधा राज्य दे दिया। इन भिन्नताओं के अतिरिक्त **'कथासरित्सागर'** की कथा **'महाभारत'** की कथा के समान है।

श्रीहर्ष के **'नैषधीय चरितम्'** में नल हंस को अपना दूत बनाकर दमयन्ती के पास कुण्डिनपुर भेजते हैं। हंस दमयन्ती के सामने नल के रूप-गुण और पराक्रम की प्रशंसा करता है और उसके हृदय में नल के लिए अनुराग उत्पन्न करता है। इसमें दमयन्ती-स्वयंवर में उपस्थित लोकपाल हैं : इन्द्र, अग्नि, वरुण और यम। यहाँ दमयन्ती के पातिव्रत से प्रसन्न होकर देवता अपने असली रूप में आ जाते हैं। इन्द्रादि देवता वापसी यात्रा में कलि से तर्क-वितर्क करते हैं। कथा के अन्त में बताया गया है कि नल-दमयन्ती सुखपूर्वक रहने लगे, उनका दाम्पत्य प्रेम आदर्श था। देवहरा—धन-सम्पत्ति तथा सन्तति सब प्रकार से उनका जीवन आदर्श था। कथा में कोई उत्तरार्द्ध नहीं है। अधिकांश कथा **'महाभारत'** के आधार पर ही चली है।

28. नागों का पाताल लोक में वास

पाताल को नागलोक भी कहते हैं। कद्रू के महाविषधर नाग-पुत्रों के पाताल में वास करने से ही उसका यह नाम पड़ा होगा। पुराणों में नागों के पाताल वास के निम्नलिखित उल्लेख मिले हैं—

'हरिवंश पुराण'[310] में प्रसंग आया है कि विष्णु ने बलि से प्राप्त त्रिलोक के राज्य का जब विभाजन किया, तब उन्होंने नागराज अनन्त को नीचे की दिशा का राज्य दिया।

'पद्मपुराण'[311] में नागतीर्थ माहात्म्य के प्रसंग में ऐसा उल्लेख आया है कि कश्यप मुनि की कद्रू से उत्पन्न नाग-सन्तानों, जिनमें से अनन्त, वासुकि, तक्षक, महाबल, कर्कोटक, नागेन्द्र, पद्म, महापद्म, शंख, कुलिक और अपराजित आदि मुख्य हैं, के विष से जब मनुष्यों का नाश होने लगा, तब प्रजा व्याकुल होकर ब्रह्माजी की शरण में गयी। ब्रह्मा ने प्रजा को आश्वासन देकर विदा किया। फिर, उन्होंने वासुकि आदि बड़े-बड़े सर्पों को बुलाया और उन्हें शाप दिया कि वैवस्वत मन्वन्तर में सोमवंशी राजा जनमेजय के सर्प-यज्ञ में तुम्हारा विनाश होगा और गरुड़ तुम्हारा भक्षण किया करेंगे। तुम नागों के 100 कुल हैं, किन्तु जब तक तुम्हारा एक कुल भी बचा रहेगा, तब तक ऐसा ही होता रहेगा। ब्रह्मा के इस शाप को सुन कर समस्त नाग ब्रह्मा के चरणों में लोटने लगे और शाप-मोचन का उपाय पूछने लगे। ब्रह्माजी ने वासुकि की बहन जरत्कारु का विवाह जरत्कारु ऋषि से करने का परामर्श दिया, ताकि उनसे आस्तीक की उत्पत्ति हो सके। आस्तकी ही सर्प-यज्ञ में सर्पों को बचाएगा। ब्रह्मा ने यह भी कहा कि मैंने तुम्हारे रहने के लिए तुम्हें सुतल, वितल और हटर्यक्ष (तलातल) का राज्य दे दिया है—पाताल तक सब तुम लोगों का ही स्थान रहेगा। ब्रह्माजी के इन वचनों को सुनकर सारे सर्प रसातल चले गये।

29. नारद-मोह की कथा

यों तो नारद का उल्लेख वैदिक साहित्य[313] से ही प्रारम्भ हो जाता है, किन्तु पौराणिक साहित्य में आकर इनसे सम्बन्धित कथा का प्रादुर्भाव होने लगता है। वैदिक साहित्य में ये मन्त्रद्रष्टा ऋषि और अध्यापक के रूप में ही आते हैं, किन्तु पौराणिक साहित्य में ये कुशल वीणावादक, सतत भ्रमणशील, इधर की बात उधर करने वाले तथा नारी के व्यामोह में पड़नेवाले देवर्षि के रूप में चित्रित हुए हैं। इनको ब्रह्मा का मानस पुत्र माना गया है।[313] **'भागवत पुराण'** में इन्हें ब्रह्मा का तीसरा अवतार और ब्रह्मा की जाँघ से उत्पन्न बताया है[314] और दासी-पुत्र भी कहा है।[315] **'ब्रह्मवैवर्त्त पुराण'**

में इनके कई जन्मों का उल्लेख हुआ है।[316] यहाँ नारद के नारी-रूप पर विमोहित होने-सम्बन्धी आख्यानों पर ही विचार किया जाएगा।

'शिवपुराण'[317] में आगत आख्यान इस प्रकार है—नारद हिमालय पर तप कर रहे थे। उनके कठोर तप को देख कर इन्द्र को अपना आसन छिनने का भय हुआ। उसने कामदेव को उनकी तपस्या में विघ्न डालने के लिए भेजा, किन्तु कामदेव को भस्म करते समय शिव ने उसे जो यह शाप दिया था कि हिमालय प्रदेश में तप करनेवालों पर तेरा प्रभाव नहीं पड़ेगा, उसके कारण उसका प्रयत्न निष्फल रहा। नारदजी को अपने कामजयी होने का अभिमान हो गया। उन्होंने ब्रह्मा और शिव के पास जाकर अपने इस पुरुषार्थ का बखान किया। ब्रह्मा और शिव ने उन्हें चेता दिया कि हमसे कहा सो कहा, कहीं ऐसे ही विष्णु के सामने जाकर अपनी डींग मत हाँकने लगना; पर नारद भला क्यों मानते? वे विष्णु के पास भी गये और कामदेव से अप्रभावित रहने की शेखी बघारने लगे।

नारद के जाने पर विष्णु ने एक माया-नगरी का निर्माण किया, जिसका राजा शीलनिधि था। उसकी कन्या थी 'श्रीमती'। राजा ने उसका स्वयंवर रचाया। मायानिर्मित बहुत-से राजपुरुष उपस्थित हुए। समाचार पाकर नारदजी भी उसमें पहुँचे। 'श्रीमती' को देख कर नारद काम-मोहित हो गये। राजा ने नारद से कन्या की हस्तरेखाएँ दिखायीं। नारद ने कन्या के भाग्य की प्रशंसा की और यह भविष्यवाणी की कि कामजयी पुरुष उसका पति बनेगा। नारदजी सुन्दर रूप प्राप्त करने के लिए विष्णु के पास गये। उन्होंने चूँकि उन्हें 'हरि' कहकर सम्बोधित किया और उनके जैसा ही रूप चाहा था, अतः विष्णु ने 'हरि' का श्लेषार्थ 'बन्दर' लेकर नारद का मुख बन्दर जैसा कर दिया। मर्कट-मुख नारद श्रीमती के स्वयंवर में आये। उसमें विष्णु भी उपस्थित हुए। नारदजी ने अपने को सुन्दर जान इधर-उधर बहुत मुँह उचकाया, पर श्रीमती ने उनकी ओर ध्यान ही न दिया और वरमाला विष्णु के गले में डाल दी। विष्णु श्रीमती को लेकर वहाँ से अन्तर्धान हुए। शिवगणों ने नारद की खूब खिल्ली उड़ायी और उनके वानर-रूप की जानकारी उन्हें करायी। क्रोधित होकर नारद ने शिव-गणों को राक्षस होने का शाप दिया। क्रोध में ही जलते-भुनते वे विष्णु-लोक गये और विष्णु को शाप दिया कि तुम मनुष्य होकर प्रिया के विरह में दुःखी होगे और वानरों की ही सहायता से तुम्हें अपनी प्रिया प्राप्त होगी। विष्णु ने शिवेच्छा जानकर नारद का शाप तो ग्रहण कर लिया, किन्तु जैसे ही अपनी माया हटायी, नारद बहुत दुःखी हुए, पश्चात्तापस्वरूप नारद ने शिवस्तोत्र का पाठ किया, पृथ्वी का भ्रमण किया। काशी भी गये। वहाँ उन्होंने अपने द्वारा अभिशप्त शिवगणों को रावण की अवहेलना करने पर शाप-मुक्त होने का वर दिया।

'देवीभागवत पुराण'[318] में त्रिया के कारण नारद के दुःख भोगने से सम्बन्धित

एक दूसरी कथा दी हुई है। कथा इस प्रकार है—नारद मुनि और पर्वत मुनि दोनों एक बार पृथ्वी-भ्रमण के लिए देवलोक से चले। चलते समय दोनों ने यह शपथ ली कि वे एक-दूसरे से अपने मन के किसी भाव को नहीं छिपायेंगे, चाहे वह कैसा भी श्लील या अश्लील हो। देवलोक में चल कर पहले वे भारतवर्ष में आये। यहाँ वे चातुर्मास बिताने के लिए राजा संजय के यहाँ ठहर गये। संजय ने अपनी नवयौवना कन्या दमयन्ती को ऋषियों का आतिथ्य करने के लिए नियुक्त कर दिया। दमयन्ती नारद के वीणा-वादन पर मोहित हो गयी। नारद भी उस पर आसक्त हो गये। उधर पर्वत भी अपने मन में दमयन्ती के प्रति अनुरक्ति अनुभव करने लगा था। किन्तु नारद की ओर आकर्षित होने से दमयन्ती पर्वत की ओर उपेक्षाभाव रखने लगी। उसका यह भाव आतिथ्य में भी नारद के प्रति विशेष स्नेह एवं सार-सँभार तथा पर्वत के प्रति अनवधानता के रूप में व्यक्त होने लगा। पर्वत ने अपने मन का सन्देह नारद पर प्रकट कर दिया। नारद ने भी सब सच-सच बता दिया। परन्तु चूँकि नारद ने पूछने पर बताया, स्वयमेव नहीं, अतः पर्वत ने इस दुराव और शपथ-भंग के लिए उन्हें बन्दर-मुख हो जाने का शाप दे दिया। नारद ने भी उन्हें प्रति-शाप दिया कि तुम भी मृत्युलोक में ही रहो और स्वर्ग-भ्रष्ट हो जाओ। दमयन्ती के पिता ने उसको बहुत समझाया कि मर्कट-मुख नारद का ध्यान अपने मन से निकाल दे, किन्तु वह तो उनकी कला पर विमुग्ध थी, अतः उसका विवाह नारद से हो गया। यों दमयन्ती नारद को कभी अनुभव न होने देती थी कि उनके मर्कट-मुख होने से वह उन्हें कम प्यार करती है, पर नारद हीन भाव से ग्रस्त रहने के कारण सदा दुःखी रहते थे। एक बार पर्वत मुनि घूमते-फिरते अपने मित्र का हाल-चाल लेने वहाँ आ गये। नारद को दुःखी देख कर उन्होंने अपना शाप वापस ले लिया। नारद ने भी अपना शाप लौटा लिया।

'भविष्य पुराण'[319] में भी नारद-मोह की कथा आयी है, जो शिव पुराण के अनुसार है। **'ब्रह्मवैवर्त्त पुराण'**[320] में आगत कथा उपर्युक्त कथाओं से नितान्त भिन्न है। उसकी कथा इस प्रकार है—सृष्टि रचना करते हुए ब्रह्मा ने बहुत-से ऋषियों के साथ नारद को भी उत्पन्न किया। ब्रह्मा ने सबको सन्तान पैदा करने की आज्ञा दी। नारद भगवद्भक्ति में लीन रहते थे, अतः उन्होंने पिता की आज्ञा नहीं मानी। ब्रह्मा ने इन्हें शाप दिया कि नाना जन्मों में भिन्न-भिन्न योनियों में तू जन्म लेगा और स्त्रियों के प्रति लोभी, लंपट तथा शृंगाराभिलाषी आदि होगा। ब्रह्मा के शाप के कारण नारद एक जन्म में उपवर्हण नाम से गंधर्व-कुल में पैदा हुए और दूसरे जन्म में द्रुमिल शूद्र के यहाँ शूद्रा पुत्र तथा तीसरे जन्म में पुनः ब्रह्मा के मानस-पुत्र हुए।

'लिंग पुराण'[321] में नारदमोह की कथा में शिव पुराण और देवीभागवत पुराण की कथाओं का मिश्रित रूप उपलब्ध होता है। यहाँ 'श्रीमती' राजा अम्बरीष की

कन्या है। नारद और पर्वत मुनि के वहाँ जाने पर राजा 'श्रीमती' को दोनों का आतिथ्य करने के लिए नियुक्त करता है। दोनों मुनि उस पर कामासक्त हो जाते हैं। अम्बरीष ने इन मुनियों को बला टालने के लिए स्वयंवर का आयोजन किया। नारद और पर्वत दोनों अलग-अलग विष्णु के पास गये और एक ने दूसरे को वानर-मुख बनाने के लिए विष्णु से निवेदन किया। विष्णु ने दोनों का मन रखने के लिए दोनों का वानर मुख बना दिया। अपने इस रूप से अनजान दोनों ऋषि 'श्रीमती' के स्वयंवर में गये। 'श्रीमती' उनको इस रूप में देख कर घबरायी। तभी दोनों के मध्य एक सुन्दर राजकुमार (विष्णु) प्रकट हुआ। 'श्रीमती' ने उसके गले में जयमाला डाल दी और वह उसे लेकर चला गया। नारद और पर्वत ने अम्बरीष को ही दोषी मान कर उसे शाप दिया कि तेरा ज्ञान नष्ट हो जाएगा। अम्बरीष विष्णु का भक्त था, अतः उनका सुदर्शन चक्र तथा अज्ञानरूपी तम नारद और पर्वत दोनों के पीछे पड़े। अन्ततः दोनों ऋषि विष्णु की शरण में आये। विष्णु ने तम को स्वयं ग्रहण कर लिया और नारद-पर्वत को अभय प्रदान किया।

'अद्‌भुत रामायण'[322] में 'श्रीमती' के स्वयंवर तक की कथा तो ऊपर लिखे अनुसार ही है, पर यहाँ नारद और पर्वत ने अम्बरीष को शाप न दे कर विष्णु को दिया है। उनका शाप यह था—तुमने छल से 'श्रीमती' का हरण किया है, अतः तुम्हारी भार्या का भी कोई दैत्य छलपूर्वक हरण करेगा और तुम हमारी तरह ही दुःखी होओगे। तुमको भी अम्बरीष के वंश में दशरथ का पुत्र बनना पड़ेगा और यह 'श्रीमती' जनकनन्दिनी बनेगी।

'रामचरितमानस'[323] में हेतु कथा के रूप में नारद-मोह की कथा विशद रूप से वर्णित है। **'शिव पुराण'** की कथा से **'रामचरितमानस'** की कथा प्रभावित है। रामचरितमानस में हिमालय पर तप करने वालों पर कामदेव का प्रभाव न पड़ने वाली बात नहीं मिलती। 'श्रीमती' की जगह कन्या का नाम 'विश्वमोहिनी' है।

30. नृसिंहावतार की कथा

'तैत्तिरीय-ब्राह्मण'[324] में कयाधु, प्रह्लाद तथा विरोचन के नामों का उल्लेख आता है। प्रह्लाद हिरण्यकश्यपु तथा कयाधु का पुत्र था।[325] प्रह्लाद का नाम नारद, पराशर, व्यास तथा अम्बरीष जैसे भगवद्‌भक्तों के साथ लिया जाता है।[326] **'महाभारत'** में इनके भक्त रूप की झाँकी नहीं मिलती। पुराणों में आकर ही इनके इस रूप का विकास हुआ है।

'महाभारत'[327] में दशावतार-वर्णन के प्रसंग में हिरण्यकश्यपु-वध का वर्णन है। हिरण्यकश्यपु साढ़े ग्यारह हज़ार वर्ष तपस्या करता है और देवता, असुर, गंधर्व,

यक्ष, नाग, राक्षस, मनुष्य, पिशाच किसी से भी न मारे जाने का वर ब्रह्मा से प्राप्त करता है। न शस्त्र से, न अस्त्र से, न पर्वत से, न वृक्ष से, न सूखे में, न गीले में, न अन्य किसी आयुध से मारे जाने का वर ले लेता है। न रात में, न दिन में, न भीतर, न बाहर, न आकाश में, न पृथ्वी पर मारे जाने की छूट पा लेता है। वर पाकर वह देवताओं पर अत्याचार करने लगा। देवताओं ने राज्यच्युत होकर ब्रह्मा से फरियाद की। ब्रह्मा ने विष्णु से कहा। विष्णु नृसिंह रूप धारण कर हिरण्यकश्यपु की राज-सभा में गये। वहाँ दैत्यों ने उन पर आक्रमण कर दिया। हिरण्यकश्यपु ने भी वार किया। नृसिंह ने उसे पकड़ कर, राजभवन की देहली पर बैठ कर, अपनी जाँघों पर उसे रख कर उसे अपने नखों से विदीर्ण कर दिया। **'हरिवंश पुराण'**[328] **में भी हिरण्यकश्ययु** वध की कथा आयी है जो 'महाभारत' के अनुसार है। यहाँ प्रह्लाद नृसिंह के विराट् रूप के दर्शन करते हैं। नृसिंहावतार देवताओं के हितार्थ हुआ है।

'ब्रह्मपुराण'[329] में भी दो जगहों पर यह कथा आयी है। अ. 149 में आगत कथा संक्षिप्त है। नृसिंह खम्भे से प्रकट हुए। प्रह्लाद की भक्ति का उल्लेख नहीं हुआ है। अ. 213 में हिरण्यकश्यपु और वरदान-प्राप्ति का उल्लेख महाभारत के अनुसार है। यहाँ नृसिंह खम्भे से प्रकट नहीं होते, चलकर दरबार में जाते हैं।

'पद्ममपुराण'[330] में तीन स्थलों पर प्रह्लाद और हिरण्यकश्यपु तथा नृसिंहावतारी भगवान द्वारा हिरण्यकश्यपु के वध की कथा आयी है। सृष्टि-खण्ड की कथा 'महाभारत' के सभापर्व की कथा के अनुसार ही है।

यहाँ विष्णु ने प्रह्लाद के लिए हिरण्यकश्यपु का वध नहीं किया, वरन् देवताओं को उसके त्रास से मुक्त करने के लिए। प्रह्लाद को दी जाने वाली यातनाओं का भी यहाँ वर्णन नहीं है। उसके भक्त रूप का भी इतना ही परिचय मिलता है कि उसने नृसिंह भगवान के दिव्य रूप को देख विस्मय प्रकट किया और श्रद्धाभिभूत हुआ। **'पद्म पुराण'**, उत्तरखण्ड, अध्याय 174 में नृसिंह हिरण्यकश्यपु का वध करने के अनन्तर प्रह्लाद को गोद में बैठा कर उसके पूर्वजन्म की कथा सुनाते हैं और कहते हैं कि मेरी भक्ति से ही तेरा उद्धार हुआ है।

'पद्ममपुराण' उत्तराखण्ड, अ. 237-238 में हिरण्यकश्यपु को रुद्र से अवध्यता का वर प्राप्त होता है। हिरण्यकश्यपु प्रह्लाद की ईश्वर-भक्ति के कारण उस पर नाना प्रकार के अत्याचार करता है। प्रह्लाद की रक्षा के लिए नृसिंह भगवान खम्भे में से प्रकट होते हैं और हिरण्यकश्यपु को मार डालते हैं। सृष्टि-खण्ड की कथा और इसमें यह अन्तर है कि यहाँ प्रह्लाद की रक्षा के लिए नृसिंहावतार होता है और सृष्टि-खण्ड में देवरक्षार्थ।

'विष्णुपुराण'[331] में प्रह्लाद को दिये गये कष्टों का वर्णन विस्तार से किया गया है, किन्तु हिरण्यकश्यपु के वध का केवल संकेत-मात्र हुआ है। ब्रह्मा का वर पाकर

हिरण्यकश्यपु अभिमानी, अत्याचारी और मद्यप बन गया। उसने अपने पुत्र प्रह्लाद को शिक्षा प्राप्त करने के लिए गुरु-गृह भेजा। एक दिन उसने प्रह्लाद से उसके गुरु का पढ़ाया पाठ सुनना चाहा। प्रह्लाद ने विष्णु की महिमा गा सुनायी। अपने शत्रु का गुणानुवाद सुन कर हरिण्यकश्यपु क्रोधित हो गया। उसने प्रह्लाद का वध करने की आज्ञा दी। दैत्यों ने प्रह्लाद पर शस्त्रों से वार किया, उसे सर्प से डँसवाया, हाथियों के पैरों के नीचे डाला, अग्नि में जलाया, पर प्रभु-कृपा से उसका बाल भी बाँका न हुआ। प्रह्लाद ने अब तो पाठशाला के अनन्य बालकों को भी विष्णु-भक्ति के रंग में रँगना आरम्भ कर दिया। हिरण्यकश्यपु को समाचार मिला। उसकी आज्ञा से रसोइयों ने प्रह्लाद के भोजन में महाविष मिला दिया, पर प्रह्लाद उसे भी पचा गया। पुरोहितों ने कृत्या को उत्पन्न किया, पर उसने उन्हीं को भस्म कर दिया। प्रह्लाद ने भगवान से प्रार्थना कर पुरोहितों को पुनः जीवित कर दिया। सभी दैत्य चकित हुए। हिरण्यकश्यपु की आज्ञा से प्रह्लाद को प्रासाद पर से गिराया गया, पर वह अक्षत रहा। शुक्राचार्य के कथन पर उसको नागपाश में बाँध कर पर्वतों से फेंका गया, पर उसका कुछ न बिगड़ा। उसे नदी में डुबाया गया, पर भगवान ने वहाँ भी उसे दर्शन दिये। इसके उपरान्त प्रह्लाद माता-पिता की सेवा करने लगा, उन्होंने उसको आशीर्वाद दिया। हिरण्यकश्यपु-वध की घटना का उल्लेख अन्त में केवल एक श्लोक[332] में दिया गया है।

'वायु पुराण'[333] में हिरण्यकश्यपु का यह नाम क्यों पड़ा, इसकी कथा देने के बाद उसके एक लाख वर्ष तक निराहार रह कर नीचे को सिर करके कठिन तपस्या करने तथा ब्रह्मा से अवध्यता का वर प्राप्त करने की कथा मिलती है। नृसिंह द्वारा हिरण्यकश्यपु वध की कथा यहाँ 'पद्म पुराण' उत्तरखण्ड के अनुसार ही दी है।

'शिवपुराण'[334] में यह कथा दो स्थलों पर आती है। **रुद्रसंहिता,** युद्धखण्ड की कथा में हिरण्यकश्यपु के तप का तो वर्णन है, पर उसकी अवधि का नहीं। पैर के एक अँगूठे के बल खड़े रह कर, आकाश की ओर वह तब तक देखता रहा, जब तक उसके सिर से धुआँ न उठने लगा और उस धुएँ से समस्त ब्रह्माण्ड न जलने लगा। शेष कथा **'पद्म पुराण'** सृष्टि खण्ड और **'महाभारत'** के सभापर्व की कथा के समान है।

इसी पुराण के **शतरुद्रसंहिता,** अ. 10-12 में जो कथा आयी है, उसमें हिरण्यकश्यपु दस सहस्र वर्ष तक तपस्या करता है। कथा **'पद्म पुराण'** उत्तरखण्ड के समान है, परन्तु कुछ भिन्नताएँ भी हैं—नृसिंह भगवान द्वारा हिरण्यकश्यपु का वध किये जाने के बाद की भी एक कथा यहाँ दी हुई है, जो अन्यत्र नहीं मिलती। कथा यह है : हिरण्यकश्यपु का वध तो हो गया, पर देवताओं को फिर भी शान्ति न मिली। नृसिंह की कोप-ज्वाला से वे जलने लगे। देवताओं ने प्रह्लाद को विष्णु

के पास भेजा। विष्णु ने प्रह्लाद को हृदय से लगाया, इससे उनका हृदय शान्त हुआ, पर क्रोध कम न हुआ। देवताओं ने शिव की स्तुति की। शिव ने उन्हें अभय देकर अपने गण वीरभद्र को नृसिंह के पास भेजा। जिस समय वीरभद्र नृसिंह से बात कर रहे थे, उसी समय शिव शक्ति के रूप में अविर्भूत हुए और उन्होंने नृसिंह की कान्ति को फीका कर दिया। इसके उपरान्त नृसिंह को शिव ने कभी नीचे पटका, कभी आकाश में उछाला। वीरभद्र ने भी नृसिंह को दबोच लिया। तब देवताओं ने नृसिंह की मुक्ति के लिए शिव से प्रार्थना की। शिव ने उन्हें छोड़ दिया। यहाँ विष्णु पर शिव की महत्ता दिखाने के लिए ही यह नयी उद्भावना की गयी जान पड़ती है।

'श्रीमद्भागवत पुराण'[335] में प्रह्लाद और हिरण्यकश्यपु की कथा विस्तार से वर्णित है। यहाँ भी हिरण्यकश्यपु को ब्रह्मा से उन सारी वस्तुओं एवं परिस्थितियों से, जिनका उल्लेख 'हरिवंश पुराण' में है, अवध्यता का वर प्राप्त हुआ है। यहाँ हिरण्यकश्यपु के अत्याचार से प्रह्लाद की रक्षा करने के निमित्त नृसिंहावतार हुआ है। प्रह्लाद गुरु-गृह में रहते हुए अन्य विद्यार्थियों को भगवद्भक्ति का वह उपदेश सुनाता है, जो उसे माता के गर्भ में रहते हुए, नारद मुनि से उनके आश्रम में सुनने को मिला था। प्रह्लाद के प्रभाव से सभी बालक भगवद्भक्त हो गये। हिरण्यकश्यपु को जब पता चला, तब वह प्रह्लाद को खम्भे से बाँध कर मारने उठा। तभी नृसिंह स्तम्भ से प्रकट हो गये। उन्होंने अपनी जाँघ पर रख कर दैत्यराज को अपने तीक्ष्ण नखों से मार डाला। नृसिंह ने प्रहाद को कई वर देने चाहे, पर प्रह्लाद ने भगवद्भक्ति के अतिरिक्त और कोई वर नहीं माँगा।

'अग्नि पुराण'[326] में यह कथा संक्षेप में आयी है और 'पद्म पुराण' के सृष्टिखण्ड के अनुसार है। यहाँ देवताओं की मुक्ति के लिए नृसिंहावतार होने का वर्णन है, शेष कथा में कोई नवीनता नहीं है।

'लिंग पुराण'[327] में वर्णित कथा 'शिवपुराण' शतरुद्र संहिता की कथा से मिलती-जुलती है। यहाँ भी हिरण्यकश्यपु के वध के उपरान्त अत्यन्त क्रुद्ध नृसिंह को शान्त करने के लिए शिव को शक्ति (शरभ) रूप धारण करना पड़ा है। शतरुद्रसंहिता में शिव ने नृसिंह का मान-मंजन कर छोड़ दिया था, परन्तु यहाँ शरभ ने उन्हें समाप्त ही कर दिया।

'कूर्म्म पुराण'[328] में हिरण्यकश्यपु-वध और प्रह्लाद की ईश्वर-भक्ति की कथा सर्वथा नवीन रूप में मिलती है। कश्यप की दिति नामक पत्नी से दो पुत्र उत्पन्न हुए। हिरण्यकश्यपु और हिरण्याक्ष। दोनों ने तप करके ब्रह्मा से अनेक वर प्राप्त किये। वर पाकर ये देवताओं को सताने लगे। देवतागण विष्णु के समीप पुकार लेकर पहुँचे। विष्णु ने उन्हें अभय देकर भेजा और अपने शरीर से ही चार हाथ वाला एक पुरुष उत्पन्न किया और उसे दोनों दैत्यों का वध करने की आज्ञा दी।

विष्णु द्वारा यह व्यक्ति गरुड़ पर आसीन होकर हिरण्यकश्यपु की नगरी में पहुँचा। उसका दैत्यों से घमासान युद्ध हुआ। हिरण्यकश्यपु ने उसके वक्षस्थल पर एक लात मारी। वह दिव्य पुरुष लात खाते ही अन्तर्धान हो गया और तुरन्त नृसिंह के रूप में प्रकट हुआ। हिरण्यकश्यपु ने अपने पुत्र प्रहाद को नृसिंह से युद्ध करने के लिए भेजा। नृसिंह ने प्रह्लाद को पराजित किया। प्रह्लाद ने नृसिंह की दिव्यता को समझ लिया और उन पुराण-पुरुष की स्तुति की। हिरण्याक्ष नृसिंह से जा जूझा। प्रह्लाद ने आग्रह करके हिरण्याक्ष को युद्ध से विरत किया। हिरण्यकश्यपु नृसिंह से युद्ध करने के लिए चला। प्रह्लाद ने उसे बहुत रोका, पर उसके सिर पर तो काल नाच रहा था। नृसिंह ने हिरण्यकश्यपु को युद्ध में मार डाला।

इस कथा में नवीनता यह है कि इसमें (1) प्रह्लाद और नृसिंह के बीच युद्ध कराया गया है। (2) पद्‌म, विष्णु तथा वायु आदि पुराणों में विष्णु का हिरण्याक्ष को मारने के लिए वराहावतार नृसिंहावतार से पहले ही हो चुकता है, परन्तु यहाँ नृसिंहावतार के समय हिरण्याक्ष को जीवित दिखाया है। (3) यहाँ जाँघ पर बिठा कर नखों से हिरण्यकश्यपु का वध होता नहीं दिखाया गया है। (4) हिरण्यकश्यपु और विष्णु में यहाँ दो बार युद्ध हुआ है।

'मत्स्य पुराण'[329] में यह कथा 'पद्‌म पुराण' सृष्टि खण्ड और 'महाभारत' के समान ही वर्णित है। यहाँ भी देवताओं का दुःख दूर करने के लिए विष्णु नृसिंहावतार लेते हैं, प्रह्लाद के कारण नहीं।

31. परशुराम द्वारा सहस्रबाहु तथा अन्य क्षत्रियों का सर्वान्त करना

परशुराम और उनके पिता जमदग्नि का उल्लेख वैदिक साहित्य में भी मिलता है। **ऋग्वेद**[340] में राम भार्गवेय का एक सूक्त है। जमदग्नि का उल्लेख ऋग्वेद में कई स्थानों[341] पर है। **अथर्ववेद** में भी उनकी कथा आती है।[342] इनके अतिरिक्त भी कई संहिताओं और ब्राह्मणों में उनका उल्लेख है। **तैत्तिरीय संहिता** में उनको विश्वामित्र का मित्र और वसिष्ठ का शत्रु कहा गया है।[343]

'वाल्मीकि रामायण'[344] में परशुराम का उल्लेख प्रासंगिक रूप में नहीं, वरन् कथा के एक पात्र के रूप में हुआ है। उनको जमदग्नि का पुत्र भृगुवंशी कहा गया है। वे क्षत्रियों के शत्रु थे, ऐसा न कह कर उनको 'राजाओं का शत्रु' ('राजराजविमर्दिनम्') कहा है।[345] उनके आयुधों में फरसा (परशु) और धनुष मुख्य थे। सहस्रबाहु ने जमदग्नि को मारा था और परशुराम ने सहस्रबाहु को मार कर अपने पिता की हत्या का बदला क्षत्रियों का नाश करके चुकाया था। इसका उल्लेख भी 'वाल्मीकि रामायण' में इन शब्दों में मिलता है—"ऋषिगण आपस में कहने लगे कि पिता के

मारे जाने के क्रोध में भर परशुराम जी क्षत्रियों का नाश करने को तो कहीं नहीं आये? क्षत्रियों का नाश कर पहले तो इनका क्रोध शान्त हो चुका है, तो क्या ये फिर क्षत्रियों का विनाश करने पर तुले हैं?''[346] आगे फिर क्षत्रियों पर इनके क्रोध की बात कही गयी है।[347] इसके अनन्तर सहस्रबाहु और परशुराम की कथा परशुराम के ही मुख से कहलायी है, जिसमें उल्लेख है कि जमदग्नि ने शस्त्र धारण करना, त्याग-तप करना आरम्भ किया। मूर्खतावश सहस्रबाहु ने जमदग्नि को मार डाला।[348] परशुराम ने जब अपने पिता की निर्मम हत्या का समाचार सुना, तब उन्होंने क्षत्रियों को, जैसे-जैसे वे उत्पन्न होते गये, वैसे-वैसे मारने का अभियान जारी रखा। पुनः सारी पृथ्वी का राज्य हस्तगत कर उन्होंने उसे कश्यप को यज्ञ की दक्षिणा-स्वरूप दे दिया।[349] वाल्मीकि रामायण में भी परशुराम को विश्वामित्र का सम्बन्धी बताया है।[350]

महाभारत में परशुराम द्वारा क्षत्रियों के संहार और सहस्रबाहु के वध की कथा आदिपर्व,[351] सभापर्व,[352] वनपर्व,[353] द्रोणपर्व,[354] शान्तिपर्व[355] तथा आश्वमेधिक पर्व[356] में वर्णित है। आदि पर्व के द्वितीय अध्याय में उग्रश्रवा सौति द्वारा सुनायी कथा में कहा गया है कि परशुराम जी ने त्रेता और द्वापर की सन्धि के समय क्रोधित होकर अनेक बार क्षत्रिय वंश का संहार किया, समन्तपंचक क्षेत्र (कुरुक्षेत्र) में रक्त के पाँच सरोवर बना दिये। फिर, रक्तांजलि से पितरों का तर्पण किया। पितर प्रसन्न हुए। वर देने की इच्छा प्रकट की। परशुराम ने वर माँगा कि क्षत्रिय वंश के नाश के कुकर्मजनित पाप से मैं मुक्त हो जाऊँ। पितरों ने वर दिया और कहा कि 'अब बचे-खुचे क्षत्रिय वंश को क्षमा कर दो।' परशुराम ने उनका कहना मान लिया।

इसमें क्षत्रियों पर परशुराम के क्रुद्ध होने के कारण, क्षत्रियों का संहार 21 बार करने और सहस्रबाहु को मारने का उल्लेख नहीं है।

'आदि पर्व' के 64वें अध्याय में कथा का उल्लेख संक्षेप में हुआ है। उससे इतना ही पता चलता है कि जामदग्नेय परशुराम इक्कीस बार पृथ्वी को क्षत्रियों से रहित करने के बाद महेन्द्र पर्वत पर तपस्या करने चले गये। क्षत्राणियों ने पुत्र की अभिलाषा से ब्राह्मणों की शरण ग्रहण की।

'सभा पर्व' के 38वें अध्याय की कथा विष्णु दत्तात्रेय अवतार के प्रसंग में कही गयी है। हैहयवंशी अर्जुन ने दत्तात्रेय की सेवा कर उनसे वर प्राप्त किया कि (1) सौ भुजाओं वाला हो जाऊँ, (2) जरायुज और अण्डज जीवों के साथ समस्त चराचर जगत का शासक बनूँ, (3) शत्रुओं का विनाश करूँ, देवताओं का यजन करूँ और (4) जिसके समान इहलोक या स्वर्गलोक में कोई न कोई हो, वही मेरा वध करे। यह अर्जुन कृतवीर्य का पुत्र था। महिष्मती नगरी में दस लाख वर्षों तक उसने राज्य किया। वह जब समुद्र में चलता था तब उसके वस्त्र नहीं भीगते थे। इसी सहस्रार्जुन का संहार करने के लिए परशुराम-अवतार हुआ। परशुराम भृगुवंशी जमदग्नि के पुत्र

थे। उन्होंने सरस्वती नदी के तट पर एकत्र 6 लाख 40 हज़ार क्षत्रियों पर विजय पायी थी, इनमें से 14 हज़ार को परशुराम ने अकेले अपने धनुष-बाण से मार डाला। फिर 10 हज़ार क्षत्रियों को मारा। उन्होंने पृथ्वी को इक्कीस बार क्षत्रियों से शून्य कर दिया था। सहस्रार्जुन को उसके रथ के नीचे गिरा कर इन्होंने उसे मार डाला।

'वन पर्व' में सहस्रार्जुन के कथा-प्रसंग में इस घटना का उल्लेख हुआ है। सहस्रार्जुन ने कर्कोटक नाग से महिष्मती या भोगवती नगरी को जीतकर उसे अपनी राजधानी बनाया। रावण आदि नृपतियों को हराया। फिर उसे अहंकार हो गया। वह प्रजा को त्रास देने लगा। भगवान विष्णु ने प्रजा की रक्षा के लिए परशुराम अवतार लिया। शिव ने सहस्रार्जुन के संहार के लिए परशुराम को कई शस्त्रास्त्र दिये। परशुराम ने उसकी भुजाएँ काट डालीं और मार डाला। जब वे लौट कर आये तो जमदग्नि ने उनका यह कार्य अनुचित बताया। पाप-मार्जन के लिए उन्हें तीर्थ-यात्रा पर भेज दिया। इसी बीच, कार्त्तवीर्य के पुत्रों ने जमदग्नि का वध कर दिया। तीर्थ-यात्रा से लौटने पर परशुराम को पता चला। माता की सान्त्वना के लिए उन्होंने 21 बार पृथ्वी को निःक्षत्रिय बनाने की प्रतिज्ञा की। कार्त्तवीर्य के सब पुत्रों को मार दिया।

'द्रोण-पर्व' की कथा में कहा गया है कि सहस्रबाहु के क्षत्रिय सैनिकों द्वारा कामधेनु के बछड़े को पकड़ लेने और जमदग्नि को मार डालने से क्रोधित होकर परशुराम ने लाखों हैहयवंशी क्षत्रियों का वध कर दिया और इक्कीस बार क्षत्रियों से पृथ्वी को शून्य किया।[357] फिर, पृथ्वी को कश्यप को दान कर दिया। कश्यप ने इन्हें पृथ्वी से निकाल दिया। गे अपना धनुष-बाण समुद्र में फेंक कर महेन्द्र गिरि पर निवास करने चल पड़े।

'शान्ति पर्व' में वर्णित आख्यान में परशुराम का जन्म ऋचीक ऋषि द्वारा प्रदत्त चरु के द्वारा होना लिखा है। परशुराम ने गन्धमादन पर्वत पर तपस्या कर शिव जी से अनेक अस्त्र और एक तेजस्वी कुठार प्राप्त किया। हैहगतंश में कृतवीर्य हुआ। उसका पुत्र अर्जुन था। अर्जुन ने दत्तात्रेय भगवान की कृपा से हज़ार भुजाएँ प्राप्त कीं। उसे आपव ऋषि ने शाप दिया कि परशुराम जी युद्ध में तेरी सारी भुजाएँ काट डालेंगे। जमदग्नि मुनि की होम-धेनु के बछड़े को चुराने का कार्य सहस्रार्जुन के दो कुमारों ने उसके अनजान में किया। इस अपराध के कारण परशुराम ने अर्जुन की सब भुजाएँ काट डालीं और बछड़े को वापस ले गये। इसके बाद अर्जुन के मूर्ख पुत्रों ने क्रोधित होकर महात्मा जमदग्नि के आश्रम पर जाकर उनका सिर काट डाला। आश्रम में आने पर परशुराम ने जब अपने पिता को मृत देखा, तो उनके क्रोध की सीमा न रही। उन्होंने पृथ्वी को क्षत्रिय-विहीन करने की प्रतिज्ञा की। पहले कार्त्तवीर्य के पुत्र-पौत्रों का संहार किया और पृथ्वी को क्षत्रियों से विहीन करके वे वन में चले गये। विश्वामित्र के पौत्र परावसु के ताना देने पर उन्होंने अपना क्षत्रिय-नाश-अभियान

पुनः आरम्भ कर दिया, गर्भस्थ शिशु ही किसी प्रकार बच पाये। इस प्रकार उन्होंने इक्कीस बार पृथ्वी को क्षत्रियों से रहित कर दिया। फिर अश्वमेध यज्ञ किया और उसकी दक्षिणा के रूप में पृथ्वी कश्यप मुनि को दान कर दी। कश्यप ने उन्हें अपने राज्य से निकल जाने की आज्ञा दी और दक्षिण समुद्र-तट पर शूर्पारक देश में इन्हें भेज दिया, ताकि रहे-सहे क्षत्रियों को बचाया जा सके।

'आश्वमेधिक पर्व' वाली कथा में कार्त्तवीर्य अर्जुन को जन्म से ही सहस्रभुजाओं वाला बताया गया है। एक बार उसने अपने बल के घमण्ड में सैकड़ों बाण बरसा कर समुद्र को आच्छादित कर दिया। समुद्र प्रकट हुए। कार्त्तवीर्य ने उनसे अपने समान वीर और धनुर्धर का पता पूछा। समुद्र ने जामदग्नेय परशुराम का नाम बता दिया। कार्त्तवीर्य जमदग्नि-आश्रम पर पहुँचा और अपने प्रतिकूल आचरण से उसने परशुराम को क्रोधित कर दिया। परशुराम ने फरसा उठा कर उसकी सहस्र भुजाएँ काट डालीं। सहस्रार्जुन-वध के उपरान्त उसके बन्धु-बान्धव परशुराम पर टूट पड़े। परशुराम ने उनका संहार कर दिया। बहुत-से क्षत्रिय उनके डर से गुफाओं में घुस गये। ब्राह्मणों से नियोगजनित क्षत्रिय-बालकों को भी उन्होंने मार डाला और एक-एक कर इक्कीस बार पृथ्वी को क्षत्रिय-शून्य किया। अन्त में अपने पितामहों की आकाशवाणी सुन कर परशुराम क्षत्रिय-संहार से विरत होकर तप करने चले गये। इसमें स्पष्ट उल्लेख नहीं कि सहस्रार्जुन तथा उसके बन्धु-बान्धवों ने जमदग्नि का वध किया। सहस्रार्जुन को मिले वरदान का भी उल्लेख नहीं है।

'हरिवंश पुराण'[358] में आयी कथा में अन्य बातें तो 'महाभारत' के सभा पर्व की कथा के अनुसार हैं, किन्तु एक बात इसमें विशेष है : सहस्रार्जुन की जन्म-कथा। कार्त्तवीर्य (सहस्रार्जुन) की माता का नाम राकावती था। उसके पिता कृतवीर्य ने शिव-पूजा में कुछ भूल कर दी, फलस्वरूप वह करहीन जन्मा था। माता-पिता इस कारण से बहुत दुःखी थे। एक बार दत्तात्रेय मुनि कृतवीर्य के यहाँ आये। राजा ने दत्तात्रेय को अपना वह पुत्र दिखाया। दत्तात्रेय ने उसे एकाक्षर मन्त्र का जप और बारह वर्ष तक गणेश की आराधना करने को कहा। प्रसन्न होकर गणेश ने इसे सुन्दर देह तथा सहस्र हाथ दिये। इसी से इसका नाम 'सहस्रबाहु' या 'सहस्रार्जुन' पड़ा। दत्तात्रेय की इसने बहुत-सेवा की। उन्होंने इसे कई वर दिये थे।

'ब्रह्मपुराण'[359] में आयी कथा में सिवाय इसके कोई विशेष बात नहीं कि सहस्रबाहु ने या उसके सैनिकों ने जमदग्नि का वध नहीं किया, अपितु वे जमदग्नि की गाय के बछड़े को बलात् खींच ले गये थे। परशुराम तपस्या के लिए बाहर गये हुए थे। लौटकर आये, तो पिता ने सब बताया। परशुराम ने कात्तवीर्य से नर्मदा-तट पर युद्ध किया और उसे पाजित करके उसकी सहस्र भुजाएँ काट डालीं।

'पद्म पुराण'[360] में आयी कथा में परशुराम को विष्णु का अवतार बताया गया

है। कश्यप ने इन्हें मन्त्रोपदेश दिया था। इनके पिता जमदग्नि के पास कामधेनु थी। एक बार जब राजा कात्तवीर्य शिकार खेलता हुआ जमदग्नि के आश्रम में पहुँचा, तब ऋषि ने उस कामधेनु के बल से ससैन्य राजा का राजसी सत्कार किया। कार्त्तवीर्य को बड़ा आश्चर्य हुआ। उसने मुनि से कामधेनु को माँगा। मुनि ने नित्य-नैमित्तिक कार्यों में हव्यादि द्रव्यों की उपलब्धि में सहायक होने के कारण राजा को धेनु देना अस्वीकार कर दिया। राजा ने बलात् धेनु को छीनना चाहा। धेनु ने ऋषि से रक्षा की प्रार्थना की। ऋषि ने अपने को उसकी रक्षा करने में असमर्थ बताया। तब धेनु ने फुंकारा और अपने सींगों से राजा की सारी सेना को तितर-बितर कर दिया और स्वयं स्वर्ग चली गयी। बाद की कथा **महाभारत** और **ब्रह्मपुराण** के अनुसार है।

'विष्णु पुराण'[361] में भी यह कथा आयी है, किन्तु वह महाभारत के वन पर्व, हरिवंश पुराण और ब्रह्मपुराण की कथा से मिलती-जुलती है।

'वायु पुराण'[362] में आयी कथा का रूप भी हरिवंश पुराण के अनुसार है। उसमें भी परशुराम को विष्णु का अवतार कहा गया है।

'श्रीमद्भागवत पुराण'[363] में आगत कथा में परशुराम जी के जन्म की कथा तो कही गयी है पर सहस्रार्जुन के जन्म की नहीं। उसके विषय में इतना ही कहा गया है कि उसने नारायण के अंशावतार दत्तात्रेय जी को प्रसन्न करके एक हज़ार भुजाएँ तथा यह वरदान कि कोई भी शत्रु उसे युद्ध में पराजित न कर सके, प्राप्त कर लिया। फिर, कामधेनु के बल से जमदग्नि द्वारा हैहयनरेश (सहस्रार्जुन) का आदर-सत्कार किया जाना, सहस्रार्जुन द्वारा अहंकारवश जमदग्नि से माँगे बिना कामधेनु को छीन ले जाना, परशुराम का क्रुद्ध होकर सहस्रार्जुन का वध कर आना, जमदग्नि द्वारा उनके इस कार्य को अनुचित बताया जाना, उन्हें तीर्थयात्रा पर जाने का परामर्श देना, इसी बीच कात्तवीर्य के दस हज़ार पुत्रों द्वारा जमदग्नि का सिर काट ले जाना, तीर्थयात्रा से लौट कर परशुराम का समाचार सुनना और सहस्रार्जुन के पुत्रों को मार डालना तथा पिता का सिर लाकर उनकी धड़ से जोड़ देना एवं उसी क्रोध में पृथ्वी पर से क्षत्रियों का 21 बार उन्मूलन करना आदि घटनाओं का वर्णन हुआ है।

'अग्निपुराण'[364] में कथा का रूप 'महाभारत' वन पर्व, 'हरिवंश पुराण' और 'श्रीमद्भागवत पुराण' के समान ही है। कोई उल्लेखनीय विशेषता उसमें नहीं।

'ब्रह्मवैवर्त्त पुराण' में जमदग्नि के वध की कथा कुछ भिन्न प्रकार से मिलती है। उसमें ऐसा उल्लेख है कि कामधेनु को जब सहस्रार्जुन के सैनिक बल-पूर्वक ले जाने लगे तब गाय ने अपने शरीर से सेनाएँ उत्पन्न कीं। मुनि की सेना और राजा की सेना में कई बार युद्ध हुआ। सहस्रार्जुन ने शक्ति-बाण का प्रयोग कर मुनि को मार दिया। रेणुका अपने पति के शव के साथ ही सती हो गयी। परशुराम ने शिव को प्रसन्न कर त्रैलोक्य-विजय करने का वर प्राप्त कर लिया और कार्त्तवीर्य को

उसकी सारी सेना तथा पुत्रों के सहित मार डाला।[365] कार्त्तवीर्य के साथ परशुराम का युद्ध नर्मदा-तट पर हुआ था।[366]

'लिंग पुराण'[367] में भी कार्त्तवीर्य की उद्दण्डता का समाचार अपने पिता के द्वारा सुन कर परशुराम का नर्मदा-तट पर उसकी भुजाओं को काट डालने का वर्णन है।

'मत्स्य पुराण'[368] में वर्णित इस कथा के रूप में नवीनता नहीं है। कथा हरिवंश पुराण और भागवत पुराण के अनुसार है।

'ब्रह्मांड पुराण' में यह कथा उपर्युक्त से कुछ भिन्न रूप में प्राप्त होती है। यहाँ कार्त्तवीर्य के मन्त्री चन्द्रगुप्त द्वारा कामधेनु को धर्षित होना बताया है।[369] परशुराम ने जमदग्नि के सम्मुख कार्त्तवीर्य के वध की प्रतिज्ञा की। जमदग्नि ने यह कह कर कि क्षमा ही ब्राह्मण का भूषण है, राजा का वध करने से मना किया। परशुराम दुष्ट को दण्ड देने पर तुले थे। जमदग्नि ने इन्हें ब्रह्मा और शिव का परामर्श लेने के लिए भेज दिया। ब्रह्मा और शिव ने कृष्ण-कवच प्राप्त करने के लिए इन्हें कृष्ण के पास भेजा। पुष्कर-तट पर परशुराम की भेंट अगस्त्य ऋषि से हो गयी। अगस्त्य के आदेशानुसार इन्होंने गंगा-तट पर तप आरम्भ किया। वहीं इन्हें कृष्ण का दर्शन प्राप्त हुआ। कृष्ण से अजेयता का वर मिला। तदुपरान्त इनका सहस्रार्जुन और उसके समर्थक राजाओं से युद्ध हुआ। सहस्रार्जुन को इन्होंने मार डाला। किन्तु सहस्रार्जुन के शूर, वृषास्य, वृष, शूरसेन, जयध्वज आदि कुछ पुत्र हिमालय में छिप गये। जैसे ही, परशुराम अपने पिता द्वारा राजा की हत्या का प्रायश्चित करने के लिए महेन्द्र पर्वत पर भेज दिये गये, वैसे ही सहस्रार्जुन के उन छिपे पुत्रों ने आकर जमदग्नि का सिर काट लिया। बारह वर्ष बाद परशुराम तपस्या करके लौटे। इनकी माता रेणुका ने इनके सम्मुख छाती पीट-पीट कर विलाप किया। कहते हैं कि चूँकि उसने 21 बार छाती पीटी थी, इसलिए इन्होंने 21 बार क्षत्रियों का विनाश करने की प्रतिज्ञा की। पहली बार इन्होंने सहस्रार्जुन के बचे-खुचे पुत्रों को मार डाला। एक बार क्षत्रिय-संहार कर वे तपस्या करने के लिए महेन्द्र गिरि पर चले जाते थे और फिर लौट कर क्षत्रियों को मारते थे। इस प्रकार इन्होंने क्षत्रिय-नाश की अपनी प्रतिज्ञा पूरी की।[370]

32. पाण्डवों की कौरवों पर विजय-सिद्धयोगी की सहायता से

जब कुरुक्षेत्र में युधिष्ठिर ने कौरवों की विशाल सेना और भीष्म की व्यूह-रचना को देखा, तब उनके मन में अपने पक्ष की विजय के प्रति सन्देह हो गया। उस समय अर्जुन ने युधिष्ठिर को सान्त्वना देते हुए कहा था कि विजय बल और पराक्रम से उतनी नहीं मिलती जितनी सत्य, सज्जनता तथा धर्म से। कहा भी है–'यतोधर्मस्ततो जयः'।[371] उन्होंने युधिष्ठिर को विश्वास दिलाया कि हमारे पक्ष की विजय सुनिश्चित

है, क्योंकि नारद ने कहा है—'यतः कृष्णस्ततो जयः'।[372] चूँकि कृष्ण हमारी विजय के अभिलाषी हैं, इसलिए हमारी विजय अवश्य होगी।

यह कथन सत्य सिद्ध हुआ। कृष्ण ने पदे-पदे अर्जुन को आपत्ति से बचाया। जयद्रथ-वध के निमित्त पाशुपतास्त्र दिलवाने के लिए वे अर्जुन को उनके स्वप्न में ही शिवलोक ले गये।[373] जब अर्जुन ने सूर्यास्त से पूर्व जयद्रथ का वध करने या अन्यथा स्वयं मर जाने की प्रतिज्ञा कर ली तब कृष्ण ने ही मायान्धकार की सृष्टि कर जयद्रथ का वध कराया और जयद्रथ के सिर को उसके पिता की गोद में डलवाया।[374] कर्ण जैसे महारथी को मारने के लिए अर्जुन को प्रोत्साहित किया और उसके सर्पमुख बाण से अर्जुन की रक्षा की।[375] उन्होंने युधिष्ठिर और भीम आदि की भी अनेक अवसरों पर रक्षा की। यदि यह कहा जाये तो अत्युक्ति न होगी कि योगिराज कृष्ण के पाण्डव-पक्ष में रहने के कारण ही उसकी विजय हुई और कौरव-पक्ष की पराजय।

'विष्णु पुराण' में उल्लेख आता है कि कृष्ण के परमधाम सिधारने के बाद जब अर्जुन उनकी सोलह सहस्र पत्नियों को अपने संरक्षण में इन्द्रप्रस्थ ला रहे थे, तब मार्ग में आभीरों ने अपनी लाठियों के बल से उन स्त्रियों को छीन लिया और गाण्डीवधारी अर्जुन, जिन्होंने अकेले कौरव सेना के छक्के छुड़ा दिये थे, सामान्य बलशाली आभीरों से पराजित और कलंकित होकर हततेज लौट आये।[376] उनका गाण्डीव कुछ काम नहीं आया, आभीरों की लाठियों से लड़ने में अग्नि का दिया बाण भी निष्फल रहा। तब अर्जुन ने सोचा कि मैंने जो अनेक राजाओं को जीता, वह सब कृष्ण का ही प्रभाव था।[377] सब कुछ पूर्ववत् होते हुए भी कृष्ण की छत्रछाया हट जाने से सब निष्फल हो गया। अर्जुन का अर्जुनत्व और भीम का भीमत्व भगवान् कृष्ण की कृपा से ही था।[378]

33. पाण्डवों द्वारा कर्म-फल-भोग

पाण्डवों का अपने कर्म-फल का भोग उनके महाप्रस्थान-प्रसंग की ओर संकेत करता जान पड़ता है।

जब पाण्डव द्रौपदी-सहित अपने महाप्रस्थान-पथ पर हिमालय की ओर बढ़ने लगे, तब मार्ग में सबसे पहले गिरने वाली द्रौपदी थी। भीमसेन द्वारा उसके गिरने का कारण पूछने पर धर्मराज युधिष्ठिर ने बताया कि पाँचों पतियों से प्रेम करते हुए भी इसके मन में अर्जुन के प्रति विशेष पक्षपात था। यह उसी का फल भोग रही है।[379] कुछ दूर आगे चलने पर पाण्डवों में सबसे अधिक विद्वान् सहदेव भी धरती पर गिर पड़े। भीम ने युधिष्ठिर से उनके गिरने का कारण पूछा, तब युधिष्ठिर ने बताया कि यह अपने-जैसा विद्वान् और बुद्धिमान किसी को नहीं समझता था, अतः इसी दोष

से इसका पतन हुआ है।[380] सहदेव को वहीं छोड़ कर युधिष्ठिर अपने कुत्ते और शेष भाइयों के साथ कुछ ही दूर चले होंगे कि नकुल भी गिर पड़े। भीम के पूछने पर युधिष्ठिर ने बताया कि नकुल अपने समान सुन्दर किसी को नहीं समझता था। इसी अभिमान के कारण वह नीचे गिरा है। जिसकी जैसी करनी है, वह उसका फल अवश्य भोगता है।[381] अपनी पत्नी और दो प्रिय भाइयों को गिरा देख शोक-सन्तप्त अर्जुन भी गिर पड़े। भीमसेन ने उनके गिरने का कारण भी युधिष्ठिर से पूछा, तब धर्मराज ने कहा कि इसे अपनी शूरता का अभिमान था। इसने कहा था कि 'मैं एक ही दिन में शत्रुओं को भस्म कर डालूँगा'। किन्तु ऐसा किया नहीं, इसी से आज इसे धराशायी होना पड़ा है।[382] इतने में ही भीम भी गिर पड़े और गिरते-गिरते उन्होंने अपने गिरने का कारण जानना चाहा। युधिष्ठिर ने कहा—'भीमसेन! तुम बहुत खाते थे और दूसरों को कुछ भी न समझ कर अपने बल की डींग हाँका करते थे, इसी से तुम्हें भी धराशायी होना पड़ा है।'[383]

युधिष्ठिर को भी दो घड़ी तक इन्द्रनिर्मित मायारूप नरक में रहना पड़ा था, तदनन्तर सभी पाण्डवों-सहित उन्हें स्वर्ग की प्राप्ति हुई।

इस प्रकार इस संसार में परम पराक्रमी पाण्डवों और परम सती-साध्वी द्रौपदी को भी अपना कर्म-फल भोगना पड़ा था।

अर्जुन को लुटेरे आभीरों के हाथ कितनी लज्जाजनक हार खानी पड़ी थी, इसका वर्णन **'विष्णु पुराण'384** में हुआ है। कृष्ण ने अर्जुन पर भार सौंपा था कि उनके परमधाम-गमन के अनन्तर अर्जुन ही उनकी पत्नियों की सुरक्षा की व्यवस्था करेंगे। किन्तु, यह कर्म-फल ही था कि अर्जुन का यशस्वी गाण्डीव भी साधारण लुटेरों की लाठियों का सामना न कर सका और अर्जुन के देखते-देखते ही आभीर लुटेरे कृष्ण की सोलह सौ रानियों को जिन्हें अर्जुन द्वारका से इन्द्रप्रस्थ ला रहे थे, छीन ले गये। कुसमय में प्रतापियों का प्रताप भी नष्ट हो जाता है।

'श्रीमद्भागवत' में भी इस घटना का स्मरण अर्जुन ने बहुत अनुताप के साथ महाप्रस्थान के प्रसंग में किया है।[385]

34. भगीरथ द्वारा गंगा का पृथ्वी आनयन

इक्ष्वाकुवंशी दिलीप के पुत्र राजा भगीरथ द्वारा अपने पितरों को (राजा सगर के साठ सहस्र पुत्रों को) जो अश्वमेध-यज्ञ के अश्व को खोजने जाकर कपिल मुनि द्वारा भस्म कर दिये गये थे, तारने के लिए स्वर्ग से गंगा को पृथ्वी पर लाने की कथा सर्वप्रथम **'वाल्मीकि रामायण'**[386] में प्राप्त होती है। पहले इसमें भृगु जी के आशीर्वाद से राजा सगर की दो रानियों—केशिनी और सुमति से क्रमशः एक और साठ हज़ार

पुत्र उत्पन्न होने की कथा है : केशिनी से असमंजस नामक अत्याचारी पुत्र उत्पन्न हुआ और सुमति से एक तुम्बी, जिसके साठ हज़ार खण्ड करके साठ हज़ार पुत्र हुए। असमंजस का पुत्र अंशुमान हुआ। वह धर्मात्मा बना। सगर ने अश्वमेध-यज्ञ आरम्भ किया। अंशुमान की देख-रेख में घोड़ा छोड़ा गया। इन्द्र ने उस घोड़े को चुरा लिया और कपिल मुनि के आश्रम में बाँध दिया। राजा सगर के साठ सहस्र पुत्र उसे खोजते हुए, पृथ्वी को खोदने लगे और उसे रसातल तक खोद डाला। वहाँ कपिल मुनि तपस्या कर रहे थे और उनके आश्रम में यज्ञाश्व चर रहा था। सगर-पुत्र कपिल को मारने दौड़े। कपिल ने हुंकार-मात्र से उनको भस्म कर दिया। अंशुमान अपने पितृव्यों को खोजता हुआ वहाँ पहुँचा, उनको भस्मित रूप में देखा और घोड़ा लेकर लौट आया। गरुड़ जी ने अंशुमान को बताया कि स्वर्गंगा के जल से उसके पितृव्यों का तर्पण हो, तब उनको स्वर्ग-लाभ होगा। सगर के मरने के बाद अंशुमान राजा हुआ। उसने गंगा को पृथ्वी पर लाने की चेष्टा की, पर असफल रहा। उसके पुत्र दिलीप ने भी चेष्टा की, पर व्यर्थ।

दिलीप के पुत्र भगीरथ ने अपने पितरों को तारने के लिए गंगा को पृथ्वी पर लाने के निमित्त एक हज़ार वर्ष तक तप किया। ब्रह्मा प्रसन्न हुए। उनसे भगीरथ ने दो वर माँगे–(1) गंगा-जल द्वारा पवित्र होने पर उसके साठ सहस्र प्रपितामहों का स्वर्ग जाना और (2) कुल-वृद्धि के लिए सन्तान। ब्रह्मा ने दोनों वर दिये, किन्तु कहा कि गंगा के पृथ्वी पर आते समय उनका वेग सँभालने के लिए शिव को तैयार करो। भगीरथ ने एक पैर के अँगूठे के बल खड़े रह कर एक वर्ष तक शिव की आराधना की। शिव जी प्रसन्न हुए। उन्होंने गंगा को धारण करना स्वीकार किया। ब्रह्मा की आज्ञा से गंगा पृथ्वी की ओर चलीं। गंगा की इच्छा हुई कि शिव को प्रवाह के साथ बहाकर पाताल तक ले जाऊँ। गंगा के इस गर्व को चूर्ण करने के लिए शिव ने गंगा को अपनी जटाओं में ही उलझा लिया। तब भगीरथ ने शिव की पुनः स्तुति की। शिव ने गंगा को बिन्दुसर में छोड़ा। यहीं से गंगा सात धाराओं में विभक्त होकर चलीं। उनकी तीन-तीन धाराएँ पूर्व और पश्चिम की ओर चली गयीं और एक धारा भगीरथ के पीछे-पीछे चली। मार्ग में गंगा ने राजा जह्नु के यज्ञक्षेत्र को प्लावित कर दिया, अतः राजा ने क्रोध में आकर गंगा को पी लिया। देवताओं ने जह्नु से प्रार्थना की, तब जह्नु ने गंगा को अपनी पुत्री बना कर कान के छिद्रों से प्रवाहित कर दिया। यही जल-धार भगीरथ के पीछे-पीछे चलती हुई रसातल तक पहुँची और उसने सगर के मृत पुत्रों को तार कर उन्हें स्वर्ग पहुँचाया।

'महाभारत' के वन पर्व[387] तथा द्रोण पर्व[388] में भी यह कथा आयी है। **वन पर्व** के 106 और 107वें अध्याय में सगर के साठ सहस्र पुत्रों की उत्पत्ति, उनका कपिल के क्रोध से भस्म होना, अंशुमान को राज्य-प्राप्ति, उनके बाद दिलीप का

राजा होना, फिर भगीरथ का राजत्व—इन सब घटनाओं का प्रायः **'वाल्मीकि रामायण'** के अनुसार ही वर्णन है। एक भिन्नता यह है कि सगर को पत्नियों-सहित शिव की आराधना करने और उनका वर पाने से साठ सहस्र पुत्रों की प्राप्ति हुई है। पत्नियों का नाम यहाँ वैदर्भी और शैव्या है। शैव्या ने एक पुत्र असमंजस को और वैदर्भी ने एक तुम्बी को जन्म दिया। राजा सगर उसे फेंकने जा रहे थे कि आकाशवाणी हुई: 'तुम्बी के एक-एक बीज को निकाल कर घी से भरे हुए गरम घड़ों में अलग-अलग रखो'। उन्हीं घड़ों में से साठ सहस्र पुत्र निकले।[389] यहाँ गरुड़ ने नहीं, स्वयं कपिल ने अंशुमान को गंगा का आनयन करने और सगर-पुत्रों के उद्धार का उपाय बताया है। 'रामायण' की ही भाँति यहाँ भी असमंजस-पुत्र अंशुमान और अंशुमान-पुत्र दिलीप ने गंगा-आनयन की चेष्टा की, पर सफल न हुए।

दिलीप-पुत्र भगीरथ ने राजा बनने पर प्रयास किया। एक हज़ार दिव्य वर्ष तक उन्होंने हिमालय पर तपस्या की। यहाँ ब्रह्मा नहीं, गंगा स्वयं दर्शन देती हैं। गंगा ने अपने वेग को रोकने के लिए शिव को तैयार करने के लिए कहा। शिव भगीरथ की तपस्या से प्रसन्न हुए। भगीरथ ने गंगा की फिर स्तुति की। गंगा आकाश से गिरीं। शिव ने उन्हें ललाट पर धारण किया। यहाँ गंगा के अहंकार और शिव द्वारा उनके अहंकार को चूर्ण करने का उल्लेख नहीं है। गंगा शिव की जटाओं से तीन धाराओं में (त्रिपथगा (1) स्वर्गंगा, (2) पाताल गंगा, (3) पृथ्वी की गंगा में) विभक्त होकर भूतल पर उतरीं और भगीरथ के साथ जाकर सगर को (जिसे सगर पुत्रों ने खोद डाला था) भर दिया। भगीरथ ने गंगा को अपनी पुत्री बना लिया। उन्होंने गंगा-जल से अपने पितरों का तर्पण किया।

'भीष्म पर्व'[390] में गंगा जी को शिव ने एक लाख वर्ष तक अपने सिर पर ही धारण रखा, ऐसा उल्लेख है कि **'द्रोण पर्व'** में नारद जी द्वारा भगीरथ का जो चरित्र वर्णित है, उसमें इतना ही उल्लेख है कि भगीरथ ने अपने पूर्वजों का उद्धार करने के लिए गंगा को भूतल पर उतारा था। गंगा भागीरथी कैसे कहलायीं, इसके विषय में कथन है कि गंगा उनकी गोद में आ बैठीं, अतः उनकी पुत्री हुईं और 'भागीरथी' कहलायीं। उनके ऊरु पर बैठने के कारण वे 'उर्वशी' भी कहलायीं।

'हरिवंश पुराण'[391] में सगर के अश्वमेध-यज्ञ के अश्व को चुराने वाला इन्द्र नहीं है, 'कोई व्यक्ति' है। सगर-पत्नियों को और्व ऋषि ने पुत्र-प्राप्ति का वर दिया था। केशिनी ने उनसे वंश-परम्परा चलाने वाले असमंजस को पाया और अधिक पुत्र-लोभी दूसरी पत्नी ने तुम्बी उत्पन्न किया। उसमें तिल के समान साठ हज़ार गर्भ थे जो घी के घड़ों में डालने से बढ़े और प्रत्येक से एक-एक पुत्र उत्पन्न हुआ। उनके भस्म हो जाने की कथा इसमें नहीं है। इतना ही उल्लेख है कि दिलीप-पुत्र भगीरथ ने गंगा जी को स्वर्ग से उतारा था, उन्हें समुद्र तक पहुँचा दिया और उन्हें अपनी

पुत्री बना लिया। इसीलिए गंगा **'भागीरथी'** भी कहलाती हैं। यहाँ भगीरथ की न तो तस्पया का वर्णन है, न गंगा के अवतरण की प्रक्रिया का, और न भगीरथ द्वारा अपने पितरों का गंगा-जल से तर्पण करके उन्हें स्वर्ग-लाभ कराने का।

'ब्रह्मपुराण' में यह कथा दो स्थलों[392] पर आयी है। अध्याय 8 की कथा में पहले सगर के जन्म की एक कथा दी हुई है, जिसका गंगा-आनयन-प्रसंग से कोई सम्बन्ध नहीं है। सगर का अश्वमेध यज्ञ करना, इन्द्र द्वारा घोड़े को चुराना और कपिल मुनि के आश्रम में ले जाकर उसे बाँध आना, सगर के साठ सहस्र पुत्रों का पृथ्वी को खोदते हुए पाताल में कपिल मुनि के आश्रम तक पहुँचना और उनको कपिल मुनि का शाप आदि घटनाएँ **'वाल्मीकि रामायण'** के अनुसार ही हैं। साठ हज़ार पुत्रों का जन्म-कथन भी दिया है। 'रामायण' में भृगु के वरदान से उनकी उत्पत्ति होती है, और **'ब्रह्मपुराण'** में **'हरिवंश'** की भाँति और्व मुनि के वरदान से। गंगा-आनयन के सम्बन्ध में केवल इतना उल्लेख है कि दिलीप के पुत्र भगीरथ ने इस श्रेष्ठ सरिता का भूतल पर आनयन किया और समुद्र तक उसे ले गये तथा गंगा को उन्होंने अपनी दुहिता बनाया।[393] अध्याय 78 की कथा में वशिष्ठ के वरदान से सगर को पुत्रों की प्राप्ति होना बताया है। कपिल पाताल में निद्रा-सुख का अनुभव करने के लिए देवताओं की आज्ञा से पाताल-लोक में गये हुए थे। भगीरथ कैलास पर जाकर शिव की आराधना करते हैं। प्रसन्न होकर शिव वरदान देते हैं। गंगा जी के साथ-साथ भगीरथ भी अपने पितरों को तारने के लिए रसातल में जाते हैं।

'पद्मपुराण'[394] में हरिद्वार-माहात्म्य-वर्णन-प्रसंग में गंगावतरण-कथा संक्षेप में दी है। पहले सगर को और्व ऋषि के आशीर्वाद से सन्तान-लाभ का वर्णन है, फिर उनके अश्वमेध-यज्ञ के लिए अश्व छोड़े जाने का। इसमें यह स्पष्ट नहीं किया गया है कि पूर्व-दक्षिण समुद्र-तट पर अश्व को किसने विलुप्त कर दिया। इन्द्र का उल्लेख नहीं आता। सगर के साठ सहस्र पुत्रों ने पहले तो उस प्रदेश को खोद डाला, फिर महार्णव को, और फिर वे ऐसी जगह पहुँचे जहाँ आदिपुरुष कपिल थे। उन्हें उन मूर्खों ने चोर कह कर पुकारा। कपिल मुनि ने उन्हें भस्म कर दिया। गंगा को लाने के लिए अंशुमान और दिलीप के प्रयत्नों का उल्लेख करने के उपरान्त भगीरथ की हेमकूट पर्वत पर की गयी वर्षों की तपस्या का वर्णन है, फिर गंगावतरण का और शिव द्वारा उन्हें अपनी जटाओं में रोक रखने का। गंगा के अहंकार का उल्लेख यहाँ नहीं है। भगीरथ ने कैलास पर्वत पर जाकर शिव की आराधना की। शिव प्रसन्न हुए और अपनी एक जटा को खोल कर उससे त्रिधारा में गंगा को बाहर निकाला। फिर भगीरथ गंगा को पाताल में ले गये तथा पितरों का उद्धार किया।

'विष्णु पुराण'[395] में केवल दो श्लोकों में यह कथा दी हुई है। उसमें गंगा द्वारा सगर-पुत्रों के उद्धार का संकेत-मात्र है। **'श्रीमद्भागवत पुराण'** में भगीरथ द्वारा गंगा को पृथ्वी पर उतार लाने की जो कथा दी है,[396] वह तत्त्वतः वैसी ही है जैसी **'पद्म पुराण'** के उत्तरखण्ड में, किन्तु उससे इसमें कुछ अन्तर भी है। **'भागवत'** में राजा सगर का जन्म और्व ऋषि के आशीर्वाद से होने का स्पष्ट उल्लेख नहीं। राजा बाहुक जब मर गया तब उसकी पटरानी उसके साथ सती होने को हुई, किन्तु और्व ऋषि ने उसे रोक दिया, क्योंकि उन्हें मालूम था कि वह गर्भवती है। जब उसकी सौतों को यह पता चला, तो उन्होंने उसे भोजन में विष मिला कर दे दिया। परन्तु गर्भ पर उस विष का कोई प्रभाव नहीं पड़ा, बल्कि उस विष को लिए हुए ही एक बालक का जन्म हुआ, जो 'गर' के साथ पैदा होने के कारण 'सगर' कहलाया। सगर बड़े यशस्वी राजा हुए।[397] इन्हीं के बाद की चौथी पीढ़ी में दिलीप के पुत्र भगीरथ उत्पन्न हुए। राजा सगर द्वारा छोड़े हुए मधाश्व को इन्द्र ने चुरा लिया और उसने उसे कपिल मुनि के आश्रम में बाँध दिया। अन्य पुराणों में राजा सगर के पुत्र पूर्व और दक्षिण दिशा में पृथ्वी को खोदते हैं, किन्तु यहाँ सब ओर से। अन्ततः पूर्वोत्तर दिशा में उन्हें कपिल के आश्रम में घोड़ा मिलता है। इन्द्र ने सगर-पुत्रों की बुद्धि हर ली थी, तभी वे कपिल मुनि का अपमान कर सके। यहाँ कपिल मुनि के पाताल में रहने का उल्लेख नहीं है। लिखा है कि अंशुमान सगर की आज्ञा से घोड़े को ढूँढ़ने के लिए निकले और अपने चाचाओं द्वारा खोदे हुए समुद्र के किनारे-किनारे चल कर कपिल के आश्रम पहुँचे।[398]

भगीरथ द्वारा गंगा के आनयन की कथा **'महाभारत'** वन पर्व की कथा से मिलती-जुलती है।

'शिवपुराण'[399] की कथा 'ब्रह्म पुराण' अ. 8 और 'श्रीमद्भागवत पुराण' के अनुसार है। **'देवीभागवत पुराण'**[400] में सगर की पत्नियों का नाम वैदर्भी और शैव्या बताया है। वैदर्भी के एक मांस-पिण्ड पैदा हुआ। शिव ने कृपाकर ब्राह्मण-वेश में उपस्थित होकर उस पिण्ड को साठ हज़ार भागों में बाँटा। उन्हीं से वैदर्भी के साठ हज़ार पुत्र हुए। यहाँ कथा में एक ही नवीनता है कि भगीरथ ने जब एक लाख वर्ष तक तपस्या की, तब कृष्ण ने उन्हें दर्शन दिये और सरस्वती द्वारा शापित गंगा को सगर-पुत्रों का उद्धार करने के लिए मृत्यु लोक में भेजा।

'वृहन्नारदीय पुराण'[401] की कथा सब प्रकार से ब्रह्मपुराण अ. 78 की कथा के समान है। **'ब्रह्मवैवर्त्त पुराण'**[402] की कथा देवी भागवत पुराण के समान है। गंगा-आनयन की कथा संक्षेप में **'गरुड़ पुराण'**[403] में भी आयी है। **'ब्रह्माण्ड पुराण'**[404] में यह कथा विस्तार से वर्णित है, परन्तु तत्त्वतः वह 'ब्रह्मपुराण' की कथा के समान ही है।

35. राम-कथा

[इसके अन्तर्गत राम-कथा के 18 प्रसंगों का उल्लेख और समस्त राम-कथा का विकास प्रस्तुत किया गया है।]

(क) वैदिक साहित्य में राम-कथा का बीज

वैदिक साहित्य में राम-कथा का कोई विशद रूप प्राप्त नहीं होता जैसाकि गोस्वामी तुलसीदास का कथन है।[405] **'ऋग्वेद'** में दशरथ[406] और राम[407] नाम का उल्लेख किन्हीं प्रतापी राजाओं के लिए होता है। इनकी अपेक्षा जनक विदेह का परिचय कुछ अधिक विस्तार से **'तैत्तिरीय ब्राह्मण'**[408] और **'शतपथ ब्राह्मण'**[409] में मिलता है। 'सीता' नाम वैदिक साहित्य में कई बार आया है। **'तैत्तिरीय ब्राह्मण'**[410] में वह प्रजापति की पुत्री और सोम की पत्नी है। परन्तु **ऋग्वेद** में उसके रूप का आभास मिल जाता है जिसमें वह परवर्ती साहित्य में पृथ्वी-सुता और जनक की पालिता पुत्री प्रसिद्ध हुई। **ऋग्वेद** में एक स्थल[411] पर 'सीता' को हल की 'हराई' के रूप में वंदित किया गया है। इन्द्र को सीता का ग्रहणकर्ता कहा गया है। सीता में व्यक्तित्व का आरोप कर उसे इन्द्र की पत्नी का रूप दे दिया गया है।[412] जब राक्षस वृत्र मेघों को बन्दी कर इन्द्र की पत्नी सीता की उर्वरा-शक्ति को कुण्ठित करना चाहता है तब इन्द्र मरुत् की सहायता से उसका वध कर देता है।[413] पौराणिक काल में विष्णु उपेन्द्र के रूप में इन्द्र का स्थान ले लेते हैं और राम का अवतार लेकर सीता के पति बन जाते हैं। हल की हराई के रूप में जिस सीता का स्तवन वैदिक काल में किया गया, वही राजा जनक को अनावृष्टि के समय हल जोतते हुए हराई से सद्यःजात कन्या के रूप में प्राप्त होती है और पृथ्वी-सुता कहलाती है। वैदिक साहित्य का वृत्रासुर सीता को वंदिनी बनाने वाले रावण के रूप में सामने आता है और वृत्रासुर-वध में इन्द्र का सहायक मरुत् पवन-सुत हनुमान का रूप ले लेता है। **'वाल्मीकि रामायण'** में उल्लेख आता है कि जब विष्णु ने राम के रूप में अवतरित होना स्वीकार कर लिया, तब ब्रह्मा के परामर्श पर अन्य देवताओं ने उनकी सहायता के लिए रीछ और वानरों के रूप में अवतार लिया। इन्द्र ने बालि, सूर्य ने सुग्रीव, बृहस्पति ने तार, कुबेर ने गन्धमादन, विश्वकर्मा ने नल, अग्नि ने नील, अश्विनीकुमारों ने मैन्द और द्विविद, वरुण ने सुषेण, पर्जन्य (मेघ) ने शरम और मरुत् ने हनुमान को अपने अंश रूप में उत्पन्न किया।[414] इस प्रकार पूरा वैदिक देव परिकर राम-कथा में आ जुटता है और वैदिक काल का प्रकृति-तत्त्व-रूपक वाल्मीकि रामायण में आते-आते धर्मगाथा का रूप ग्रहण कर लेता है। निश्चय ही यह लोक-कल्पना की देन रहा। सूतों द्वारा इक्ष्वाकु-वंशी राम का जो आख्यान लोक-कथा के रूप में चौथी शती ई. पू. तक

पर्याप्त प्रसिद्ध कर दिया जा चुका था, वही वाल्मीकि द्वारा एक प्रबन्ध काव्य के रूप में व्यवस्थित कर दिया गया।[415] वाल्मीकि ने रामायण को लोक-कथा से प्राप्त किया, वह आख्यान विविध रूपों में स्फुट लोक-साहित्य में प्रचलित था। वाल्मीकि ने उसे काव्य-गुणों से सम्पन्न कर प्रबन्ध-बद्ध कर दिया, यह उनकी विशेषता रही।[416] वाल्मीकि रामायण भी प्रारम्भ में **'आदि रामायण'** के रूप में कुशीलवों द्वारा गेय रहा और मौखिक परम्परा में विकसित होता रहा, प्रथम और सप्तम सर्ग उसमें बाद में जुड़े और वह अपने वर्तमान रूप में सम्भवतः दूसरी शती ईस्वी तक आ पाया।[417]

(ख) वाल्मीकि रामायण में राम-कथा

'वाल्मीकि रामायण' में, उसकी अन्तर्कथाओं को छोड़ कर, शुद्ध राम-कथा का जो रूप प्राप्त होता है, वह संक्षेप में यह है–

कोसल प्रदेश की अयोध्या नगरी के इक्ष्वाकु वंशी राजा दशरथ निस्सन्तान। अंगराज रोमपाद की पुत्री शान्ता के पति ऋषि ऋष्यशृंग को ऋत्विज बनाकर पुत्रेष्टि अश्वमेध यज्ञ। अग्निकुण्ड से अग्निदेव का पात्र में खीर लिए प्रकट होना। रानियों को खीर खिलाना। यथासमय कौसल्या से राम, कैकेयी से भरत और सुमित्रा से लक्ष्मण-शत्रुघ्न की उत्पत्ति। राम-लक्ष्मण के कुछ बड़े होने पर, ऋषि विश्वामित्र का आकर राम-लक्ष्मण को अपने यज्ञ के रक्षार्थ वन में ले जाना। राम को विश्वामित्र द्वारा दिव्यास्त्र प्रदान करना। यज्ञ की रक्षा करते हुए राम द्वारा ताड़का-वध। अन्य कई राक्षसों का भी संहार। विदेह-नरेश जनक के यज्ञ के दर्शनार्थ राम-लक्ष्मण का विश्वामित्र के साथ मिथिलापुरी (जनकपुरी) को गमन। मार्ग में शापग्रस्ता गौतम-पत्नी अहल्या का राम द्वारा उद्धार। मिथिला में पहुँचने पर जनक द्वारा राम को शिव-धनुष दिखलाना और कहना कि इस पर प्रत्यंचा चढ़ा दोगे तो सीता का विवाह तुमसे कर दूँगा। राजा जनक का सीता के जन्म के विषय में बतलाना–यज्ञ भूमि के लिए हल जोतते हुए हल की नोक से खुदी भूमि–हराई या सीता से उसकी प्राप्ति, अतः 'सीता' नाम।[418] वह अयौनिजा पृथ्वी-सुता जनक द्वारा पुत्रीवत् पालिता।[419] राम द्वारा उस दिव्य धनुष पर अयास प्रत्यंचा चढ़ा दिया जाना, प्रत्यंचा को खींचते ही धनुष का दो टूक होना। प्रतिज्ञा-पूर्ति के कारण जनक का सीता को राम से विवाहने का निश्चय।[420] दशरथ को सूचना। बारात-सहित दशरथ का मिथिला में आगमन। सीता से राम का, जनक-पुत्री उर्मिला से लक्ष्मण का और जनक-भ्राता कुशध्वज की पुत्रियों माण्डवी तथा श्रुतकीर्ति से क्रमशः भरत तथा शत्रुघ्न का विधिपूर्वक विवाह। प्रभुत दान-दहेज के साथ बारात की विदाई। मार्ग में क्रोधी परशुराम से भेंट। राम ने उनके दिए वैष्णव धनुष पर प्रत्यंचा चढ़ा दी और वैष्णवास्त्र छोड़ कर परशुराम का तप-फल क्षीण कर दिया। अयोध्या में द्वादश वर्ष तक सबका सुखपूर्वक रहना।

अपने मामा युधाजित के साथ भरत का शत्रुघ्न के साथ कैकेय देश को प्रस्थान।

पीछे से दशरथ का राम को युवराज-पद देने का निश्चय।[421] राम के अभिषेक समाचार से खिन्न हुई मन्थरा दासी का कैकेयी को उभाड़ना, ऊँच-नीच सुझाना। कैकेयी की मति भ्रष्ट। कोप-भवन में जाना। पहले के दिये दो वरों का स्मरण दिला कर भरत के लिए युवराज-पद और राम के लिए चौदह वर्ष का वनवास दशरथ से माँगना।[422] दशरथ की चिन्ता, विलाप। कैकेयी अपनी माँग पर दृढ़। राम द्वारा पिता-वचन की रक्षा-हेतु वन जाने का निश्चय। सीता का भी साथ जाने का हठ। राम ने समझाया, पर वह स्त्री-धर्म के नाते न मानी। लक्ष्मण का भी साथ चलने का अटल आग्रह। राम-सीता-लक्ष्मण का वल्कल वस्त्र धारण कर वन-गमन।[423] शृंगवेरपुर पहुँच कर निषादराज गुह की सहायता से उनका गंगा पार करना। वहाँ से प्रयाग स्थित भरद्वाज आश्रम होते हुए उनका चित्रकूट में जाकर निवास करना।

अयोध्या में पुत्र-शोक से दशरथ की मृत्यु। मरने से पूर्व उनका कौसल्या से अंधतापस के शाप की बात कहना।[424] भरत-शत्रुघ्न को बुलाया जाना। भरत द्वारा कैकेयी की भर्त्सना। दशरथ का अंत्येष्टि संस्कार। परिजनों, पुरजनों, कुलगुरु वसिष्ठ आदि के साथ भरत-शत्रुघ्न का राम को मनाने चित्रकूट पहुँचना। राम का किसी प्रकार चौदह वर्ष से पूर्व घर न लौटने का निश्चय व्यक्त करना। हार मानकर, राम की चरणपादुका लेकर भरत का लौटना। सिंहासन पर पादुका को प्रस्थापित कर राम के प्रतिनिधि के रूप में भरत द्वारा नन्दीग्राम में रखते हुए शासन-संचालन।

राम का चित्रकूट से दण्डकारण्य में गमन। पंचवटी में निवास। शूर्पणखा राक्षसी का सुन्दर नारी-वेश में राम के पास आना, भार्या बनाने का अनुरोध, अस्वीकार करने पर उसका सीता पर आक्रमण, राम के आदेश पर लक्ष्मण का उसके नाक-कान काट लेना। इसका बदला लेने के लिए खर-दूषण तथा चौदह सहस्र राक्षसों का राम पर आक्रमण। राम द्वारा सबका नाश। शूर्पणखा का अपने भाई लंकेश के पास जाना, अपनी दुर्दशा की कहानी कहना, सीता के सौन्दर्य की प्रशंसा कर उसे हर लाने को प्रेरित करना। रावण द्वारा मारीच की सहायता लेना। मारीच स्वर्ण-मृग के रूप में राम-आश्रम में। उसके सुन्दर चर्म को पाने की सीता की इच्छा। राम मृग के पीछे-पीछे। बहुत दूर जाकर उसका आखेट। मरते-मरते मृग (मारीच) का 'हा सीते! हा लक्ष्मण!' कहना। सीता और लक्ष्मण का ये शब्द सुनना। सीता व्याकुल। लक्ष्मण को दुर्वचन और चरित्र-लांछन की बातें कहकर हठपूर्वक सहायतार्थ भेजना। अवसर पाकर साधुवेश में रावण सीता के सम्मुख उपस्थित। सीता द्वारा उसका आतिथ्य।[425] रावण द्वारा आत्मश्लाघा। सीता को अपने साथ चलने को कहना। सीता के फटकारने पर उसका अपहरण।[426] रथ में बैठा कर आकाश-मार्ग से लंका की ओर गमन। गृद्धराज जटायु का रावण से युद्ध। रावण द्वारा वह आहत। सीता का

ऋष्यमूक पर्वत पर बैठे पाँचों वानरों (सुग्रीव, हनुमान आदि) के मध्य अपने आभूषण और वस्त्र गिराना। अशोक वाटिका में सीता वन्दिनी। रावण का डराना-धमकाना विफल, सीता पातिव्रत पर दृढ़।

राम द्वारा वन से लौटने पर सीता को न पाकर विलाप।[427] लक्ष्मण के साथ सीता को खोजते फिरना। जटायु से पता मिलना—उसका अंत्येष्टि-संस्कार। मार्ग में कबन्ध राक्षस का वध। कबन्ध ने सुग्रीव से मैत्री करने का सुझाव दिया। हनुमान के माध्यम से राम-लक्ष्मण की भेंट सुग्रीव से। राम-सुग्रीव मैत्री। राम द्वारा सुग्रीव के भाई और उसकी पत्नी के हर्ता बालि का वध।[428] लक्ष्मण द्वारा सुग्रीव और अंगद (बालि-पुत्र) का अभिषेक। सुग्रीव का सभी दिशाओं में सीता की खोज में वानरों को भेजना। दक्षिण दिशा में हनुमान, अंगद और ऋक्ष जाम्बवान आदि का जाना। जटायु के भाई सम्पाति से सीता का रावण की लंका में होने का पता चलना। हनुमान द्वारा समुद्र को लाँघना।

लंका में पहुँचकर सीता को अशोक वाटिका में शोकमग्नावस्था में देखना। वाटिका में हनुमान के सामने ही रावण का आगमन। सीता को प्रलोभन, न मानने पर दो माह की अवधि देना। हनुमान का सीता के सामने उपस्थित होना, अपना परिचय और राम-प्रदत्त मुद्रिका की सहिदानी उन्हें देना।[429] सीता का राम के लिए सन्देश—एक माह तक और प्रतीक्षा करने की बात कहना—सहिदानी के रूप में अपना चूड़ामणि भेजना। हनुमान द्वारा अशोक वाटिका का विध्वंस[430]—रावण के पाँच सेनापतियों तथा रावण-पुत्र अक्षयकुमार का वध। इन्द्रजीत (रावण-पुत्र) के दिव्यास्त्र-बन्धन में बँधकर हनुमान का रावण की सभा में उपस्थित होना। दूत अबध्य है—विभीषण द्वारा समझाना। अन्य दण्ड के रूप में हनुमान की पूँछ में आग लगाना। हनुमान द्वारा लंका-दहन।[431] लंका से लौटना, अंगद और जाम्बवान आदि सुहृदों के साथ किष्किन्धा वापस। राम को सीता का चूड़ामणि और सन्देश देना।[432] लंका पर अभियान की तैयारी।

राम का सदल-बल समुद्र-तट पर आगमन। उधर, विभीषण, मन्दोदरी, कुम्भकर्ण आदि सबका सीता को लौटने के लिए रावण से अनुरोध, पर रावण अहंकार में चूर। किसी की सीख न सुनना। विभीषण का निष्कासन। विभीषण राम की शरण में।[433] लंका का भेद बताना। राम के सामने समुद्र पार करने की समस्या। राम का समुद्र-तट पर कुशा बिछा कर तीन दिनों तक धरना देना। समुद्र के दर्शन न देने पर कुपित होकर ब्रह्मास्त्र बाण का संधान करना। समुद्र भय से विक्षुब्ध। प्रकट होकर समुद्र का उपाय बताना—विश्वकर्मा का पुत्र नल सेतु बाँधने में समर्थ। नल द्वारा सागर पर सौ योजन लम्बा और दस योजन चौड़ा पुल-निर्माण।[434] राम-सेना समुद्र के पार।

रावण द्वारा सीता को मायारचित राम का कटा मस्तक दिखाना। सीता का

विलाप। त्रिजटा का आश्वासन। राम का राजनयिक दूत बन कर अंगद का रावण की सभा में उपस्थित होना। राम का सन्देश रावण को देना। रावण के वीरों की पकड़ में न आना, रावण के सौध-शिखर को पदाघात से विदीर्ण कर देना।[435] फिर राम के पास जाकर समाचार देना कि युद्ध अवश्यम्भावी है।

राम-रावण की सेना में युद्ध प्रारम्भ। एक-एक कर महारथियों की मृत्यु। कुम्भकर्ण का राम द्वारा वध। इन्द्रजीत का राम-लक्ष्मण को नागपाश में बाँधना।[436] रावण द्वारा पुष्पक विमान में सीता को भेज कर राम-लक्ष्मण की यह दशा दिखाने का प्रबन्ध करना। जाम्बवान् द्वारा हिमालय पर्वत के चक्र और द्रोण शिखर पर मृतसंजीवनी, विशल्यकरणी, सावर्णकरनी, संधानकरणी बूटियों के होने का पता बताना। हनुमान लेने जाने को तैयार ही थे कि गरुड़ जी का आगमन। उनको आता देख सर्प-रूपी बाणों का राम-लक्ष्मण को बन्धन-मुक्त करके पलायन। गरुड़ जी के स्पर्श से राम-लक्ष्मण के घावों का भर जाना। पुनः भीषण युद्ध। इन्द्रजीत द्वारा अधिकांश वानर और ऋक्ष सेना को मृत या आहत कर देना। जाम्बवान् के आदेश पर हनुमान का समूचा द्रोणगिरि (औषधिपर्वत) उखाड़ लाना। संजीवनी के प्रयोग से राम-लक्ष्मण तथा सब मृत आहत वानर स्वस्थ।[437] हनुमान द्वारा पर्वत को पुनः उसके स्थान पर स्थापित कर आना। इन्द्रजीत द्वारा मायारचित सीता को हनुमान के सामने ही मार डालना। राम शोकित, किन्तु विभीषण द्वारा सीता के जीवित होने का आश्वासन। इन्द्रजीत द्वारा निकुम्भिला देवी के मन्दिर में विजय-प्राप्ति के लिए अनुष्ठान। लक्ष्मण द्वारा बाण-वर्षा कर उसका अनुष्ठान पूरा न होने देना। अन्ततः लक्ष्मण द्वारा उसका वध। पुत्र-वध से रावण क्रुद्ध। स्वयं युद्ध के लिए निकला। लक्ष्मण पर शक्ति का प्रहार। लक्ष्मण मूर्च्छित, पर पुनः स्वस्थ। रावण द्वारा विभीषण पर दूसरी शक्ति का प्रहार, लक्ष्मण द्वारा आगे बढ़ कर उसे अपनी छाती पर झेल लेना। लक्ष्मण मृतप्राय। राम का कातर होकर विलाप। सुषेण बानर वैद्य के आदेश पर हनुमान का दुबारा दोणाचल (औषधि-पर्वत) को उखाड़ लाना। दिव्य औषधियों को सुँघाने से लक्ष्मण स्वस्थ।[438] रथ-सहित राम के पास इन्द्र द्वारा अपना रथ और सारथी–मातलि–को भेजना। उस पर चढ़ कर राम का रावण से भयंकर युद्ध। रावण का सिर एक-एक कर सौ बार काटना। अन्ततः मातलि के परामर्श पर ब्रह्मास्त्र का प्रयोग कर उसे मार डालना। राम की विजय। विभीषण द्वारा रावण का अन्तिम संस्कार। राम द्वारा विभीषण का राज्याभिषेक।

विभीषण सीता को लेकर राम के सामने उपस्थित। राम का सीता को ग्रहण करने से अस्वीकार। सीता के कहने से लक्ष्मण का चिता सजाकर प्रज्ज्वलित कर देना। सीता का अग्नि-प्रवेश। तभी कुबेर, यम, इन्द्र, वरुण, शिव, ब्रह्मा आदि देवता वहाँ उपस्थित। भुजा उठा कर सीता के सतीत्व का साक्ष्य देना।[439] चिता ठंडी पड़

गयी। अग्निदेव सीता को लेकर प्रकट। सीता को निष्कलंक बताना और उसे ग्रहण करने के लिए राम को आदेश देना।[440] दशरथ का स्वर्गलोक से विमान में बैठ कर आगमन। पुत्रों तथा पुत्रवधू को आशीर्वाद तथा भावी कर्तव्य का उपदेश देकर देवताओं के साथ ही चले जाना।[441]

राम सीता, लक्ष्मण, सुग्रीव, अंगद, हनुमान, जाम्बवान् तथा विभीषण सहित पुष्पक विमान में बैठकर अयोध्या की ओर। किष्किन्धा होते हुए प्रयाग में भारद्वाज-आश्रम में उतरना। हनुमान को भरत के पास समाचार देने भेजना। अगले दिन, चौदह वर्ष के बाद अयोध्या-प्रवेश। सभी माताएँ, भरत, शत्रुघ्न तथा परिजन-पुरजन आनन्दित। वसिष्ठ द्वारा राम का विधिवत् राज्याभिषेक। जाम्बवान् विभीषण, अंगद, सुग्रीव आदि का अपने-अपने स्थान को लौटना। राम द्वारा पुष्पक विमान कुबेर को वापस लौटा दिया जाना।[442]

सीता के विषय में लोकापवाद फैला हुआ है, गुप्तचरों से यह सुन कर राम द्वारा सीता का परित्याग करने का निश्चय। राम का आदेश पाकर लक्ष्मण का सीता को वन में वाल्मीकि ऋषि के आश्रम के समीप छोड़ आना। वाल्मीकि का सीता को आश्रय देना। वहीं सीता के गर्भ से लव-कुश का जन्म। 'वाल्मीकि रामायण' की रचना। लव-कुश को रामायण कण्ठस्थ कराना। रामाश्वमेध-यज्ञ में लव-कुश और सीता-सहित वाल्मीकि का आगमन। यज्ञ-शाला में राम द्वारा जन-समूह के सम्मुख सीता से उनके सतीत्व की सफाई माँगना, ताकि सबको विश्वास हो सके। सीता का कहना—'यदि मैंने रामचन्द्र को छोड़ कर अन्य किसी पुरुष का मन से भी कभी चिन्तन न किया हो, तो पृथ्वी फट जाय और मैं उसमें समा जाऊँ।'[443] पृथ्वी का फटना, दिव्य सिंहासन पर पृथ्वी देवी का बैठे हुए आविर्भूत होना, सीता को गोद में लेकर विलुप्त होना। राम का शोक। राम द्वारा लव-कुश का राज्याभिषेक। उनके द्वारा लक्ष्मण का परित्याग। दस हज़ार से अधिक वर्षों तक राज्य कर चुकने के बाद राम द्वारा महाप्रयाण।

(ग) 'महाभारत' में राम-कथा : 'रामायण' से भिन्नता

'महाभारत' में राम-कथा कई स्थलों पर आयी है। 'वनपर्व' के अन्तर्गत अलग से तो एक 'रामोपाख्यान है ही **'द्रोण पर्व'** और **'शान्ति पर्व'** के अन्तर्गत भी राम-कथा की आवृत्ति **'षोडशराजीम उपाख्यान'** में हुई है। **'सभापर्व'** एवं **'भीष्म पर्व'** में भी राम का उल्लेख आया है।

'वन पर्व' का **'रामोपाख्यान'444** युधिष्ठिर के प्रश्न के उत्तर में मार्कण्डेय मुनि द्वारा कथित है। उसमें **'वाल्मीकि रामायण'** से जो भिन्नता मिलती है, वह संक्षेप में यह है—

(1) सीता के पृथ्वी-सुता होने का इसमें कोई उल्लेख नहीं है। हल जोतते समय राजा जनक के उनको पाने की बात नहीं कही गयी है। उनको जनक-पुत्री ही कहा गया है।

(2) राम द्वारा शिव-धनुष की प्रत्यंचा चढ़ाने, धनुष तोड़ने, परशुराम के कोप तथा अन्य तीन भाइयों के विवाह आदि का भी इसमें उल्लेख नहीं।

(3) वर प्रसंग में इतना ही सूचित होता है कि दशरथ ने कैकेयी को कभी यह वर दिया था कि 'तेरा मनोरथ सफल करूँगा', कैकेयी उसके अन्तर्गत भरत का अभिषेक और राम का वनवास माँग लेती है। दो वर देने का स्पष्ट उल्लेख नहीं है।

(4) सीता और लक्ष्मण की ओर से वन-गमन का हठ या आग्रह इसमें सूचित नहीं। उनके राम के साथ वन-गमन का उल्लेख मात्र है।

(5) शूर्पणखा के नाक-कान ही नहीं, ओठ भी यहाँ काटे गये हैं। शूर्पणखा रावण के सामने यहाँ सीता के रूप की प्रशंसा नहीं करती, न सीता-हरण के लिए उसे प्रेरित करती है। रावण स्वयं अपना कर्तव्य निश्चित करता है।

(6) **'वाल्मीकि रामायण'** के समान यहाँ भी सीता ने राम के सहायतार्थ जाने में अनौत्सुक्य के लिए लक्ष्मण के चरित्र तक पर आक्षेप किया है, मानो लक्ष्मण चाहते हों कि राम की मृत्यु हो जाये, तो सीता को हथिया लूँ।

(7) मारीच के स्वर्ण-वर्णी होने का भी उल्लेख नहीं। उसके सींगों का रत्नमय और शरीर के रोओं का रत्नों के समान चित्र-विचित्र होना ही उल्लिखित है।

(8) सीता ऋष्यमूक पर्वत पर बैठे पाँच वानरों के बीच आभूषण नहीं, अपना वस्त्र ही गिराती है।

(9) **'रामायण'** में राम जटायु से पूर्व-परिचित होते हैं, यहाँ जटायु दशरथ का मित्र होने का अपना परिचय स्वयं देता है।

(10) **'रामोपाख्यान'** में अविन्ध्य नामक रामभक्त राक्षस त्रिजटा के द्वारा सीता के पास, राम के सकुशल होने और सुग्रीव के साथ मिल कर उद्योगरत होने का समाचार भेज कर, उन्हें निश्चिन्त करता है।

(11) हनुमान द्वारा सिंहिका और लंका के वध का उल्लेख नहीं।

(12) राम हनुमान के हाथ सहिदानी के रूप में मुद्रिका नहीं भेजते, सीता अपना चूड़ामणि भेजती हैं। **वाल्मीकि रामायण** और **'रामोपाख्यान'** दोनों में जयन्त की कथा सीता के द्वारा हनुमान से अपनी पहचान के लिए कही जाती है ताकि वे राम से इसे कह सकें।

(13) **वाल्मीकि रामायण** में राम तीन दिन तक धरना देने के बाद क्रुद्ध होकर जब समुद्र को सुखाने के लिए वैष्णवास्त्र का संधान करते हैं, तब वह प्रकट होता है, पर **'रामोपाख्यान'** में वह राम को स्वप्न में दर्शन देता है और विश्वकर्मा-पुत्र

नल की चमत्कारी शक्ति का वर्णन करके उसके हाथ से सेतु-बन्ध के लिए पत्थर डलवाने का उपाय सुझाता है।

(14) रावण की सभा में अंगद के पाँव रोपने की घटना का उल्लेख यहाँ भी **वाल्मीकि रामायण** के समान ही नहीं है।

(15) यहाँ कुम्भकर्ण का वध राम नहीं, लक्ष्मण करते हैं।

(16) लक्ष्मण को शक्ति-बाण लगने, हनुमान द्वारा द्रोणगिरि को संजीवनी समेत उखाड़ लाने का उल्लेख इसमें नहीं। जब इन्द्रजीत राम-लक्ष्मण को नागपाश से बाँध लेता है, तब विभीषण प्रशास्त्र द्वारा दोनों भाइयों को होश में लाता है और सुग्रीव अभिमन्त्रित विशल्या औषधि का प्रयोग कर दोनों को स्वस्थ कर देता है।

(17) कुबेर ने अभिमन्त्रित जल भेजा जिससे राम-लक्ष्मण, सुग्रीव आदि ने अपनी आँखें धोयीं। इसके प्रभाव से वे अदृश्य प्राणियों को देखने में समर्थ हो गये।

(18) **'रामोपाख्यान'** में सीता की अग्नि-परीक्षा नहीं होती, प्रत्युत् राम के उन्हें अंगीकार करने से इंकार करते ही ब्रह्मा, इन्द्र, अग्नि, वायु, वरुण, कुबेर आदि देवता प्रकट होते हैं और सब अलग-अलग सीता के सतीत्व का साक्ष्य देते हैं। राजा दशरथ भी स्वर्ग से आते हैं। राम इनका साक्ष्य स्वीकार कर सीता को अपना लेते हैं।

'रामोपाख्यान' की शेष घटनाएँ **'वाल्मीकि रामायण'** से मिलती-जुलती हैं।

'महाभारत' के **'द्रोण-पर्व'**[445] में नारद जी सृंजय से राम-राज्य की सुव्यवस्था का वर्णन और राम के गुणों का आख्यान करते हैं। राम-कथा का इसमें किंचित् उल्लेख है। **'शान्ति पर्व'446** में कृष्ण ने सृंजय से राम के सुशासन का वर्णन और राम के जीवन की अनित्यता का उल्लेख सृंजय का शोक कम करने के लिए किया है। राम-कथा का उल्लेख इसमें नहीं हुआ, **'सभापर्व'447** में राम-कथा का अति संक्षेप में उल्लेख हुआ है, पर कथा-विकास की दृष्टि से उसमें कोई नई बात नहीं।

(घ) बौद्ध और जैन-साहित्य में राम-कथा

1. बौद्ध साहित्य में : पालिभाषा में लिखित बौद्ध-साहित्य के जातक ग्रन्थों में राम-कथा कुछ भिन्न रूप में प्राप्त होती है। इसमें 'दशरथ जातक' की कथा प्रसिद्ध है और राम-कथा के विकास की दृष्टि से महत्त्वपूर्ण है। उसमें सीता को राम-लक्ष्मण की बहन बताया गया है। कथा का रूप संक्षेप में इस प्रकार है–

(1) वाराणसी के राजा दशरथ की पटरानी से दो पुत्र और एक पुत्री का उत्पन्न होना। पुत्र : राम-लक्ष्मण और पुत्री : सीता। इस पटरानी की मृत्यु के बाद दशरथ का एक अन्य स्त्री से विवाह। उससे भरत कुमार की उत्पत्ति।

(2) राजा ने दूसरी रानी को एक वर दिया था। उसके अन्तर्गत दूसरी रानी ने अपने सातवर्षीय पुत्र भरत के लिए राज्य माँगा। राजा ने इंकार कर दिया।

(3) राजा दशरथ के कहने पर राम-लक्ष्मण अपनी बहन सीता को लेकर बारह वर्ष के लिए हिमालय की ओर चले गये। 9 वर्ष बाद ही दशरथ मर गये। भरत कुमार माँ का कहना न मान कर अपने सौतेले भाइयों को वापस लौटाने के लिए वन में गये। राम नहीं लौटे, अपनी पादुका दे दी। भरत के साथ लक्ष्मण तथा सीता आदि लौट आये। पादुकाओं की साक्षी में भरत राज्य करते रहे। उनसे कोई अन्याय होता तो पादुकाएँ आपस में बज उठती थीं। तीन वर्ष बाद राम लौटे। अपनी बहन सीता से उन्होंने विवाह किया। वे सोलह हज़ार वर्ष तक राज्य करते रहे।

इस कथा में रावण द्वारा सीता के अपहरण और बन्दरों के साथ राम की मैत्री, राम-रावण युद्ध एवं सीता परित्याग का कोई उल्लेख नहीं।[448]

'अनामकं जातकं' में एक कथा[449] कुछ इस रूप में आयी है कि उसका सारा ताना-बाना तो राम-कथा का है, पर राम, सीता, रावण, सुग्रीव, बालि, हनुमान, जटायु, सम्पाति आदि का नामोल्लेख नहीं हुआ है। इनके स्थान पर क्रमशः राजा बोधिसत्व, उसकी रानी, समुद्री नाग, एक बन्दर, बन्दर का चाचा जिसने उसका राज्य छीन लिया है, एक छोटा बन्दर (इन्द्र), एक पक्षी जिसके पंख नाग ने काट डाले हैं, एक आहत पक्षी जो नाग का पता देता है, का उल्लेख हुआ है। लंका की जगह समुद्री द्वीप रखा गया है।

एक अन्य जातक **'दशरथ कथानक'** में भी राम-कथा आती है।[450] उसमें विशेषता इतनी ही है कि लक्ष्मण की जगह 'रामण' नाम आया है। सीता और उसके अपहरण तथा तत्सम्बन्धी घटनाओं आदि का कोई उल्लेख नहीं। इनके अतिरिक्त कथा का जो शेषांश रह जाता है, वह सब इस कथा में लगभग यथावत् पाया जाता है।

इन जातकों के अतिरिक्त **'जयछिस जातक'**, **'सम्बुला जातक'** एवं पाली **'त्रिपिटक'** कथा में भी राम-कथा आती है, पर उनमें उसका रूप अधिकतर **'वाल्मीकि रामायण'** से प्रभावित है। ऐसा जान पड़ता है कि आद्य जातकों में राम-कथा का रूप **'वाल्मीकि रामायण'** से स्वतंत्र कदाचित् लोकानुश्रुति पर आधारित रहा और बाद के जातकों की कथा रामायण से प्रभावित हो गयी।[451]

2. जैन साहित्य में : जैन-ग्रन्थों में राम-कथा का रूप हिन्दू पौराणिक राम-कथा से तो भिन्न है ही, उसके श्वेताम्बरी और दिगम्बरी दो रूपान्तर भी हैं। श्वेताम्बरी राम-कथा-परम्परा विमल सूरि-कृत **'पउम चरिय'** का अनुसरण करती है। इस परम्परा में रविषेण-कृत **'पद्म चरित'** अथवा **'पद्म पुराण'** (संस्कृत) तथा स्वयंभू-कृत **'पउम चरिउ'** (प्राकृत) ग्रन्थ उल्लेखनीय हैं। दिगम्बरी परम्परा गुणभद्र के **'उत्तर पुराण'** का, जो जिनसेन के **आदि पुराण** का पूरक ग्रन्थ है, अनुसरण करती है। जैन रामायण (स्वयंभू के पउम चरिउ) के अनुसार, राम का विवाह सीता के अतिरिक्त सात अन्य कन्याओं से हुआ था और लक्ष्मण को सोलह राजकुमारियों के साथ। सीता

रावण-मंदोदरी की सन्तान थी जिसे अनिष्टकारी होने के कारण मंजूषा में बन्द करके फेंक दिया गया था और वह जनक को मिल गयी थी। सीता-हरण वाराणसी के समीपवर्ती वन में नारद द्वारा उत्तेजित किये जाने पर रावण ने किया था। रावण का वध लक्ष्मण ने किया था और फलस्वरूप रोग-ग्रस्त होने से उनकी मृत्यु हुई तथा उन्हें नरक वास भी भोगना पड़ा।[452]

गुणभद्र के **'उत्तर पुराण'** में राम-कथा का रूप इस प्रकार है—दशरथ वाराणसी के राजा थे। उनके चार पुत्र थे, जिनमें से राम की माता का नाम सुबाला और लक्ष्मण की माता का नाम कैकेयी था। भरत तथा शत्रुघ्न की माताओं के नाम नहीं दिये गये। सीता मंदोदरी के गर्भ से उत्पन्न रावण की पुत्री थी जिसे अनिष्टकारी जान कर रावण ने एक मंजूषा में बन्द करके मारीच के द्वारा मिथिला में गड़वा दिया था। हल जोतते समय जनक को सीता मिल जाती है और वह उसे पुत्रीवत् पालते हैं। उसके विवाह के उपलक्ष्य में जनक एक वैदिक यज्ञ करते हैं जिसके रक्षार्थ राम और लक्ष्मण को बुलाया जाता है। सीता का विवाह राम से हो जाता है। रावण यज्ञ में निमन्त्रित नहीं होता, इससे चिढ़ कर और नारद द्वारा सीता के सौन्दर्य की प्रशंसा सुन कर वह वाराणसी के समीपवर्ती चित्रकूट से उसे हर ले जाता है। लंका में राम-रावण युद्ध होता है। राम रावण को मार देते हैं और दिग्विजय करते हुए वाराणसी लौट आते हैं।[453]

गुणभद्र द्वारा प्रस्तुत राम-कथा के इस रूप में न तो कैकेयी को प्राप्त दो वरों के कारण राम-वनवास का उल्लेख है, न पंचवटी, दण्डकवन, जटायु, शूर्पणखा, खरदूषण-वध आदि का ही। सीता-परित्याग की घटना भी नहीं दी गयी है। गुणभद्र की राम-कथा का जानकी-जन्म-प्रसंग **'अद्भुत रामायण'** के अनुसार है और **'पउम चरिउ'** तथा **'पद्म चरित'** का वाल्मीकि रामायण के ढंग का। बौद्ध-कथा और जैन-कथा में साम्य इस बात में है कि दशरथ दोनों में वाराणसी के राजा बनाये जाते हैं और दोनों में ही सीता-परित्याग तथा लव-कुश आदि का प्रसंग नहीं है। दोनों में अन्तर इस बात का है कि जब बौद्ध कथा में राम बोधिसत्व के रूप में हैं और उनके चरित्र के सत्य, अहिंसा आदि शील-गुण उन्हें बुद्धत्व की कोटि में पहुँचाते जान पड़ते हैं तब जैन-कथा-रूप में वे नौ बलदेवों में से एक हैं जिनके जीवन की परिणति जैन-धर्म में दीक्षित होकर मुक्ति का अधिकारी बनने में होती है। जैन-कथा बौद्ध-कथा-रूप की अपेक्षा जटिल है। बौद्ध-कथा रूप की सादगी और सरलता उसके प्राचीन होने की द्योतक है।[454] यों इन सभी परम्पराओं के सामने रामकथा का कोई लोकानुश्रुति-आधारित रूप अवश्य रहा होगा।

(ङ) पुराणों में राम-कथा

पुराणों के वर्ण्य-विषय के अन्तर्गत जिन 'पंच-लक्षणों' का उल्लेख पहले हो चुका है, उनमें अन्तिम लक्षण 'वंशानुचरित का वर्णन है। प्रायः सभी पुराणों में इस लक्षण का निर्वाह हुआ है, भले ही अन्यों के सम्बन्ध में व्यतिक्रम बरता गया हो। 'वंशानुचरित' के अन्तर्गत न केवल सूर्य और चन्द्रवंश के प्रतापी राजाओं का नामोल्लेख होता है, वरन् उनके द्वारा किये गये महान् कार्यों का विवरण भी दिया जाता है। इसी रूप में राम-चरित का वर्णन पौराणिक साहित्य में हुआ है। **'मार्कण्डेय पुराण'**, **'वामन पुराण'**, **'मत्स्यपुराण'**, **'लिंग पुराण'** तथा **'भविष्य पुराण'** को छोड़ कर शेष पुराणों में राम-कथा का किसी न किसी रूप में उल्लेख मिलता है। **'वाल्मीकि रामायण'** की राम-कथा को आधार बनाते हुए विभिन्न पुराणों में राम-कथा के रूपान्तरों पर नीचे विचार किया जाएगा।

'ब्रह्म पुराण'[455] में राम-कथा उल्लेख बहुत संक्षिप्त रूप में अनन्त वासुदेव माहात्म्यवर्णन के प्रसंग में हुआ है। सीताहरण, राम-सुग्रीव-मैत्री, बालि-वध, सेतु-बन्ध आदि घटनाओं की केवल नाम-गणना मात्र की गयी है, अतः राम-कथा के विकास की दृष्टि से इसे पुराण में कोई नवीनता नहीं।

'पद्म पुराण' के पाताल खण्ड[456] और षठोत्तरखण्डोत्तरार्द्ध भाग[347] में राम-कथा के कई प्रसंगों का फुटकल वर्णन प्राप्त होता है। पाताल खण्ड में मुख्यतः रामायण के उत्तर काण्ड की कथा का वर्णन है जिसमें लोकापवाद—विशेषतः रजक द्वारा सीता के चरित्र के प्रति लांछन लगाने से राम द्वारा सीता का परित्याग, लक्ष्मण का सीता को वन में छोड़ने जाना, सीता-लक्ष्मण-संवाद, वाल्मीकि के आश्रम में लव-कुश की उत्पत्ति, उनकी शिक्षा-दीक्षा, राम द्वारा अश्वमेध-यज्ञ का आयोजन, श्यामकर्ण अश्व के रक्षार्थ शत्रुघ्न, हनुमान, सुग्रीव आदि वीरों का जाना; लव-कुश द्वारा इन वीरों की पराजय, सीता की आज्ञा से लव-कुश का राम के समीप गमन, लक्ष्मण के साथ सीता का रामाश्वमेध-यज्ञ-मण्डप में आगमन आदि प्रसंगों का वर्णन है। युद्ध-काण्ड के प्रसंगों में राम का वनवास से प्रत्यागमन भरत-हनुमान, राम-भरत समागम, राम का अयोध्या-प्रवेश, राम का राज्याभिषेक और राम-राज्य की सुव्यवस्था आदि प्रसंगों का कथन है। सीता-हरण से लेकर राम-रावण-युद्ध तक की बहुत-सी घटनाओं का कोई उल्लेख इसमें नहीं है, उसके पूर्व के राम-चरित का भी नहीं। **'पद्म पुराण'** के उत्तरखण्ड में इस कमी की पूर्ति कर दी गयी है। उसमें राम-कथा का रामावतार-कारण-प्रसंग और राम-जन्म से लेकर राम के वनवास से अयोध्या लौटने, गर्भवती सीता को त्यागने, सीता के दिव्यधाम जाने तथा राम के महाप्रयाण करने तक की घटनाओं को संक्षेप में समेट लिया गया है। इस प्रकार पाताल खण्ड और उत्तरखण्ड दोनों को मिला कर सम्पूर्ण राम-कथा का कथन **'पद्म पुराण'** में एक प्रकार से मिल जाता है।

'पद्म पुराण' की राम-कथा में वाल्मीकि रामायण के कथा-रूप से जो भिन्नताएँ मिलती हैं, वे निम्नांकित हैं–

(1) **'वाल्मीकि रामायण'** में वानर आदि का जन्म ग्रहण कर, रामावतार में रावण-वध कार्य में विष्णु की सहायता करने की बात देवताओं से ब्रह्मा द्वारा कही गयी है, परन्तु **'पद्म पुराण'** में[458] स्वयं विष्णु द्वारा।

(2) राजा दशरथ ने जो पुत्रेष्टि-यज्ञ किया, उसके अग्नि-कुण्ड से पायस-पात्र लेकर अग्निदेव नहीं आविर्भूत हुए, जैसाकि **'वाल्मीकि रामायण'** में है, वरन् स्वयं विष्णु प्रकट हुए। यहाँ खीर का विभाजन तीनों नारियों में इस प्रकार हुआ है—राजा दशरथ ने विष्णु-प्रदत्त सारी खीर का आधा-आधा भाग कौसल्या तथा कैकेयी की दे दिया और फिर सुमित्रा को कौसल्या तथा कैकेयी ने अपने-अपने भाग का अर्द्धांश दिया।[459] इसी कारण राम-लक्ष्मण और भरत-शत्रुघ्न का युग्म संसार में प्रसिद्ध हुआ।[460]

(3) कौसल्या को राम ने पैदा होते ही शंख-चक्र-पद्म-गदाधारी विष्णु रूप में अपना विराट्-दर्शन कराया।[461] इस प्रकार वाल्मीकि रामायण के पुरुषोत्तम राम **'पद्म पुराण'** में ईश्वर का रूप ग्रहण कर लेते हैं।

(4) विश्वामित्र ने जब राम-लक्ष्मण की माँग राजा दशरथ से की, तब उन्होंने बिना आपत्ति उन्हें अपने दोनों पुत्रों को सौंप दिया।[462]

(5) दशरथ के द्वारा मुनिकुमार श्रवण की अनजान में हत्या तथा अंधतापस के शाप की अन्तर्कथा का इसमें उल्लेख नहीं है। किन्तु, जयन्त-कथा का उल्लेख है।[463]

(6) यहाँ शूर्पणखा के नाक-कान को लक्ष्मण ने नहीं, स्वयं राम ने काटा है।[464]

(7) राम के हाथों अपने वध की आकांक्षा से रावण सीता का हरण करता है।[465]

(8) यहाँ मृग-रूप मारीच के पीछे-पीछे राम और लक्ष्मण दोनों जाते हैं, सीता अकेली ही कुटिया में रह जाती है। रावण के साधु-वेश-धारण का भी कोई उल्लेख यहाँ नहीं है।[466]

(9) शबरी के आख्यान का **'वाल्मीकि रामायण'** में कोई उल्लेख नहीं है, किन्तु **'पद्म पुराण'** में शबरी द्वारा प्रेम-भक्तिपूर्वक मधुर फल-मूलादि से राम-लक्ष्मण का सत्कार किये जाने और राम द्वारा उसे परम पद दिये जाने का उल्लेख आता है।[467] हाँ, जूठे बेर खिलाने वाली घटना का यहाँ कोई जिक्र नहीं है।

(10) यहाँ राम द्वारा सीता का पता पूछने पर, गोदावरी के चुप रह जाने पर उसके जल के लाल हो जाने का शाप राम ने दिया है।[468]

(11) हनुमान के हाथ सहिदानी के रूप में राम द्वारा अपनी मुद्रिका भेजने का यहाँ उल्लेख नहीं है।

(12 यहाँ राम ने पहले दाहक बाण मार कर समुद्र को सुखा दिया है, फिर समुद्र की प्रार्थना पर वरुणास्त्र का प्रयोग कर उसे पुनः जलपूरित कर दिया है।[469]

(13) **'पद्मपुराण'** के पाताल खण्ड में राम के अश्वमेध यज्ञ का जो विशद वर्णन प्राप्त है, वह **'जैमिनीय अश्वमेध'** के अतिरिक्त अन्यत्र कम ही मिलता है। वाल्मीकि रामायण में रामाश्वमेध यज्ञ का जो वर्णन उत्तरकाण्ड में आया है, वह बहुत संक्षिप्त है और उसमें शत्रुघ्न आदि वीरों का अश्वरक्षा के लिए उसके साथ जाने का कोई उल्लेख नहीं है। **'पद्म पुराण'** में यह अंश वाल्मीकि रामायण की अपेक्षा विशेष है। अश्वमेध-यज्ञ का अश्व जब वाल्मीकि के आश्रम में पहुँचता है, तब लव उसे बाँध लेता है। लव और शत्रुघ्न का घोर युद्ध होता है।[470] जो शत्रुघ्न लवणासुर जैसे राक्षस का मधुपरी में वध कर चुके होते हैं, वही लव के सम्मुख अपने को निर्बल पाते हैं। फिर भी, युद्ध में लव आहत होकर मूर्च्छित हो जाते हैं। लव के निपात से सीता चिंतित हो उठती हैं। तभी संयोग से कुश महाकालपुर से लौट आते हैं और वे शत्रुघ्न से युद्ध-रत हो जाते हैं। लव की मूर्च्छा भी टूटती है। फिर तो कुश और लव ने गजब ढा दिया। शत्रुघ्न, हनुमान और सुग्रीव सभी महारथियों को बाँध डाला। सुग्रीव और हनुमान सीता को सुना कर राम-रावण के प्रसंग का वर्णन करते हैं। सीता उन्हें पहचान जाती हैं। पुत्रों से कह कर उन्हें बन्धन-मुक्त कराती हैं।[471] लव-कुश कितने भोलेपन से अपनी माँ से कहते हैं कि "माँ, एक यज्ञाश्व आया है जिसके ललाट पर किसी दाशरथि राम का यह स्वर्ण पत्र मढ़ा है कि एक मेरी माता ने ही वीर पैदा किया है, दूसरा कोई क्षत्रिय हो, तो इसे पकड़े अथवा मेरी अधीनता स्वीकार करे, तो क्या माँ तू क्षत्रिया नहीं है, क्या तू वीरों की माता नहीं है? इसीलिए हमने अश्व को पकड़ लिया।" सीता लव-कुश को प्रथम बार ही बतलाती हैं कि दाशरथि राम ही तुम्हारे पिता हैं और शत्रुघ्न तुम्हारे पितृव्य। सीता उनसे यज्ञाश्व को भी मुक्त कराती हैं। शत्रुघ्न आदि अश्व के साथ अयोध्या लौटते हैं। राम से सारा वृत्तान्त कहते हैं। इसके अनन्तर लव-कुश सीता की आज्ञा से राम के समीप जाते हैं[472] और वाल्मीकि की प्रेरणा से रामचरित का गायन करते हैं। लक्ष्मण जाकर सीता को राम के यज्ञ-मण्डप में लिवा लाते हैं।[473]

(14) **'पद्म पुराण'**, पाताल खण्ड में सीता परित्याग-प्रसंग भी एक ऐसा प्रसंग है जो इसी रूप में वाल्मीकि रामायण में नहीं मिलता। एक धोबी का आधी रात को दूसरे के घर से आयी अपनी स्वैराचारिणी पत्नी को पीटना और अपनी माता द्वारा मना करने पर यह कहना कि मैं राजा राम नहीं हूँ जिन्होंने राक्षस के घर में रही सीता को अंगीकार कर लिया।[474] चरों द्वारा जब इस घटना की रिपोर्ट रामचन्द्र को मिलती है तब वे मर्माहत होकर मूर्च्छित हो जाते हैं। फिर भरत से परामर्श कर सीता-परित्याग का निर्णय करते हैं। सीता को वन में छोड़ आने का अप्रिय कार्य लक्ष्मण को सौंपा जाता है।

(15) रामाश्वमेध-यज्ञ के प्रसंग में ही एक अन्य घटना **'पद्म पुराण'** में सविशेष

है। **पाताल खण्ड** में[475] एक प्रसंग यह वर्णित है कि शिव के गण वीरभद्र के साथ युद्ध में पुष्कल की मृत्यु हो गयी और शत्रुघ्न आहत होकर पराजित हो गये, तब हनुमान जी स्वयं शिव जी से भिड़ गये और ऐसा पराक्रम दिखाया कि शिव जी चीं बोल गये। प्रसन्न होकर उन्होंने हनुमान से वर माँगने को कहा, परन्तु राम-भक्त हनुमान शिव से क्या वर माँगते? उन्होंने शिव से कहा—'राम की कृपा से मुझे किसी चीज की कमी नहीं है, बस, आप एक काम करें कि जब तक मैं संजीवनी बूटी वाले द्रोणगिरि को लेकर न लौटूँ तब तक आप शत्रुघ्न, पुष्कल और राम-पक्ष के अन्य वीरों के हताहत शरीरों को अपने भूत-पिशाचों द्वारा चट करने से बचाते रहें।' शिव ने यह स्वीकार किया। हनुमान क्षीरसागर की ओर दौड़ पड़े और द्रोण गिरि को पूँछ में लपेट कर उखाड़ डाला। उसे लेकर चलने लगे तो द्रोणगिरि के रक्षक देवों से युद्ध हुआ। रक्षकों को तो हनुमान ने पराजित कर दिया पर बृहस्पति को आगे कर इन्द्रदेव स्वयं उपस्थित हुए। बृहस्पति ने हनुमान के बल-विक्रम तथा राम-रावण युद्ध में उनके कर्तव्य का परिचय इन्द्र को दिया। बात इस पर तय हुई कि इन्द्र संजीवनी बूटी उखाड़ कर दे दें, क्योंकि हनुमान को उसी की आवश्यकता थी। ऐसा ही हुआ, हनुमान ने द्रोणगिरि को अपने स्थान पर स्थापित किया और संजीवनी लेकर आ गये। अपने हताहत वीरों को उन्होंने जीवन-दान दिया। फिर तो शत्रुघ्न और शिव में युद्ध हुआ। शिव के प्रहारों से घबराकर शत्रुघ्न ने मन-ही-मन राम को स्मरण किया और तत्क्षण ही राम का रथ आता हुआ दिखाई दिया। शंकर ने राम को देख कर युद्ध बन्द कर दिया। दोनों में समझौता करा कर राम तुरन्त अन्तर्धान हो गये।[476] इस घटना का उल्लेख न **वाल्मीकि रामायण में है, न महाभारत** में। स्पष्ट ही इस उपाख्यान का उद्देश्य राम का शिव पर प्राधान्य दिखाना है।

'विष्णु पुराण' में राम-कथा का अति संक्षिप्त उल्लेख इक्ष्वाकु वंश के वर्णन-प्रसंग में हुआ है।[477] कथा में कोई नवीन बात नहीं कही गयी। सीता-परित्याग के प्रसंग का बिल्कुल उल्लेख नहीं किया गया है। भरत द्वारा तीन करोड़ गंधर्वों और शत्रुघ्न द्वारा लवणासुर के वध की भी चर्चा हुई है। चारों भाइयों की वंश-परम्परा की एक लम्बी सूची दी गयी है जो महाभारतकालीन वृहद्वल पर आकर समाप्त होती है। **'विष्णु पुराण'** में हल के अग्रभाग से सीता के जन्म होने का उल्लेख आया है। किन्तु विदेह जनक की पालिता पुत्री के रूप में नहीं, वरन् जनक के बाद की बीसवीं पीढ़ी में उत्पन्न सीरध्वज की पुत्री के रूप में। उल्लेख है कि सीरध्वज पुत्र की कामना से यज्ञभूमि को जोत रहा था कि हल के अग्र भाग में उसके सीता नाम की कन्या उत्पन्न हुई।[478]

'वायु पुराण' में[479] इक्ष्वाकुवंश-वर्णन के प्रसंग में राम-कथा का उल्लेख मात्र है। राम के राज्य-काल को दश सहस्र वर्ष बताया है और भरत, लक्ष्मण, शत्रुघ्न तथा उनके पुत्रों एवं लव-कुश द्वारा स्थापित राज्यों का उल्लेख किया गया है।

'श्रीमद्भागवत पुराण' में राम-कथा का वर्णन नवम स्कंध[480] के अन्तर्गत संक्षेप में आया है। राम आदि के जन्म-प्रसंग में पायस का उल्लेख नहीं आया है। श्री हरि ही अपने अंशांश से चार रूप धारण कर राजा दशरथ के पुत्र बनते हैं। सीता के पृथ्वी-सुता होने का भी उल्लेख नहीं है, उसके स्थान पर उन्हें लक्ष्मी जी का अवतार कहा गया है।[481] कैकेयी को दिये दो वरों का भी स्पष्ट उल्लेख नहीं है। रावण सीता-हरण करते समय साधु-वेश में नहीं होता। समुद्र को शर-संधान से डराने या शर-निक्षेप से सुखाने की आवश्यकता नहीं पड़ती, वह राम की वक्र भृकुटि से ही भयभीत हो जाता है और शरीर धारण कर बहुत सी भेंटें लेकर उपस्थित होता है।[482] सेतु-बन्ध नल नहीं, राम ही कर लेते हैं। अंगद के रावण-सभा में जाने का उल्लेख है ही नहीं, हनुमान द्वारा लंका-दहन का भी प्रसंगवश उल्लेख आ गया है। रावण जब पुष्पक विमान पर बैठ कर राम से लड़ने आता है, तब इन्द्र राम के लिए अपना रथ भेजते हैं।[483] रावण-वध के उपरान्त राम स्वयं अशोक वाटिका में जाकर सीता को अशोक वृक्ष के नीचे शोकमग्ना देखते है।[484] उनके चरित्र पर यहाँ राम सन्देह नहीं करते, इसलिए अग्नि-परीक्षा का प्रसंग नहीं आया है। परन्तु अयोध्या में जब राम किसी को बतलाये बिना एक रात घूम रहे थे, तब उन्होंने किसी को अपनी स्त्री से यह कहते सुना कि अरी तू दुष्टा और कुलटा है। तू पराये घर में रह आयी है। स्त्री-लोभी राम भले ही सीता को रख लें, परन्तु मैं तुझे फिर नहीं रख सकता।[485] लोकापवाद से डर कर उन्होंने सीता का परित्याग कर दिया। सीता पुनः राम के सम्मुख उनके यज्ञ में नहीं उपस्थित होती, वरन् लव-कुश के कुछ बड़े हो जाने पर उन्हें वाल्मीकि को सौंप कर वे पृथ्वी देवी के लोक में चली गयीं।[486] राम ने इसके बाद तेरह हज़ार वर्ष तक अखण्ड रूप से अग्निहोत्र किया।[487]

अग्नि पुराण' के सात अध्यायों[488] में राम-कथा का वर्णन **'वाल्मीकि रामायण'** के आधार पर किया गया है। पुराणकार ने यह पहले ही कह दिया है–

रामयणमहं वक्ष्ये नारदेनोदितं पुरा।
वाल्मीकये यथा तद्वत् पठितं भुक्तिमुक्तिदम्॥[489]

और अन्त में भी–

वाल्मीकिर्न्नारदाच्छ्रुत्वा रामायणमकारयत्।
सविस्तरं यदेतच्च शृणुयात्स दिवं व्रजेत्॥[490]

'वाल्मीकि रामायण' की कथा का इसमें इतनी निष्ठा से अनुकरण किया गया है कि किसी मुख्य बात का उल्लेख छूटने नहीं पाया है और कोई नयी उद्भावना आने नहीं पायी है। परन्तु गागर में सागर भरते हुए भी वर्णन में सरसता है।

'ब्रह्मवैवर्त्त पुराण'[491] में वेदवती के सीता के रूप में जन्म ग्रहण करने की कथा के अन्तर्गत राम-कथा का वर्णन संक्षेप में आया है। परन्तु, सीता-जन्म और

छाया-सीता की अन्तर्कथाओं के कारण इसका महत्त्व है। सीता-जन्म के सम्बन्ध में बताया गया है कि सीता पूर्वजन्म में कुशध्वज की पुत्री वेदवती थीं। वेदवती का आख्यान संक्षेप में यह है कि वह पैदा होते ही वेदध्वनि कर उठी थी। पुष्कर क्षेत्र में उसने एक मन्वन्तर तक विष्णु के प्रीत्यर्य कठिन तपस्या की। आकाशवाणी हुई कि साक्षात् हरि तुम्हारे पति होंगे। किन्तु वेदवती इतने से ही सन्तुष्ट न हुई। उसने गन्धमादन पर्वत पर जाकर पहले से भी अधिक कठिन तपस्या आरम्भ कर दी। एक बार दुरात्मा रावण वहाँ आया। वेदवती ने उसका आतिथ्य किया, पर रावण के मन में पाप-वासना जागी, उसने बलपूर्वक वेदवती को धर्षित करना चाहा, पर उसके तेज से सहम गया। वेदवती ने योग द्वारा शरीर-त्याग कर दिया। वही वेदवती अगले जन्म में सीता हुई और हरि-रूप राम उसके पति हुए। उसी के हरण के कारण रावण का विनाश हुआ।

इस पुराण में छाया-सीता की कहानी इस प्रकार आयी है—वनवास के दिनों में अग्निदेव राम के पास आये और बोले कि अब सीता-हरण का समय आ गया है। आप मेरी पुत्री को मेरे पास छोड़ कर उसकी छाया ही अपने पास रखें, फिर परीक्षाकाल आने पर मैं आपको सीता लौटा दूँगा। किन्तु, अग्नि ने राम से कहा कि आप इस रहस्य को लक्ष्मण तक से न कहें। अग्नि ने योग से असली सीता के रूप-गुणवाली माया की सीता बना कर राम को दे दी। जब रावण-वध के अनन्तर सीता ने चरित्र-परीक्षा देने के लिए अग्नि-प्रवेश किया तब अग्निदेव ने असली सीता राम को लौटा दी। पर, छाया-सीता ने अग्निदेव से पूछा कि अब मैं क्या करूँ, तब अग्निदेव ने उसे पुष्कर में जाकर तप करने को कहा। छाया-सीता ने तीन लाख दिव्य वर्षों तक तप किया और स्वर्ग में लक्ष्मी बन गयी। उसकी एक कथा इसमें यह भी दी है कि अग्नि-प्रवेश के समय निकल कर जब पतिव्यग्रा छाया-सीता ने पाँच बार 'पति दो'—'पति दो' कहा, तब विनोदी शिवजी ने उसे वर दे दिया कि तेरे पाँच पति होंगे। इसी से सत्य युग की वेदवती और त्रेता की सीता द्वापर में द्रौपदी बनी जिसके पाँचों पाण्डव पति बने।[492]

'ब्रह्मवैवर्त्त पुराण' के 'कृष्ण-जन्म-खण्ड' के[493] अन्तर्गत भी रामोपाख्यान आया है जिसमें अहल्या की कथा के उल्लेख के अतिरिक्त शूर्पणखा के ही कुब्जा के रूप में अवतरित होने की अन्तर्कथा का उल्लेख है। कथा में अन्य कोई विशेषता नहीं।

'स्कन्द पुराण' के 'माहेश्वर खण्ड' और 'ब्रह्म खण्ड' के अन्तर्गत राम-कथा के विविध प्रसंगों का वर्णन आया है। माहेश्वर खण्ड[494] में रामावतार का जो उल्लेख हुआ है, वह अत्यन्त सूक्ष्म है। राम-कथा के कुछ पात्रों की नाम-चर्चा मात्र हुई है। सीता का जनक की पुत्री के रूप में उत्पन्न होना कहा गया है, पर उन्हें पूर्व जन्म में साक्षात् ब्रह्मविद्या या वेदवती बताया गया है। **'स्कन्द पुराण'** के ब्रह्म-खण्डान्तर्गत

सेतु-माहात्म्य वर्णन[495] और धर्मारण्यमाहात्म्य वर्णन[496] के प्रसंग में राम-कथा के कुछ अंशों का अपेक्षाकृत विस्तृत वर्णन हुआ है। इसमें कथा-विकास की दृष्टि से तो कोई उल्लेखनीय बात नहीं। **वाल्मीकि रामायण** में वर्णित घटनाओं की ही सरसरी तौर पर चर्चा की गयी है, किन्तु एक बात इसमें विशेष है कि प्रत्येक घटना की तिथि पुराणकार ने दी है। इसी से पता चलता है कि विवाह के समय राम की अवस्था पन्द्रह वर्ष की और अयोनिजा सीता की छः वर्ष की थी। इस प्रकार उनकी अवस्थाओं में नौ वर्ष का अन्तर था। विवाहोपरान्त बारह वर्ष तक ये दम्पति अयोध्या से सुखपूर्वक रहे। वनवास से लौटने पर सीता 33 वर्ष की थीं और राम 42 वर्ष के। सीता चौदह मास दस दिन रावण के बन्धन में रहीं। राम को जब पंचवटी में रहते साढ़े छः वर्ष हो गये थे, तब शूर्पणखा को उन्होंने विरूप किया। राम ने ग्यारह सहस्र वर्ष तक राज्य किया। इनके अतिरिक्त अन्यान्य छोटी-छोटी घटनाओं की मास-तिथियाँ दी हुई हैं।

सेतुमाहात्म्य वर्णन (44वें अध्याय) में लक्ष्मण द्वारा कुम्भकर्ण-वध के प्रसंग में राम-रावण युद्ध का भी उल्लेख है, परन्तु घटना-क्रम में कोई नवीनता नहीं। इन्द्रजीत के द्वारा नागपाश में राम-लक्ष्मण को बाँधना और गरुड़ जी का आकर उनको उससे मुक्त करना, कुबेर द्वारा भेजे अभिमन्त्रित जल से राम-पक्ष के महारथियों का अपने नेत्र धोना, इन्द्र द्वारा राम के लिए अपना रथ भेजना आदि घटनाओं का उल्लेख हुआ है।

'सेतुबन्धन-माहात्म्य वर्णन' (दूसरे अध्याय) में कथन है कि जब राम द्वारा पूजित होने पर भी समुद्र से दर्शन नहीं दिये तब राम ने क्रोधपूर्वक एक अग्नि बाण छोड़ा जिससे समुद्र में दाह उठी और वह हाथ जोड़े स्तुति करता हुआ राम के सामने प्रकट हुआ। उसने यह उपाय बताया कि आपकी सेना में नल नामक जो वानर है, वह विश्वकर्मा का पुत्र है। वह अपने हाथ से छूकर जो तृण, काष्ठ या पाषाण मुझमें डाल देगा, उसे मैं धारण करूँगा, और इस प्रकार लंका तक जाने के लिए सेतु तैयार हो जाएगा। इसी विधि से राम ने दश योजन चौड़ा और सौ योजन लम्बा सेतु नल के द्वारा तैयार कराया। इस सेतुबन्ध के दर्शन और वहाँ स्नान का बहुत माहात्म्य वर्णित है।

'देवीभागवत पुराण' में दो स्थलों पर राम-कथा का संक्षिप्त उल्लेख हुआ है, एक तृतीय स्कन्ध में[497] और दूसरे नवम् स्कंध में।[498] तृतीय स्कंध में व्यास जी के मुख से जनमेजय के सम्मुख राम-चरित का वर्णन कराया गया है। इसमें कथागत कोई नवीन बात नहीं। सीता को यहाँ लक्ष्मी का अंश बताया गया है। दो वरों में से एक वर के अन्तर्गत राम को वनवास, शूर्पणखा का विरूपीकरण, राम के सहायतार्थ लक्ष्मण को भेजते समय सीता का दुर्वचन-कथन और उनके चरित्र पर लांछन लगाना तथा दुरभिसन्धि से उन्हें भरतप्रेषित बताना, साधु-वेश में आकर रावण द्वारा सीता-हरण, रावण-जटायु-युद्ध, राम का विलाप, सुग्रीव-राम-मैत्री, हनुमान द्वारा सीता-शोध,

बालि-वध, नल द्वारा सेतु-बन्ध आदि सभी घटनाएँ पूर्वकथित ढंग से अंकित की गयी हैं। एक ही नवीन बात इस प्रसंग में यहाँ मिलती है कि सीता-शोकविह्वल राम को नारद जी देवी भगवती का आश्विन मास में व्रत उद्यापन करने का परामर्श देते हैं। राम अनुष्ठान करते हैं और देवी भगवती उन पर प्रसन्न होकर रावण पर विजय प्राप्त करने तथा एकादश सहस्र वर्ष तक राज्य करने का वरदान देती हैं।

'देवीभागवत पुराण' के नवम् स्कंध के सोलहवें अध्याय में सीता-चरित-वर्णन के प्रसंग में राम के जो वृत्त वर्णित हैं, वह दाल में नमक के बराबर है। पुराणकार ने अपना ध्यान सीता के पूर्वजन्म वृत्तान्त पर ही अधिक केन्द्रित किया है। सीता का पूर्वजन्म में कुशध्वज की पुत्री वेदवती होना, वेदवती द्वारा हरि की पति रूप में प्राप्त करने के लिए एक मन्वन्तर तक तपस्या करना, आकाशवाणी द्वारा उसे इसका आश्वासन मिलना, फिर भी गन्धमादन पर जाकर उसकी और कठिन तपस्या, रावण का उसे देख कर काम-पीड़ित होना, उसे पकड़ना, वेदवती का योग-बल से देह-त्याग करना, अगले जन्म में उसका सीता होना, सीता-हरण के पूर्व अग्निदेव की सम्मति से राम का वास्तविक सीता को अग्नि के सिपुर्द कर देना, छाया-सीता का ही हरण, रावण-वध के उपरान्त अग्निदेव द्वारा असली सीता की वापसी, राम द्वारा छाया-सीता को पुष्कर में जाकर तप करने का परामर्श, छाया-सीता द्वारा तीन लाख वर्ष तक तप और अन्ततः स्वर्ग में लक्ष्मी बन जाना जिसका अंश वह थी, वास्तविक सीता के पति को प्राप्त कर लेने पर छाया-सीता का शंकर से पाँच बार 'पति दो', 'पति दो' कहना, रसिक शिव द्वारा उसे पाँच पतियों की पत्नी होने का वरदान, इसी वरदान के फलस्वरूप द्वापर युग में उसका यज्ञ-कुण्ड से उद्भूत अयोनिजा द्रौपदी बनना और पंच पाण्डवों से विवाहित होना आदि उपाख्यान संक्षेप में वर्णित है। **'ब्रह्मवैवर्त्त पुराण'**[499] में यह उपाख्यान इसी रूप में कुछ विस्तार से वर्णित है। **'देवीभागवत'** में राम से अधिक सीता का प्राधान्य दिखाने के लिए इन कथाओं का वर्णन हुआ है। राम की विजय देवी के वरदान से हुई, इस पर इसमें विशेष बल है।

'कूर्म्म पुराण' की ब्राह्मी संहिता में[500] इक्ष्वाकु वंश-वर्णन-प्रसंग में राम-कथा का भी सामान्य उल्लेख हुआ है। कथा का अस्थिपिंजर मात्र ही है, उसमें मांसलता नहीं, और पिंजर भी वाल्मीकि रामायण का है। अतः राम-कथा विकास की दृष्टि से इस पुराण का महत्त्व नहीं है।

'अध्यात्म रामायण' जो **'ब्रह्माण्ड पुराण'** के उत्तरखण्ड के अन्तर्गत माना जाता है,[501] राम-कथा-विकास की दृष्टि से एक महत्त्वपूर्ण ग्रन्थ है, क्योंकि उत्तर भारत के जिस ग्रन्थ-रत्न ने अपनी दिव्य आभा से गत चार सौ वर्षों में देदीप्यमान रखा है, उस गोस्वामी तुलसीदासकृत **'रामचरितमानस'** में इस ग्रन्थ का सर्वाधिक आश्रय लिया गया। राम-कथा को संस्कृत में इतना विस्तार **'वाल्मीकि रामायण'** के उपरान्त इसी

ग्रन्थ में मिला है। यद्यपि इसमें उपदेशों की भरमार है, तथापि इसका कथा-भाग भी कम महत्त्वपूर्ण नहीं है। **'वाल्मीकि रामायण'** की तुलना में इस ग्रन्थ में कथा-रूप की जो भिन्नता या नवीनता मिलती है, उसका उल्लेख नीचे किया जा रहा है–

(1) रावण द्वारा सताये जाने पर इन्द्रादि देवतागण ब्रह्मा के पास जाते हैं और ब्रह्मा विष्णु के पास। ब्रह्मा विष्णु से कहते हैं कि मेरे वर (देव-गंधर्व-राक्षस सबसे अबध्य) के कारण पुलस्त्यनंदन विश्रवा का पुत्र रावण अत्यन्त अभिमानी और अत्याचारी हो गया है। मैंने उसकी मृत्यु मनुष्य के हाथ रखी है, अतः आप मनुष्य रूप धारण कर उस देव-शत्रु का वध कीजिए।[502] विष्णु को भी स्मरण आ जाता है कि उन्होंने कश्यप और अदिति की तपस्या से सन्तुष्ट होकर उन्हें पुत्र-रूप में प्राप्त होने का वर दिया था। अब चूँकि कश्यप और अदिति पृथ्वी पर दशरथ और कौसल्या के रूप में विद्यमान हैं,[503] अतः यह मौका अच्छा है। ब्रह्मा जी की अनुरोध-रक्षा भी हो जायेगी और कश्यप-अदिति को दिये वर की पूर्ति भी। अतः वे ब्रह्मा को स्वीकृति दे देते हैं और कहते हैं–दशरथ यहाँ पुत्र रूप से पृथक्-पृथक् चार अंशों में प्रकट होकर मैं कौसल्या के और अन्य दो माताओं के गर्भ से जन्म लूँगा। उसी समय मेरी योगमाया भी जनक जी के घर में सीता रूप से उत्पन्न होगी।[504]

राम-जन्म की इस पूर्व-कथा से यह स्पष्ट हो जाता है कि राम, लक्ष्मण, भरत तथा शत्रुघ्न सभी विष्णु के अंशावतार थे और सीता उनकी योग-माया। सीता के अयोनिजा या पृथ्वी सुता होने की बात न कह कर उनके जनक-पुत्री होने की बात कही है। **'श्रीमद्भागवत'** में भी ऐसा ही है। **'वाल्मीकि रामायण'** की भाँति ही यहाँ विष्णु की सहायता के लिए पृथ्वी पर अपने-अपने अंश से वानर-अंश में पुत्र उत्पन्न करने की बात देवताओं से ब्रह्मा ने कही है। कश्यप और अदिति को दिये गये वर की कथा वसिष्ठ जी राजा दशरथ को भी एक अवसर पर सुनाते हैं।[505]

(2) यहाँ भी हव्यवाहन अग्नि द्वारा प्रदत्त पायस का बँटवारा **'पद्म पुराण'**[506] की भाँति हुआ है–कुल पायस (खीर) का आधा-आधा कौसल्या और कैकेयी को और उनके अंशों का आधा-आधा भाग सुमित्रा को–**'वाल्मीकि रामायण'** की भाँति नहीं, जहाँ तीनों रानियों द्वारा खीर खाकर गर्भवती होने की बात कही गयी है, उनके हिस्से-बाँट की नहीं।

(3) **'वाल्मीकि रामायण'** से भिन्न, किन्तु **'पद्म पुराण'**[507] के समान **'अध्यात्म रामायण'** में रामचन्द्र जन्म से ही शंख-चक्र-गदा-पद्म लिए चतुर्भुज रूप में कौसल्या को अपना दिव्य दर्शन कराते हैं[508] और कहते हैं कि तुमने अपनी पूर्व तपस्या के फल से ही मेरा यह दिव्य रूप देखा है।[509]

(4) अहल्या का उद्धार करके रामचन्द्र लक्ष्मण और विश्वामित्र के साथ अभी मिथिला के मार्ग में ही थे कि उन्हें गंगा पार करनी पड़ी। केवट ने इस भय से

रामचन्द्र को नाव पर चढ़ाने से मना कर दिया कि कहीं उसकी नौका भी उनकी चरण-रज का स्पर्श कर नारी न बन जाये; फिर उसकी आजीविका का क्या होगा?[510] आगे चल कर इस कथा-रूप का गोस्वामी तुलसीदास ने अनुकरण किया है, बस प्रसंग बदल दिया है। तुलसीदास 'एहि घाट तें थोरिक दूर अहै, कटि लौं जल थाह दिखाहौं जू' (**कवितावली**) वाले पद को केवट के मुख से तब कहलाते हैं जब राम वनवास के लिए चल पड़े हैं। तुलसीदास ने परशुराम का आगमन स्वयंवर-सभा में शिव-धनुष के टूटते ही दिखाया है, पर **'अध्यात्म रामायण'** में परशुराम रामचन्द्र आदि को विवाहोपरान्त मिथिला में तीन योजन चल चुकने पर मिलते हैं।[511] ऐसा ही **'वाल्मीकि रामायण'** में है।

(5) **'अध्यात्म रामायण'** में कैकेयी द्वारा दो वर माँगने से पूर्व ही, देवताओं के भेजे नारदजी रामचन्द्र के पास आकर उन्हें आगाह कर जाते हैं कि दशरथ आपको राज्य-भार सौंपने वाले हैं, यदि आपने यह स्वीकार कर लिया, तो रावण को मार कर पृथ्वी का भार हल्का करने की आपकी प्रतिज्ञा का क्या होगा?[512]

(6) इधर तो अयोध्या में राम के राज्याभिषेक की तैयारी हो रही है और उधर देवतागण सरस्वती देवी की मनुहार कर रहे हैं कि वे अयोध्या जाकर मन्थरा और कैकेयी के मन में प्रवेश करके राज्याभिषेक में विघ्न उत्पन्न करें।[513]

(7) **'वाल्मीकि रामायण'** में कैकेयी स्वयं राजा दशरथ को स्मरण कराती है कि देवासुर-संग्राम में जब आप शत्रु द्वारा घायल करके गिरा दिये गये थे, तब युद्ध-स्थल में सारी रात जाग कर मैंने अनेक प्रकार के प्रयत्न करके आपकी जीवन-रक्षा की थी, उस समय आपने प्रसन्न होकर मुझे दो वर दिये थे जिन्हें मैंने आपके ही पास धरोहर रख दिया था।[514]

'अध्यात्म रामाण' में मन्थरा कैकेयी को इन दो वरों का स्मरण कराती है। साथ ही जिस परिस्थिति में ये वर दिये गये थे, उसमें कुछ नयी उद्‌भावना की गयी है। यहाँ बताया गया है कि जिस समय राजा दशरथ दैत्यों से युद्ध करने में निमग्न थे, उस समय उनके बिना जाने रथ की धुरी की कील टूट कर गिर गयी, तब कैकेयी ने अपनी अँगुली उस कील के छिद्र में लगा दी थी और पति की प्राण-रक्षा के लिए वह बहुत देर तक इसी स्थिति में रही थी। दैत्यों को मार चुकने पर राजा दशरथ ने कैकेयी को इस स्थिति में देख कर प्रसन्नता व्यक्त की थी और दो वर दिये थे।[515]

(8) सीता राम से वन ले चलने का आग्रह करती हुई कहती हैं कि 'आपने ब्राह्मणों के मुख से बहुत-सी रामायणें सुनी होंगी, बताइए, उनमें से किसी में भी क्या सीता के बिना राम जी वन में गये हैं?[516] इससे सूचित होता है कि राम-कथा एक लोक-कथा और वह पुराणों में और कदाचित् **'वाल्मीकि रामायण'** में भी ग्रहण किये जाने के पूर्व लोकानुश्रुति में अपना अस्तित्व रखती थी।

(9) **'अध्यात्म रामायण'** में चित्रकूट में कैकेयी राम के समक्ष अपने हृदय का अनुताप प्रकट करती है और कहती है कि दैवी प्रेरणा से ही उसने यह अशुभ कार्य किया है। राम भी उसको निर्दोष बतला कर उसका प्रबोध करते हैं। कैकेयी राम को भगवान मान कर चलते समय पृथ्वी पर सिर रख कर उन्हें प्रणाम करती है।[517] **'वाल्मीकि रामायण'** में कैकेयी राम से चित्रकूट में कुछ नहीं कहती। राम ही भरत के चलते-चलते उनसे कहते हैं कि 'माता कैकेयी की रक्षा करना, उस पर क्रोध मत करना।'[518]

(10) दण्डकारण्य में जब रामचन्द्र अगस्त्य मुनि के आश्रम में उनके दर्शनार्थ जाते हैं, तब अगस्त्य उन्हें उन्हीं के लिए पूर्वकाल में इन्द्र द्वारा दिया हुआ एक धनुष तथा बाणों से कभी खाली न होने वाला एक तरकश और एक रत्नजटित खड्ग देते हैं।[519]

(11) **'ब्रह्मवैवर्त्त पुराण'** तथा **'भागवत पुराण'** में अग्निदेव असली सीता को उन्हें सौंपकर छाया-सीता को अपने साथ रखने का सुझाव राम को देते हैं, परन्तु **'अध्यात्म रामायण'** में रामचन्द्र स्वयं सीता से पंचवटी में यह कहते हैं कि रावण साधु-वेश में आकर तुम्हारा हरण करने वाला है, इसलिए तुम कुटी में अपनी छाया छोड़ कर अग्नि में प्रवेश कर जाओ, मेरी आज्ञा से वहाँ अदृश्य रूप से एक वर्ष तक रहो, तदनन्तर रावण के मारे जाने पर तुम पूर्ववत् मुझे पा लोगी।[520] सीता ने ऐसा ही किया, मायामयी सीता को कुटी में छोड़ वे स्वयं अग्नि में अन्तर्धान हो गयीं।

(12) **'अध्यात्म रामायण'** में कबन्ध राक्षस, जो पूर्वजन्म में पूर्ववत् गन्धर्व था, मरते समय अपना पूर्वरूप धारण करके **'वाल्मीकि रामायण'** की भाँति सुग्रीव से मैत्री करने का सुझाव राम को स्वयं नहीं देता, वरन् वह सामने के आश्रम में रहनेवाली शबरी के पास उन्हें भेज देता है और कहता है कि वही उन्हें सीता-प्राप्ति का उपाय बताएगी।

(13) **'अध्यात्म रामायण'** से यह पता चलता है कि तारा प्रारम्भ में सुग्रीव की स्त्री न थी, वह बालि की ही स्त्री थी, बालि के मारे जाने के बाद वह सुग्रीव की भोग्या बनी।[521] सुग्रीव की भार्या का नाम रुमा था, जिसे बालि ने बलपूर्वक छीन लिया था। बालि के मरने पर वह जो विलाप करती है, उससे यह ध्वनित होता है।[522] अंगद तारा से उत्पन्न बालि का पुत्र था।[523]

(14) अपनी जो अँगूठी राम ने सहिदानी के रूप में हनुमान को सीता को देने के लिए दी, उस पर उनके नामाक्षर गुदे हुए थे।[524]

(15) **'अध्यात्म रामायण'** में सुरसा राक्षसी नहीं, नागमाता है, जिसे देवताओं ने हनुमान की सामर्थ्य का पता लगाने के लिए भेजा है।[525]

(16) **'वाल्मीकि रामायण'** में सीता अशोक वाटिका में एक महल में राक्षसियों

के पहरे में रहती हैं। हनुमान इसी स्थिति में उन्हें देखते हैं,[526] परन्तु **'अध्यात्म रामायण'** में हनुमान उनको अशोक वाटिका में एक शिंशपा (शीशम) के वृक्ष के नीचे बैठी हुई पाते हैं।[527]

(17) **'अध्यात्म रामायण'** में सीता जयन्त द्वारा अपने लाल अँगूठे में चोंच मारने और राम द्वारा उसे दण्ड देने के लिए उसके पीछे तिनके का एक बाण छोड़ने आदि की कथा, अपनी पहचान के रूप में, राम से कहने के लिए हनुमान को बताती हैं।[528] **'वाल्मीकि रामायण'** में भी यह कथा सीता ने हनुमान को सहिदानी के रूप में सुनायी है, पर उसमें और **'अध्यात्म रामायण'** वाली कथा में अन्तर इतना ही है कि **'वाल्मीकि रामायण'** में जबकि काकवेशधारी जयन्त सीता के उरोजों के बीच में चोंच मारकर भागता है,[529] तब **'अध्यात्म रामायण'** में उनके पैरों के लाल अँगूठे में। कदाचित् **अध्यात्म रामायणकार** की सीता के प्रति श्रद्धा-भावना काक (जयन्त) द्वारा उरोजों का स्पर्श सहन नहीं कर सकती थी, चरण-स्पर्श ही उसे सह्य था।

(18) **'अध्यात्म रामायण'** में हनुमान उस शिंशपा वृक्ष को छोड़कर, जिसके नीचे सीता बैठी थीं, अशोक वाटिका के सारे वृक्ष उखाड़ डालते हैं। और विभीषण के भवन को छोड़कर शेष सारी लंका को जला डालते हैं। राम-भक्तों पर कृपा का ही यह द्योतक था।

(19) रावण द्वारा फेंकी गयी शक्ति से जब लक्ष्मण आहत होकर मूर्च्छित हो जाते हैं और हनुमान को राम क्षीरसागर के तट पर स्थित द्रोणाचल से दुबारा संजीवनी महौषध लाने के लिए भेजते हैं, तब गुप्तचरों से इसका पता पाकर रावण कालनेमि को उनके मार्ग में बाधा डालने के लिए भेजता है। कालनेमि मायावी साधु बन कर हनुमान को मारने की चेष्टा करता है, पूर्व-जन्म की अप्सरा धान्यमाली मकरी के रूप में हनुमान को निगलने की चेष्टा करती है, पर हनुमान से बधित हो, वह शापमुक्ति हो जाती है। कालनेमि और धान्यमाली का यह प्रसंग **'वाल्मीकि रामायण'** में नहीं आया है।

(20) विभीषण इन्द्रजीत (मेघनाद) का वध उसी व्यक्ति के हाथ होना बताता है जिसने बारह वर्ष तक आहार और निद्रा का त्याग कर दिया हो। लक्ष्मण ही इस शर्त को पूर्ण कर पाते हैं, क्योंकि अयोध्या से आने के बाद राम की सेवा में उन्होंने इन दोनों वस्तुओं का त्याग कर दिया था।[530] इस प्रकार का उल्लेख **'वाल्मीकि रामायध'** में नहीं आता।

(21) मेघनाद-वध के उपरान्त रावण को जब अपना विनाश निश्चित-सा दीखने लगा, तब निराशा की स्थिति में वह गुरु शुक्राचार्य के पास गया और उसने उनसे राम पर विजय पाने का उपाय पूछा। शुक्राचार्य ने उसे एकान्त में हवन करने को कहा और बताया कि हवन-अनुष्ठान के निर्विघ्न समाप्त हो जाने पर होमाग्नि से

एक बहुत बड़ा रथ, घोड़े, तरकश और बाण उत्पन्न होंगे। उन्हें पाकर तुम अजेय हो जाओगे।[531] रावण ने अपने महल के तहखाने में यह यज्ञ आरम्भ किया, पर विभीषण ने होम-धूम को देखकर राम से अंगदादि वानर सेनापतियों को यज्ञ-भंग करने के लिए भेजने को कहा। अंगद आदि वानरों ने रावण के महल पर धावा बोल दिया। विभीषण की पत्नी सरमा ने संकेत से तहखाने की ओर निर्देश कर दिया। अंगद ने मन्दोदरी को रावण के सम्मुख अपमानित किया। मन्दोदरी के विलाप और भर्त्सना को सुन कर रावण अनुष्ठान को अपूर्ण छोड़ कर ही उठ गया।[532] **'वाल्मीकि रामायण'** में यह प्रसंग नहीं आया है।

(22) रावण की नाभि में अमृत-कुण्ड है और जब तक वहाँ बाण नहीं मारा जाता, तब तक रावण के सिर और भुजाएँ कटने के बाद फिर-फिर उग आएँगी और उसका वध नहीं होगा—राम को रावण का यह प्राण-रहस्य विभीषण बताते हैं, जिससे रावण को मारना उनके लिए सरल हो जाता है। **'वाल्मीकि रामायण'** में यह प्रसंग भी नहीं है।

(23) रावण को रथ पर और राम को रथहीन देख कर इन्द्र का स्वर्ग से अपने सारथि मातलि के साथ अपना रथ राम के उपयोग के लिए भेजने की घटना तो **'अध्यात्म रामायण'** में भी **'वाल्मीकि रामायण'** के समान ही वर्णित है, परन्तु इन्द्र, यम, वरुण, कुबेर, ब्रह्मा, शिव आदि द्वारा सीता के सतीत्व का साक्ष्य भरने का यहाँ उल्लेख नहीं है। जब सीता अग्नि में प्रवेश कर जाती हैं, तब ये सब देवता आविर्भूत तो होते हैं, परन्तु सीता के सतीत्व के विषय में वे कुछ नहीं कहते—राक्षसराज रावण के विनाश पर अपना आभार प्रकट करने के लिए ही वे मानो उपस्थित हुए हैं। अग्निदेव स्वयं अपने पास धरोहर-रूप में रखी असली सीता को इन देवताओं और स्वर्ग से आगत राजा दशरथ के सम्मुख राम को वापस कर जाते हैं। माया-सीता के 'पति माँगने' पर शिव द्वारा उसे पाँच पतियों का वरदान देने या राम द्वारा उसे पुष्कर में रह कर तपस्या करने का आदेश देने आदि का यहाँ कोई उल्लेख नहीं है। अग्निदेव इस सम्बन्ध में इतना ही कहते हैं—'माया सीता जिस कार्य के लिए रची गयी थी, उसे पूरा करके अब अदृश्य हो गयी है।'[533]

(24) रामचन्द्र इन्द्र को अमृत बरसाकर युद्ध में मारे गये समस्त वानरों को जीवित कर देने का आदेश देते हैं। इन्द्र ऐसा ही करते हैं। सब मृत वानर जी उठे, पर मृत राक्षस अमृत-स्पर्श होने पर भी नहीं जीवित हुए।[534]

(25) **'अध्यात्म रामायण'** के उत्तरकाण्ड में इस प्रसंग का भी उल्लेख है कि एक दिन सीता ने राम से कहा कि मेरे पास देवतागण आये थे। उन्होंने मुझसे निवेदन किया है कि मैं पहले वैकुण्ठ में आ जाऊँ तो भगवान राम भी जा जायेंगे और इस प्रकार वे सब सनाथ हो जायेंगे। राम ने सीता को इसका उपाय यह बताया कि

लोकापवाद का बहाना लेकर मैं तुम्हें त्याग दूँगा, तुम वाल्मीकि-आश्रम में रहोगी। फिर तुम लोक-प्रतीति के लिए शपथ करके पृथ्वी-विवर में समाकर वैकुण्ठ चली जाओगी।[535] राम और सीता के बीच यह योजना निश्चित हो जाती है और आगे उसी के अनुसार कार्य होता है। इस उद्भावना से सीता-परित्याग की घटना मानवीय कारण का स्पर्श नहीं कर पाती और एक नाटक बन कर रह जाती है।

(26) सीता के विषय में लोकापवाद की घटना रजक (धोबी) से नहीं जोड़ी गयी है, अपितु उसे सार्वजनिक चर्चा का विषय बताया गया है, जिसकी सूचना राम के गुप्तचर उन्हें देते हैं। **'अध्यात्म रामायण'** में भी **'वाल्मीकि रामायण'** की भाँति अश्वमेध-यज्ञ के अश्व को लेकर किसी संघर्ष का चित्रण नहीं किया गया।

(27) वाल्मीकि सीता के सतीत्व का प्रमाण देने के लिए अपने समस्त तपस्या-फल को दाँव पर लगाने की घोषणा करते हैं।[536]

उपर्युक्त उद्भावनाओं, जिनमें से कुछ तो **'अध्यात्म रामायण'** में सर्वथा नवीन हैं और जिनका अनुकरण परवर्ती राम-कथा-काव्यों में किया गया है, के अतिरिक्त शेष राम-कथा **'वाल्मीकि रामायण'** से मिलती-जुलती है।

(च) कतिपय अन्य काव्यों में राम-कथा

कालिदासकृत 'रघुवंश' की रचना उपर्युक्त महापुराणों में से कइयों के पूर्व हो चुकी होगी, इसलिए काल-क्रम की दृष्टि से कथा-विकास पर विचार करने के लिए **'रघुवंश'** का उल्लेख इससे पहले ही होना चाहिए था। फिर भी, **'वाल्मीकि रामायण'** की तुलना में **'रघुवंश'** में वर्णित राम-कथा की भिन्नताओं पर यहाँ संक्षेप में विचार किया जाएगा।

(1) देवतागण ब्रह्मा को साथ लेकर नहीं, अकेले ही विष्णु के पास रावण के अत्याचारों के संत्रास का वर्णन करने जाते हैं। विष्णु ने स्वयं ही दशरथ के पुत्र रूप में अवतरित होने की बात कही है, क्योंकि ब्रह्मा के वर के अनुसार रावण केवल देवताओं से ही अवध्य था, मनुष्यों से नहीं।

(2) **'वाल्मीकि रामायण'** के सदृश **'रघुवंश'** में भी अग्निदेव पायस का पात्र लेकर उपस्थित होते हैं, परन्तु यहाँ रानियों में खीर का बँटवारा **'पद्‌म पुराण'** के अनुसार हुआ है।

(3) राम पैदा होते ही चतुर्भुज विष्णु के रूप में कौसल्या को दर्शन नहीं देते, वरन् वामनावतारी वेश में वे सब रानियों को उनकी रक्षा करते हुए स्वप्न में दिखायी देते हैं।[537]

(4) महाराज दशरथ राम-लक्ष्मण को विश्वामित्र के साथ, बिना ननुनच किये, प्रसन्नतापूर्वक भेज देते हैं।

(5) जनकपुरी का धनुष-यज्ञ देखने जाते हुए राम, तपस्वी गौतम के निर्जन

आश्रम में शिला-रूप में पड़ी अहल्या को अपनी चरण-रज स्पर्श करा कर तार देते हैं।[538] **'वाल्मीकि रामायण'** में अहल्या को शिला बनने का शाप गौतम ऋषि ने नहीं दिया है, प्रत्युत् यही कहा है कि 'तू इसी स्थान पर हज़ारों वर्ष तक वास करेगी और तेरा भोजन केवल पवन होगा और तू कुछ भी न खा सकेगी, (मेरे शाप से) अपनी करनी का फल भोगती हुई भस्म में पड़ी रहेगी। तू इसी स्थान पर अदृश्य होकर रहेगी अर्थात् तुझे कोई भी प्राणी नहीं देख सकेगा।'[539]

(6) **'रघुवंश'** में, परशुराम जी से रामचन्द्र की भेंट, विवाहोपरान्त मिथिलापुरी से चल चुकने पर मार्ग में हुई है। ऐसा ही **'रामायण'** में भी है। किन्तु दशरथ की मृत्यु होने पर भरत को ननिहाल से बुलाने का कारण **'रघुवंश'** में अयोध्या को आरक्षित देखकर उस पर शत्रुओं का धावा बोल देना बताया गया है।[540]

(7) जयन्तवाला प्रसंग भी **'वाल्मीकि रामायण'** से कुछ भिन्न रूप में दिया है। **'रामायण'** में काक का जयन्त होना नहीं लिखा है, वह साधारण काक ही है जो सीता के दोनों स्तनों के मध्य भाग में चोंच मार कर भागता है। रसिक कालिदास ने काक को इन्द्र-पुत्र जयन्त बताया है और उसका सीता के स्तनों पर चोंच मारना लिखा है।[541]

(8) रावण का साधु-वेश में आकर सीता का हरण करना **'रघुवंश'** में नहीं लिखा है।

(9) समुद्र पर राम के क्रोध करने, समुद्र के प्रत्यक्ष होने, विश्वकर्मा-पुत्र नल द्वारा सेतु बाँधने आदि का **'रघुवंश'** में कोई उल्लेख नहीं है। राम का वानरों द्वारा एक श्वेत पुल बनवाना उल्लिखित है।

(10) **'रघुवंश'** में लक्ष्मण की छाती पर मेघनाद शक्ति-बाण मारता है, **'वाल्मीकि रामायण'** में रावण। **'रघुवंश'** में हनुमान द्वारा द्रोणाचल को उखाड़ कर लाने का उल्लेख एक ही बार आया है, **'रामायण'** में दो बार।

(11) सीता की अग्नि-परीक्षा के समय इन्द्र, यम, कुबेर, ब्रह्मा आदि देवता साक्ष्य देने के लिए **'रघुवंश'** में उपस्थित नहीं होते। **'रघुवंश'** में छाया-सीता का कोई उल्लेख नहीं है, जैसा कि **'ब्रह्मवैवर्त्त पुराण'**, **'देवी भागवत पुराण'** और **'अध्यात्म रामायण'** आदि ग्रन्थों में है।

'रघुवंश' के रामोपाख्यान की अन्य बातें **'वाल्मीकि रामायण'** के आधार पर ही वर्णित हैं।

राम-कथा-विकास की दृष्टि से संस्कृत के इतने ही ग्रन्थों की चर्चा पर्याप्त है। हिन्दी में अवधी के **'रामचरितमानस'** (तुलसीदास) और ब्रजभाषा की **'रामचन्द्रिका'** (केशवदास) का उल्लेख भी इस दृष्टि से अपरिहार्य है। **'रामचन्द्रिका'** में तो राम-कथा का आधार पूर्णतः **'वाल्मीकि रामायण'** ही है, कुछ प्रसंग उसमें जयदेव-कृत **'प्रसन्न राघव'** से भी लिए गये हैं।

राम-कथा-विकास की दृष्टि से **'रामचरितमानस'** विशेषतः उल्लेखनीय है, क्योंकि इस महाकाव्य में कवि ने जहाँ **'वाल्मीकि रामायण'** को अपनी कथा का मुख्य आधार बनाया है, वहाँ उसने **'अध्यात्म रामायण', 'भुशुण्डि रामायण', 'हनुमान्टक', 'आनन्द रामायण', 'पद्म पुराण', 'ब्रह्मवैवर्त्त पुराण'** तथा **'श्रीमद्भागवत पुराण'** एवं कई अन्य ग्रन्थों से वस्तु और शैली के रूप में बहुत कुछ ग्रहण किया है और इनके साथ ही कई मौलिक उद्भावनाएँ भी की हैं जिनके कारण कई बातों में **'रामचरितमानस'** विविध भारतीय भाषाओं में लिखित राम-कथा-काव्यों की श्रेणी में महत्त्वपूर्ण स्थान प्राप्त कर सका है। **'वाल्मीकि रामायण'** की तुलना में **'रामचरितमानस'** में निम्नलिखित नवीनता अथवा भिन्नता पाई जाती है–

(1) **'रामचरितमानस'** के बालकाण्ड में शिवचरित का जितना विस्तृत वर्णन मिलता है, उतना **'वाल्मीकि रामायण'** में नहीं। उसमें केवल शिव द्वारा मदन-दहन का ही वृत्त आया है। **'रामायण'** के 'बालकाण्ड' में 'रावण-जन्म' का उल्लेख नहीं है, वह उत्तरकाण्ड में उल्लिखित है, किन्तु **'रामचरितमानस'** में यह कथा बालकाण्ड में ही दी गयी है।

(2) **'रामायण'** में अहल्या-उद्धार और गंगावतरण के प्रसंग **'रामचरितमानस'** की अपेक्षा अधिक विस्तार से वर्णित हैं। दोनों ग्रन्थों में इनके आगम-क्रम में भी अन्तर है। **'रामायण'** में गंगावतरण की कथा अहल्योद्धार की कथा से पहले वर्णित है, **'रामचरितमानस'** में उसके बाद में। **'रामायण'** में अहल्या के शाप-वश शिला बन जाने का उल्लेख नहीं है, परन्तु **'रामचरितमानस'** में है। **'रामायण'** में अहल्या को शाप मिलने की कथा विस्तार में वर्णित है, जबकि **'रामचरितमानस'** में 'गौतम-शापवश, 'उपलदेह धरि धीर'[542] की संक्षिप्ति के साथ।

(3) **'वाल्मीकि रामायण'** में सीता-स्वयंवर का उस रूप में वर्णन नहीं है जिस रूप में **'रामचरितमानस'** में। **'रामायण'** में 'धनुष-यज्ञ' के प्रसंग में धनुष को उठाने और सीता को जनक द्वारा 'वीर्यशुल्का' या 'पराक्रमशुल्का' बताने का उल्लेख है। **'मानस'** में यह प्रसंग अधिक मनोरम ढंग से चित्रित है। देश-देश के राजाओं के सामने शिव-धनु भंग कर तुलसी के परब्रह्म राम अपनी अलौकिक शक्ति का प्रभाव जमा देते हैं। जनक-फुलवारी में राम-सीता के मिलन का दृश्य दिखा कर तुलसी ने दोनों में 'पूर्वानुराग' की सृष्टि कर दी है जो विशेष रसात्मक है। परशुराम के सीता-स्वयंवर में ही आ धमकने और राम-लक्ष्मण से उनके रोषपूर्ण संवाद की योजना भी तुलसी की अपनी उद्भावना है, जो रस-सिद्धि की दृष्टि से अधिक उपयोगी बन गयी है। पौराणिक साहित्य में वर्णित राम-कथा में कहीं लक्ष्मण-परशुराम का वाक्युद्ध नहीं दिखाया गया है, तुलसी ने इसकी योजना करके कथा में जान डाल दी है।

(4) **'रामचरितमानस'** की मन्थरा की जिह्वा पर देव-प्रेरित सरस्वती आ बैठती हैं,

इससे उसका आचरण कम स्वाभाविक रह जाता है, परन्तु इसीलिए कम कुटिलतापूर्ण भी। तुलसी ने इसमें **'अध्यात्म रामायण'** का अनुकरण किया है, क्योंकि **'रामायण'** में सरस्वती की योजना नहीं है।

(5) भरत की शीलगत विशेषता की दृष्टि से **'रामचरितमानस'** का चित्रकूट-प्रसंग जितना समृद्ध है, उतना **'रामायण'** का नहीं।

(6) **'वाल्मीकि रामायण'** में मृत्यु से पूर्व दशरथ अंधतापस के शाप की कथा को विस्तार से कौसल्या को सुनाते हैं, किन्तु **'रामचरितमानस'** में केवल एक दोहे–'तापस अंध साप सुधि आई, कौसल्यहि सब कथा सुनाई'[543] में इस अन्तर्कथा का उल्लेख कर दिया है।

(7) **'वाल्मीकि रामायण'** में जबकि एक काक द्वारा सीता के स्तनों के मध्य भाग में चोंच मारने का उल्लेख है तब **'रामचरितमानस'** में काक को इन्द्रपुत्र जयन्त का रूप दे दिया गया है और सीता के चरण में उसके चोंच मारने का कथन है। किन्तु, यह तुलसी की मौलिक उद्‌भावना नहीं है, **'अध्यात्म रामायण'** तथा कई अन्य पूर्ववर्ती पुराणों में यह प्रसंग जयन्त के साथ पहले ही सम्बद्ध कर दिया गया था।

(8) **'वाल्मीकि रामायण'** में शूर्पणखा की विरूपता का प्रतिशोध लेने के लिए उसका भाई खर पहले 14 राक्षसों को भेजता है, किन्तु राम द्वारा उन्हें मार दिये जाने पर 14 हज़ार राक्षसों को साथ लेकर स्वयं चढ़ आता है। **'रामचरितमानस'** में ऐसा उल्लेख नहीं है।

(9) **'रामचरितमानस'** गें मारीच के कपट-वेश को कोई नहीं पहचान पाता, परन्तु **'रामायण'** में लक्ष्मण पहचान जाते हैं। मारीच के मृग-वेश धारण करने के प्रसंग का चित्रण जितने विस्तार से **'वाल्मीकि रामायण'** में है, उतने विस्तार से 'रामचरितमानस' में नहीं।

(10) **'वाल्मीकि रामायण'** में छाया-सीता का कोई उल्लेख नहीं है, किन्तु **'रामचरितमानस'** में असली सीता के अग्नि-प्रवेश की चर्चा है–

सुनहु प्रिया व्रत रुचिर सुसीला। मैं कछु करबि ललित नर-लीला॥
तुम्ह पावक महुँ करहु निवासा। जौ लगि करौं निसाचर नासा॥
जबहिं राम सब कहा बखानी। प्रभु पद धरि हियँ अनल समानी॥
निज प्रतिबिंब राखि तहँ सीता। तैसइ सील रूप सुबिनीता॥
लछिमन हूँ यह मरमु न जाना। जो कछु चरित रचा भगवाना॥[544]

इस प्रसंग की योजना के लिए तुलसीदास **'ब्रह्मवैवर्त्त पुराण'**, **'देवी-भागवत'** और **'अध्यात्म रामायण'** आदि के ऋणी हैं।

(11) **'वाल्मीकि रामायण'** में लंका में सीता के निवास-स्थान को ढूँढ़ने के लिए हनुमान को काफी खाक छाननी पड़ती है, तब स्वयं उन्हें अशोक वाटिका

के एक महल में उनके दर्शन होते हैं, किन्तु **'रामचरितमानस'** में हनुमान की यह परेशानी विभीषण ने मिटा दी है। हरिभक्त विभीषण ने हनुमान को सीता का पता बता दिया है।

(12) **'वाल्मीकि रामायण'** में हनुमान राम की मुद्रिका को स्वयं सीता के हाथ पर राम की सहिदानी के रूप में रखते हैं, परन्तु **'रामचरितमानस'** में वे वृक्ष पर से मुद्रिका को टपका देते हैं। ऐसा ही केशवदास ने **'राम-चन्द्रिका'** में लिखा है।

(13) **'रामायण'** में रावण विभीषण को पद-प्रहार करके नहीं निकालता, केवल उनके प्रति कटु वचन ही कहता है, परन्तु **'रामचरितमानस'** में रावण द्वारा विभीषण के लतियाए जाने का उल्लेख है।

(14) अंगद के राम-दूतत्त्व प्रसंग के चित्रण में भी दोनों महाकाव्यों में भिन्नता है। **'वाल्मीकि रामायण'** में अंगद-रावण के मध्य अधिक वार्तालाप नहीं दिखाया गया है। **'रामचरितमानस'** में, रावण-सभा में अंगद के पाँव रोपने का जो उल्लेख है, उसका इस रूप में चित्रण तो किसी पौराणिक साहित्य में नहीं मिलता। **'वाल्मीकि रामायण'** तथा अन्य ग्रन्थों में भी यही मिलता है कि रावण के राक्षस जब अंगद को पकड़ने लगते हैं, तब वे उन्हें झिटककर रावण के सौध-शिखर पर जा चढ़ते हैं। उनके चढ़ने की धमक से उसका एक अंश टूट कर गिर जाता है।

(15) **'रामचरितमानस'** में कुम्भकर्ण का वध राम करते हैं, **'रामायण'** में यह कार्य लक्ष्मण के हाथों कराया गया है।

(16) **'रामायण'** में मेघनाद माया-रचित सीता के दो टूक हनुमान के सामने ही करता है, जिसका समाचार पाकर राम दुःखी होते हैं और विभीषण उन्हें सान्त्वना देता है। किन्तु **'रामचरितमानस'** में इस घटना का कोई उल्लेख नहीं।

(17) **'रामायण'** के उत्तर काण्ड में जहाँ शम्बूक-वध, रावण-चरित, हनुमान की जन्म-कथा, सीता-परित्याग, लव-कुश-चरित एवं शत्रुघ्न द्वारा लवणासुर-वध की कथाएँ दी हैं, वहाँ **'रामचरितमानस'** के उत्तरकाण्ड में राम-भरत के पुनर्मिलन, राम के राज्याभिषेक तथा उनके प्रति की गयी स्तुतियों का वर्णन है। उपाख्यान के रूप में केवल भुशुण्डि का आत्मचरित वर्णित है। राम के महाप्रयाण की घटना के वर्णन में भी दोनों काव्यों में अन्तर मिलता है। **'रामायण'** में तो राम भरत, शत्रुघ्न तथा अन्य नगरवासियों के साथ सरयू नदी में प्रविष्ट होकर वैकुण्ठ में चले जाते हैं, किन्तु **'रामचरितमानस'** में वे हनुमान और भरत के साथ एक दिन एक एकांत अमराई में जा लेटते हैं और वहीं नारदजी अपनी वीणा बजाते आ जाते हैं। सब राम की कुल-कीर्ति का गान करने लगते हैं। राम के अन्तर्धान होने या उनके महाप्रयाण का कोई स्पष्ट उल्लेख **'रामचरितमानस'** में नहीं है।

(18) **'रामायण'** और **'रामचरितमानस'** की राम-कथा के विविध प्रसंगों की

योजना तथा वर्णन-शैली में जो अन्तर हो गया है उसका मुख्य कारण है राम के प्रति दोनों कवियों का भिन्न दृष्टिकोण। जहाँ **'रामायण'** में राम कवि के समसामयिक एक महापुरुष हैं, वहाँ **'रामचरितमानस'** में वे कवि की दृष्टि में नर-लीला के लिए अवतरित साक्षात् परब्रह्म।

36. विष्णु का मत्स्यावतार-शंखासुर को लीलना और वेदों का उद्धार करना

मत्स्यावतार में विष्णु द्वारा शंखासुर-वध करने का आख्यान सर्वप्रथम **'पद्म पुराण'**[545] में ही मिलता है। उसके अध्याय 90-91 में आगत आख्यान इस प्रकार है—प्राचीन काल में शंख नामक एक असुर था, जो सागर का पुत्र था। उसमें त्रिलोकी का मन्थन करने का पराक्रम था। उसने इन्द्रादि देवताओं को जीत कर स्वर्ग पर अधिकार कर लिया। बेचारे देवता उसके डर के मारे सुवर्णगिरि (सुमेरु) की तीस गुफाओं में जा छिपे। उनमें रहते हुए उन पर उसका कोई वश नहीं चल रहा था। उसने विचार किया कि देवतागण वेद-मन्त्रों के बल से शक्ति प्राप्त करते हैं, इसलिए क्यों न वेदों को ही मैं चुरा लूँ। ऐसा विचार कर वह सत्यलोक में गया, जहाँ विष्णु को उसने निद्रामग्न पाया। वहाँ से वेदों को चुरा कर वह सागर में जा छिपा। वेदों का अपहरण हो जाने से देवता दुर्बल पड़ने लगे। ब्रह्मा को आगे करके वे विष्णु के पास गये, उनसे सारा दुखड़ा रोया। विष्णु ने कहा कि मैं अभी समुद्र में जाता हूँ और वहाँ से वेदों का उद्धार करके लौटूँगा। उन्होंने देवताओं को भी अपने साथ चलने को कहा।

विष्णु ने एक शफरी (छोटी मछली) का रूप बनाया। मछली कश्यप मुनि की अंजलि में गिर पड़ी। ऋषि ने दया कर उसे अपने कमण्डलु में डाल लिया। मत्स्य बढ़ने लगा। जब वह कमण्डलु में न समा सका, तो ऋषि ने उसे कुएँ में डाल दिया। उसमें भी न समा सकने पर उसे पोखर में डाला और अन्ततः समुद्र में। इस प्रकार बढ़ते हुए विष्णु ने एक विशालकाय मत्स्य का रूप धारण कर लिया और शंखासुर को मार डाला तथा फिर वेदों को हाथ में लेकर वे बदरी-वन चले आये।

'पद्म पुराण' उत्तर खण्ड के अध्याय 230 में मत्स्यावतारी विष्णु की क्रमशः देह-वृद्धि का उल्लेख नहीं है और न देवताओं के सुवर्णगिरि की गुफाओं में छिप जाने का। कथा का रूप संक्षेप में यह है—दिति के गर्भ से उत्पन्न कई दैत्यों—शम्बूक, हयग्रीव, हिरण्याक्ष, हिरण्यकश्यपु, मय आदि में एक मकर नामक महापराक्रमी दैत्य भी था। वह ब्रह्मलोक में गया और वहाँ ब्रह्मा को मोहाविष्ट करके वेदों को लेकर चम्पत हुआ और समुद्र में जा घुसा। वेदों का अपहरण हो जाने से संसार धर्म-शून्य हो गया, धर्मसांकर्य फैलने लगा, अध्ययन-अध्यापन वषट्कार तथा वर्णाश्रम धर्म

सबका लोप हो गया। दुखित होकर सब देवता ब्रह्मा जी को आगे कर क्षीर सागर में शेष-शय्या पर सोये हुए विष्णु भगवान के पास पहुँचे। उनकी स्तुति की गयी। विष्णु भगवान जागे। देवताओं ने दुःख निवेदन किया और वेदों के अपहरण हो जाने की बात सुनायी। विष्णु ने देवताओं को निश्चिन्त करके वापस कर दिया और स्वयं मत्स्य-रूप धारण कर महासागर में प्रविष्ट हो गये। वहाँ पर वेद-अपहर्ता दैत्य एक भयंकर घड़ियाल (मकर) रूप में स्थित था। उसको मत्स्य भगवान ने अपने थूथन से मार डाला और सांगोपांग सब वेदों को लाकर ब्रह्मा को सौंप दिया। अपहरण-काल में उस दैत्य ने वेदों में बहुत-सी अन्य-अन्य बातों का मिश्रण कर दिया था, उनकी छँटाई या संशोधन विष्णु भगवान ने व्यास के रूप में किया।[546]

श्रीमद्भागवत पुराण'[547] में यह कथा दो रूपों में आयी है। एक रूप में तो मत्स्यावतार का सम्बन्ध वेदों के उद्धार से जोड़ा गया है और दूसरे रूप में महाप्रलय के समय सत्यव्रत नामक राजा को तथा बीज-रूप में सृष्टि को बचाने से। प्रथम रूप में भगवान विष्णु के मत्स्यावतार का प्रयोजन यह बताया गया है कि पिछले कल्प के अन्त में ब्रह्मा सो गये। इससे ब्राह्म नामक नैमित्तिक प्रलय हुआ। भूलोक और सारे लोक समुद्र में डूब गये। प्रलय-काल में ब्रह्मा को नींद आ जाने से वेद उनके मुख से निकल पड़े। ब्रह्मा के पास रहनेवाले हयग्रीव नामक दानव ने उन्हें चुरा लिया और समुद्र में जा घुसा। हयग्रीव को मारने के लिए विष्णु ने मत्स्यावतार लिया।[548] अन्यत्र **'भागवत पुराण'** में ही यह उल्लेख है कि 'विष्णु ने हयग्रीव-अवतार लेकर मधु-कैटभ नामक असुरों का संहार करके उन लोगों द्वारा चुराये वेदों का उद्धार किया।[549]

मत्स्यावतार के दूसरे प्रयोजन का वर्णन इस प्रकार है—एक बार सत्यव्रत नामक राजर्षि कृतमाला नदी में तर्पण कर रहा था। उसकी अंजलि में एक मछली आ गयी। सत्यव्रत ने मछली को जल में गिरा दिया। मछली ने उनसे उस जल में से अपने को निकाल लेने का अनुरोध किया और कहा कि मैं तुम्हारा कुछ प्रिय करूँगी। राजा ने उसे अपने पात्र में रखा, किन्तु वह मछली शीघ्र ही बड़ी हो गयी और उस पात्र में न समा सकी। तब राजा ने उसे मटके में डाला, किन्तु उसका तो उसमें भी समाना कठिन हो गया। तब राजा ने उसे एक सरोवर में डाल दिया। शीघ्र ही मछली इतनी बड़ी हो गयी कि सरोवर भी उसके लिए छोटा पड़ने लगा। तब राजा ने उसे समुद्र में डलवा दिया। उसने समुद्र में जाते-जाते राजा सत्यव्रत को बताया कि आज के सातवें दिन प्रलय होगी। मेरी प्रेरणा से तुम्हारे पास एक नौका आएगी। उसमें समस्त प्राणियों के सूक्ष्म शरीर लेकर तुम सप्तर्षियों के साथ चढ़ जाना। सब प्रकार के धान्य के बीज भी रख लेना, मैं उस नाव को खींच कर ले चलूँगा। प्रलय-काल[550] में राजा सत्यव्रत और बीज रूप सृष्टि को बचाने वाला वह मत्स्य भगवान विष्णु का ही अवतार था।

'श्रीमद्भागवत' में एक अन्य स्थल पर भी भगवान के अवतारों के वर्णन-प्रसंग में कहा है कि प्रलय के समय विष्णु ने मत्स्यावतार लेकर भावी मनु सत्यव्रत, पृथ्वी, औषधियों तथा धान्यादि की रक्षा की।[551]

37. विष्णु के वामनावतार की कथा

वैदिक साहित्य में वामनावतार की कथा संक्षित रूप में मिलती है। **ऋग्वेद** में वामन के तीन डगों में तीनों लोकों को नापने का उल्लेख हुआ है।[552] यास्क मुनि ने **'निरुक्त'**[553] में माना है कि वामन विष्णु ने अपने तीन पग पृथ्वी, अन्तरिक्ष और आकाश में रखे। **ऋग्वेद** में वामन को इन्द्र का अनुज कहा गया है।[554] वामन ने किस प्रकार देवताओं को युक्तिपूर्वक त्रिलोक का स्वामी बनाया, इसका उल्लेख **'शतपथ ब्राह्मण'**[555] में हुआ है। इसमें कहा है कि देवासुर-संग्राम में देवों की पराजय हो जाने के अनन्तर असुरों ने पृथ्वी का आपस में बँटवारा करना चाहा। जब देवताओं ने इस बँटवारे में अपने को भी भागीदार बनाना चाहा, तब असुरों ने वामन विष्णु के शरीर-जितनी भूमि देना स्वीकार किया। जब भूमि को नापने का अवसर उपस्थित हुआ तब वामन ने विराट् रूप धारण कर लिया और तीनों लोकों को नाप लिया। वैदिक साहित्य में अन्य अनेक स्थानों पर वामन और बलि का प्रसंग वर्णित है।

बलि विरोचन के पुत्र तथा प्रह्लाद के पौत्र थे।[556] बलि-वामन की कथा विस्तृत रूप में सर्वप्रथम 'बाल्मीकि रामायण'[557] में प्राप्त होती है। इस कथा को विश्वामित्र ने राम-लक्ष्मण को सुनाया है। विश्वामित्र कहते हैं कि जिस आश्रम में मैं रहता हूँ, उसमें रह कर पहले भगवान् विष्णु ने सैकड़ों युगों तक तपस्या की थी, इसलिए वह सिद्धाश्रम कहलाता है। उस युग की एक कथा विश्वामित्र ने इस प्रकार सुनायी—विरोचन के पुत्र राजा बलि ने उन दिनों इन्द्र और मरुद्गण सहित समस्त देवताओं को जीत कर और तीनों लोकों पर अपना राज्य स्थापित कर एक यज्ञ आरम्भ किया। देश-देश के आये हुए याचक यज्ञ-दीक्षित बलि से जो कुछ माँगते, वह उन्हें देता था।[558] अग्निदेव को आगे कर सब देवता इस आश्रम में विष्णु के पास आये और बोले कि बलि की यज्ञ-समाप्ति के पूर्व आप हमारे लिए जो कर सकते हैं, करें। आप वामनावतार धारण कर हमारी सहायता कीजिए।[559] इसी बीच ब्रह्मर्षि कश्यप अपनी पत्नी अदिति-सहित सैकड़ों वर्षों की अपनी तपस्या समाप्त कर वहाँ आये और उन्होंने विष्णु से कहा कि आप अदित के पुत्र-रूप में जन्म लें और इन्द्र के छोटे भाई बन कर शोकार्त्त देवताओं की सहायता करें। यह सुन कर भगवान् विष्णु अदिति के गर्भ से वामनावतार धारण कर[560] राजा बलि के पास गये और उन्होंने उससे तीन पग भूमि की याचना की। तीन पग भूमि पाकर सब लोगों

के हितार्थ उन्होंने तीन पगों में तीनों लोक नाप डाले। फिर, इन्द्र को त्रैलोक्य का राज्य दे उन्होंने बलि को अपने बल-प्रभाव से बाँध लिया (और पाताल को भेजा)। इस प्रकार पुनः तीनों लोक इन्द्र के अधीन हो गये।[561]

'महाभारत' में यह कथा **आदिपूर्व**[562], **वनपर्व**[563] **सभापर्व**[564] और **शान्तिपर्व**[565] में आयी है। **'आदिपर्व'** में केवल इतना ही पता चलता है कि इन्द्र और विष्णु के मध्य पृथ्वी पर अवतार ग्रहण करने के सम्बन्ध में कुछ बात हुई। बलि विरोचन का पुत्र था, यह भी यहाँ उल्लिखित है। **'वनपर्व'** में उल्लेख आया है कि नृसिंहावतार में हिरण्यकश्यपु का वध करके विष्णु ने एक हज़ार वर्ष तक अदिति के गर्भ में रहने के बाद वामनरूप में अवतार लिया। ब्राह्मण-वेश में भगवान् वामन दानवराज बलि की यज्ञशाला के समीप गये। बृहस्पति की सहायता से उनका बलि के यज्ञ-मण्डप में प्रवेश हुआ। बलि वामन को देख प्रसन्न हुआ और बोला कि आपकी क्या सेवा करूँ? वामन ने तीन पग पृथ्वी माँगी। बलि ने दे दी। भूमि को नापते समय वामन का अद्भुत रूप प्रकट हुआ। उन्होंने तीन पगों द्वारा सारी वसुधा को नाप लिया और उसे इन्द्र को सौंप दिया। **सभापर्व** में वामनावतार-वर्णन के प्रसंग में बताया गया है कि त्रेता युग में बलि ने इन्द्र का राज्य छीन लिया। इन्द्र पहले ब्रह्मा की शरण गये, फिर उन्हें लेकर विष्णु के पास। विष्णु ने अदिति के गर्भ से वामन-रूप में जन्म लिया। ब्रह्मचारी-वेश में बालक वामन अकेले ही बलि के यज्ञ-मण्डप में गये। तीन पग भूमि माँगी, फिर विराट्-रूप धारण कर एक पग में पृथ्वी, दूसरे में आकाश और तीसरे में स्वर्ग को नाप लिया। स्वर्ग को नापते समय उनका पैर ब्रह्माण्ड के कपाल से जा लगा। उसके आघात से ब्रह्माण्ड के कपाल में छिद्र हो गया जिससे एक स्रोतस्विनी प्रकट हुई जो नीचे उतर कर समुद्र में जा मिली। यही गंगा है। विष्णु ने असुरों की सम्पदा छीन कर शम्बर, नमुचि, प्रह्लाद आदि को पाताल भेज दिया। अभिमानी बलि को यज्ञ-मण्डप में ही बाँध लिया, फिर पाताल भेज दिया। इन्द्र को त्रिलोकी का राज्य दे दिया। **'शान्तिपर्व'** से इतना ही पता चलता है कि देवासुर-संग्राम समाप्त होने के बाद विष्णु ने वामनावतार धारण किया और अपने पैरों से तीनों लोकों को नाप लिया तथा इन्द्र देवताओं के राजा हो गये।

'हरिवंश पुराण' के भविष्य पर्व[566] में यह कथा विस्तार से कही गयी है। 31वें अध्याय की कथा में सिवाय इसके कोई विशेष बात नहीं कि महान् ऐश्वर्यशाली और दानी बलि का वह राजसूय यज्ञ, जिसमें याचक रूप से उपस्थित होकर वामनावतारी विष्णु ने तीन पग पृथ्वी का दान माँगा था, गंगा-यमुना के मध्यवर्ती प्रयाग में हुआ था और उस यज्ञ में बलि के मुख्य होता दैत्य-गुरु शुक्राचार्य थे। वामन द्वारा अपने राज्य का अपहरण हो जाने के बाद बलि अपनी सेना, अस्त्र-शस्त्र आदि लेकर पाताल-गुहा ('पातालविवर') में चले गये।[567] इसके बाद की इतनी कथा और मिलती

है कि इन्द्र तथा विष्णु के साथ दैत्यगण पुनः पाताल से शीघ्र ही उठे। देवताओं ने प्रसन्नतापूर्वक बलि को त्रिलोकेश्वर के पद पर अभिषिक्त किया। बलि ने देवताओं को पितृ-पद पर प्रतिष्ठित करके उन्हें स्वधामय अमृत से तृप्त किया। ब्रह्माजी ने वह अक्षय एवं अधिकारी अमृत इन्द्र को दिया। बलि के उस कर्म से देवेन्द्र सुरक्षित हो गये।[568] 48वें अध्याय की कथा में बलि को सत्यवादी, जितेन्द्रिय, तत्त्वदर्शी, शक्तिशाली और दैत्येन्द्र विशेषणों से विभूषित किया है।[569] ब्रह्माजी ने भी बलि का हिरण्यकश्यपु के राज्य पर अभिषेक किया था।[5] दानवों ने बलि को ही इन्द्र बना दिया।[570] दानवों के कहने पर बलि ने देवों से त्रैलोक्य का राज्य छीन लिया जो बाद में वामन विष्णु ने युक्तिपूर्वक देवों को दिलाया।

भविष्य पर्व के 67वें से 72वें अध्याय तक जो कथा दी गयी है उसमें विशेष बातें ये हैं—देवतागण बलि से संत्रस्त होकर ब्रह्मा के पास गये। ब्रह्मा ने सुझाया कि वे सब कश्यप-अदिति सहित क्षीरसागर के तटवर्ती 'अमृत' नामक स्थान पर एक सहस्र वर्ष तक विष्णु की आराधना करें।[571] विष्णु के प्रकट होने पर कश्यप-अदिति उनसे अपने पुत्र-रूप में अवतरित होने का वर माँगें और इन्द्र उनसे अपना छोटा भाई बन जाने का।[572] ऐसा ही किया गया। कश्यप-अदिति तथा देवताओं को विष्णु द्वारा ये वर प्राप्त हुए।[573] अदिति ने वामन (विष्णु) को गर्भ में एक सहस्र वर्ष तक धारण किये रखा। बालक वामन स्वयं ही बलि के यज्ञमण्डप में पहुँच गये, बृहस्पति की सहायता से नहीं। वामन ने अपने गुरु के लिए अग्निशाला बनवाने के निमित्त तीन पग भूमि बलि से माँगी।[574] शुक्राचार्य ने बलि को चेताया कि ये विष्णु हैं, ये तुम्हें ठग लेंगे, इनके चक्कर में मत आओ।[575] बलि जब सोने की झारी लेकर याचित भूमि का संकल्प करने चले, तब शुक्राचार्य ने बलि को पुनः रोका, किन्तु जब साक्षात् विष्णु दान ग्रहण करने के निमित्त उपस्थित हुए हों तब बलि उनकी वर्जना पर ध्यान कैसे देते? प्रह्लाद ने भी बलि को रोका था। महादानी बलि ने याचक को बिना दिये लौटने में पाप बताया। हाथ में संकल्प का जल लेते ही विष्णु विराट् बन गये। दैत्यगण विष्णु को मारने दौड़े, पर बलि ने उन्हें रोक दिया। वामन ने बलि को वर-रूप में देवताओं से अभय और सुतल नामक पाताल में दैत्यों सहित निवास प्रदान किया। उन्होंने बलि को इन्द्र से द्रोह न करने का परामर्श भी दिया। विष्णु ने बलि से प्राप्त त्रैलोक्य के राज्य का विभाजन इस प्रकार किया—इन्द्र को ऐन्द्री या पूर्व दिशा का तथा सोम को ऊपर की दिशा का राज्य मिला।[576] बलि को नागपाश में बाँध कर विष्णु स्वर्गलोक चले गये।[577] नारद के परामर्श पर पातालवासी, नागपाश से बद्ध बलि ने विष्णु की आराधना की। विष्णु ने प्रसन्न होकर गरुड़ को भेजा। गरुड़ को देखते ही डर कर नाग बलि को मुक्त कर भोगवतीपुरी (नागलोक) में चले गये।[578] गरुड़ ने विष्णु द्वारा बलि के लिए बाँधी हुई मर्यादा का स्मरण उसे

कराया। मर्यादा यह थी—सुतल लोक में दो कोस भी बाहर जाने पर तुम्हारे सिर के सैकड़ों टुकड़े हो जायेंगे।[579]

'ब्रह्म पुराण'[580] में देवतागण राजा बलि के ऐश्वर्य को सहन न कर पाने के कारण विष्णु के पास जाते हैं। अदिति के गर्भ से वामन की उत्पत्ति, बलि के यज्ञ में जाकर शुक्राचार्य से इनका संवाद आदि 'हरिवंश' के अनुसार ही वर्णित हैं। विष्णु ने बलि को वरदान-स्वरूप रसातल का अधिपति बनाया और भावी इन्द्र का पद दिया।

'पद्म पुराण' के उत्तर खण्ड'[581], **स्वर्ग खण्ड**[582] तथा **सृष्टि खण्ड**[583] में यह कथा कुछ अधिक विस्तार से आयी है। **उत्तर खण्ड** की कथा की कम **'पद्म पुराण'** एवं **'हरिवंशपुराण'** के अनुसार ही है। **स्वर्ग खण्ड** के अध्याय 1 और 2 में वामनावतार की कथा आयी है, परन्तु दोनों में अन्तर यह है कि अध्याय 2 में वामनावतार का वैवस्वत मन्वन्तर में होना बताया गया है और वामन बलि से पृथ्वी का दान ग्रहण करते हैं, जबकि अध्याय 2 में वामनावतार स्वारोचिष मन्वन्तर में हुआ है और वहाँ वामन वाष्कलि से त्रिविक्रम के रूप में तीन पग भूमि का दान लेते हैं। पहले वाष्कलि वाली घटना घटी बाद में बलि वाली। इस प्रकार यहाँ दो बार वामनावतार होना बताया गया। द्वितीय अध्याय वाली कथा में वामन बलि के पास अकेले ही दान माँगने गये हैं, किन्तु अध्याय 1 की कथा में वामन इन्द्र के साथ वाष्कलि के पास जाते हैं और इन्द्र वाष्कलि से यह कहते हैं कि तुमने हमारा सारा राज्य हमसे छीन लिया, अब हम इस याचक ब्राह्मण को, जो हमने अग्नि के रक्षार्थ कुटिया बनाने के लिए तीन पग भूमि माँगता है, दान कहाँ से दें? वाष्कलि ने इन्द्र का आदर-सत्कार किया और बटुक वेशधारी वामन को तीन पग पृथ्वी का संकल्प कर दिया। उशना (शुक्राचार्य) ने यहाँ भी उन्हें रोका है। **प्रथम अध्याय की कथा की अन्य विशेषताएँ ये हैं—** (1) इन्द्र ने वाष्कलि से याचना करते समय यह स्पष्ट कर दिया है कि मैं अपने लिए नहीं याचना कर रहा हूँ। (2) वामन ने प्रथम चरण में सूर्यदेव सहित नीचे का सब संसार नाप लिया। उनका दूसरा चरण ध्रुवलोक में जा लगा और तीसरे चरण से उन्होंने ब्राह्मण को ठोकर मारी, किन्तु तीसरे चरण के लिए स्थान नहीं बच रहा। वामन ने वाष्कलि से कहा कि अब हम तीसरा चरण कहाँ रखें? वाष्कलि असमर्थ होकर सिर झुकाये खड़ा रहा। तब वामन ने प्रसन्न होकर उससे वर माँगने को कहा। वाष्कलि ने विष्णु की भक्ति, उनके हाथ से मरण और मरने पर विष्णु के श्वेतद्वीप में जाने की इच्छा प्रकट की। विष्णु ने ये वर दे दिये और कहा कि जब मैं वाराह रूप धारण कर पृथ्वी का उद्धार करने पाताल जाऊँगा तब तुम यदि मेरी चपेट में आ गये, तो मैं तुम्हें मार डालूँगा। वामन ने तीनों लोकों को अपने पैरों से नाप कर उन्हें इन्द्र को दे दिया और वाष्कलि को पाताल भेज दिया। (3) इस कथा के साथ ही गंगा की उत्पत्ति की कथा भी जुड़ी हुई मिलती है। विष्णु का तीसरा चरण जब

ब्रह्माण्ड की ओर बढ़ा तब उनके अँगूठे की ठोकर से उसका एक खण्ड अलग हो गया और वहाँ से जल की धारा निकली जो ब्रह्मलोक, ध्रुवलोक, सूर्यलोक आदि को डुबोती हुई नीचे को यज्ञ पर्वत पर पहुँची। वह धारा फिर विष्णु के पग में समा गयी। वही विष्णुपदी गंगा हुई।

'पद्म पुराण' के सृष्टि खण्ड के अध्याय 30 में भी यही कथा मिलती है।

'विष्णु पुराण'[584] में इस सूचना के अतिरिक्त कि बलि विरोचन का पुत्र और प्रह्लाद का पौत्र था, उसके सम्बन्ध में और कोई सूचना नहीं मिलती।

'श्रीमद्भागवत पुराण'[585] में यह कथा कुछ विस्तार से वर्णित है। इन्द्र से पराजित होकर बलि का शुक्राचार्य के होतृत्व में विश्वजित् यज्ञ कराना और अग्नि से दिव्य रथ तथा अस्त्रादि प्राप्त कर त्रिलोक विजय करना एवं अदिति के गर्भ से वामन का पुत्र रूप में उत्पन्न होना आदि घटनाएँ यहाँ **'महाभारत'** के शान्तिपर्व और **'रामायण'** से मिलती-जुलती हैं। शुक्राचार्य यहाँ भी बलि को दान करने से मना करते हैं और न मानने पर उसे श्रीभ्रष्ट होने का शाप देते हैं। वामन बलि को नागपाश में बाँधने लगे, तब दैत्य उन्हें मारने दौड़े। पर बलि ने उन्हें **'हरिवंश पुराण'** की कथा के अनुसार ही रोक दिया। प्रह्लाद और ब्रह्मा की प्रार्थना पर यहाँ विष्णु ने बलि को नागपाश से मुक्त किया है तथा उसे सुतल लोक में भेज दिया है। शेष कथा **'वाल्मीकि रामायण'** के समान है।

'बृहन्नारदीय पुराण'[586] में बलि के द्वारा देवताओं की पराजय, देव-माता अदिति का विष्णु को पुत्र-रूप में प्राप्त करने के लिए तप और विष्णु का इसके लिए सहमत होना आदि घटनाएँ तो हैं ही, अन्य घटनाएँ भी **'वाल्मीकि रामायण'** के समान हैं। किन्तु कुछ कथांश **'पद्म पुराण'** के सृष्टि खण्ड अ. 25 और तृतीय स्वर्ग खण्ड अ. 1 के समान हैं। यहाँ भी वामन के अंगुष्ठाग्र भाग से ब्रह्माण्ड के टूटने और उससे गंगा के निकलने की कथा का संकेत है। यद्यपि **'नारद उपपुराण'** बहुत बाद की रचना है तो भी उसमें एक रोचक तत्त्व इस कथा में जोड़ दिया गया है। जब शुक्राचार्य के बार-बार मना करने पर भी बलि दान का संकल्प करने से विरत न हुए तब अपने शिष्य को भावी सर्वनाश से बचाने के लिए शुक्राचार्य सोने की झारी (जलपात्र) की टोंटी में जा अड़े जिससे संकल्प के लिए जल बाहर ही न आ सके। इस पर वामन के कहने पर बलि ने एक डाभ (कुश) से झारी की टोंटी को साफ किया। टोंटी का छिद्र तो खुल गया, पर बेचारे शुक्राचार्य की एक आँख फूट गयी। तब से वह एकाक्ष ही रह गये। उसमें की शेष कथा 'रामायण' के समान है।

'अग्नि पुराण'[587] में यह कथा संक्षेप में आयी है और **'ब्रह्मपुराण'** में आयी कथा के समान है।

'स्कन्द पुराण' में यह कथा कई स्थानों[588] पर वर्णित है। अवन्ती खण्ड तथा प्रभास खण्ड के गिरनारक्षेत्र-माहात्म्य अध्याय की कथा और **'ब्रह्म पुराण'** में आगत कथा में पूर्ण समानता है। प्रभास खण्ड के द्वारका क्षेत्र-माहात्म्य में आगत कथा बहुत संक्षिप्त है। विष्णु का पाताल में बलि का द्वारपालत्व करने की घटना के अलावा शेष घटनाएँ ब्रह्म पुराण के सदृश हैं। माहेश्वर खण्ड की कथा में कुछ नयी बातें हैं, जैसे देवताओं द्वारा पराजित होकर बलि द्वारा शुक्राचार्य के परामर्श पर विश्वजित् यज्ञ करना, अग्नि से दिव्य रथ तथा आयुध प्राप्त करना और उस रथ पर सवार होकर दिव्यास्त्रों की सहायता से देवताओं को जीतना, अदिति की तपस्या, वामन का उसका पुत्र होना स्वीकार करना आदि इसमें वर्णित घटनाएँ तो **'श्रीमद्भागवत'** और अन्य पुराणों में भी आ चुकी हैं, किन्तु बलि के पूर्व-जन्म से सम्बन्धित वृत्तान्त तो बिल्कुल अनूठा है। इसमें बताया गया है कि बलि पूर्व-जन्म में पापी, जुआरी तथा वेश्यागामी था। एक दिन वह अपनी प्रिया वेश्या के पास पुष्पहार आदि लेकर जा रहा था कि उसे ठोकर लग गयी। गिरते ही उसे सुबुद्धि आ गयी और उसने वे हार आदि शिव की मूर्ति पर चढ़ा दिये। इससे प्रसन्न होकर यमराज ने उसे तीन घड़ी तक के लिए स्वर्ग का राज्याधिकार दे दिया। बलि ने उस अल्पावधि में इन्द्र के उच्चैःश्रवा अश्व, ऐरावत गजराज तथा अप्सराओं आदि को ऋषियों को दान कर दिया। इस दान के प्रभाव से बलि को स्वर्ग का राजा बना दिया गया। बलि ने अपने सभी दैत्यों को भी स्वर्ग में लाने का विचार किया, किन्तु शुक्राचार्य ने बताया कि स्थायी रूप से स्वर्ग में रहने के लिए सौ अवश्मेध यज्ञ करने पड़ते हैं। बलि ने 99 अश्वमेध यज्ञ तो कर लिए, 100वाँ यज्ञ करने ही जा रहा था कि विष्णु भगवान् वामन रूप में आ पहुँचे। शुक्राचार्य ने वामन के छल से बलि को सावधान किया, पर बलि न माना। उसने संकल्प कर ही दिया। वामन ने विराट् रूप धारण कर अपने दो डगों में तो सारा ब्रह्माण्ड नाप लिया। अपने तीसरे चरण को उन्होंने जैसे ही सत्यलोक तक पहुँचाया, ब्रह्मा ने उनका चरण धोया और चरणोदक अपने कमण्डलु में भर लिया। वही सुरसरिता (गंगा) हुई। जब वामन के तृतीय चरण के लिए कोई स्थान शेष न रहा, तब बलि की पत्नी ने उस चरण को अपने पुत्र तथा पति के मस्तक पर रखने को कहा। विष्णु इससे बहुत प्रसन्न हुए। वर माँगने को कहा। उसने जो वर माँगा उसके फलस्वरूप भगवान् विष्णु को बलि के द्वारपाल की नौकरी सँभालनी पड़ी। विष्णु ने बलि को पाताल का राज्य दे दिया।

'वामन पुराण'[589] में यह कथा आठ अध्यायों में विस्तार से वर्णित है। कथा का अधिकांश तो **'वाल्मीकि रामायण'** में कथित कथा के समान ही है, केवल दो बातों में उसका वैशिष्ट्य है—(1) जैसे ही अदिति के गर्भ से भगवान् विष्णु ने वामनावतार लिया, स्वर्ग में रहते हुए भी बलि का तेज क्षीण हो गया। बलि ने अपने

पितामह प्रह्लाद से इसका कारण पूछा। प्रह्लाद ने वामनावतार की बात कही। बलि ने विष्णु की निन्दा की, तब प्रह्लाद ने उसे श्रीभ्रष्ट हो जाने का शाप दिया। बलि ने क्षमा माँगी। प्रह्लाद ने उसका अज्ञान दूर किया। (2) वामन के साथ अन्य देवतागण भी बलि के यज्ञमण्डप में गये। जब ये लोग उधर जा रहे थे, तब पृथ्वी कंपित हुई। बलि ने कारण जानना चाहा। शुक्राचार्य ने वामन विष्णु के आने की बात कही। बलि विष्णु को अपने द्वार पर स्वतः आया जान बहुत प्रसन्न हुआ और उसने उनके बिना माँगे, उन्हें तीन पग पृथ्वी का दान दिया।

'कूर्म्मपुराण'[590] में आगत कथा-रूप कई बातों में **'वामन पुराण'** और **बृहन्नारदीय पुराण'** के समान है। एक बात विशिष्ट है कि बलि के यज्ञमण्डप में वामन के आने पर भारद्वाज मुनि उनका परिचय बलि से कराते हैं। बलि वामन का चरणोदक लेता है। वामन अपने पैरों में समा जाने योग्य भू-भाग की याचना करते हैं। बलि संकल्प करता है। वामन ने एक पैर में ही तीनों लोकों को नाप लिया। दूसरा पैर उन्होंने ब्रह्मलोक की ओर बढ़ाया। ब्रह्मा ने विष्णु के सन्तोष के लिए ब्रह्माण्ड का आधा भाग तोड़ दिया जिससे महापुण्यसलिला फूट निकली। इसी को आकाश गंगा कहते हैं। विष्णु ने बलि को पाताल का और इन्द्र को त्रिलोक का राज्य दे दिया।

'मत्स्य पुराण'[591] में शौनक-अर्जुन संवाद के रूप में वामनावतार की कथा दी गयी है। यहाँ भी अदिति के गर्भ से विष्णु अवतार लेते हैं। उनके जन्मते ही असुरादि निस्तेज हो गये। बलि ने प्रह्लाद से इसका कारण पूछा। प्रह्लाद ने वामनावतार की बात कही। बलि ने विष्णु की निन्दा की। प्रह्लाद ने श्री भ्रष्ट होने का शाप दिया और उसे भगवद्भक्ति का उपदेश भी दिया। यह कथांश **'वामन पुराण'** के अनुसार ही वर्णित है। वामन जब बलि के यज्ञ में जाने लगे, तब बृहस्पति ने उन्हें कृष्णमृगचर्म, वसिष्ठ ने कमण्डलु, मारीच ने दण्ड, पुलह ने अक्षसूत्र और पुलस्त्य ने श्वेत वस्त्र दिये। वेदमय और वेदमय होकर वामन बलि के यज्ञ में गये। वामन जैसे ही यज्ञ मण्डप के समीप पहुँचे, सारी पृथ्वी काँपने लगी और अग्नि ने असुरों के दिये भाग को खाना बन्द कर दिया। इसका कारण शुक्राचार्य ने वामन का आगमन बताया। शुक्राचार्य ने बलि को पहले ही आगाह कर दिया कि वामन तुमसे दान माँगेंगे, तुम साफ नकार जाना। परन्तु बलि, याचक बन कर आये भगवान् के लिए कुछ भी अदेय नहीं मानता। यहाँ वामन इन्द्र के साथ नहीं, अकेले ही बलि के यज्ञमण्डप में गये हैं। ब्रह्माण्ड के टूटने से गंगा की उत्पत्ति का इसमें उल्लेख नहीं है। तीन पग में वामन त्रैलोक्य को ले लेते हैं और इन्द्र को दे देते हैं। बलि को सुतल में स्थापित कर देते हैं।

38. शकुन्तला-दुष्यन्त प्रेमाख्यान

शकुन्तला और दुष्यन्त के प्रेमाख्यान का प्रथम उल्लेख **'महाभारत'** के **'आदि पर्व'**[592] में आता है। पुरुवंशी राजा दुष्यन्त बड़े चक्रवर्ती सम्राट् थे। एक बार वे बहुत-से सैनिकों और हाथी-घोड़ों के साथ गहन वन में मृगया करने चले। वन में बहुत-से पशुओं का उन्होंने वध किया। शिकार करते हुए वे वन में काफी दूर तक चले गये, उनके साथी भी उनसे बिछुड़ गये। वन में उन्हें एक मनोरम आश्रम दिखायी दिया। वह आश्रम कण्व मुनि का था। तपोधन कण्व के दर्शन की अभिलाषा से दुष्यन्त ने आश्रम में प्रवेश किया।[593]

कण्व मुनि उस समय फल-संग्रह के लिए आश्रम से बाहर गये हुए थे। आश्रम सूना था। एक तापसी-वेश धारण किये सुन्दरी कन्या ने आश्रम में उनका स्वागत किया।[594] उस कन्या के सर्वांग-सौन्दर्य के प्रति आकर्षित होकर दुष्यन्त ने उसका परिचय पूछा। वह अपना परिचय बताये, उसके पूर्व ही दुष्यन्त ने अपना परिचय और उसे अपनी पत्नी बनाने की अभिलाषा प्रकट कर दी। साथ ही, यह भी कह दिया कि क्षत्रिय-कन्या के सिवा मेरा मन दूसरी किसी स्त्री पर कभी नहीं जाता, अतः तुम क्षत्रिय कन्या ही हो।[595] तापसी कन्या ने बताया कि मैं तपस्वी कण्व की पुत्री मानी जाती हूँ। मैं परतन्त्र हूँ। विवाह के विषय में आप मेरे गुरु और पिता महर्षि कण्व से ही बात करें।[596] दुष्यन्त ने कहा कि कण्व तो नैष्ठिक ब्रह्मचारी हैं, उनके पुत्री कहाँ से हुई? शकुन्तला ने अपने पिता के मुख से सुनी बात राजा दुष्यन्त से इस प्रकार बतलाई—"महर्षि विश्वामित्र की घोर तपस्या से डर कर देवराज इन्द्र ने मेनका नामक अप्सरा को उनका तप भंग करने के लिए भेजा। मेनका के रूप को देख कर विश्वामित्र काममोहित हो गये। विश्वामित्र और मेनका कई वर्ष तक विहार करते रहे। विश्वामित्र से मेनका के एक पुत्री उत्पन्न हुई जिसे उसने मालिनी नदी के तट पर छोड़ दिया और इन्द्रलोक चली गयी, क्योंकि वह जिस काम के लिए इन्द्र द्वारा भेजी गयी थी, वह पूरा हो चुका था। नदी-तट पर उस नवजात कन्या को शकुन्तों (पक्षियों) ने अपनी पाँखों से ढँक लिया, ताकि कोई हिंसक जन्तु उसे खा न जाये। उसी समय कण्व मुनि आचमन के लिए नदी पर गये, तो उन्हें वह कन्या मिली।[597] पक्षियों ने महर्षि कण्व से कहा कि यह विश्वामित्र की पुत्री है, आप दयालु हैं, इसका पालन कीजिए।[598] महर्षि उस कन्या को ले आये और 'शकुन्तान् लाति रक्षकत्वेन गृह्णति', व्युत्पत्ति के अनुसार उसका नाम **'शकुन्तला'** रख दिया। वह शकुन्तला मैं ही हूँ। मैं कण्व को ही अपना पिता मानती हूँ।"[599]

यह जान कर कि शकुन्तला क्षत्रिय-कन्या है, दुष्यन्त का आकर्षण और अनुराग उसके प्रति अधिक बढ़ गया। उसे गांधर्व विवाह द्वारा भार्या बनाने का प्रस्ताव

उन्होंने दुहराया। शकुन्तला ने राजा दुष्यन्त के सम्मुख एक शर्त रखी कि 'मेरे गर्भ से आपके द्वारा जो पुत्र उत्पन्न हो, वही आपका युवराज हो। यदि यह शर्त आपकी स्वीकार हो, तो मेरा-आपका समागम हो सकता है।[600] दुष्यन्त ने यह शर्त स्वीकार कर ली। गांधर्व विवाह करके राजा ने शकुन्तला के साथ सहवास किया और उसे शीघ्र ही अपने नगर में बुलाने का विश्वास दिला कर वहाँ से विदा हुए।''[601]

दुष्यन्त को गये दो ही घड़ी बीती थीं कि महर्षि कण्व आश्रम पर आ गये। शकुन्तला लज्जावश उनसे कुछ कह नहीं पा रही थी, पर मन में बहुत भयभीत थी। कण्व द्वारा अभय दिलाने पर उसने दुष्यन्त के साथ अपने विवाह आदि की बातें उन्हें बतला दीं। कण्व को यह जान कर प्रसन्नता हुई कि उनकी पालिता पुत्री दुष्यन्त जैसे राजेश्वर की महारानी बनेगी। मुनि को प्रसन्न देख कर शकुन्तला ने दुष्यन्त के लिए यह वर माँग लिया कि वे कभी धर्म और राज्य से भ्रष्ट न हों।[602]

इधर तो शकुन्तला के उदर में दुष्यन्त द्वारा स्थापित गर्भ धीरे-धीरे बढ़ रहा था और उधर दुष्यन्त अपने नगर में जाकर उसे भूल गये। शकुन्तला को प्रतीक्षा करते-करते तीन वर्ष बीत गये। पूरे तीन वर्ष व्यतीत होने पर शकुन्तला के गर्भ से एक तेजस्वी कुमार का जन्म हुआ।[603] शिशु-जन्म के अवसर पर देवताओं सहित इन्द्र ने आकर कहा कि यह शिशु चक्रवर्ती सम्राट् होगा तथा बल-तेज में कोई इसकी समानता न कर सकेगा।[604] कण्व के आश्रम में यह बालक क्रमशः बढ़ने लगा। छः वर्ष की ही अवस्था में वह बलवान् बालक सिंहों, व्याघ्रों, वराहों और भैंसों, हाथियों को पकड़ कर खींच लाता। इसी प्रकार सबका दमन कर उनकी पीठ पर चढ़ जाता, उन्हें दौड़ता। इसीलिए ऋषियों ने उसका 'सर्वदमन' नामकरण किया।[605] सर्वदमन बारह वर्ष का किशोर हो गया और कण्व द्वारा पठित होकर वेद-शास्त्र का ज्ञाता भी हो गया, पर दुष्यन्त की ओर से शकुन्तला को बुलाने कोई भी न आया।[606] चिन्ता के मारे शकुन्तला का बुरा हाल था। कण्व ने शकुन्तला को अपने पतिगृह जाने की आज्ञा दे दी, क्योंकि सर्वदमन की आयु युवराज बनने की हो गयी थी। कण्व ने सर्वदमन को भी उसके पिता का परिचय दिया। फिर, अपने कुछ शिष्यों के साथ शकुन्तला और सर्वदमन को राजा दुष्यन्त के नगर में भेज दिया।[607]

कुमार को लेकर, कण्व के शिष्यों के साथ, शकुन्तला दुष्यन्त को राजसभा में पहुँची और कुमार को अपने पिता को प्रणाम करने के लिए कहा। दुष्यन्त ने शकुन्तला से उसके आगमन का हेतु ऐसे पूछा, मानो उससे उनका कभी कोई परिचय न रहा हो। शकुन्तला ने सर्वदमन को उनका पुत्र बतला कर उसे युवराज-पद पर अभिषिक्त करने को कहा और गांधर्व विवाह के समय की गयी प्रतिज्ञा का स्मरण कराया,[608] परन्तु दुष्यन्त को तो कुछ भी याद न था। शकुन्तला ने अपनी जन्म-कथा, वन में दुष्यन्त का उससे प्रणय निवेदन आदि सब बातों को एक-एक कर स्मरण दिलाया, किन्तु

उन बातों को स्मरण करना तो दूर, दुष्यन्त ने उलटे उसको लांछित करना आरम्भ किया। उन्होंने कहा कि मैं तुझे बिलकुल नहीं पहचानता। दुष्यन्त द्वारा अपमानित होकर क्षुब्ध, अमर्षित और लज्जित शकुन्तला जैसे ही वहाँ से चलने को हुई, वैसे ही समस्त सभा-सदों के सम्मुख दुष्यन्त को सम्बोधित करते हुए आकाशवाणी हुई, जिसमें सर्वदमन को उनका ही पुत्र बतला कर उसे स्वीकार करने और शकुन्तला को भार्या बतला कर उसका अनादर न करने का आदेश दिया गया।[609] सर्वदमन के विषय में भी कहा गया कि यह 'भरत' के नाम से विख्यात होगा।

दुष्यन्त ने अपने मन्त्रियों आदि से कहा कि मैं भी अपने को इसी रूप में जानता हूँ, किन्तु यदि मैं केवल शकुन्तला के कहने-मात्र से इसे ग्रहण कर लेता, तो सब लोग इस पर सन्देह करते और यह बालक विशुद्ध नहीं माना जाता।[610] तदनन्तर दुष्यन्त ने आदर और स्नेहपूर्वक सर्वदमन तथा शकुन्तला को स्वीकार किया। फिर शकुन्तला से कहा कि देवि, तुम निस्सन्देह पतिव्रता हो, किन्तु मैंने तुम्हारे साथ जो विवाह-सम्बन्ध स्थापित किया था, उसे साधारण जनता नहीं जानती थी, अतः तुम्हारी शुद्धि के लिए ही मैंने यह उपाय सोचा था।[611] इसके बाद शकुन्तला का अन्न, पान, वस्त्र आदि के सत्कार करके राजा दुष्यन्त ने अपनी माता रथन्तर्या को भी सारा वृत्तान्त बताया। दुष्यन्त ने सर्वदमन का नाम 'भरत' रख कर उसे युवराज-पद पर अभिषिक्त किया। सौ वर्षों तक राज्य करने के बाद दुष्यन्त स्वर्ग सिधारे।

कालिदास के **'अभिज्ञान शाकुन्तल'**[612] नाटक में **'महाभारत'** के इस उपाख्यान को कुछ ऐसे मौलिक तत्त्वों से संयुक्त कर दिया गया है कि उनसे इनका वस्तुगत सौन्दर्य और भी बढ़ गया है। इस नाटक की मौलिक उद्भावनाएँ निम्न हैं:

(1) इसमें शकुन्तला की सखियों—अनसूया और प्रियंवदा की कल्पना कर ली गयी है। प्रेमोदय और प्रेम-विकास में इन सखियों का भी योग रहता है। **'महाभारत'** की तरह यहाँ शकुन्तला को अपनी जन्म-कथा स्वयं नहीं बतानी पड़ती, वरन् ये सखियाँ ही दुष्यन्त को बतला देती हैं।

(2) **'महाभारत'** की कथा में प्रेम-निवेदन दुष्यन्त करते हैं, परन्तु प्रारम्भ में यह पता नहीं चलता कि शकुन्तला भी दुष्यन्त को उतनी ही मात्रा में प्रेम करने लगी है, जिस मात्रा में दुष्यन्त शकुन्तला को। **'अभिज्ञान शाकुन्तल'** में तुल्यानुराग है। शकुन्तला का चित्त दुष्यन्त को देखते ही उनकी ओर आकर्षित हो जाता है। दुष्यन्त से कुछ घड़ी को विलग होते ही वह कमलिनी-पत्र पर अपने नखों से प्रेम-पत्र तक लिखने लगती है। दुष्यन्त उसे सहिदानी के रूप में अपनी नामांकित अँगूठी भी देते हैं।[613]

(3) दुर्वासा के शाप—जिसके ध्यान में मग्न होकर तू मुझ-जैसे तपस्वी के आने की सुध नहीं ले रही है, वह स्मरण दिलाने पर भी तुझे भूल जाएगा[614]—और उसके मोचन के उपाय 'यदि यह कन्या अपने प्रेमी को कोई पहचान का आभूषण

दिखला दे, तो मेरा शाप छूट जाएगा।[615]—की योजना करके कालिदास ने इस कथा की उस असंगति और अस्वाभाविकता को दूर कर दिया है जो महाभारत वाली कथा में मिलती है। **'महाभारत'** में दुष्यन्त जान-बूझकर शकुन्तला को न पहचानने का बहाना करते हैं, ताकि जनता के सम्मुख यह प्रमाणित हो जाये कि सर्वदमन उन्हीं का पुत्र है। ऐसा लगता है, मानो उन्हें पहले से पता था कि जब वे शकुन्तला को तिरस्कृत करेंगे, तब उसके सतीत्व का साक्ष्य देने के लिए आकाशवाणी होगी ही। दुष्यन्त का शकुन्तला को अपनी सफाई देना हास्यास्पद लगता है। **'शाकुन्तल'** में अँगूठी को मछली निगल जाती है, उसके खो जाने से और दुर्वासा के शाप-वश वह अपनी पहचान नहीं दे पाती। दुष्यन्त की राज-सभा से उसके चले जाने और हेमकूट पर्वत पर जाकर रहने लगने पर, जब एक मछुए से राजा को अँगूठी प्राप्त होती है, तब शाप-मोचन हो जाता है और दुष्यन्त को शकुन्तला की स्मृति हो आती है। उसके उपरान्त वे उसके लिए बहुत बेचैन हो जाते हैं। दुष्यन्त के चरित्र-चित्रण की दृष्टि से कालिदास द्वारा इस प्रेमाख्यान में दुर्वासा के शाप और अँगूठी की योजना वस्तुतः एक सुन्दर और मौलिक उद्भावना है।

(4) **'महाभारत'** के **'शकुन्तलोपाख्यान'** में सर्वदमन की उत्पत्ति कण्व के आश्रम में ही हो जाती है। वह जब तेरह वर्ष का हो जाता है तब कण्व शकुन्तला-सहित उसको दुष्यन्त के पास भेजने की चिन्ता करते हैं। प्रश्न उठता है, कण्व ने पुत्र-रत्न-उत्पत्ति की सूचना दुष्यन्त को इससे पहले क्यों नहीं भेजी? **'अभिज्ञान शाकुन्तल'** में शकुन्तला गर्भवती-अवस्था में ही दुष्यन्त की राजसभा में जाती है और पति द्वारा तिरस्कृत होने के बाद उसको पुत्र-उत्पत्ति होती है। **'महाभारत'** की कथा में एक और भी अस्वाभाविकता है कि सर्वदमन तीन वर्ष तक गर्भ में पड़ा रहा।

(5) **'अभिज्ञान शाकुन्तल'** में शकुन्तला के दुष्यन्त से गर्भवती होने की सूचना आकाशवाणी से मिलती है।[616]

(6) शकुन्तला के पतिगृह जाते समय उसके साथ एक वयोवृद्धा तपस्विनी गौतमी को साथ भेजना भी **'अभिज्ञान शाकुन्तल'** की एक सुन्दर कल्पना है, **'महाभारत'** में ऐसा नहीं है।

(7) **'अभिज्ञान शाकुन्तल'** में दुष्यन्त द्वारा तिरस्कृत होने पर मेनका आकर शकुन्तला को अप्सरा-लोक की ओर ले जाती है।[617]

(8) कश्यपमुनि द्वारा सर्वदमन के हाथ में पहनाने के लिए अपराजिता नामक जड़ी देना और उसमें यह गुण होना कि उसके पृथ्वी पर गिरने पर माता-पिता को छोड़ कोई अन्य उठावे, तो साँप बन कर तत्काल डँस ले—यह भी एक नूतन उद्भावना **'अभिज्ञान शाकुन्तल'** की है। उससे ही दुष्यन्त के सर्वदमन का पिता होने की पहचान होती है।[618]

39. श्रवणकुमार की कथा

यह कथा सर्वप्रथम **'वाल्मीकि रामायण'** में ही मिलती है। **'रामायण'** के अनन्तर लिखे गये अन्य राम-कथा-काव्यों में यह आख्यान किसी न किसी रूप में मिल जाता है, परन्तु पुराणों में इस आख्यान का अधिक विकास नहीं हुआ।

'वाल्मीकि रामायण'[619] में राम के वन जाने के बाद की छठी रात को महाराज दशरथ ने कौसल्या को यह कथा सुनायी है। दशरथ ने बताया कि युवावस्था में उन्हें शब्द-वेधी बाण चलाने का चाव था और उसी के कारण अनजाने उनसे एक अपराध हो गया। वे रात को आखेट करने गये हुए थे। अँधेरे में उन्हें कहीं दूर घड़ा भरने की ध्वनि सुनाई दी। उन्होंने यह समझकर कि कोई हाथी पानी पी रहा है, ध्वनि को लक्ष्य करके एक विष-बुझा तीर छोड़ दिया। तुरन्त ही एक मनुष्य के व्यथापूर्ण शब्द सुनायी दिये।[620] दशरथ ने जाकर देखा। एक मुनिकुमार तीर से बिंधा छटपटा रहा है। वह अपने बूढ़े, अन्धे और पंगु माता-पिता की, उसके न रहने पर, होने वाली दुर्दशा को स्मरण कर और भी दुःखी हो रहा था। वह दशरथ को अपनी निरपराध हत्या के लिए कोसने लगा। उसने दशरथ से अपने माता-पिता के आश्रम में जाकर उन्हें समाचार बताने और उनसे क्षमा माँगने को कहा। उसके मर्मस्थल से दशरथ ने बाण निकाला। उसने बताया कि मैं ब्राह्मण नहीं हूँ, बल्कि मेरी माता शूद्रा और पिता वैश्य है, अतः आपको ब्रह्म-हत्या का पाप नहीं लगेगा। यह कह कर वह मर गया।[621]

दशरथ घड़े में जल लेकर उसके अन्धे माता-पिता के पास गये। डरते-डरते उन्होंने उस अन्धे तपस्वी दम्पती से उनके पुत्र के अपने हाथों अनजान में मारे जाने का अपराध कह सुनाया और उसके लिए क्षमा चाही।[622] उनकी इच्छा जान दशरथ उन दोनों को वहाँ ले आये जहाँ उनके पुत्र का शव पड़ा था। माता-पिता ने अपने पुत्र के शव से लिपट कर हृदय विदारक विलाप किया। उन्होंने उसके द्वारा प्रदर्शित भक्ति और अपनी की हुई सेवाओं का स्मरण कर उसकी सद्गति के लिए आशीर्वाद दिया। मुनिपुत्र अपने पुण्यकर्मों के बल से दिव्य रूप धारण कर इन्द्र के साथ विमान में बैठ कर तुरन्त स्वर्ग चला गया।[623] चलते-चलते वह दिव्यात्मा अपने दुःखी माता-पिता से बोला—"मैंने आपकी जो सेवा की थी, उसी पुण्य के बल से मुझे यह उत्तम गति मिली है।"[624] अन्धे तापस ने दशरथ को शाप दिया कि "मुझको इस समय जैसा-पुत्र शोक हुआ है, ऐसे ही पुत्र-शोक से तुम्हारी मृत्यु होगी।"[625] दशरथ ने कौसल्या को बताया कि बहुत विलाप करने के बाद, मुझे शाप दे, वे दम्पति चिता बना कर और उस पर बैठ कर (भस्म होकर) स्वर्ग को चले गये।

इस आख्यान में कहीं मुनि-पुत्र का 'श्रवणकुमार' नाम नहीं आता।

'महाभारत' में यह कथा **'रामोपाख्यान'** में नहीं आती। **'ब्रह्म पुराण'**[627] में यह कथा संक्षेप में मिलती है। वाल्मीकि रामायण की कथा से इसमें इतनी ही भिन्नता है कि इसमें अन्ध तापस को ब्राह्मण बताया गया है और उसका नाम 'श्रवण'। मुनि-पुत्र का नाम 'श्रावण' कहा गया है।

'अग्नि पुराण'[628] में भी इस कथा का संक्षिप्त रूप ही प्राप्त होता है। इसमें मुनि-पुत्र का नाम 'श्रवण' न होकर 'यज्ञदत्त' मिलता है। शेष कथा वाल्मीकि-कृत रामायण के समान ही है।

एक बौद्ध ग्रन्थ **'सामजातक'** में भी यह कथा मिलती है। वहाँ 'श्रवण' को 'सरवन' कहा है और दशरथ को अन्धमुनि के शाप से पुत्र-वियोग में मरता दिखाया गया है।

'अध्यात्म रामायण'[629] **(ब्रह्माण्ड पुराण का अंश)** में भी अन्ध तापस के शाप की कथा आयी है। इसमें मुनि-पुत्र का कोई नाम नहीं दिया है। उसे मुनिकुमार न कह कर 'मुनीश्वर' ही कहा है। मुनीश्वर (मुनि-पुत्र) यहाँ वैश्य है। 'वाल्मीकि रामायण' में मुनि-पुत्र की हत्या करते समय दशरथ राजा नहीं बने होते, युवराज ही होते हैं, पर यहाँ वे राजा हैं। यहाँ अपने माता-पिता से पहले मुनि-पुत्र के इन्द्र के साथ स्वर्ग जाने का उल्लेख नहीं है। माता-पिता पुत्र के शव को लेकर जीते जी चिता पर बैठ जाते हैं और भस्म होकर स्वर्ग चले जाते हैं। 'वाल्मीकि रामायण' में चिता अंध तागस-तापसी ही बना लेते हैं, पर यहाँ दशरथ उस चिता को बनाते हैं। चिता पर बैठ कर वृद्ध तापस ने उन्हें पुत्र-शोक में मरने का शाप दिया। इन सामान्य अन्तरों के अतिरिक्त सारी कथा 'वाल्मीकि-कृत रामायण' के समान है।

'आनन्द रामायण'[630] में भी यह कथा है। वहाँ मुनि-पुत्र का नाम 'श्रवण' मिलता है। यह भी उल्लेख है कि वह अपने अन्धे माता-पिता को काँवर में बैठा कर काशी की तीर्थ-यात्रा कराने ले जा रहा था। किसी वन में जाते हुए, दोपहरी की गर्मी में माता-पिता और स्वयं के प्यास से व्याकुल होने पर वह एक जलाशय से जल लाने गया था। शेष घटनाएँ 'वाल्मीकि-कृत रामायण' के अनुसार हैं।

40. शिवजी के ललाट पर द्वितीया का चन्द्र

'वाल्मीकि रामायण' और **'महाभारत'** दोनों में समुद्र-मन्थन प्रसंग का वर्णन है।[631] 'वाल्मीकि रामायण' में समुद्र-मन्थन के फलस्वरूप निकलने वाले जिन रत्नों का उल्लेख हुआ है, उनमें चन्द्रमा का नाम नहीं है। 'महाभारत' में चन्द्रमा के समुद्र से निकलने का उल्लेख है। दोनों ही ग्रन्थों में शिव द्वारा कालकूट पीने का उल्लेख है। किन्तु दोनों में से किसी में यह नहीं लिखा कि कालकूट के दाह को शान्त करने के

लिए शिव ने चन्द्रमा को अपने ललाट पर धारण किया और 'चन्द्रमौलि' कहलाये। 'महाभारत' के **'अनुशासन पर्व'**[632] में, जहाँ पार्वती शिव की विचित्र वेश-भूषा के सम्बन्ध में प्रश्न करती हैं, वहाँ भी उन्होंने उनके ललाट पर चन्द्रमा धारण करने का कारण नहीं पूछा है। वे उनके चतुर्मुख के विषय में पूछती हैं, उनके नीलकण्ठ होने का कारण जानना चाहती हैं, उनकी पिंगल केश-राशि और पिनाक आदि के विषय में भी जिज्ञासा करती हैं, किन्तु चन्द्रमा के सम्बन्ध में मौन ही रहती हैं। बस, उसी पर्व में वह 'हे चन्द्रमा के पालक, आपको नमस्कार है'[633] कहकर शिव के द्वारा चन्द्रमा धारण करने का संकेत देती हैं।

'विष्णु पुराण' में यह उल्लेख आता है कि समुद्र-मन्थन के समय जब उसमें से स्निग्ध प्रकाश-युक्त चन्द्रमा निकला, तब उसे शिवजी ने ग्रहण कर लिया।[634]

'ब्रह्मवैवर्त्त पुराण' में ऐसा उल्लेख है कि गुरु-पत्नी तारा को जब चन्द्रमा बलात् हरण कर लाया, तब शंकर जी उस पर बहुत क्रुद्ध हुए। अपने त्रिशूल से उसे नष्ट करने पर तुल गये; किन्तु जब शुक्राचार्य ने, जिनकी शरण में चन्द्रमा था, शंकर जी से प्रार्थना की, तब शंकर जी पसीज गये। उन्होंने चन्द्रमा को क्षीरोद में स्नान करा कर पवित्र कर लिया और उसके दो खण्ड कर आधे को अपने मस्तक पर धारण कर लिया और आधे को ब्रह्मा के सामने छोड़ दिया। चन्द्रमा ने लज्जित होकर समुद्र में डूब कर आत्महत्या कर ली। अपने पुत्र चन्द्रमा के वियोग में अत्रि ऋषि की आँखों से आँसू जल में गिरे। चन्द्रमा निष्पाप होकर पुनः समुद्र से प्रकट हुआ। शंकर जी ने चन्द्र से कहा कि तारा के शाप के कारण तुम्हें यक्ष्मा रोग तो अवश्य होगा, किन्तु मेरे आशीर्वाद से उसका प्रतीकार हो जाएगा।[635]

41. शिवजी के कन्धे पर दो हत्याएँ होना

(1) ब्रह्मा की हत्या

(2) कामदेव की हत्या–(कामदेव-दहन)

शिवजी के कंधों पर किन दो हत्याओं का पाप था, इसके विषय में विद्वानों में **मतैक्य** नहीं है। यहाँ **'पद्मावतमूल और संजीवनी टीका'** की एक टिप्पणी उद्धृत की जाती है जिससे इस विषय पर प्रकाश पड़ेगा–शुक्लजी (आचार्य रामचन्द्र शुक्ल) ने लिखा है–'कवि ने शिव के कंधों पर हत्या की कल्पना क्यों की, यह स्पष्ट नहीं होता।' श्री सुधाकर द्विवेदी ने गंगा और चन्द्रमा को शिव के कंधों की दो हत्याएँ समझा था, क्योंकि पार्वती उन्हें अपने एकान्त प्रेम की बाधक आठ पहर की हत्या-जैसी मानती हैं। श्री शिरेफ ने सती के मृत शरीर को कंधे पर रखने और मदन-दहन को

दो हत्याएँ माना है। डॉ. मुंशीराम शर्मा 'सोम' ने **'पद्मावत'** की अपनी हिन्दी टीका में गणेश जी को मारने और उनको जीवित रखने के लिए हाथी को मारने को दो हत्याएँ माना है। प्राचीन विश्वास के अनुसार, ब्राह्मण, गाय या देवता को मारने से हत्या लगी मानी जाती है। अपनी ही पुत्री सरस्वती पर आसक्त होकर उसके पीछे भागते हुए ब्रह्मा का मस्तक शिव ने काट लिया था। सम्भव है, ये ही दो हत्याएँ शिव को लगी हों। क्षेमेन्द्र ने अपने **'देशोपदेश'** ग्रन्थ में शिव की ब्रह्महत्या का उल्लेख किया है (**शक्रराज्यापहरण क्षमा शिबुध वर्जिता। कुट्टनी ब्रह्महत्येव भयप्रदा॥ 4/2**)[636] **डॉ. वासुदेवशरण अग्रवाल** भी इस उद्धरण में ब्रह्म और कामदेव–दो की हत्याओं के पाप के शिव के कन्धे पर होने के विषय में पूर्ण आश्वस्त नहीं जान पड़ते, फिर भी कामदेव-दहन को दूसरी हत्या मानने की ओर उनका झुकाव लगता है। किन्तु, आगे चल कर उनके इस कथन ने दूसरी हत्या-सम्बन्धी उनके मत को अधिक सुविधाग्रस्त बना दिया है–''शिव को एक ब्रह्महत्या तो निश्चित रूप से ब्रह्मा के सिर काटने से लगी थी जिसकी कथा **'मत्स्यपुराण'** (183/103) में है। दूसरी ब्रह्म-हत्या सम्भवतः दक्ष प्रजापति के वध से लगी थी। किन्तु, उसका उल्लेख अभी तक मुझे नहीं मिला।[637]

उपर्युक्त उद्धरणों के अनुसार विभिन्न विद्वानों के मत दो हत्याओं के सम्बन्ध में ये हैं–

विद्वान्	**दो हत्याएँ : किस-किस की**?
आचार्य रामचन्द्र शुक्ल	(इस सम्बन्ध में अस्पष्ट)
प. सुधाकर द्विवेदी	गंगा और चन्द्रमा
श्री शिरेफ	सती के शव को कन्धे पर रख कर शिव का घूमना और मदन-दहन
डॉ. मुंशीराम शर्मा 'सोम'	गणेश और हाथी
डॉ. वासुदेव शरण अग्रवाल	(1) ब्रह्मा और कामदेव किन्तु, (2) ब्रह्मा और दक्ष अनिश्चित।

उपर्युक्त सभी मतों में हमें **डॉ. वासुदेवशरण अग्रवाल** के मत में अधिक तर्क-संगति जान पड़ती है, किन्तु दक्ष प्रजापति के जाने की घटना लोक-विश्रुत होते हुए भी पुराणों में उल्लिखित नहीं है। शिव ने अपने अंश से वीरभद्र नामक गण को दक्ष-यज्ञ का विध्वंस करने के लिए उत्पन्न किया था[638], और इसी के द्वारा दक्ष के मारे जाने का उल्लेख मिलता है[639], किन्तु शिव ने अपने हाथों से दक्ष को मारा हो, इसका कहीं उल्लेख हमें नहीं मिल पाया है। इसके विपरीत, शिवजी द्वारा दक्ष को देवताओं के अनुरोध पर क्षमा कर देने और उनके यज्ञ की विध्वस्त सामग्री को यथावत् कर देने का उल्लेख अवश्य मिलता है।[640]

अतः हम शिव के कंधों पर दो हत्याओं के पाप को (1) ब्रह्मा की हत्या और (2) कामदेव-दहन से ही सम्बन्धित मानकर चलना अधिक उचित समझते हैं। इन दोनों हत्याओं से सम्बन्धित कथा संक्षेप में यह है–

(1) **शिवजी द्वारा ब्रह्मा की हत्या :** शिवजी ने ब्रह्मा की हत्या इसलिए की थी कि उन्होंने अपनी पुत्री के साथ बलात्कार किया था। यह कथा पुराणों में आयी है। किन्तु इस कथा का संकेत **'ऋग्वेद'** में भी मिलता है।[641] **'ऐतरेय ब्राह्मण'**[642], **'शतपथ ब्राह्मण'**[643] और **'निरुक्त'**[644] में भी इसका सांकेतिक उल्लेख हुआ है। **'वाल्मीकि रामायण' और 'महाभारत'** में इस कथा का उल्लेख नहीं मिलता। **'महाभारत'** में सरस्वती के ब्रह्माजी की पुत्री होने का उल्लेख अवश्य है।[645]

वैदिक साहित्य और **महाभारत** में इस कथा का प्रतीकात्मक रूप स्पष्ट है। ब्रह्मा का अर्थ प्रजापति है, क्योंकि कथा का मर्म बतलाते हुए **ऐतरेय** तथा **शतपथ ब्राह्मणों** ने यही अर्थ लिया है। प्रजापति का शाब्दिक अर्थ है राजा। **अथर्ववेद** में 'सभा' और 'समिति' प्रजापति की दो पुत्रियाँ कही गयी हैं।[646] वे आज की लोकसभा और राज्यसभा या लोक-सभा और मन्त्रि-परिषद् के समानार्थी मानी जा सकती हैं। जो राजा अपनी 'सभा' और 'समिति' के परामर्श की अवहेलना कर, सत्तान्ध होकर एक निरंकुश शासक के रूप में बलपूर्वक शासन करता है, वह अपनी सभारूपी दुहिता पर बलात्कार ही तो करता है। यह रूपक **'महाभारत'** में और अधिक स्पष्ट कर दिया गया है। वहाँ यह उल्लेख है–"दण्ड सर्वत्र व्यापक होने के कारण भगवान् विष्णु है। इसी प्रकार दण्ड-नीति भी ब्रह्माजी की कन्या कही गयी है। लक्ष्मी, वृत्ति, सरस्वती तथा जगद्धात्री भी उसी के नाम हैं।[647] और 'दण्ड' से सुरक्षित रहती हुई प्रजा ही इस जगत् में अपने राजा को प्रतिदिन धन-धान्य से सम्पन्न करती रहती है। इसलिए दण्ड ही सबको आश्रय देने वाला है।[648] यदि कोई प्रजापति या राजा अपनी दण्डनीति में निष्पक्ष न रहे, उसके प्रति तटस्थ भाव न रखे, उसको अपनी प्रिया बना ले, उसके प्रति पक्षपातपूर्ण बन जाये तो उसकी प्रजा का सन्तप्त होना स्वाभाविक है।"

फिर भी, अन्य अनेक प्रतीकात्मक पौराणिक कथाओं के समान प्रजापति, ब्रह्मा द्वारा अपनी दुहिता वाक् या सरस्वती से बलात्कार की यह कथा पुराणों में रोचकता और रसिकता से कही गयी है।

'शिव पुराण'[649] में यह कथा आती है कि ब्रह्मा के मुख से एक अत्यन्त सुन्दर स्त्री उपजी जिसका नाम उन्होंने 'संध्या' रखा। उसको देख ब्रह्मा को कामवासना उपजी। उसके दस मानस पुत्रों–मरीचि, अत्रि-अंगिरस, पुलस्त्य, पुलह, क्रतु, भृगु, वसिष्ठ, सुर ऋषि और दक्ष–ने निषेध किया, किन्तु कामी तो बुद्धिहीन हो जाता है। ब्रह्मा ने संध्या को पकड़ कर उससे मैथुन करना चाहा, तभी शिव प्रकट हो गये

और उन्हें धिक्कार, उनके वेदपीठ होने पर लानत दी। शिव की कृपा से ब्रह्मा वह कुकर्म करन से बच गये। बाद में संध्या पितरों से गर्भवती हुई।

ब्रह्मा के इस कुकर्म में प्रवृत्त होने का कारण यहाँ यह दिया है कि जैसे ही संध्या के अपूर्व सौन्दर्य को देख कर ब्रह्मा के मन में कामवासना उत्पन्न हुई, वैसे ही एक सुन्दर कुमार उनके शरीर से उत्पन्न हुआ। उसने ब्रह्मा से अपना नाम और काम जानना चाहा। ब्रह्मा ने उसका नाम 'मन्मथ' रखा और उसे वरदान दिया कि सारा संसार उसके प्रभाव में रहेगा। मन्मथ ने उस वरदान का प्रभाव पहले ब्रह्मा पर ही आजमाना चाहा। उसने उसकी पुत्री संध्या को पास ही खड़ा देख एक बाण ब्रह्मा पर मारा और दूसरा बाण संध्या के हृदय पर। दोनों परस्पर काममोहित हो गये। ब्रह्मा ने संध्या को पकड़ना चाहा। तभी शिव प्रकट हुए। शिव द्वारा उस कुकर्म से विरत कर दिये जाने पर ब्रह्मा ने कामदेव को शाप दिया कि तुझे शिव-नेत्र की ज्वाला जला देगी। ब्रह्मा से जब उसने कहा कि इसमें मेरा क्या अपराध, आपने मुझे जिस कार्य के लिए उत्पन्न किया था, वही कार्य तो मैंने किया। तब ब्रह्मा ने उसे वरदान दिया कि द्वापर में कृष्ण के पुत्र प्रद्युम्न के रूप में तू पुनः शरीरी बन जाएगा और रति को प्राप्त करेगा।

'शिव पुराण' में ही अन्यत्र[650] ब्रह्मा ने नारद को स्वयं बताया है कि पहले मेरे एक कन्या उपजी, उसका नाम मैंने संध्या रखा। मेरे एक पुत्र भी हुआ, उसका नाम मैंने 'मन्मथ' रखा। उसको मैंने वर दिया कि तुम तीनों लोकों पर प्रबल रहोगे और सब तुम्हारे वश में रहेंगे। काम ने पहला बाण मुझ पर ही चलाया, मुझसे कुकर्म कराना चाहा, तब मैंने कामदेव को शाप दिया कि तुम शिव के तीसरे नेत्र से जला दिये जाओगे।

'मत्स्यपुराण' के अध्याय 183, श्लोक 103 में शिव द्वारा ब्रह्मा का सिर काटे जाने की घटना का उल्लिखित होना डॉ. वासुदेवशरण अग्रवाल ने बताया है, परन्तु 'मत्स्य पुराण' के जितने संस्करण हमें उपलब्ध हो पाये, उनमें उक्त अध्याय में ऐसी किसी घटना का उल्लेख नहीं मिला। 183वें अध्याय में तो वाराणसी-माहात्म्य का वर्णन है और उसकी कुल श्लोक संख्या 63 ही है। 'मत्स्यपुराण' में अन्यत्र दो स्थलों[651] पर ब्रह्मा के अपनी पुत्री सरस्वती पर मोहित होने की घटना का उल्लेख हुआ है। किन्तु वहाँ भी शिव द्वारा ब्रह्मा का सिर काटने का उल्लेख नहीं आया। 'मत्स्यपुराण' के अध्याय 3 में कहा गया है कि ब्रह्मा जी ने अपने आधे शरीर को स्त्री रूप और आधे को पुरुष रूप किया। स्त्री-रूप सावित्री को ही शतरूपा कहते हैं और इसी को गायत्री और ब्रह्माणी भी। ब्रह्मा जी अपनी देह से उत्पन्न उस स्त्री को आत्मजा मानने लगे।[652] ब्रह्मा उसके अद्भुत सुन्दर रूप को देख कर कामपीड़ित हुए। वसिष्ठादि जो ब्रह्मा के पुत्र थे, वे सरस्वती को अपनी बहन समझने लगे। ब्रह्मा

जी अपने पुत्रों की ओर देखना छोड़ बारम्बार अपनी आत्मजा को ही देखने लगे। सरस्वती अपने पिता की प्रदक्षिणा करने लगी। पुत्रों की उपस्थिति से लज्जित हो, ब्रह्मा जी ने अपना एक मुख पीछे की ओर भी कर लिया। ब्रह्मा जब बहुत कामातुर हो गये, तब सरस्वती के ही समान रूप वाली एक दूसरी स्त्री उनसे उत्पन्न हो गयी। सृष्टि रचने के लिए ब्रह्मा ने जो कठोर तप किया था, वह अपनी पुत्री के साथ संभोग की इच्छा व्यक्त करने से नष्ट हो गया था। ब्रह्मा के एक पाँचवाँ मुख ऊपर की ओर और उत्पन्न हो गया। ब्रह्मा ने उस मुख को अपनी जटाओं से ढँक लिया।[653]

'मत्स्यपुराण' के अध्याय 4 की कथा में इस कथा से इतनी ही भिन्नता है कि उसमें कामदेव का प्रसंग भी आ जुड़ा है। मत्स्यावतारी विष्णु मनु से कहते हैं कि ब्रह्मा से गायत्री उत्पन्न हुई है। जहाँ ब्रह्मा हैं वहीं सरस्वती भी हैं; और जहाँ सरस्वती हैं वहाँ ब्रह्मा भी। सरस्वती या गायत्री ब्रह्मा के पास से कभी नहीं हटतीं। ब्रह्मा वेद की राशि हैं और गायत्री वेद की अधिष्ठात्री, अतः गायत्री के साथ समागम करने में ब्रह्मा को कुछ दोष नहीं है।[654] ऐसा होने पर भी प्रजापति ब्रह्मा अपनी पुत्री के साथ संगम करने से बड़े लज्जित हुए और क्रोध में उन्होंने कामदेव को यह शाप दिया कि चूँकि तूने मेरा भी मन अपने बाणों से चलायमान कर दिया, इसलिए तुझे शिवजी भस्म करेंगे।[655] तत्पश्चात् कामदेव ने ब्रह्मा से कहा कि पिता, आपने ही तो कहा था कि मुझे जैसे बने, स्त्री-पुरुषों के मन को, बिना किसी विचार के, चंचल कर देना है। मैंने यही किया, फिर आपने मुझे शाप क्यों दिया? तब ब्रह्मा ने कामदेव पर प्रसन्न होकर कहा कि वैवस्वत मनु के अन्त में मेरा अंश लेकर यादव-कुल में कृष्ण पैदा होंगे, तू उन्हीं का पुत्र होगा।[656]

उपर्युक्त सभी कथा-रूपों में शिव द्वारा ब्रह्मा की हत्या करने का कोई उल्लेख नहीं मिलता।

शिव द्वारा ब्रह्मा का एक सिर काट लेने का उल्लेख **'पद्म पुराण'**[657] में हुआ है, किन्तु उसका कारण भिन्न है। प्रसंग यों है कि ब्रह्मा का पाँचवाँ मुँह ऊपर की ओर होने के कारण उनमें रजोगुण-रूपी अहंकार का प्रवेश हुआ। ब्रह्मा समझने लगे कि मेरे समान अन्य कोई नहीं है, मैंने ही सृष्टि की रचना की है। ब्रह्मा के पंचम मुख के कारण सभी देवता हततेज हो गये। फिर देवों ने शंकर से प्रार्थना की। शंकर ने उनकी प्रार्थना पर अपने बायें अँगूठे के नखाग्र से ब्रह्मा के पाँचवें सिर को काट डाला।[658] ब्रह्मा का पाँचवाँ मुख नष्ट हो जाने पर देवता बहुत प्रसन्न हुए, उन्होंने शिव की स्तुति की।

किन्तु शिव को तो ब्रह्म-हत्या का पातक लग ही गया और उसके कारण उनका सारा शरीर काला पड़ गया, शरीर से शव की-सी दुर्गन्ध आने लगी और उनके आभूषण लोहे के हो गये।[659] शिव ब्रह्मा के पास गये, उनकी आराधना की और उनसे पूछा कि यह ब्रह्म-हत्या का पाप अब कैसे छूटे? ब्रह्मा ने कहा कि

विष्णु के पास जाओ, वही कोई उपाय बतायेंगे। तब शिव विष्णु के पास गये, उनकी आराधना की। विष्णु ने ब्रह्म-हत्या के पाप की जघन्यता बताते हुए उनसे कहा कि आप सम्पूर्ण शरीर में भस्म लगाइये, कानों और हाथों में हड्डियों को धारण कीजिए, तब आपका यह कष्ट मिटेगा। जिस स्थान पर ब्रह्म का सिर काटा गया, वह कपालमोचन तीर्थ हुआ। वह वरुणा और असी (वाराणसी) के बीच का क्षेत्र है।

इस कथा से यह पता चलता है कि शिव द्वारा ब्रह्मा की हत्या का कारण केवल सरस्वती के साथ उनका दुराचरण ही न था, अपितु उनका पंचमुख होकर देवताओं को निस्तेज कर देना और रजोगुण होकर अहंकारी बन जाना भी था।

'स्कन्द पुराण'[660] में भी यह कथा आयी है किन्तु कुछ भिन्न रूप में। उसमें शिव को ब्रह्म-हत्या लगने और उससे मुक्ति के लिए उनके विष्णु के पास जाने का वर्णन नहीं आता। उसका रूप यों है—प्राचीन काल में समुद्र में सब कुछ; स्थावर और जंगम समा गये, न अग्नि रहा, न वायु; न सूर्य रहा, न पृथ्वी; न आकाश, न नक्षत्र, न चन्द्र, न सूर्य, न देव, न असुर, न पिशाच, न राक्षस, न नदी, न झील—कुछ भी न रहा। बस, रह गया एक महाकाल। महाकाल ने एक दिन एक काष्ठ देखा। वे सृष्टि रचने के निमित्त उसी काष्ठ को अपने दायें हाथ की तर्जनी से मथने लगे। मथने से वहाँ एक बुद्‌बुद उत्पन्न हुआ। उसे महाकाल ने हाथ से फोड़ दिया, तो उसके दो दल हो गये। एक पृथ्वी हुआ और दूसरा दल तारकादि-समन्वित ऊर्ध्वाकाश। इन दोनों के बीच में पाँच मुख और चार हाथों वाले ब्रह्मा उत्पन्न हुए। ब्रह्मा को किसी ने यह कहा कि तुम सृष्टि रचो। किसने कहा, यह ब्रह्मा ने नहीं जाना। ब्रह्मा ने महाकाल (शिव) की आराधना आरम्भ की। शिव प्रसन्न हुए। उन्होंने कहा—वर माँगो! ब्रह्मा ने कहा कि आप मेरे मानस-पुत्र बनें। शिव ने कहा कि चूँकि तुम मुझे अपना मानस-पुत्र बना रहे हो और यह एक ऐसी चीज है, जो तुम्हें माँगनी नहीं चाहिए थी, इसलिए मैं किसी कारण से तुम्हारा सिर काटूँगा। फिर, परमेश्वर (शिव) ने कहा कि मेरे ही अंश से नील-लोहितवर्ण रुद्र तुम्हारे मानस-पुत्र होंगे।

ब्रह्मा ने वर और शाप दोनों साथ-साथ पाने के बाद अपने तेज से अग्नि उत्पन्न की, जिससे उनके ललाट पर पसीना आया। वह स्वेद-बिन्दु जब गिरा, तो वह नील-लोहित वर्ण का रुद्र बन गया। रुद्र के पाँच मुख और एक-एक मुख में तीन-तीन आँखें होने से पन्द्रह नेत्र थे, सर्प का यज्ञोपवीत था, सिंहचर्म का अधोवस्त्र उन्होंने पहन रखा था। ब्रह्मा ने सनकादि, मरीचि, दक्ष प्रभृति मानस-पुत्रों को उत्पन्न किया। तदुपरान्त सुरों, गंधर्वों, यक्षों, मनुष्यों आदि का सृजन किया। यद्यपि सुरों आदि को ब्रह्मा ने उत्पन्न किया था, किन्तु उन्होंने उत्पन्न होते ही केवल रुद्र को प्रणाम किया। ब्रह्मा ने इससे अपने को अपमानित अनुभव किया। ब्रह्मा ने रुद्र को हिमालय पर भेज दिया। रुद्र वहीं चले गये, जहाँ परमेश्वर (शिव) थे।

तत्पश्चात् ब्रह्मा रजोगुणी हो गये। उन्हें इस बात का अभिमान हो गया कि मैंने ही सारी सृष्टि रची है, मेरे समान दूसरा देवता है ही कौन? ब्रह्मा के चार मुखों से चार वेदों और पाँचवें मुख से सांगोपांग इतिहास का प्रवर्त्तन हुआ। पाँच मुख होने से ब्रह्मा का तेज इतना अधिक बढ़ गया कि सूर्य का प्रकाश भी उसके सामने कुछ न था। ब्रह्मा के सभी मानस-पुत्र हतचेतस् होकर उद्विग्न हुए। ब्रह्मा के तेज से निस्तेज हुए देवताओं ने महेश्वर की शरण ली, उनकी स्तुति की। महेश्वर प्रसन्न हुए। देवताओं ने अपना दुःख निवेदन किया। उनको लेकर परमेश्वर ब्रह्मा के पास आये। महेश्वर के एक अट्टहास से ब्रह्मा विमोहित हो गये और महेश्वर ने अपने बायें हाथ के अँगूठे के नखाग्र से ब्रह्मा का पाँचवाँ सिर काट लिया। उनके कटे सिर को हाथ में लेकर भगवान् शशिशेखर उसे उछाल-उछालकर नाचने लगे। देवताओं ने उनकी स्तुति की।

(2) शिव द्वारा कामदेव की हत्या : 'रामायण' तथा **'महाभारत'** में शिव द्वारा कामदेव के दहन का प्रसंग नहीं वर्णित है।

'ब्रह्म पुराण'[661] में इसका उल्लेख आया है। **38वें अध्याय** के अनुसार, शिव तपस्या करते थे। इन्द्रादि देवताओं ने कामदेव को शिव के मन में कामोत्तेजन करने के लिए भेजा ताकि देवताओं को शिव के वीर्य से उत्पन्न एक कुमार प्राप्त हो जो तारकासुर दैत्य के साथ उनके युद्ध में उनका सेनापतित्व कर सके। कामदेव शिव के मन को चंचल करने की चेष्टा करता है। शिव अपने तृतीय नेत्र से उसे भस्म कर देते हैं।[662] विधवा रति विलाप करती है। शिव उसको वरदान देते हैं कि "कामदेव अशरीरी होकर वे सारे कार्य करेगा, जो पहले शरीरी रह कर करता था। जब विष्णु भगवान् वसुदेव के पुत्र के रूप में पृथ्वी पर अवतार लेंगे, तब यह उनके पुत्र के रूप में देह धारण करेगा।"[663] कामदेव को क्षार करने के उपरान्त शिव अपनी अर्द्धांगिनी पार्वती के साथ हिमालय पर्वत पर कर्णिकार वन में, नदी-तीर पर और अन्य-अन्य स्थानों पर रमण करते हुए घूमने लगे।

'ब्रह्म पुराण' के 71वें अध्याय में यह कथा संक्षेप में वर्णित है। यहाँ बृहस्पति की आज्ञा से कामदेव शिव के सामने जाता है। 38वें अध्याय की ही तरह यहाँ भी शिव की तृतीय नेत्राग्नि से कामदेव का दहन होता है।

'पद्म पुराण'[664] में उल्लिखित काम-दहन कथा में **'ब्रह्म पुराण'** की कथा की अपेक्षा इतनी ही विशेषता है कि यहाँ तारकासुर ने ब्रह्मा से अवध्य होने का वरदान ले लिया है। सात दिन के बालक को छोड़ कर वह अन्य किसी से नहीं मारा जा सकता। ब्रह्मा देवताओं को बताते हैं कि केवल शिव से उत्पन्न बालक में ही यह शक्ति है जो यह कार्य कर सके। समस्या यह उपस्थित हुई कि शिव तो सती के वियोग को भूलने के लिए घोर तपस्या में लीन हैं, दूसरा विवाह भी उन्होंने नहीं

किया है। उधर पार्वती के पिता हिमालय के पास जाकर नारदजी यह कह ही आये थे कि इस कन्या के पति शिव होंगे। परन्तु जब तक शिव के मन में काम-विकार न उत्पन्न हो, उनका और पार्वती का विवाह कैसे हो? उनके चित्त को चंचल कैसे किया जाये? नारदजी के परामर्श पर इन्द्र ने कामदेव को बुलाया। अपना मन्तव्य कहा। कामदेव भयभीत तो हुआ, पर चला गया। शिव के कान के मार्ग से वह उनके मन में प्रविष्ट हो गया। शिव को अचानक कामावेग हुआ और सती से संयोग की इच्छा उन्हें हो आयी, पर सती अब कहाँ? उन्हें योग-बल से पता चला कि उनके चित्त के क्षोभ का कारण कामदेव है। उन्होंने उसे अपने शरीर से बाहर निकाल दिया और पुनः तप में लीन हो गये। परन्तु, कामदेव ने फिर खींचकर अपना पुष्पबाण मारा। अबकी बार शिव ने अपना तृतीय नेत्र खोलकर जो देखा तो कामदेव क्षार हो गया। रति ने विलाप किया। शिव के इस आश्वासन पर कि अनंग होकर भी कामदेव सारे कार्य पहले की भाँति ही करेगा, रति सन्तुष्ट होकर चली गयी, किन्तु पति-वियोग के कारण वन के एकान्त में फिर विलाप करने लगी। उधर से हिमालय पार्वती का विवाह-प्रस्ताव लेकर अपनी पत्नी मैना और कन्या पार्वती-सहित शिव के पास ही आ रहे थे। रोती हुई रति से उन्होंने पूछा कि तुम क्यों रो रही हो? रति ने काम के भस्म हो जाने का वृत्त बतलाया। यह सुन कर हिमालय बहुत निराश हुए। पार्वती के साथ घर लौटने को हुए, किन्तु पार्वती ने कहा कि मैं अब नहीं लौटूँगी, घोर तप द्वारा ही शिव को वरूँगी।

'शिव पुराण'[663] की कथा **'ब्रह्म पुराण'** की कथा से बहुत मिलती-ज़ुलती है। यहाँ भी पार्वती से विवाह हो जाने के बाद की यह घटना है, **'पद्मपुराण'** की भाँति पार्वती-विवाह के पूर्व की नहीं। जब कामदेव अपना पुष्पबाण शिव पर मारता है तब पार्वती उनके सम्मुख ही सेवा-रत होती हैं, अतः शिव पार्वती के अंगों की प्रशंसा करने लगते हैं। वे पार्वती का हाथ पकड़ने की चेष्टा करते हैं, पर पार्वती लज्जावश पीछे हट जाती हैं। शिव अपनी बायीं ओर कामदेव को छिपा देख कर उसे अपने तीसरे नेत्र से भस्म कर देते हैं। **'ब्रह्म पुराण'** की ही भाँति शिव कामदेव को कृष्ण-पुत्र प्रद्युम्न के रूप में शरीर धारण करने और रति को प्राप्त करने का वर देते हैं।

'भविष्य पुराण'[666] में कथा है कि हिमालय ने पार्वती को तपस्या-रत शिव की सेवा में नियुक्त कर रखा था। कामदेव ने शिव पर उन्मादन बाण चलाया। शिव ने तृतीय नेत्र से कामदेव को भस्म कर दिया। रति के विलाप करने पर पार्वती को दया आयी। वह शिव से बोलीं कि मेरे कारण बेचारे कामदेव की यह दशा हुई है, अतः इसे जीवन-दान दें। शिव ने कहा—वह चैत्र शुक्ला त्रयोदशी को प्रतिवर्ष एक बार जीवित होगा, उस दिन पूजन करने वाले सुखी रहेंगे। **भविष्य पुराण** की कथा में कोई नवीन तत्त्व नहीं है।

'ब्रह्मवैवर्त्त पुराण'[667] में वर्णन है कि पार्वती को सुन्दर वर-प्राप्ति का वर दे कर जब शिव पुनः ध्यान-मग्न हो गये, तब इन्द्र की आज्ञा से कामदेव उनका तप भंग करने के लिए आया। कामदेव ने उन पर शंकर-बाण छोड़ा। शिव के कपाल-स्थित तृतीय नेत्र से अग्नि निकली और उसने कामदेव को भस्म कर दिया। रति ने बहुत विलाप किया। देवताओं के कहने से उसने तपस्या की। कामदेव को भस्म हुआ जान पार्वती भी तपस्या करने चली गयीं। उन्होंने कठोर तप किया। बालक-रूप में शिव ने दर्शन दिये और उनसे अपने घर जाने को कहा। पार्वती पिता के घर गयीं। **'लिंग पुराण'**[668] और **'स्कन्द पुराण'**[669] में भी यह कथा इससे मिलते-जुलते रूप में वर्णित है।

42. शिव का कामदेव से हार जाना

पुराणों में जहाँ-जहाँ काम-दहन का उल्लेख हुआ है, वहाँ-वहाँ शिव के कामजयी होने का ही संकेत मिलता है। शिव ने कामदेव पर क्रुद्ध होकर उसे भस्म कर दिया, किन्तु **'पद्म पुराण'**[670] में यह उल्लेख है कि सती के वियोग-दुःख को भुलाने के लिए शिव जब घोर तपस्या में लीन थे तब देवताओं के द्वारा प्रेषित कामदेव ने कान के मार्ग से प्रविष्ट होकर उनके मन को चंचल कर दिया। शिव के मन में अचानक कामावेग होता है और नारी-समागम की इच्छा उन्हें हो आती है। यह काम-दहन से पूर्व की स्थिति है। इसे कामदेव के सामने उनका हार जाना माना जा सकता है, यद्यपि यह हार क्षणिक थी, क्योंकि दूसरे ही क्षण शिव ने अपने मन की चंचलता के मूल कारण कामदेव को अपनी क्रोधाग्नि से भस्म कर दिया। **'श्रीमद्‌भागवत पुराण'**[671] में काम के वशीभूत शिव के मोहिनी पर मोहित हो जाने की कथा आयी है। उसे भी कामदेव के आगे उनका हार जाना माना जा सकता है।

43. शिव के द्वारा अन्धकासुर का वध

'महाभारत'[672] में शिव के द्वारा अन्धकासुर-वध का एक श्लोक में उल्लेख-मात्र मिलता है, किन्तु, **'हरिवंश पुराण'**[673] में इसकी कथा विस्तार से दी हुई है। पहले अन्धकासुर की उत्पत्ति और कश्यप द्वारा उसके दिये हुए वरदान का उल्लेख है, फिर उसके अत्याचारों और शिव द्वारा उसके वध का वर्णन। कथा इस प्रकार है—जब विष्णु द्वारा दैत्य-माता दिति के सब पुत्र मारे गये, तब उन्होंने अपने पति मुनि कश्यप की आराधना की। कश्यप के प्रसन्न होने पर दिति ने यह वर माँगा कि उसके ऐसा पुत्र पैदा हो जो देवताओं के लिए अवध्य हो। कश्यप ने यह वर दे दिया, पर एक शर्त भी लगा दी कि देवाधिदेव रुद्र इस वरदान के प्रभाव से बाहर होंगे,[674] ऐसा

कह कश्यप ने अपनी अँगुली से दिति के उदर को स्पर्श कर दिया। दिति के गर्भ से एक ऐसा असुर पैदा हुआ जिसकी एक हज़ार भुजाएँ, उतने ही मस्तक, दो सहस्र नेत्र और उतने ही चरण थे। वह अन्धा नहीं था, पर अन्धे की तरह झूमता हुआ चलता था, अतः लोग उसे 'अन्धक' कह कर पुकारने लगे।[675]

अपने बल से मदोन्मत्त हो, अन्धकासुर ने देवताओं, ऋषियों और ब्राह्मणों पर अत्याचार ढाना आरम्भ किया। पहले तो इन्द्र ने अपने पिता कश्यप से अपने मौसेरे भाई अन्धक के अत्याचारों की शिकायत की। कश्यप के मना करने पर अन्धक कुछ समय के लिए मान भी गया, पर जब फिर उसके अत्याचार आरम्भ हुए, तब बृहस्पति की सलाह पर नारदजी को भगवान् रुद्र (शंकर) के पास भेजा गया।[676] नारद जी ने रुद्र से अन्धकासुर के अत्याचारों का वर्णन किया और उसका वध करने के लिए उन्हें तैयार कर लिया। लौटते समय मन्दराचल पर स्थित शिव के मंदारवन से वे सन्तान-पुष्पों की सुगन्धित माला भी पहनते आये और सीधे वहाँ पहुँचे जहाँ अन्धकासुर रहता था। अन्धकासुर ने माला के पुष्पों की सुगन्ध से आकर्षित होकर नारद से उन पुष्पों की उत्पत्ति के स्थान का पता पूछा। नारद ने जान-बूझकर मन्दराचल पर स्थित शिव के उपवन का पता बता दिया। अन्धकासुर वहाँ पहुँचा। मन्दराचल देवता-रूप में मूर्तिमान् हो उसके सामने प्रकट हुआ। अन्धक ने अपना बल दिखाने के लिए मन्दराचल के एक शिखर को उखाड़ कर दूसरे शिखर पर दे मारा, दोनों चूर चूर हो गये। किन्तु, शिव की माया से तोड़े हुए पत्थर उसकी असुर-सेना का ही विनाश करने लगे। स्वयं शिव भी अपना त्रिशूल लेकर आये और उन्होंने उस असुर का क्षण-मात्र में अपने त्रिशूल से वध कर दिया।[677]

'पद्म पुराण'[678] की कथा में केवल इतना ही उल्लेख है कि अन्धक पार्वती को अवसर पाकर हर ले जाने की इच्छा रखता था। यहाँ कथा का रूप यह है—अन्धकासुर के अत्याचार से इन्द्रादि देवता दुःखी थे। इन्द्र ने उसके पर-स्त्री-लोभी पुत्र कनककामी को मार डाला। अन्धकासुर और भी क्रुद्ध हो गया। इन्द्र ने शिव से उसे मारने की प्रार्थना की। शिव देवताओं को ले अन्धक को मारने पहुँचे। युद्ध शुरू हुआ। अन्धक के प्रहार से पहले शिव मूर्च्छित हो गये। फिर उन्होंने त्रिशूल से आक्रमण किया। तब अन्धक के रक्त से अन्धकों की उत्पत्ति हुई। शिव ने मातृका, माहेश्वरी, ब्राह्मी, शौरी, वाडवी, सौवर्णी आदि शक्तियाँ उत्पन्न कीं। उन्होंने अन्धक का सारा रक्त पी लिया। शिव के त्रिशूल पर टँगा रह कर उसने कई वर्षों तक शिव की दिव्य स्तुति की। प्रसन्न होकर शिव ने उसे भृंगीरिटी नामक गणेश बना दिया।

'शिव पुराण'[679] में इस कथा में कुछ नवीन तत्त्व जुड़े हैं : (1) अन्धक को उसकी माता ने शिव की आराधना करने को कहा। अन्धक ने तपस्या की। शिव प्रसन्न हुए। वर माँगने को कहा। अन्धक ने वर माँगा कि मैं सिवा आपके किसी

के हाथ से न मारा जाऊँ। शिव ने 'तथास्तु' कह दिया और कहा कि "जब तक तू कुकर्म करके मुझको अप्रसन्न न कर देगा, तब तक मैं तुझ पर क्रोध नहीं करूँगा।"

(2) शिव से वरदान पाकर अन्धक अभय हो गया। उसने इन्द्र से माँग की कि सभी अप्सराएँ, ऐरावत, उच्चैःश्रवा आदि मेरे हवाले करो। इन्द्र ने उस पर वज्र का प्रहार किया, किन्तु अन्धक ने अपने त्रिशूल तथा गदा से प्रहार कर इन्द्रादि देवताओं को इन्द्रलोक से भगा दिया। अपनी माता दिति को वहीं ले जाकर वह वहाँ शासन करने लगा।

(3) तब देवता विष्णु की शरण गये। विष्णु शिव के पास पहुँचे। शिव ने कहा कि जब तक अन्धक ब्राह्मणों का और मेरा कोई अनिष्ट नहीं करता, तब तक मैं उसका वध नहीं करूँगा। विष्णु शिव के पास से अन्धक के पास आये और उससे बोले कि हम तुम्हारी वीरता से बहुत प्रसन्न हैं, वर माँगो। अन्धक ने अहंकार में कहा कि हम वर माँगते नहीं, वर देते हैं; तब विष्णु ने उससे वर माँगा कि तुम शिव की भक्ति छोड़ कर स्वयं शिव बन कर विहार करो।

(4) अन्धक ने अपने को ही शिव प्रसिद्ध कर दिया। दिग्पालों की नियुक्तियाँ तब करने लगा। नारदजी ने शिव के पास जाकर अन्धक की इन करतूतों का समाचार दिया। शिव ने नारद से कहा कि तुम मन्दार-पुष्पों की माला पहन कर अन्धक के पास जाओ और ऐसा करो कि वह मेरे सामने क्रोधित होकर आ जाये।

(5) तब नारद अन्धकासुर के पास पहुँचे, अन्धकासुर ने मन्दार पुष्पों के विषय में जिज्ञासा की, फिर मन्दराचल पर जाकर विनाश-लीला की। शिव के गणों से युद्ध होने आदि की घटनाएँ **'हरिवंश पुराण'** के समान ही हैं।

(6) जब अन्धक ने शिव के सब गणों को हरा कर भगा दिया, तब शिव स्वयं त्रिशूल लेकर आये। अन्धक ने शिव की छाती में मुक्का मारा। शिव मूर्च्छित हो गये। तब चामुण्डा प्रकट हुईं। अन्धक ने अपना त्रिशूल चामुण्डा पर भी ताना। उसकी इस धृष्टता पर शिव को क्रोध आया, उन्होंने अपने त्रिशूल से अन्धक को छेद दिया, उसका सारा रक्त चू गया। अन्धक ने स्तुति की और शिव ने प्रसन्न होकर उसे अपने गणों में मिला लिया।

'बाराह पुराण'[680] की अन्धक-वध-कथा में **'हरिवंश'** और **'शिव पुराण'** की कथा से कुछ भिन्नताएँ हैं। वे ये हैं—

(1) देवतागण अन्धक के अत्याचार से संत्रस्त होकर ब्रह्मा के पास जाते हैं। ब्रह्मा कहते हैं कि मैंने उसे वर दे दिया है कि वह किसी के द्वारा स्पर्शित होकर पृथ्वी पर नहीं मरेगा। ब्रह्मा बताते हैं कि शिव के अतिरिक्त और कोई उसे नहीं मार सकता।

(2) देवतागण ब्रह्मा को आगे करके शिव के पास पहुँचे। अन्धक के अत्याचारों

का रोना रोया। संयोग से अन्धक भी वहाँ पहुँच गया। शिव के पास पार्वती को खड़ा देख उसने पार्वती को मारना चाहा। बस, लड़ाई छिड़ गयी। रुद्र (शिव) ने वासुकि, तक्षक तथा वीरभद्र को आक्रमण करने के लिए प्रोत्साहित किया। नारद द्वारा समाचार पाकर विष्णु भी गये। किन्तु अन्धक ने सब देवताओं को मार-मार कर भगा दिया। अन्त में, शिव से उसका युद्ध छिड़ा। शिव ने अपने त्रिशूल से अन्धक को छेद दिया, पर आश्चर्य कि जितने बूँद उसका खून गिरता था, उतने ही अन्धक पैदा होते जाते थे। तब विष्णु ने अपने चक्र से अन्धकों का संहार करना आरम्भ किया, किन्तु उनका अन्त ही न होता था। फिर रुद्र ने क्रोध किया। उनके क्रोध से अष्टमातृकाओं की उत्पत्ति हुई। उन्होंने अन्धक के गिरते रक्त को पीना आरम्भ किया। इस प्रकार अन्धक का सारा रक्त उन्होंने चाट लिया। अन्धक ने भी अपनी आसुरी माया त्याग दी और शिव ने उसे अपना गण बना लिया।

'स्कन्द पुराण'[681] में शिव द्वारा अन्धकासुर को अवध्यता का वरदान प्राप्त होना, अन्धक का निर्भय और उच्छृंखल होकर स्वर्गलोक पर आक्रमण करना, इन्द्राणी (शची) का हरण करना, शिव का अन्धक से युद्ध करना, अन्धक के रक्त से अनेक अन्धकों की उत्पत्ति होते देख शिव का चण्डी को स्मरण करना, चण्डी का प्रत्यक्ष होकर अन्धक का रक्तपान करना आदि घटनाओं का वर्णन हुआ है।

'कूर्म्म पुराण'[682] में अन्धकासुर उस समय मन्दराचल पर पहुँचता है जब वहाँ पार्वती अकेली होती हैं। शिव ने इसे जान लिया और काल-रूप धर कर वहाँ आ गये। शिव और अन्धक में युद्ध हुआ। बाद की कथा वाराह पुराण के अनुसार है।

'मत्स्य पुराण'[683] में अन्धकासुर-वध की कथा में भी कुछ नवीन तत्त्व आ जुड़े हैं : (1) इसमें अन्धक-जन्म की कथा नहीं दी गयी है। (2) उसे किसी ने वरदान नहीं दिया है, वह स्वयं अपने तप के प्रभाव से ही किसी के लिए भी अवध्य बन गया है। (3) शिव-पार्वती को क्रीड़ा-रत देख कर वह पार्वती को हरना चाहता है। महादेव जी और अन्धक का घोर युद्ध होता है। (4) युद्ध मन्दराचल पर नहीं हुआ, वरन् उज्जैन के पास महाकाल-वन में। (5) महादेव के क्रोध करने पर दिव्य पाशुपतास्त्र उत्पन्न हुआ। शिव ने उससे अन्धक को मारा। अन्धक की रक्त-बूँदों से सैकड़ों दैत्य उत्पन्न होते हैं। शिव ने उनका रुधिर पीने के लिए 191 मातृकाओं की सृष्टि की। मातृकाओं ने उसका रुधिर पीना आरम्भ किया। जब मातृकाएँ भी रक्त पीती-पीती छक गयीं, तब फिर उसके रुधिर से दैत्य बढ़ने लगे। तब शिव विष्णु की शरण गये। विष्णु ने क्रोध करके शुष्करेवती को उत्पन्न किया। उसने अन्धक का सारा रुधिर पीकर उसे शुष्क कर दिया। तब शिव ने अपने त्रिशूल पर उसे चढ़ा लिया। अन्धक ने शिव की स्तुति की। शिव ने उसे अपना लोक देकर गणों का अधिपति बना दिया।

'कथासरित्सागर'[684] में भी यह कथा संक्षेप में आयी है। वहाँ अन्धक शिव की अनुपस्थिति में पार्वती को हरने के लिए आता है, किन्तु शिव के गणों ने उसका सामना किया और उसे भगा दिया। शिव ने योग-दृष्टि से उसकी कुचेष्टा को जान कर परवारे अन्धकासुर का वध कर दिया और लौट कर पार्वती को सब हाल बता दिया।

44. शिव का त्रिनेत्र और योगीश्वर होना

'महाभारत'[685] में शिव के तीसरे नेत्र का उल्लेख इस प्रसंग में आता है—एक बार शिव हिमालय पर तपस्या कर रहे थे। जिस पर्वत-शिखर पर शिव रहते थे, उसी के पार्श्ववर्ती दूसरे शिखर पर पार्वती भी उत्तम व्रतों का पालन करती हुई रहती थीं। एक दिन पार्वती शिव से मिलने आयीं, पर आयीं बहुत चुपके से। आते ही उन्होंने विनोद करने के लिए अपने दोनों हाथों से शिव के दोनों नेत्र बन्द कर लिए। उनके दोनों नेत्रों के आच्छादित होते ही सारा जगत् अन्धकारमय और चेतनाशून्य हो गया,[686] किन्तु तत्काल ही भगवान् शिव के ललाट से अत्यन्त दीप्तिशालिनी ज्वाला प्रकट हो गयी। उनके ललाट में सूर्य-समान तेजस्वी तीसरे नेत्र का आविर्भाव[687] हो गया। वह नेत्र प्रलयाग्नि के समान देदीप्यमान हो रहा था। उस नेत्र से प्रकट हुई ज्वाला ने उस पर्वत को जला कर मथ डाला। सारे हिमालय पर्वत पर प्रलयाग्नि धधक उठी।[688] यह दृश्य देख कर पार्वती घबरा गयीं और शिव की शरण गयीं। शिव ने प्रसन्न होकर पर्वत की ओर देखा। उनकी दृष्टि पड़ते ही हिमालय पर्वत फिर अपनी पूर्व स्थिति में आ गया।[689]

पार्वती ने शिव के तृतीय नेत्र के प्रकट होने, हिमालय के दग्ध होने और पुनः उसके हरे-भरे हो जाने का कारण पूछा। शिव ने बताया कि मेरी दोनों आँखों के बन्द होते ही समस्त जगत् का प्रकाश नष्ट हो गया। संसार से जब सूर्य अदृश्य हो गया तब मैंने प्रजा की रक्षा के लिए तृतीय तेजस्वी नेत्र की सृष्टि की। उसके तेज से यह पर्वत जल उठा और अब पुनः तुम्हें प्रसन्न करने के लिए मैंने उसे प्रकृतिस्थ कर दिया है।

पुराणों में काम-दहन-प्रसंग में शिव के त्रिनेत्र होने का परिचय मिलता है, पर वे त्रिनेत्र क्यों हुए, इसकी कथा **'महाभारत'** में ही मिलती है।

'महाभारत' के अनुशासन पर्व[690] में ही शिव के योगी होने का परिचय स्वयं उन्हीं के मुख से दिलाया गया है। पार्वती के यह पूछने पर कि वे चतुर्मुख क्यों हैं, शिव ने उन्हें बताया कि पूर्व काल में ब्रह्मा ने एक सर्वोत्तम नारी तिलोत्तमा की सृष्टि की थी। उन्होंने सब रत्नों के तिल-तिल भर सार को लेकर उस शुभलक्षणा सुन्दरी की रचना की थी। एक बार वही तिलोत्तमा शिव की परिक्रमा करने के लिए आयी।

परिक्रमा करती हुई वह जिस-जिस की ओर गयी, उस-उस दिशा की ओर शिव का मुख प्रकट होता गया। शिव ने पार्वती से कहा कि "तिलोत्तमा के रूप को देखने की इच्छा से मैं योग-बल से चतुर्मूर्त्ति एवं चतुर्मुखी हो गया। इस प्रकार मैंने लोगों को उत्तम योग-शक्ति का दर्शन कराया।"[6]

45. शिव की शरण में आकर राम का रण जीतना

'शिव पुराण'[691] में एक प्रसंग उल्लिखित है कि अगस्त्य मुनि के सिखाने से रामचन्द्र ने भस्म लगा कर, रुद्राक्ष पहन कर शिव का ध्यान आरम्भ किया। रामचन्द्र की भक्ति को देख शिव प्रसन्न होकर प्रकट हुए। रामचन्द्र को अपनी गोद में बैठा कर शिव ने उनसे वर माँगने को कहा। राम ने शिव से कहा कि मैं रावण का वध करना और सीता को उसके बन्धन से छुड़ा कर लाना चाहता हूँ। शिव ने इस शुभ कार्य की सिद्धि के लिए राम को अपना धनुष और बाण दे दिया। **'अध्यात्म रामायण'** में अगस्त्य मुनि द्वारा राम को एक धनुष तथा एक अक्षय तूणीर दिये जाने का उल्लेख आता है,[693] परन्तु वे शिव-प्रदत्त नहीं थे, अपितु इन्द्र ने राम को देने के लिए उन्हें अगस्त्य मुनि को दिये थे।

'शिव पुराण'[694] में ही अन्यत्र प्रासंगिक कथा के रूप में यह उल्लेख आता है कि विष्णु को शिव ने वर दिया था कि रावण आपके हाथ से ही मारा जायेगा। रावण मेरा भक्त है, परन्तु यदि वह मेरी सेवा करना छोड़ दे और मेरे ही विरुद्ध हो जाये, तो मैं भी उसके विपरीत जा सकता हूँ। विष्णु ने यह परिस्थिति उत्पन्न करने के लिए शिव की पूजा की। शिव ने विष्णु पर प्रसन्न होकर रावण की बुद्धि भ्रष्ट कर दी। रावण ब्राह्मणों को दुःख देने लगा, कैलास को उठाने का भी उसने दुस्साहस किया। विष्णु ने राम का अवतार लेकर, तप करके शिव से एक प्रलयंकर बाण प्राप्त किया और इसी बाण से रावण को मार कर उन्होंने सीता को पुनः प्राप्त किया।

इस प्रकार **'शिव पुराण'** में विष्णु पर शिव की श्रेष्ठता प्रतिपादित करने के लिए, रावण पर विजय पाने के निमित्त राम का शिव की शरण में जाना बताया गया है।

46. शिव के द्वारा त्रिपुर-संहार

'महाभारत' के **कर्ण-पर्व**[695] में और **अनुशासन-पर्व**[696] में शिव के द्वारा त्रिपुर दैत्य के संहार का वर्णन आया है।

कर्ण-पर्व में त्रिपुर-संहार का जो वर्णन आया है, उसमें कथा-तत्त्व की प्रधानता न होकर सृष्टि के प्राकृतिक उपादानों, शक्तियों एवं मनोवृत्तियों के रूपक की एक

विराट् कल्पना है। यहाँ उस रूपक को स्पष्ट करने का प्रयास नहीं किया जायेगा, क्योंकि वह अपने-आप में तत्त्व-ज्ञान-सापेक्ष है, यहाँ तो उसके केवल कथा-रूप को निथार कर देने का प्रयास होगा।

देवताओं और असुरों में जो सर्वप्रथम तारकामय संग्राम (बृहस्पति की पत्नी तारा के कारण हुआ देवासुर-संग्राम) हुआ, उसमें असुरों की हार हो गयी। तदुपरान्त तारकासुर के तीन पुत्रों—ताराक्ष, कमलाक्ष और विद्युन्माली ने उग्र तपस्या आरम्भ की। तपस्या से प्रसन्न हो कर, ब्रह्मा ने उनसे वर माँगने को कहा। पहले तो उन्होंने वर माँगा कि हम सब भूतों से अवध्य हों, किन्तु जब ब्रह्माजी ने कहा कि अमरत्व तो सबके लिए सम्भव नहीं है, तब उन असुरों ने कहा कि हम लोग सम्पूर्ण भौतिक सुख-सुविधाओं से सम्पन्न, इच्छानुसार चलने वाले तीन नगराकार सुन्दर विमान बना कर उनमें रहना चाहते हैं। आप हमें यह वर दीजिये कि हमारे ये पुर किसी भी यक्ष, राक्षस, नाग या अन्य जातियों से विनष्ट न हो सकें और न ये शस्त्रों से छिन्न-भिन्न हों तथा न ब्रह्मवादियों के शापों का ही इन पर प्रभाव हो।[697] ब्रह्मा ने इनको यह वर दे तो दिया, किन्तु कहा कि अपने इन त्रिपुरों के संहार का कोई निमित्त भी बताओ। अब तीनों असुरों ने कहा कि एक हज़ार वर्ष पूर्ण होने पर हम लोग एक-दूसरे से मिलेंगे। जब ये तीनों पुर एकत्र होकर एकीभाव को प्राप्त हो जायें, तब जो व्यक्ति एक ही बाण से इन तीनों पुरों को नष्ट कर सके, वही देवेश्वर हमारी मृत्यु का कारण होगा।[698] प्रसिद्ध शिल्पी मय दानव ने उन तीन पुरों का निर्माण किया। उनमें से एक सोने का, दूसरा चाँदी का और तीसरा लोहे का बना हुआ था। सोने का पुर स्वर्गलोक में स्थित हुआ, चाँदी का अन्तरिक्ष लोक में और लोहे का भूलोक में। ये तीनों पुर आज्ञा के अनुसार सर्वत्र विचरने वाले थे। प्रत्येक पुर की लम्बाई-चौड़ाई सौ-सौ योजन थी। तीनों पुरों के राजा भी अलग-अलग थे। सुवर्णमय पुर ताराक्ष के, रजतमय पुर कमलाक्ष के और लौहमय पुर विद्युन्माली के अधिकार में था। उक्त तीनों पुरों में निवास करने वाला प्रत्येक असुर भोग की अपनी मनोवांछित वस्तुएँ तत्काल पा सकता था। ऐसे थे ये आसुरी माया द्वारा निर्मित त्रिपुर। रही-सही कसर पूरी कर दी ताराक्ष के पुत्र 'हरि' ने। उसने तप करके ब्रह्माजी से वर माँग लिया कि प्रत्येक नगर में एक-एक बावड़ी ऐसी हो जिसमें डालते ही मृत या आहत दैत्य भी नवशक्ति-सम्पन्न होकर उठ खड़ा हो। अब असुरों को किस बात का डर था? वे लगे मनमानी लूटपाट मचाने। देवतागण उनके अत्याचार और पापाचार से त्रस्त हो उठे।

जब देवराज इन्द्र किसी प्रकार भी उन त्रिपुरों का भेदन न कर सके, तब वे भयभीत होकर ब्रह्मा के पास गये और असुरों के अत्याचार का कच्चा चिट्ठा उन्हें सुनाया। सुन कर ब्रह्मा को दुःख हुआ। उन्होंने बताया कि त्रिपुरों को एक ही बाण से भेदन करने की शक्ति शिव को छोड़ कर और किसी में नहीं है। ब्रह्मा को आगे

करके देवतागण शिव के पास गये। उनकी स्तुति की। शिव प्रसन्न हुए तो देवताओं ने उनको अपनी दुःख-गाथा सुनायी।[699]

शिव ने देवताओं से कहा कि मैं आप लोगों का कष्ट दूर करने के लिए तो प्रस्तुत हूँ, परन्तु मुझ अकेले से यह काम नहीं सधेगा। आप लोगों को भी इस कार्य में मेरी सहायता करनी होगी। शिव उन देवताओं का आधा बल लेकर त्रिपुर-वध के लिए उद्यत हो गये।[700] उनकी इच्छा से देवताओं ने उनके लिए एक दिव्य रथ बना कर दिया। वह रथ क्या था, समस्त त्रिलोकी ही उसका एक रूपक बन गया था। पर्वतों-सहित पृथ्वी ही रथ बनी थी, सूर्य और चन्द्रमा उसके पहिये, चारों लोकपाल उसके उत्तम घोड़े, मन्दराचल उस रथ का धुरा, समस्त दिशा-विदिशाएँ रथ का आवरण, धर्म, सत्य, तप और अर्थ घोड़ों के लगाम तथा सरस्वती देवी रथ के आगे बढ़ने का मार्ग बनी थीं। पूर्वकाल में जो महादेव के यज्ञ में निर्मित हुआ था, वह संवत्सर ही शिव का धनुष बना, सावित्री उस धनुष की प्रत्यंचा बनी तथा विष्णु, चन्द्रमा एवं अग्नि इन तीनों से बाण का निर्माण हुआ। बाण का शृंग (गाँठ) अग्नि बने, उसका भल्ल चन्द्रमा हुए और उसका अग्रभाग (फलक) विष्णु। फिर देवताओं ने ब्रह्मा से अनुनय-विनय कर उन्हीं को उस रथ का सारथी बना दिया। अब दिव्यास्त्रों से सज्जित हो शिव त्रिपुर-वध के लिए निकले।[70]

रथ पर आरूढ़ हो जब महादेव त्रिपुर की ओर बढ़े, तब नन्दी वृषभ ने जोर का नाद किया। उस नाद को सुन कर देव-शत्रुओं के हौसले पस्त हो गये। शिव ने जब अपने धनुष की प्रत्यंचा खींची, तब रथ डगमगा गगा। विष्णु ने बाण के एक भाग से निकल कर वृषभ का रूप धारण कर उस विशाल रथ को ऊपर उठाया। शिव ने भी घोर गर्जना की। अपने धनुष की प्रत्यंचा पर पूर्वोक्त दिव्य बाण रख कर उसे शिव ने पाशुपतास्त्र से संयुक्त किया और तीनों पुरों के एकत्र होने का चिन्तन किया। काल की प्रेरणा से वे तीनों पुर तभी मिल कर एक हो गये। शिव ने अपने दिव्य धनुष को खींच कर उस पर रखे त्रिलोकी के सारभूत बाण को उन त्रिपुरों के समुदाय पर छोड़ दिया। उस श्रेष्ठ बाण के छूटते ही वे तीनों पुर छिन्न-भिन्न होकर आर्त्तनाद करते हुए भूतल की ओर गिर पड़े। भगवान् शिव ने उनको भस्म कर पश्चिमी समुद्र में डाल दिया। इस प्रकार तीनों पुरों और उनमें रहने वाले दानवों को महेश्वर ने दग्ध कर दिया।[702]

'महाभारत' के **अनुशासन-पर्व** में त्रिपुर-वध की कथा बहुत संक्षिप्त है। तीनों पुर स्वर्ण, रजत और लौह द्वारा निर्मित थे। यहाँ देवतागण अकेले रुद्रदेव के पास जाते हैं, ब्रह्मा को अगुआ बनाकर नहीं। इसमें धनुष और बाण के संयोजक तत्त्व **कर्ण पर्व** की कथा से भिन्न हैं। यहाँ शिव ने विष्णु को उत्तम बाण, अग्नि को उस बाण का शल्य, वैवस्वत यम को बाण का पंख, समस्त वेदों को धनुष, गायत्री को

प्रत्यंचा और ब्रह्मा को सारथी बनाया है। तीन पर्व और तीन शल्य वाले उस बाण से रुद्र ने त्रिपुर का वध कर दिया और तीनों पुरों सहित वहाँ के समस्त असुरों को भी भस्म कर दिया।[703]

'हरिवंश पुराण'[704] में भी त्रिपुर-वध की कथा वर्णित है। इसके अनुसार दैत्यों के आकाश में विचरने वाले बहुमूल्य धातुओं से निर्मित जो बृहद् पुर थे, उनका वध भगवान् शिव ने सीधे जाने वाले शूलों द्वारा किया।[705] त्रिपुर-वध का कारण यह था कि दर्पोन्मत्त होकर ये पितृयान-मार्ग को नष्ट-भ्रष्ट करने लगे थे। यहाँ भी देवतागण महादेव के पास अकेले ही जाते हैं, ब्रह्मा के साथ नहीं। यहाँ महादेव इन्द्रादि देवताओं को लेकर युद्ध करने निकल पड़ते हैं। यहाँ भी विष्णु योग-बल से वृषभ-रूप धारण कर लेते हैं और रथ को ऊपर उठाते हैं। उस रथ को अपने दोनों सींगों से उठाये विष्णु भयंकर गर्जना करने लगते हैं। यहाँ शिव उस त्रिपुर-संज्ञक दैत्य नगर पर एक नहीं, बल्कि तीन प्रज्वलित एवं वेगशाली बाण छोड़ते हैं। बाणों के आघात से वे तीनों पुर भस्म होकर बिखर जाते हैं।

और कोई विशेष बात इस कथा में नहीं है।

'पद्म पुराण'[706] की कथा में **'महाभारत'** की कथा की अपेक्षा ये विशेषताएँ हैं–(1) तीनों पुर बाणासुर के हैं, वे उसके तेज से घूमते हैं। (2) देवताओं को त्रिपुर-वध का आश्वासन देकर शिव नर्मदा-तट पर आते हैं। उन्होंने मन्दराचल को धनुष, वासुकि को प्रत्यंचा, वैशाख को स्थान और विष्णु को उत्तम बाण बना कर, उसके आगे अग्नि स्थापित करके, मुख में वायु अर्पित करते हुए चारों वेदों को घोड़ा बना कर सहस्र वर्ष तक त्रिपुरों के एक होने की प्रतीक्षा की। जैसे ही तीनों पुर मिले, शिव ने तीक्ष्ण बाण छोड़ दिया। बाण लगते ही त्रिपुर में चीत्कार उठा। त्रिपुर जलता हुआ पृथ्वी पर गिरा। (3) इन तीनों पुरों में से एक त्रिपुरान्तक शैल पर, दूसरा अमरकण्टक पर्वत पर और तीसरा ज्वालेश्वर तीर्थ (अमरकण्टक) पर गिरा।

'शिव पुराण'[707] की कथा पूर्वोक्त कथा-रूपों से कुछ भिन्न है। उसके विशेष स्थल ये हैं–(1) स्कन्द द्वारा तारकासुर-वध के उपरान्त उसके तीनों पुत्रों विद्युन्माली, तारकाक्ष और कमलाक्ष ने ब्रह्मा को प्रसन्न करने के लिए कठोर तपस्या की। प्रसन्न होकर जब ब्रह्मा ने वर माँगने को कहा तब वे बोले कि हम अवध्य हों। ब्रह्मा ने कहा कि यह वर छोड़ कोई दूसरा वर माँगो। तब तीनों दैत्यों ने हज़ार-हज़ार कोस दूर स्थित तीन एक-जैसे पुरों को, जिनको केवल एक ही बाण से नष्ट किया जा सके, निर्मित करने को कहा। ब्रह्मा ने मय दानव को बुला कर तीन सुन्दर नगर बनवा दिये। इनके सोने, चाँदी और लोहे से निर्मित होने का उल्लेख नहीं है। (2) तीनों पुरों में धर्म-कर्म चलने लगा। उनके धर्मात्मापन के तेज से देवतागण जलने लगे। देवतागण शिव के पास दुःखड़ा रोने गये। शिव ने अपने गणों को भेजा। वे

त्रिपुर में जाते ही भस्म हो गये। (3) देवता विष्णु के पास गये। विष्णु ने अपने शरीर से एक मुंडित सिर, पंचांगुल वस्त्र से मुँह ढाँपे मुण्डी को उपजाया और उसे त्रिपुर में भेजा। उसने त्रिपुर में जाकर लोगों को चेला बना लिया। वे लोग शिव-पूजा से विरत हो गये। अब देवता और विष्णु शिव के पास गये तथा उनसे तीनों पुर नष्ट करने की प्रार्थना की। (4) फिर शिव के कहने से ब्रह्मा-विष्णु ने बछड़ों के रूप में जाकर त्रिपुर का सारा अमृत पी लिया। अब विश्वकर्मा ने एक रथ बनाया। शिव गणपति की पूजा करके वे उस रथ में बैठे। शिव की माया से तीनों पुर एकत्र हो गये। शिव ने विष्णुपति बाण चला कर तीनों पुरों को भस्म कर दिया।

'श्रीमद्भागवत पुराण'[708] की कथा के अनुसार देवताओं को छकाने के लिए मय दानव ने अपनी माया-विद्या से सोने, चाँदी और लोहे के तीन पुर बनाये, जो इच्छानुसार कहीं भी जा सकते थे। उनसे दुःखित होकर देवतागण शिव की आराधना करते हैं। शिव के प्रस्तुत हो जाने पर देवता इस कार्य में उनकी सहायता भी करते हैं। वे उनके लिए एक दिव्य रथ का निर्माण करते हैं जो धर्म-निर्मित होता है। उन्होंने ज्ञान से सारथि, वैराग्य से ध्वजा, ऐश्वर्य से अश्व, तपस्या से धनुष, विद्या से कवच, क्रिया से बाण तथा अपनी अन्यान्य शक्तियों से अन्य वस्तुओं का निर्माण किया। तब ऐसे दिव्य रथ पर सवार होकर शंकर ने तीनों विमान-रूपी पुरों पर बाण छोड़ा जिससे वे भस्म हो गये।[709]

'कूर्म्म पुराण'[710] में शेष कथा तो पूर्वोक्त है, पर यहाँ त्रिपुर का स्वामी प्रख्यात शिवभक्त बाणासुर है, न कि तारकासुर के पुत्र। बाणासुर ने इन्द्र की प्रभुता समाप्त कर दी। इन्द्र की प्रार्थना पर शिव ने अपने भक्त के इस त्रिपुर का नाश कर दिया।

'लिंग पुराण'[711] में देवतागणों ने रुद्र-रथ का निर्माण विश्वकर्मा से कराया है। पहले भगवती युद्ध करने गयी हैं, फिर शिव। शिव ने त्रिपुर के एकत्र होते ही उसे बाण से भस्म कर डाला। त्रिपुर-दाह के बाद ब्रह्मा तथा अन्य देवताओं ने शिव की स्तुति की।

'स्कन्द पुराण'[712] में त्रिपुर-निर्माण, त्रिपुर-ध्वंस के लिए रथ-निर्माण और त्रिपुर-ध्वंस की कथा का **'पद्म पुराण'** से मिलता-जुलता वर्णन है।

47. शिव के द्वारा दक्ष-यज्ञ-विध्वंस

शिव और दक्ष-द्रोह, सती द्वारा देहत्याग और दक्ष-यज्ञ-विध्वंस आदि सब कथाएँ पुराणों में परस्पर सम्बद्ध हैं।

दक्ष-यज्ञ-विध्वंस की पूर्व-पीठिका के रूप में पुराणों में सती के दक्ष-यज्ञ में अनाहूत जाने, अपनी उपेक्षा और अपने पति शिव का अपमान देख कर योगाग्नि में

अपने को भस्म कर लेने की कथा वर्णित है, **'ब्रह्म पुराण'** (अ. 34, 39, 109), **'पद्म पुराण'** (सृष्टि खण्ड अ. 5), **'शिव पुराण'** (रुद्र संहिता, सती खण्ड, अ. 1/27-43), वायवीय संहिता (अ. 18-23), **'श्रीमद्भागवत पुराण'** (4/2/1-34), **'लिंग पुराण'** (अ. 100), **'स्कन्द पुराण'** (काशी खण्ड, उत्तरार्द्ध, अ. 87-89; माहेश्वर खण्ड, अ. 1-5; प्रभास खण्ड अ. 199), **'कूर्म्म पुराण'** (पूर्वार्द्ध, 14-15), **'ब्रह्मवैवर्त्त पुराण'** (अ. 38 और 43) में सती के यज्ञ-कुण्ड में कूद कर देह-त्याग तथा दक्ष-यज्ञ-विध्वंस का वर्णन आया है।

वैदिक साहित्य में रुद्र और दक्ष का उल्लेख तो है,[713] परन्तु उनके द्रोह का उल्लेख नहीं मिलता। वैदिक साहित्य में रुद्र का व्यक्तित्व प्रबल नहीं है, परन्तु पुराणों में उनकी गणना त्रिदेवों में होने लगती है। दक्ष-यज्ञ-विध्वंस की कथा उस संघर्ष की सूचक है जो शिव को यज्ञों में विष्णु, ब्रह्मा तथा अन्य देवताओं के साथ यज्ञ-भाग प्राप्त करने के लिए करना पड़ा था।

'महाभारत' में दक्ष के दो जन्मों का उल्लेख है। पहले जन्म में वह ब्रह्मा का मानस-पुत्र था और दूसरे जन्म में प्रचेता का पुत्र था।[714] दक्ष को मनुष्य-रूप में यह दूसरा जन्म शिव के शाप के कारण लेना पड़ा था। दोनों ही जन्मों में दक्ष ने कई यज्ञ किये और शिव ने उसके यज्ञ का विध्वंस किया। **'महाभारत'** के शान्ति पर्व[715] में दो अध्यायों में यह कथा वर्णित है। अध्याय 283 में स्वयं शिव ने दक्ष के यज्ञ का विध्वंस किया है और अध्याय 284 में उनके गण वीरभद्र ने।

अध्याय 283 की कथा : ब्रह्मा के मानस-पुत्र दक्ष ने यज्ञ किया। देवताओं ने शिव को उस यज्ञ में भाग नहीं दिया, अतः शिव उसमें सम्मिलित नहीं हुए। सती ने शिव को दक्ष-यज्ञ-विध्वंस करने के लिए प्रेरित किया। शिव अपने गणों के साथ यज्ञ-भूमि में गये। यज्ञ-विध्वंस किया। यज्ञ मृग-रूप धारण कर भागा। शिव उसका वध करने दौड़े। देवता पराजित हुए। ब्रह्मा के कहने से देवताओं ने शिव को यज्ञ में भाग दिया।

अध्याय 284 की कथा : प्राचेतस् दक्ष ने यज्ञ किया। दक्ष ने सब देवताओं को बुलाया, पर शिव को नहीं। दधीचि इस बात से रुष्ट होकर और यज्ञ के ध्वस्त होने की भविष्यवाणी करके चले आये। सती ने अन्य देवताओं को कहीं जाते देख शिव से इसका निमित्त पूछा। शिव ने बताया। शिव और सती ने अपने मुख से क्रमशः वीरभद्र और महाकाली को उत्पन्न किया। इन दोनों ने जाकर दक्ष का यज्ञ विध्वंस कर दिया। वीरभद्र ने मृग-रूप धारण कर भागते हुए यज्ञ का सिर काट लिया। दक्ष ने शिव की स्तुति की। शिव-कृपा से यज्ञ पूर्ण हुआ।

'हरिवंश पुराण'[716] में प्राचेतस् दक्ष के यज्ञ को रुद्र और गणों द्वारा विध्वंस करने की कथा आती है। नन्दी और रुद्र दोनों अपने गणों के साथ यज्ञ को नष्ट

कर रहे थे। यज्ञ मृगरूप में भागा। शिव ने पिनाक से एक बाण उस पर छोड़ा। यज्ञ-मृग आर्तनाद करता ब्रह्मा के पास गया। ब्रह्मा ने बाण-बिद्ध मृग को मृगशिरा नक्षत्र बना दिया। उसके शरीर से निकले रक्त से इन्द्रधनुष की रचना कर दी। यज्ञ-ध्वंस-लीला के समय शिव और विष्णु में युद्ध हुआ। अग्नि, आदित्य, वसुगण आदि ने विष्णु की सहायता की और मरुद्गणों तथा विश्वदेवों ने शिव की। विष्णु और शिव में परस्पर घात-प्रतिघात हुआ। अन्तः विष्णु ने शिव से क्षमा माँगी और उनके लिए यज्ञ-भाग की व्यवस्था की। शिव (रुद्र) द्वारा भंग किये गये यज्ञ को विष्णु ने फिर से जोड़ा और उसे विधिपूर्वक सम्पन्न किया। प्रजापति दक्ष को यज्ञ का पूरा फल प्राप्त हुआ।

'ब्रह्म पुराण' के तीन अध्यायों[717] में यह कथा आयी है। अध्याय 34 में ब्रह्मा के मानस-पुत्र दक्ष को शिव ने देव-सभा में यथोचित सम्मान नहीं दिया, अतः वह रुष्ट हो गया। उसने यज्ञ किया, शिव को नहीं बुलाया। शिव के मना करने पर भी सती अनाहूत अपने पिता के यज्ञ को देखने पहुँची। वहाँ किसी ने उसकी बात भी न पूछी। सती ने दक्ष से शिव को न बुलाने का कारण पूछा, तो दक्ष ने शिव की निन्दा की। पति-निन्दा सुनने के पाप का प्रक्षालन करने के लिए सती ने दक्ष से उत्पन्न अपने शरीर का त्याग योग-बल से कर दिया। शिव ने सुना तो कोप किया। दक्ष को मनुष्य-जन्म लेने का शाप दिया। दक्ष ने भी शिव को यज्ञ में भाग न पाने का शाप दिया। इस अध्याय में शाप तक ही बात रह जाती है, यज्ञ का विध्वंस नहीं होता।

अध्याय 39 में यज्ञ का विध्वंस वीरभद्र और काली द्वारा होता है। वीरभद्र ने अपने शरीर से एक सेना उत्पन्न की और गणेश ने अपने ललाट के स्वेद से अग्नि। देवता पराजित हुए। शिव को यज्ञ-भाग दिया गया। दक्ष ने शिव की स्तुति की। शिव ने यज्ञ पूर्ण होने का वर दिया। **'ब्रह्म पुराण'** के अध्याय 109 की कथा अ. 34 के अनुसार है। अन्तर केवल इतना है कि यहाँ वीरभद्र यज्ञ-विध्वंस करता है।

'पद्‌म पुराण'[718] में सती दक्ष-यज्ञ में आती है, पति को आया न देख पिता से पूछती है। दक्ष ने कहा कि ऐसे मांगलिक कार्य में नंग-धड़ंग, अस्थि-कपाल-मालाधारी शिव को बुला कर मैं लज्जित नहीं होना चाहता। यज्ञ समाप्त होने पर उन्हें बुला कर मैं उनका उचित सम्मान करूँगा। पति का अपमान देख सती शरीर त्याग कर देती है। शिव वीरभद्र को भेज कर दक्ष-यज्ञ का विध्वंस करते हैं। दक्ष शिव की स्तुति करता है और शिव उसके यज्ञ के पूर्ण होने का वर देते हैं।

'वायु पुराण'[719] की कथा **'ब्रह्म पुराण'** के समान ही है। दक्ष के दोनों जन्मों का वर्णन किया गया है।

'शिव पुराण'[720] के रुद्र संहिता, अध्याय 2 में अनाहूता सती का पितृगृह-गमन और शरीर-त्याग का वृत्त पूर्ववत् है। सती की मृत्यु का समाचार सुन कर शिव ने

क्रोधित हो अपनी एक जटा उखाड़ी। उससे विशालकाय वीरभद्र तथा अन्य गण उत्पन्न हुए। वीरभद्र ने गणों के साथ जाकर यज्ञ नष्ट किया। विष्णु से उसका युद्ध हुआ। उसने दक्ष का सिर काट लिया। देवताओं की प्रार्थना पर रुद्र ने दक्ष को जीवित कर दिया और यज्ञ पूर्ण होने का आशीष दिया।

'शिव पुराण', रुद्रसंहिता, अध्याय 27-43 में दधीचि द्वारा शिव को न बुलाने के लिए दक्ष की निन्दा करने का उल्लेख है। अनाहत होकर सती पूर्ववत् शरीर-त्याग करती है। शिव अपनी जटा से वीरभद्र, महाकाली तथा ज्वरादिकों को उत्पन्न करते हैं। वीरभद्र विष्णु को पराजित करता है, दक्ष का सिर काट लेता है। ब्रह्मा और विष्णु कैलास जाकर शिव की स्तुति करते हैं। आशुतोष शिव दक्ष के सिर को उसके धड़ से जोड़ कर पुनः जिला देते हैं। दक्ष का यज्ञ सकुशल पूर्ण हो जाता है।

'शिव पुराण' की वायवीय संहिता अ. 18-23 में उल्लेख है कि एक बार सभी देवता शिव और सती के पास गये। दक्ष को अपनी पुत्री से कुछ विशेष आवभगत की आशा थी, किन्तु सती ने उनका विशेष सम्मान नहीं किया। इससे वे रुष्ट हो गये। यज्ञ के अवसर पर दक्ष ने अपनी सब बेटियों को बुलाया, पर सती को नहीं। सती बिना बुलाये ही चली आयी और वहाँ योगाग्नि में जल मरी। शिव ने दक्ष और भृगु को वैवस्वत मन्वन्तर में पुनः उत्पन्न होने का शाप दिया और उस जन्म में भी अपने द्वारा यज्ञ-ध्वंस करने की भविष्यवाणी की।

'श्रीमद्भागवत पुराण'[721] में शिव पुराण की भाँति ही कथा संक्षेप में यह है—दक्ष-कन्या सती शिव को ब्याही थी। एक बार प्रजापतियों के यज्ञ में शिव ने उठ कर दक्ष का स्वागत नहीं किया। दक्ष ने कुपित होकर शिव को इन्द्र-उपेन्द्र के साथ शिव का यज्ञ-भाग प्राप्त न होने का शाप दिया। नन्दी ने दक्ष को तत्त्व-ज्ञान से विमुख और इन्द्रिय-लोलुप होने का शाप दिया। नन्दी के शाप के बदले में भृगु ने शैवों को पाखण्डी और सुरासेवी होने का शाप दिया। कुछ काल के अनन्तर ब्रह्मा ने दक्ष को प्रजापतियों का अधिपति बना दिया। दक्ष का सिर घूम गया। उसने एक बृहस्पतिसव नामक यज्ञ किया। सब देवताओं को बुलाया पर शिव को नहीं। सती शिव से रुष्ट होकर बिना बुलाये ही पिता के यज्ञ में गयी। शिव ने बहुत समझाया, पर न मानी। यज्ञ में पहुँच कर सती ने अपनी उपेक्षा और पति का अनादर अनुभव किया, अतः योगाग्नि में अपनी देह को भस्म कर दिया। शिव के पार्षदों ने दक्ष को मारना चाहा, परन्तु भृगु ने यज्ञ-कुण्ड में 'ऋभु' नामक हज़ारों देवताओं को उत्पन्न कर उनसे उनको भगा दिया। शिव ने सुना, तो क्रोध में एक जटा को उखाड़ कर पृथ्वी पर पटका। तुरन्त एक काले रंग का विशालकाय गण उत्पन्न हुआ। शिव ने कहा कि तुम मेरे अंश हो, तुम्हारा नाम वीरभद्र है, जाकर दक्ष का यज्ञ ध्वंस करो। वीरभद्र त्रिशूल लेकर दौड़ा। वहाँ उसने यज्ञ-मण्डप तोड़ डाला, कामदेव की

आँखें फोड़ दीं, भृगु की दाढ़ी-मूँछें नोंच लीं, पूषा के दाँत उखाड़ लिए, दक्ष का सिर काट कर यज्ञ-कुण्ड में फेंक दिया और लौट कर शिव को सब वृत्त सुना दिया। उधर ब्रह्मा ने आकर सब देवताओं को फटकारा और शिव को यज्ञ-भाग न देना अन्यायपूर्ण कहा। देवताओं को साथ ले वे शिव के पास क्षमा माँगने गये। शिव से उन्होंने दक्ष-यज्ञ के पुनरुद्धार की प्रार्थना की। शिव ने प्रसन्न होकर दक्ष के धड़ पर बकरे का सिर जोड़ कर उसे जिला दिया। भृगु की दाढ़ी-मूँछ बकरे-जैसी निकल आयें, यह वर दिया। दक्ष ने शिव की स्तुति की। यज्ञ पूरा हुआ।

'भागवत पुराण' के बाद यह कथा **'ब्रह्मवैवर्त्त पुराण'**[722] में आती है, किन्तु संक्षेप में। इसमें अनाहूता सती के पितृगृह-गमन, दक्ष द्वारा शिव-द्रोह के कारण उसके अपमान, उसके शरीर-त्याग आदि का उल्लेख है, अन्य बातों का नहीं। इसी पुराण के अध्याय 43 में वर्णित है कि शंकर को जब सती के देह-त्याग का संवाद मिला, तब वे उसके शव को अपने वक्षस्थल पर रख कर पागल की तरह चेष्टाएँ करने लगे। सती को भस्म को शिव ने अपने तन में रमा लिया और उसकी अवशिष्ट अस्थियों को कण्ठमाला बना ली। विष्णु ने शंकर को प्रकृति की स्तुति करने का परामर्श दिया, जिससे उनका पत्नी-विरह दूर हो सके। शिव ने प्रकृति की स्तुति की। प्रकृति ने प्रसन्न होकर कहा कि मैं हिमालय के घर जन्म लेकर पुनः आपकी पत्नी बनूँगी।

'लिंग पुराण'[723] के अध्याय 99 में शिव और सती के पूर्वजन्म का वर्णन है। पूर्वजन्म में सती का अर्द्धनारीश्वर के संयोग से श्रद्धा नामक स्त्री होना उल्लिखित है। सती ने दक्ष-कन्या के रूप में प्राप्त देह को त्याग कर हिमालय की कन्या के रूप में जन्म ग्रहण किया। अध्याय 100 की कथा में दक्ष-यज्ञ-विध्वंस का वर्णन है। वीरभद्र ने यज्ञ-ध्वंस किया; पूषा, चन्द्र, इन्दु, अग्नि सबको उसने पराजित किया। यज्ञ-भूमि में शिव और विष्णु का युद्ध हुआ। विष्णु ने शिव पर चक्र चलाया, पर वह चल न पाया। शिव ने अपने धनुष से विष्णु का सिर काट लिया। मृग-रूपधारी यज्ञ का सिर वीरभद्र ने काट लिया। दक्ष का सिर भी उसी ने काटा। ब्रह्म ने प्रकट होकर शिव को तुष्ट किया। शिव ने विष्णु, दक्ष आदि को जिला दिया।

'वाराह पुराण'[724] की कथा अन्य पुराणों से भिन्न है। यहाँ सती के भस्म होने के कारण कुपित होकर शिव ने दक्ष का यज्ञ-ध्वंस नहीं किया है। इसकी कथा इस प्रकार है—ब्रह्मा के कोप से रुद्र की उत्पत्ति हुई। ब्रह्मा ने उन्हें अपनी गौरी नामक कन्या देकर उससे सृष्टि उत्पन्न करने को कहा, परन्तु रुद्र ने इसमें अपने को असमर्थ बताया और जल में जा छिपे। तब ब्रह्मा ने अपने सात मानस-पुत्र उत्पन्न किये जो प्रजापति कहलाये। इन प्रजापतियों ने सृष्टि उत्पन्न की। ब्रह्मा ने दक्ष को पुत्री-रूप में गौरी को दे दिया। कई वर्ष बाद तपस्या समाप्त कर जब रुद्र जल से बाहर निकले, तब उन्होंने अपनी अनुपस्थिति में विस्तारित सृष्टि को देख कर कोप

किया। कोप के कारण उनके कान में एक ज्वाला निकली और बहुत-से भूत-प्रेतादि भी। सबने दक्ष के यज्ञ को ध्वस्त कर डाला। देवताओं ने भयभीत होकर रुद्र को यज्ञ में भाग दिया। ब्रह्मा ने दक्ष से कहकर गौरी रुद्र को दिला दी। रुद्र ने दक्ष का यज्ञ पूरा हो जाने दिया और स्वयं गौरी को लेकर कैलास पर रहने लगे। एक बार गौरी ने शिव पर इसलिए रोष किया, क्योंकि उन्होंने उनके पिता के यज्ञ को नष्ट कर दिया था। वे लड़-झगड़ कर हिमालय पर तप करने चली गयीं। वहीं उन्होंने अपना शरीर-त्याग किया। दूसरे जन्म में शैलजा 'पार्वती' बनीं।

'स्कन्ध पुराण' में दक्ष के शिव-द्रोह, सती-देह-त्याग और दक्ष-यज्ञ-विध्वंस की कथा तीन स्थलों'[725] पर आयी हैं। काशीखण्ड की कथा में शिव द्वारा अपने घर पर आये दक्ष का उचित सम्मान न करने के कारण दक्ष के उन पर रुष्ट हो जाने का वर्णन है। यज्ञ में शिव को न बुलाने के कारण दधीचि दक्ष की निन्दा करते हैं। नारद दक्ष-यज्ञ का समाचार शिव तक पहुँचाते हैं। शिव के मना करने पर भी सती पीहर जाती हैं। शेष पूर्ववत् है। माहेश्वर खण्ड (केदार खण्ड) की कथा **'शिवपुराण'** रुद्र-संहिता (सती खण्ड अ. 27-43) के समान ही है। विशेष बात मात्र यह है कि नारद सती दाह का समाचार शिव को सुनाते हैं। दक्ष ने कनखल में अपना यह यज्ञ किया था। **प्रभास खण्ड** की कथा में कुछ भिन्नता मिलती है। वीरभद्र को विष्णु ने हरा दिया। वह शिव के पास आया। क्रोधित होकर शिव ने भद्रकाली और वीरभद्र के साथ स्वयं यज्ञ-भूमि में पदार्पण किया। विष्णु शिव को देख कर छिप गये। शिव ने पूषा के दाँत तोड़ दिये, कामदेव की आँखें फोड़ दीं, अग्नि को भस्म किया, यज्ञ-रूप मृग का पीछा किया और यज्ञ का विध्वंस कर दिया। दक्ष का सिर काटने का यहाँ उल्लेख नहीं है।

'वामन पुराण'[726] की कथा में एक नवीन तत्त्व यह है कि गौतम-पुत्री जया द्वारा दक्ष-यज्ञ का समाचार पाकर और यह जानकर कि उसमें शिव को नहीं बुलाया गया है, सती ने क्रोध में आकर शरीर-त्याग कर दिया। शिव ने वीरभद्र आदि गणों को भेज कर यज्ञ-विध्वंस करा दिया। सती का शरीरान्त पितृगृह में न होकर पतिगृह में हुआ, यह नवीन तत्त्व है, जो अन्यत्र नहीं मिलता।

'कूर्म्म पुराण'[727] में प्राचेतस् दक्ष के यज्ञ-विध्वंस की कथा है। शिव से दक्ष बुरा मान गये हैं, परन्तु देव-सभा में सम्मानित न होने के कारण नहीं, वरन् शिव के घर में यथोचित पूजा न मिलने के कारण। शेष कथा **'ब्रह्म पुराण'** अध्याय 39 के समान है।

'मत्स्य पुराण'[728] में कथा अत्यन्त संक्षेप में आयी है। यहाँ सती ने दक्ष को मनुष्य-योनि में जन्म लेने और यज्ञ के नष्ट होने का शाप दिया है, शिव ने नहीं।

'गरुड़ पुराण'[729] की कथा **'ब्रह्म पुराण'** के अ. 39 के समान है। कोई नवीन

बात नहीं है। **'ब्रह्माण्ड पुराण'**[730] की कथा भी **'ब्रह्म पुराण'** अ. 34 के समान है। **'कथा सरित्सागर'**[731] में शिव ने पार्वती को उनके पूर्व जन्मों की कथा सुनाते हुए दक्ष-यज्ञ-विध्वंस की संक्षेप में चर्चा की है।

48. शिव के द्वारा सती का परित्याग

'शिव पुराण'[732] में उस प्रसंग का वर्णन हुआ है जिसमें सीता का वेश धारण कर सती राम के विष्णुत्व की परीक्षा लेने जाती है और इस कारण वह शिव द्वारा त्याग दी जाती है। कथा इस प्रकार है—एक समय शिव सती-सहित तीनों लोकों का भ्रमण करने निकले। पृथ्वी पर घूमते हुए दण्डक वन में आये। उन्होंने देखा कि राम और लक्ष्मण व्याकुल होकर अपहृत सीता को ढूँढ़ रहे हैं। शिव ने राम को प्रणाम किया। सती ने कारण पूछा, तब शिव ने बताया कि राम तो विष्णु हैं। सती को विश्वास न हुआ। उन्होंने परीक्षा लेने की ठानी। सती ने सोचा कि मैं सीता के रूप में इनके सामने जाती हूँ; यदि यह विष्णु होंगे तो पहचान ही लेंगे। यह सोचकर सती शिव को बिना बताये, कुछ दूर गये हुए राम-लक्ष्मण के सामने सीता-रूप में प्रकट हुई। राम-लक्ष्मण ने जान लिया कि ये सती हैं। राम ने सती से कहा—''माता, आज आप अकेली वन में कैसे? शिव महाराज कहाँ चले गये हैं?'' सती को काटो तो खून नहीं। उन्हें पूर्ण विश्वास हो गया कि राम विष्णु ही हैं। राम ने सती को प्रणाम किया और उनसे आशीर्वाद लेकर अपने मार्ग पर बढ़ गये।

इधर सती के मन में भय हुआ कि मैंने शिव की अवज्ञा की है; वे पूछेंगे तो मैं क्या उत्तर दूँगी। उन्होंने शिव को कुछ न बताना ही निश्चित किया। किन्तु, शिव से क्या छिपा था? ध्यान करके उन्होंने सती का सारा चरित्र जान लिया। उन्हें क्रोध हुआ कि सती ने मातृ-स्वरूपा लक्ष्मी का रूप धारण किया, अब वे भोग्या कैसे रह सकती थीं? शिव ने मन ही मन सती-परित्याग का निश्चय कर लिया। कैलास लौटने पर भी शिव गुमसुम ही रहे। सती ने बहुत-कुछ पूछा, पर कुछ बताया नहीं। सती भी मन में ग्लानि अनुभव कर रही थी। शिव सती को उपस्थिति भूल कर तपस्या में लीन हो गये। सत्तासी हज़ार वर्ष बीतने पर शिव समाधि से जागे तो सती उनके सामने खड़ी हुई। शिव ने सती पर ऊपरी प्रेम भाव बनाये रखा और सती भी सब भूल कर प्रसन्न-चित्त रहने लगी।

इसके उपरान्त की कथा दक्ष-यज्ञ, शिव द्वारा सती-दाह और यज्ञ-विध्वंस की है, जो अ. 20-23 में वर्णित है।

'रामचरितमानस'733 में भी शिव द्वारा सती के परित्याग की कथा दी गयी है जो **'शिव पुराण'** के अनुसार ही है।

49. शिव का पार्वती के कहने से कैलास छोड़ देना

पार्वती के कहने से शिव द्वारा कैलास छोड़ देने की कथा केवल **'वायु पुराण'**[734] में मिलती है। यह कथा दिवोदास द्वारा काशी को खाली करने और शिव द्वारा काशी को पुनः अपना धाम बना लेने के प्रसंग में कही गयी है। कथा इस प्रकार है–

शिव पार्वती को प्रसन्न करने के लिए अपनी ससुराल हिमालय के घर कैलास में ही रहने लगे। एक बार हिमालय की पत्नी मैना ने पार्वती से अपने दामाद शिव के विषय में कुछ बुरा-भला कहा। पार्वती को उनकी बात बुरी लगी। उन्होंने शिव से कहा कि ससुराल में रहने से अपनी मान-मर्यादा घट रही है, इसलिए इस स्थान को छोड़ दीजिये। शिव ने अपने रहने योग्य स्थान का चुनाव करने के लिए पार्वती को त्रिलोक के सभी प्रसिद्ध स्थान दिखाये। पार्वती ने काशी को पसन्द किया। उन दिनों दिवोदास काशी का राजा था। वह अत्यन्त धर्मात्मा तथा दोष-शून्य व्यक्ति था। शिव ने उससे काशी खाली कराने के लिए अपने प्रमुख गण निकुम्भ को भेजा। निकुम्भ ने वहाँ पहुँच कर किसी मंकन नामक नापित (नाई) को स्वप्न बताया। राजाज्ञा से निकुम्भ की प्रतिमा राजद्वार पर रख दी गयी। काशी का जो भी व्यक्ति जिस इच्छा को लेकर उस मूर्ति के पास जाता था, उसकी वह इच्छा पूर्ण हो जाती थी। धीरे-धीरे उसकी ख्याति अन्तःपुर तक पहुँची। दिवोदास के कोई पुत्र न था, अतः रानी ने पुत्र प्राप्ति की इच्छा से निकुम्भ नौ-प्रतिमा की मनौती मानी, किन्तु निकुम्भ ने रानी को पुत्र नहीं दिया। इस पर राजा ने निकुम्भ की प्रतिमा तुड़वा दी। प्रतिमा-भंजन एक अधर्म था, जो राजा से हो गया। निकुम्भ ने काशी नगरी को जन-शून्य हो जाने का शाप दिया। इसी नगरी को शिव ने पुनः बसाया और पार्वती सहित वहाँ रहने लगे।

50. शुकदेव का दो घड़ी से अधिक कहीं न ठहरना

कृष्णद्वैपायन व्यास की तपस्या से प्रसन्न होकर शिव ने उन्हें एक ऐसे पुत्र का पिता बनने का वर दिया जो अग्नि, पृथ्वी, जल, वायु और आकाश जैसा ही शुद्ध और महान् होगा। इस वर-प्राप्ति के अनन्तर महर्षि व्यास एक दिन अग्नि उत्पन्न करने के लिए दो अरणि काष्ठ लेकर उनका मन्थन कर रहे थे कि उन्होंने घृताची अप्सरा को देखा और उस पर काममोहित हो गये। उनका वीर्य स्खलित होकर अरणि काष्ठ पर ही गिर गया। उसी समय उससे शुकदेव प्रकट हो गये।[735] तभी गंगा मेरु पर्वत पर प्रकट हुईं और उन्होंने शुकदेव को स्नान कराया। आकाश से उनके लिए दण्ड और काला मृग-चर्म ये दो वस्तुएँ गिरीं। व्यास ने उन्हें मोक्ष-शास्त्र का अध्ययन करने के

लिए मिथिलेश जनक के पास भेजा।[736] इन्होंने परीक्षित के मृत्यु-काल में उनको भी दर्शन दिया था।[737] शुकदेव के विषय से यह प्रसिद्ध था कि वे गोदोहन-काल तक भी (जितनी देर में गाय दुही जाये उतनी देर भी) किसी गृहस्थ के घर नहीं टिकते थे।[738]

'श्रीमद्भागवत' की इसी उक्ति के आधार पर लोक में शुकदेव के विषय में यह प्रसिद्ध हो गया होगा कि वे दो घड़ी से अधिक कहीं नहीं ठहरते हैं।

'श्रीमद्भागवत पुराण' के अतिरिक्त किसी अन्य पुराण में शुकदेव की इस प्रवृत्ति का उल्लेख नहीं मिलता। यों **'देवीभागवत पुराण'** के भी छः अध्यायों में[739] उनके जन्म, गार्हस्थ्य के प्रति उनके वैराग्य, जनक के पास जाकर मोक्ष-ज्ञान-प्राप्ति तथा उनके विवाह आदि का वर्णन हुआ है, किन्तु गोदोहन में जितना समय लगे, उतनी देर से अधिक उनके कहीं न ठहरने का उल्लेख वहाँ भी नहीं मिलता।

51. समुद्र-मन्थन की कथा

समुद्र-मन्थन की कथा सर्वप्रथम **'वाल्मीकि रामायण'**[740] में उल्लिखित है। कथा संक्षेप में इस प्रकार है–

मरीच-पुत्र कश्यप की दिति और अदिति नामक पत्नियों से क्रमशः दैत्य और देवता उत्पन्न हुए। दैत्यों और देवताओं ने जरा-मृत्यु के कष्टों से बचने के लिए कोई उपाय करना चाहा। अमृत-प्राप्ति के लिए क्षीर-समुद्र को मथने का निश्चय हुआ। वासुकि नाग को मन्थन की डोरी और मन्दराचल को रई (मथानी) बना कर दोनों समुद्र-मन्थन करने लगे। एक सहस्र वर्ष तक मन्थन-क्रिया चली, वासुकि विष उगलने लगे और मन्दराचल की शिलाओं को दाँतों से काटने लगे। उससे हालाहल नामक महाविष उत्पन्न हुआ। उसकी ज्वाला में देवता-दानव-मनुष्य सब जलने लगे। तभी विष्णु वहाँ प्रकट हुए। विष्णु के आग्रह से महादेव ने वह कालकूट पी डाला।[741] मन्थन फिर आरम्भ हुआ। किन्तु इस बार मन्दराचल ही धीरे-धीरे पाताल की ओर खिसकने लगा। तब देवताओं और गंधर्वों ने विष्णु भगवान् की स्तुति की। देवताओं के इस आड़े मौके पर विष्णु भगवान् फिर काम आये। उन्होंने कच्छप का रूप धारण किया और जल में बैठ कर मन्दराचल को अपनी पीठ पर ले लिया और उसके आगे के सिरे को अपने हाथ से थाम लिया। विष्णु की सहायता से समुद्र-मन्थन फिर आरम्भ हुआ। एक सहस्र वर्ष तक यह दौर भी चला, तब सर्वप्रथम धन्वन्तरि हाथों में दण्ड-कमण्डलु लिए निकले। तदनन्तर सुन्दर अप्सराएँ निकलीं। उनकी संख्या साठ हज़ार थी। इसके बाद वरुण देव की कन्या वारुणी उत्पन्न हुई जिसे अदिति के पुत्रों ने ग्रहण कर लिया। वारुणी या सुरा को ग्रहण करने वाले सुर कहलाये और न ग्रहण करने वाले असुर। तत्पश्चात् उच्चैःश्रवा अश्व निकला और फिर क्रम

से कौस्तुभ मणि तथा अमृत। अमृत ही तो मन्थन का चरम फल था, अतः उसको लेने के लिए सुर और असुर आपस में झगड़ पड़े। दोनों पक्षों के बहुत-से योद्धा मारे गये। अन्त में, विष्णु ने मोहिनी माया को फैला कर असुरों से अमृत छीन लिया। फिर असुरों को काफी संख्या में मार कर इन्द्र ने राज्य पाया।

इस कथा में क्षीर सागर से निकलने वाले चौदह रत्नों के पूरे नाम नहीं दिये गये। राहु का सिर काटे जाने की घटना का भी उल्लेख नहीं है।

'महाभारत' में भी समुद्र-मन्थन और अमृत-प्राप्ति के लिए देवों और दानवों की होड़ का उल्लेख हुआ है।[742] वहाँ विष्णु भगवान् ने ब्रह्मा को सुझाव दिया है कि देवता और दैत्य मिल कर समुद्र-मन्थन करें। मन्थन के फलस्वरूप अमृत प्रकट होगा। रई (मथानी) का काम यहाँ भी मन्दराचल से लिया गया है, परन्तु यहाँ विष्णु भगवान् शेषनाग को मन्दराचल को उखाड़ने का आदेश देते हैं और शेषनाग जोर लगा कर मन्दराचल को उखाड़ लेते हैं। इसके उपरान्त देवता लोग समुद्र के पास मन्थन की अनुमति लेने जाते हैं और समुद्र इस शर्त पर, कि अमृत में उसका भी भाग रहे, मन्थन की पीड़ा को सहने के लिए प्रस्तुत हो जाता है। देव-दानव समुद्र-तल में स्थित कच्छपराज से मन्दराचल का आधार बनने के लिए कहते हैं। **'वाल्मीकि-रामायण'** में विष्णु ने स्वयं कच्छप का रूप ग्रहण किया है और सो भी प्रारम्भ में नहीं, मन्थन का एक दौर समाप्त हो जाने पर और कालकूट के निकल आने पर। **'महाभारत'** में यह भी उल्लेख है कि असुरों ने नागराज वासुकि के मुखभाग को पकड़ रखा था और देवताओं ने पूँछ को। मन्थन करते-करते जब देवतागण थक गये, तब ब्रह्मा की प्रार्थना पर विष्णु ने उन्हें बल प्रदान किया। समुद्र का घोर मन्थन होने पर उसमें से सर्वप्रथम श्वेतवर्ण चन्द्रमा निकला, तदनन्तर शुभ्रवस्त्रधारिणी लक्ष्मी का आविर्भाव हुआ और उसके बाद सुरा (वारुणी) देवी का। तत्पश्चात् श्वेत अश्व (उच्चैःश्रवा), फिर कौस्तुभ मणि, पारिजात वृक्ष और सुरभि गौ उद्भूत हुए। लक्ष्मी, सुरा, चन्द्रमा तथा उच्चैःश्रवा अश्व, ये सब देवलोक में चले गये। इन रत्नों के उपरान्त धन्वन्तरि प्रकट हुए। उनके हाथ में एक श्वेत कलश था जिसमें अमृत-भरा था। अमृत को देखते ही दानव कोलाहल करने लगे। इनके बाद श्वेतवर्ण का चार दाँतों वाला ऐरावत हाथी निकला। वज्रधारी इन्द्र ने इसे अपने अधिकार में कर लिया। मन्थन जारी था ही। अब कालकूट महाविष की उत्पत्ति हुई। ब्रह्मा की प्रार्थना पर त्रिलोकों की रक्षा के लिए शंकर ने उसे पी लिया और उसे अपने कण्ठ में ही धारण कर लिया जिससे उनका कण्ठ नीला पड़ गया और वे 'नीलकण्ठ' कहलाये।

अब अमृत के वितरण का प्रश्न उपस्थित हुआ। विष्णु ने इस समस्या को भी सुलझाया। उन्होंने मोहिनी माया का आश्रय लेकर एक सुन्दर स्त्री का रूप बनाया। दैत्यों और दानवों को उस रूप ने मोहित कर लिया। उन्होंने स्त्री-रूप-धारी विष्णु को

अमृत-कलश सौंप दिया। देवों और दानवों को दो पंक्तियों में बैठा दिया गया। मोहिनी ने अमृत देवों को ही पिलाया, दैत्यों और दानवों को नहीं दिया। इससे उन्होंने बड़ा कोलाहल मचाया। राहु ने अमृतपान की चेष्टा की, तो भगवान् ने उसका सिर काट लिया। देवताओं और दैत्यों में घोर संग्राम हुआ। विष्णु ने मोहिनी-रूप त्याग दैत्यों का सुदर्शन चक्र से संहार करना आरम्भ किया। दैत्य डर कर खारे समुद्र में जा घुसे। देवतागण विजय पाकर मन्दराचल को उसके पूर्व स्थान पर स्थापित कर आये और अमृत-घट को स्वर्ग में लाकर भगवान् नर को सुरक्षित रखने के लिए सौंप दिया।

'महाभारत' में समुद्र से अप्सराओं के निकलने का उल्लेख नहीं आता। इसमें राहु के शिरच्छेद की घटना वर्णित है, पर **'वाल्मीकि-रामायण'** में नहीं।

'हरिवंश पुराण'[743] में भी समुद्र-मन्थन की कथा आती है। **'महाभारत'** की अपेक्षा इसमें ये नवीन बातें हैं–(1) जब मथानी बनाने के निमित्त मन्दराचल को दानव किसी प्रकार न उखाड़ सके तब वे ब्रह्मा की शरण में गये, ब्रह्मा ने बताया कि आदित्य, वसु, रुद्र, मरुत् गण, देवता, यक्ष, गंधर्व और किन्नर ये सब यदि मिल कर प्रयास करें तो मन्दराचल को उठा सकते हैं। ऐसा ही हुआ और मन्दराचल को समुद्र में डाल दिया गया, रस्सी वासुकि ही बने।[744] (2) जो भी रत्न समुद्र में से निकले, उनके निकलने का क्रम यह रहा–धन्वन्तरि, मद्य, श्री, कौस्तुभ, चन्द्रमा, उच्चैःश्रवा तथा अन्त में अमृत।[745] (3) दैत्यों ने अमृत पर पहले ही अधिकार कर लिया। अभी देवता और दैत्यों में से कोई भी अमृत-पान नहीं कर रहा था कि लोगों की दृष्टि राहु पर गयी जो चुपके से अमृत पीने की चेष्टा कर रहा था। विष्णु ने राहु का सिर चक्र से काट लिया। (किसी की शिकायत पर नहीं)।[746] (4) पृथ्वी देवी ने ब्रह्मा की आज्ञा से इन्द्र के हाथ से अमृत ले लिया और उसे लेकर वे चली गयीं।[747]

यहाँ यह स्पष्ट नहीं किया गया है कि दैत्यों के अधिकार में जो अमृत चला गया था, वह इन्द्र के हाथ में कैसे आ गया।

'ब्रह्म पुराण'[748] की कथा में कुछ भिन्नता है। यहाँ समुद्र-मन्थन का कारण दूसरा ही है। देवता और दानव दैवयोग से एक बार महानदी के संगम पर मिले। उन्होंने सुमेरु को पाकर आपस में सलाह की कि समुद्र का मन्थन कर अमृत निकाला जाये और आपसी वैर-भाव को दूर कर शान्ति से रहा जाये, युद्ध से कोई लाभ नहीं। समुद्र-मन्थन किया गया, उसमें से अमृत निकला भी। दैत्यों ने विश्वासपूर्वक अमृत देवों को सौंप दिया और यह कह कर कि किसी शुभ घड़ी में विभाजन करेंगे, चले गये। देवताओं के मन में कपट-भाव आया। उन्होंने ब्रह्मा की आज्ञा लेकर समुद्र की कन्दराओं में बैठ कर अमृत पीना आरम्भ किया। विष्णु (गुहा-द्वार की) रक्षा कर रहे थे। इसी समय कामरूप राहु मरुत-रूप धारण कर आ गया और अमृत पीने लगा। सूर्य तथा सोम ने विष्णु को राहु का रहस्य बताया। विष्णु ने अपने चक्र से

राहु का सिर काट लिया। तब से चन्द्र और सूर्य के साथ राहु वैर-भाव मानने लगा।

'पद्म पुराण' के सृष्टि खण्ड[749] में भीष्म-पुलस्त्य-संवाद के रूप में इस कथा का वर्णन हुआ है। कथा की पूर्वपीठिका के रूप में बताया गया है कि दुर्वासा मुनि ने एक विद्याधरी से सुगन्धित पुष्पों की एक माला ली, जिसे उन्होंने ऐरावत पर विराजमान इन्द्र को दे दिया। इन्द्र ने उपेक्षा-भावना से उस माला को गजराज के मस्तक पर डाल दिया, गजराज ने उसे नीचे गिरा दिया। दुर्वासा ने अपने द्वारा दिये पुष्प-हार का यह तिरस्कार देख, इन्द्र को श्री-भ्रष्ट हो जाने का शाप दिया।[750] तदनन्तर निःश्रीक होकर इन्द्रादि देवता ब्रह्मा के पास गये और ब्रह्मा को साथ लेकर विष्णु के पास। विष्णु ने उपाय बताया कि क्षीर-समुद्र में औषधियाँ डाल कर मन्दराचल को मन्थन-दण्ड एवं वासुकि को रज्जु बना कर समुद्र-मन्थन करो, मैं तुम्हारी सहायता करूँगा।[751] दैत्यों को तो केवल कष्ट ही हाथ लगेगा, अमृत तुम लोगों को मिलेगा जिसे पीकर तुम अमर हो जाओगे। फलस्वरूप विष्णु के आदेश से देवताओं और दैत्यों ने उपर्युक्त विधि से मन्थन किया। मन्थन करने से समुद्र से क्रमशः ये रत्न निकले : कामधेनु, वारुणी, कल्पवृक्ष, अप्सरा, चन्द्रमा, विष, अश्व (उच्चैःश्रवा), ऐरावत और लक्ष्मी आदि। शिव ने कालकूट पी लिया जिससे वे नीलकण्ठ हुए। अमृत-पान के लिए देवता-दानवों में विवाद हुआ। विष्णु ने मोहिनी-रूप धारण कर दानवों को वंचित करके देवताओं को अमृत-पान कराया।[752]

दुर्वासा के शाप के कारण इन्द्र का निःश्रीक हो जाना और उसके कारण अमृत-प्राप्ति का विचार उठना एवं विष्णु का मोहिनी रूप धारण करना—ये बातें इससे पूर्व इस कथा में नहीं जुड़ पायी थीं। यह नया विकास हुआ।

'पद्म पुराण' उत्तरखण्ड[753] में कूर्मावतार के वर्णन-प्रसंग में इस कथा का पुनः उल्लेख हुआ है। कथा का पूर्वांश सृष्टि खण्ड के अनुसार ही है। यहाँ विष्णु ने कच्छप-रूप धारण कर मन्दराचल को अपनी पीठ पर साधा है। लक्ष्मी की प्राप्ति के लिए बड़े जोर-शोर से समुद्र-मन्थन आरम्भ हुआ। पहले कालकूट निकला जिसे महादेव स्वेच्छा से पान कर गये। इसके अनन्तर समुद्र से निकलने वाले रत्नों का क्रम यह रहा—ज्येष्ठा देवी, वारुणी (इसको नागराज अनन्त ले गये), अप्सराएँ तथा गंधर्व, श्वेत रंग और चार दाँतों वाला ऐरावत, उच्चैःश्रवा, धन्वन्तरि, पारिजात, सुरभि (इन सबको इन्द्र ले गये), लक्ष्मी, अमृत, चन्द्रमा, तुलसी। लक्ष्मी विष्णु को मिलीं। लक्ष्मी ने देवताओं को समृद्धि का वर दिया। यहाँ समुद्र-मन्थन का उद्देश्य अमृत-प्राप्ति नहीं, लक्ष्मी-प्राप्ति बताया है। अमृत के बँटवारे के समय संघर्ष का इसीलिए यहाँ उल्लेख नहीं है।

'विष्णु पुराण'[754] में भी समुद्र-मन्थन की घटना का वर्णन आया है। यहाँ **'पद्म पुराण'** के सृष्टि खण्ड और उत्तरखण्ड की कथा की पुनरावृत्ति हुई है। यहाँ

भी भगवान् विष्णु कूर्म्म का रूप धारण कर मन्दराचल के टिकने का आधार बनते हैं। अपने चक्रधारी और गदाधर रूप में वे देवताओं के साथ मिल कर मन्थन में भी सहयोग देते हैं। एक अन्य अलक्ष्य रूप धारण कर उन्होंने मन्दराचल को ऊपर से दबा भी रखा था, वे नागराज वासुकि और देवताओं का बल-वर्द्धन भी कर रहे थे। इस प्रकार विष्णु बहुविध रूप में समुद्र-मन्थन के प्रयास में अपनी सहायता पहुँचा रहे थे।[755] समुद्र से निकलने वाले रत्नों का क्रम यहाँ यह है—कामधेनु, वारुणी देवी, कल्पवृक्ष (पारिजात), अप्सराएँ, चन्द्रमा (चन्द्रमा को महादेव ने ग्रहण कर लिया), विष (इसे नागों ने ग्रहण किया, शिव ने नहीं), अमृत से भरा कमण्डलु लिए हुए धन्वन्तरि, लक्ष्मी (लक्ष्मी विष्णु के वक्षस्थल में विराजमान हुईं)।[756]

दैत्यों ने धन्वन्तरि के हाथ से अमृत से भरा कमण्डलु छीन लिया, किन्तु विष्णु ने मोहिनी-रूप धारण कर दैत्यों को मोह लिया और उनके हाथ से कमण्डलु लेकर देवताओं को दे दिया। इन्द्रादि देवताओं ने चट से उस अमृत को पी डाला। दैत्य उन पर टूट पड़े। किन्तु अमृत-पान करने से देवता अब बली हो चुके थे, उन्होंने दैत्यों को परास्त कर दिया।[757]

'शिव पुराण' पूर्वार्द्ध, पंचम खण्ड, अ. 13 में शुक्राचार्य ने जलन्धर दैत्य को समुद्र-मन्थन की यह कथा सुनायी है। दैत्यों ने अपने राजा बलि के नेतृत्व में युद्ध करके देवताओं को परास्त कर दिया। विष्णु के परामर्श से देवताओं ने दैत्यों के साथ मिल कर समुद्र-मन्थन किया। उद्देश्य अमृत पाकर अमर होना था। मन्दर मथानी, वासुकि रज्जु बने। विष्णु के कहने से देवता पहले वासुकि का सिर पकड़ने को हुए, तब दैत्यों ने लपक कर स्वयं सिर पकड़ लिया। विष्णु यही चाहते थे। देवों तथा दैत्यों ने प्रारम्भ में गणपति की पूजा नहीं की, अतः मन्थन में पहले कालकूट निकला। शिव ने उसे पी लिया। मन्थन से जितने रत्न निकले, उनमें से अच्छे-अच्छे रत्न विष्णु ने पक्षपात करके देवों को दे दिये। अमृत को भी उन्हें पिलाने लगे। राहु ने देख लिया। वह पीने पहुँचा। विष्णु ने उसका सिर काट लिया। देव-दानव युद्ध हुआ। दानव पराजित हुए, पाताल में जा छिपे। जलन्धर के प्रताप से वे पाताल से निकलने लगे।

'श्रीमद्भागवत पुराण'[758] में भी यह कथा आती है जो 'विष्णु पुराण' की कथा के समान है। यहाँ मन्थन करते समय सर्वप्रथम हालाहल निकलता है जिसे देवताओं की प्रार्थना पर शंकर पी जाते हैं।[759] उसके अनन्तर समुद्र में से निस्सृत रत्नों का क्रम यहाँ यों है—कामधेनु, उच्चैःश्रवा, ऐरावत, कौस्तुभ नामक पद्मराग मणि, कल्पवृक्ष, अप्सराएँ, भगवती लक्ष्मी, वारुणी। सबसे अन्त में धन्वन्तरि निकले। उनके हाथ में अमृत-कलश और कंगन था, जिन्हें असुरों ने छीन लिया।[760] विष्णु के मोहिनी अवतार और अमृत के वितरणोपरान्त देवासुर-संग्राम का यहाँ भी वर्णन है। उसमें दैत्यों की

पराजय हुई।[761] शिव के मोहिनी हो जाने की कथा भी 'श्रीमद्भागवत' में आती है।[762]

'स्कन्द पुराण'[763] की कथा में विशेष बात इतनी ही है कि यहाँ आकाशवाणी से समुद्र-मन्थन का सुझाव दिया गया है। मन्थन से सर्वप्रथम कालकूट उत्पन्न हुआ। गणेश की पूजा प्रारम्भ में नहीं की गयी थी, इसलिए उन्होंने मन्थन में विघ्न उत्पन्न किया। मोहिनी-अवतार और देव-दानव युद्ध का वर्णन यथापूर्व है। 'वैष्णव खण्ड' की कथा में भी कोई नवीनता नहीं है। वहाँ लक्ष्मी के साथ विष्णु का विवाह होना लिखा है।

'मत्स्यपुराण'[764] में भी क्षीरोदधि के मन्थन की कथा आयी है। यहाँ समुद्र-मन्थन का उद्देश्य लक्ष्मी-प्राप्ति नहीं, अमृत-प्राप्ति है। शिव ने शुक्राचार्य को संजीवनी विद्या दे दी, इससे देवासुर-संग्राम में मरे हुए दैत्य भी जिलाये जाने लगे। देवताओं को भी अमरत्व की चिन्ता हुई। एतदर्थ विष्णु के परामर्श से मन्दराचल का उपयोग करते हुए क्षीरसागर-मन्थन का उद्योग आरम्भ हुआ। पहले समुद्र में से क्रमशः कालकूट, चन्द्रमा, लक्ष्मी, वारुणी, उच्चैःश्रवा, कौस्तुभ मणि तथा पारिजात की उत्पत्ति हुई, फिर अग्नि की। देवता और दानवों की प्रार्थना पर शिव ने कालकूट पी लिया और कैलास चले गये। कालकूट के बाद समुद्र में से धन्वन्तरि और अमृत का प्रादुर्भाव हुआ।

विष्णु का मोहिनी-रूप धारण कर दैत्यों से अमृत ले लेना, देवताओं को उसे पिलाना, राहु का चुपके से पंक्ति में आ बैठना, चन्द्र-सूर्य की शिकायत पर विष्णु का चक्र से उसका सिर काट लेना, परन्तु कण्ठ तक अमृत पहुँच जाने के कारण उसके सिर का अमर हो जाना आदि घटनाओं का वर्णन पूर्ववत् है। देवताओं और दानवों से युद्ध में विजयी होकर अमृत को विष्णु के पास धरोहर रख दिया।

इन पुराणों के अतिरिक्त यह कथा **'देवीभागवतपुराण'**[765], **'अग्नि पुराण'**[766] तथा **'ब्रह्मवैवर्त्त पुराण'**[767] में भी आयी है, परन्तु उनके कथा-रूप में कोई नवीन उद्भावना नहीं मिलती।

52. हनुमान का आकाश में चढ़ना

'वाल्मीकि रामायण'[768] में अगस्त्य मुनि ने रामचन्द्र जी को हनुमान के बल-विक्रम के विषय में बताते हुए उनकी बाल्यावस्था की कहानी सुनायी जिससे हनुमान के आकाश में बहुत ऊँचे चढ़ते जाने का वृत्त स्पष्ट होता है। कथा इस प्रकार है : पवन और अंजना के सहयोग से हनुमान की उत्पत्ति सुमेरु पर्वत पर हुई; वैसे पिता का नाम केसरी था। एक दिन उनकी माँ कहीं गयी हुई थी। हनुमान को भूख लगी। उदयाचल से उदित होते हुए अरुणाभ सूर्य को कोई फल समझ कर शिशु हनुमान उसकी ओर झपटे। वे आकाश में ऊँचे और ऊँचे चढ़ते जाते थे और उनके पिता

पवनदेव उनके स्नेहवश उनके पीछे जाते हुए अपनी शीतलता से उनका बचाव सूर्य की उष्णता से कर रहे थे। हनुमान कई हज़ार योजन ऊपर आकाश में चढ़ गये। उधर राहु सूर्य को ग्रसने बढ़ा, तो हनुमान उसको भी फल समझ कर लपके। राहु की शिकायत पर इन्द्र ने वज्र-प्रहार किया जिससे हनुमान की ठोढ़ी कुछ टेढ़ी हो गयी। 'हनु' वक्र हो जाने से इनका यह नाम पड़ा। बाद में हनुमान को इन्द्र, कुबेर, यम, वरुण, ब्रह्मा आदि ने अलग-अलग वरदान दिये। वर पाकर चंचल हनुमान ऋषियों को सताने लगे। अंगिरा और भृगुवंशियों ने उन्हें अपनी शक्ति भूलने का शाप दे दिया। बाद में शाप-मोचन के लिए कहा कि यदि कोई तुम्हें तुम्हारे बल का स्मरण करायेगा, तो तुम्हें पूर्व बल प्राप्त हो जायेगा।

'शिव पुराण' में हनुमान-जन्म की कथा के वर्णन-प्रसंग में हनुमान द्वारा सूर्य को निगलने के लिए आकाश में ऊँचाई की ओर जाने, देवताओं द्वारा उन्हें अजर-अमर बनाने और ऋषियों द्वारा उनको अपना बल भूलने का शाप देने आदि का उल्लेख **'वाल्मीकि रामायण'** के समान ही है।

53. हनुमान द्वारा ऋषि-राक्षस (कालनेमि) को मारना

हनुमान द्वारा ऋषि-राक्षस को मारने की घटना का सम्बन्ध वस्तुतः उनके द्वारा कालनेमि राक्षस के वध से है, जो ऋषि का कपट-वेश धारण कर हनुमान के मार्ग में विघ्न उत्पन्न करना चाहता था।

'अध्यात्म रामायण'[769] में इस घटना का उल्लेख विस्तार से हुआ है। रावण ने मयदानव द्वारा प्रदत्त शक्ति को विभीषण पर छोड़ा, किन्तु उस शक्ति को लक्ष्मण ने आगे आकर अपनी छाती पर झेल लिया। इससे वे मूर्च्छित हो गये। राम को शंका हुई कि लक्ष्मण अब नहीं बचेंगे। वे सामान्य संसारी पुरुष की भाँति विलाप करने लगे। उन्होंने हनुमान को आदेश दिया कि पहले की भाँति एक बार फिर वे द्रोणगिरि से महौषधि (संजीवनी) ले आवें। हनुमान यह आज्ञा पाते ही चल दिये। उधर रावण के किसी गुप्तचर ने रावण के पास जाकर यह समाचार सुनाया। रावण ने सोचा कि यदि हनुमान के मार्ग में कोई विघ्न खड़ा कर दिया जाये, तो वे समय पर महौषधि न ला पायेंगे और इस प्रकार लक्ष्मण की मृत्यु निश्चय ही हो जायेगी। अतः वह अपने मित्र कालनेमि राक्षस के पास गया। कालनेमि असमय में रावण को अपने घर आया देख अचकचाया। आने का कारण पूछा। रावण ने उससे कहा कि तुम्हें माया से मुनि का वेश बना कर हनुमान को कुछ समय के लिए अटकाना होगा जिससे संजीवनी लाकर लक्ष्मण को जिलाने का समय निकल जाये।[770]

कालनेमि ने रावण को समझाया कि राम से द्रोह ठीक नहीं, तुम भी मेरी तरह

तपश्चर्या में समय बिताओ। किन्तु रावण ने जब उस पर क्रोध किया और आज्ञा न मानने पर उसे तत्क्षण मार डालने पर तुल गया, तब कालनेमि ने चुपचाप उसकी आज्ञा स्वीकार की और चल दिया। वह हिमालय की तराई में पहुँचकर, जिस मार्ग से हनुमान जाने को थे, उस मार्ग पर माया के बल से एक आश्रम निर्मित कर, स्वयं मुनिवेश धारण कर, कपटी शिष्यवर्ग के साथ आ जमा।[771]

उस सुन्दर आश्रम और वहाँ के वृक्षों के सरस फलों को देखकर द्रोणगिरि की ओर आकाश-मार्ग से जाते हुए हनुमान का मन लुभा गया। उन्हें प्यास भी लग आयी थी, अतः उन्होंने कुछ क्षण वहाँ रुक कर अपना श्रम-परिहार कर लेना उचित समझा। उन्हें यह विश्वास तो था ही कि समय रहते वे द्रोणगिरि को लंका में पहुँचा सकेंगे। हनुमान ने उस आश्रम में मुनिवेशधारी कालनेमि को बड़े ध्यानपूर्वक महादेव का पूजन करते पाया। उसे नमस्कार कर उन्होंने 'राम-दूत' कह कर अपना परिचय दिया और यह भी बता दिया कि उन्हीं के एक आवश्यक कार्य से मैं द्रोणगिरि को जा रहा हूँ। कालनेमि ने अपने कमण्डलु का जल पीने और अपने आश्रम के फलादि खाने का निमन्त्रण हनुमान को दिया। उसने यह कह कर उन्हें बहकाया कि मैं इस समय अपने योग-बल से देख रहा हूँ कि लक्ष्मण सहित सब घायल वानर उठ बैठे हैं और स्वस्थ हैं। हनुमान ने कोई वापिका दिखलाने के लिए कहा जहाँ वे इच्छा-भर जल पी सकें। कालनेमि तो यही चाहता था। आश्रम में एक सुन्दर वापी थी, उसी को उसने दिखला दिया। हनुमान ज्यों ही जल में घुस कर अपनी तृषा बुझाने लगे, त्योंही एक मायाविनी मकरी ने उनका एक पैर पकड़ लिया और उन्हें निगलने लगी। तब हनुमान ने उसका मुख फाड़ डाला। तुरन्त वह मकरी एक दिव्य अप्सरा बन गयी जिसका नाम धान्यमाली था। उसने बताया कि मैं एक मुनि के शाप के कारण मकरी हो गयी थी और आपके ही हाथों मेरा शाप-मोचन पूर्व-निश्चित था। उसने ही बताया कि यह मुनि नहीं, कालनेमि राक्षस है और रावण ने इसे आपके मार्ग में विघ्न उत्पन्न करने के लिए भेजा है। इतना कह कर वह स्वर्गलोक को चली गयी।[272]

हनुमान पानी पीकर पुनः उस कपटी मुनि (ऋषि राक्षस) के पास आ गये। उसने उन्हें अपना शिष्य बनाने का ढोंग रचा तो हनुमान ने कस कर उसे मुक्का मारा और कहा—'यह लो अपनी अग्रिम 'गुरु-दक्षिणा'।' उनका घूँसा लगते ही कालनेमि अपना माया-कृत रूप त्याग कर हनुमान से लड़ने लगा। हनुमान ने उसके सिर पर एक घूँसा और मारा और उसी ने उसका काम तमाम कर दिया।[773]

तुलसीकृत **'रामचरितमानस'**[774] में भी ऋषि-राक्षस कालनेमि के हनुमान द्वारा वध किये जाने की घटना का संक्षेप में उल्लेख हुआ है, किन्तु उसमें **'अध्यात्म रामायण'** की उपर्युक्त कथा की आवृत्ति मात्र है। मकरी कौन-सी अप्सरा थी, यह भी नहीं दिया है और यहाँ कालनेमि को हनुमान घूँसे से नहीं मारते, अपितु पूँछ

में लपेट कर पछाड़ देते हैं। मरते समय कालनेमि राम-नाम का उच्चारण करता है जिससे राम-भक्त हनुमान का मन हर्षित हो उठता है।

54. हनुमान का भीम से युद्ध और अर्जुन की ध्वजा पर बैठना

'महाभारत'[775] में इस घटना का उल्लेख मिलता है, किन्तु अत्यन्त संक्षेप में। प्रसंग यह है : अर्जुन के अकेले इन्द्रलोक चले जाने पर शेष पाण्डव द्रौपदी के साथ जब बदरिकाश्रम की यात्रा पर गये थे तब एक दिन वायु के झोंके से ईशानकोण की ओर से एक दिव्य सहस्त्रदल कमल आकर द्रौपदी के सामने गिरा। द्रौपदी ने उस दिव्य सुगन्ध वाले कमल को भीम को दिखाकर कहा कि अगर तुम मुझे विशेष प्रेम करते हो, तो ऐसे ही कमल ढेर सारे ले आओ। भीम अपनी प्रिया की इच्छा-पूर्ति करने के लिए उधर ही चल दिये जिधर से वह सौगन्धिक कमल आया था। जब भीमसेन कदली वन में पहुँचे तब उन्होंने हनुमान को विशाल शरीर धारण किये, मार्ग में लेटे हुए पाया। हनुमान और भीम दोनों ही वायु-पुत्र थे, अतः हनुमान अपने भाई की रक्षा की नीयत से ही वहाँ अड़े थे ताकि उस दिव्य सरोवर में जाने पर कोई उन्हें शाप न दे। सौगन्धिक पुष्प लाने की भीम की उत्कट इच्छा जान कर हनुमान ने अपना शरीर छोटा कर लिया और भीम से वर माँगने को कहा। जब भीम ने कोई वर नहीं माँगा और केवल यही कहा कि आप मुझ पर प्रसन्न रहिये, तब हनुमान जी ने प्रसन्न होकर स्वयमेव भीम को यह वर दिया—"जब तुम बाण और शक्ति के आघात से व्याकुल हुई शत्रुओं की सेना में घुस कर सिंहनाद करोगे, उस समय मैं अपनी गर्जना से तुम्हारे उस सिंहनाद को और बढ़ा दूँगा। इसके अतिरिक्त मैं अर्जुन की ध्वजा पर बैठ कर ऐसी भीषण गर्जना करूँगा, जो शत्रुओं के प्राणों को हरने वाली होगी, जिससे तुम लोग उन्हें सुगमता से मार सकोगे।"[776] यह कह कर हनुमान ने भीम को दिव्य सरोवर का, जिसमें सौगन्धिक कमल खिलते हैं, मार्ग बता दिया और अन्तर्धान हो गये।

55. हरिश्चन्द्र की सत्यप्रियता एवं दानशीलता

हरिश्चन्द्र इक्ष्वाकुवंशी राजा त्रिशंकु के पुत्र थे। इनकी माता का नाम सत्यवती था।[777] इन्होंने राजसूय यज्ञ का अनुष्ठान किया था। ये याचकों के माँगने पर उनकी माँग से पाँच गुना अधिक धन दान करते थे। ब्राह्मणों को अपने दान-धर्म से सदा सन्तुष्ट करते थे इसी कारण से इन्द्र-सभा में सम्मानपूर्वक विराजते हैं। इनकी सम्पत्ति को देख कर चकित हो स्वर्गीय राजा पाण्डु ने नारद के द्वारा युधिष्ठिर के पास राजसूय यज्ञ करने का सन्देश भेजा था।[778]

हरिश्चन्द्र लोक में अपनी सत्यवादिता और दानशीलता तथा उनके कारण नाना प्रकार के कष्ट सहने के लिए ही आदरणीय और प्रसिद्ध हैं। वैदिक साहित्य में हरिश्चन्द्र का उल्लेख तो मिलता है, किन्तु उनकी सत्यवादिता का रूप वहाँ नहीं उभर पाया है। इसके विपरीत, उनकी मिथ्यावादिता का आख्यान ही शुनःशेप की कथा में हुआ है। वैदिक साहित्य में ऐसी कथा आती है कि हरिश्चन्द्र पहले निस्सन्तान थे। सन्तान के लिए उन्होंने वरुण की आराधना की और उनको अपनी पहली सन्तान भेंट चढ़ाने के लिए प्रतिश्रुत हुए। तब रोहिताश्व की उत्पत्ति हुई परन्तु, हरिश्चन्द्र पुत्र-मोह के कारण रोहित को वरुण की भेंट न चढ़ा पाये। तब वरुण ने उन्हें कष्ट पहुँचाया। वरुण के प्रीत्यर्थ हरिश्चन्द्र ने अजीगर्त के पुत्र शुनःशेप को खरीद कर मँगवाया, परन्तु विश्वामित्र ने आकर उसे बचाया। **'ऋग्वेद'**[779] में शुनःशेप द्वारा अपनी बन्धन-मुक्ति के लिए वरुण से की गयी प्रार्थना का उल्लेख हुआ है। इस प्रसंग को **'ऐतरेय ब्राह्मण'**[780], **'तैत्तिरीय संहिता'**[781], **'काठक संहिता'**[782], **'मैत्रेयोपनिषद्'**[783] तथा **'सांख्यायन श्रौत सूत्र'**[784] में विस्तार प्राप्त हुआ है।

हरिश्चन्द्र की सत्यवादी प्रतिमा पौराणिक साहित्य में उत्कीर्ण की गयी है। 'महाभारत' में तो उनका दानी-रूप ही सामने आता है। परवर्ती साहित्य में ही इनकी सत्यनिष्ठा से सम्बन्धित चरित्र का विकास हुआ है।

'श्रीमद्भागवत'[785] में हरिश्चन्द्र के चरित्र के मिथ्याचारी और सत्याचारी—दोनों रूप एक साथ दिये हैं। पहले शुनःशेप की कथा देकर बताया है कि किस प्रकार अपने पुत्र रोहित को बचाने के लिए हरिश्चन्द्र बार-बार वरुण देव से झूठ बोलते रहे और पुत्र-बलि देने में टालमटोल करते रहे। किन्तु, आगे उनके विषय में यह कहा गया है कि हरिश्चन्द्र को अपनी पत्नी के साथ सत्य में दृढ़तापूर्वक स्थित देख कर ऋषि विश्वामित्र बहुत प्रसन्न हुए। उन्होंने उन्हें ज्ञान का उपदेश दिया।[786]

'देवीभागवत पुराण'[787] में इनकी सत्यवादिता और दानप्रियता का परिचय विस्तार से दिया गया है। कथा इस प्रकार है : अयोध्या के राजा हरिश्चन्द्र ने राजसूय यज्ञ किया। उसमें उन्होंने वसिष्ठ ऋषि का खूब सम्मान किया। वसिष्ठ का एक दिन इन्द्रसभा में जाना हुआ। वहाँ उनकी भेंट विश्वामित्र से हुई। वसिष्ठ ने बढ़ा-चढ़ाकर हरिश्चन्द्र की प्रशंसा की। यहाँ तक कह डाला कि "हरिश्चन्द्र के सामान राजा न तो आज तक हुआ न आगे होगा।"[788] वसिष्ठ और विश्वामित्र में इस बात को लेकर काफी तर्क-वितर्क हुआ। परिणाम यह हुआ कि विश्वामित्र ने हरिश्चन्द्र को असत्यवादी सिद्ध करने का बीड़ा उठा लिया।

एक बार हरिश्चन्द्र आखेट करते हुए एक गहन वन में जा पहुँचे। वहाँ उन्होंने एक रोती हुई स्त्री देखी। वह स्त्री विश्वामित्र की घोर तपस्या को देख कर दुःखी थी। राजा ने उसे सान्त्वना और अभय दिया। विश्वामित्र इससे और भी चिढ़ गये।

फिर, विश्वामित्र ने एक राक्षस को शूकर-वेश में भेजा। उसने राजा का उपवन उजाड़ डाला। हरिश्चन्द्र उसका पीछा करते हुए वन में पहुँचे। वहाँ विश्वामित्र एक ब्राह्मण का वेश धारण किये हुए मिले। उन्होंने माया द्वारा एक लड़का और लड़की की रचना कर राजा हरिश्चन्द्र को दिखाया और कहा कि उन्हें उनके विवाह की चिन्ता सता रही है। ब्राह्मण ने उनके विवाह के लिए राजा से दान का संकल्प ले लिया। फिर राजधानी में पहुँच कर लड़की के दहेज में उनका सारा राज्य ले लिया और दान की दक्षिणा के रूप में उन्हें पत्नी और पुत्र-सहित वाराणसी में बिकने को बाध्य किया। विश्वामित्र ने ब्राह्मण का रूप धारण कर हरिश्चन्द्र की पत्नी और पुत्र रोहित को खरीद लिया। धर्म ने चाण्डाल का रूप धारण कर हरिश्चन्द्र को खरीद लिया। चाण्डाल ने हरिश्चन्द्र को अपने श्मशान-घाट पर अंत्येष्टि-संस्कार के इच्छुक लोगों से कर वसूल करने के काम पर तैनात किया।

जिस ब्राह्मण ने हरिश्चन्द्र की पत्नी शैव्या को खरीदा था, उसका व्यवहार उसके साथ हृदयहीनतापूर्ण होता था। एक दिन रोहित उस ब्राह्मण के अग्निहोत्र-कर्म के लिए समिधा एकत्र करने के लिए वन में गया था कि विश्वामित्र-प्रेरित काले नाग ने उसे डँस लिया और वह तत्क्षण मर गया। उसके साथियों से समाचार पाकर शैव्या वन में पहुँची और रोती-पीटती उसे ले आयी। किन्तु, उसके स्वामी ब्राह्मण ने घर का सारा कार्य निपटाये बिना पुत्र का दाह-कर्म करने के लिए जाने की छुट्टी नहीं दी। आधी रात होने पर शैव्या मृत पुत्र को हाथों पर उठाये श्मशान-घाट पहुँची। निशीथ में उसके करुण विलाप को सुन कर लोगों ने उसे पिशाचिनी समझा और उसको पीटा और उसे चाण्डाल-राज के सिपुर्द कर दिया। चाण्डाल ने हरिश्चन्द्र को उस स्त्री का वध करने की आज्ञा दी। स्त्री ने कहा कि पुत्र का दाह-कर्म कर लेने के बाद ही उसका वध किया जाये। श्मशान में पहुँच कर रानी शैव्या राजा हरिश्चन्द्र का नाम लेकर विलाप करने लगी, तब हरिश्चन्द्र ने अपनी स्त्री और मृत पुत्र को पहचाना। उन्हें बड़ा शोक हुआ। उन्होंने और शैव्या ने अपने पुत्र के साथ ही चिता पर जल मरने का निश्चय किया। तभी इन्द्रादि देवताओं ने प्रकट होकर अमृत से रोहित को जिला दिया। इन्द्र ने हरिश्चन्द्र और शैव्या को स्वर्ग ले जाने की इच्छा प्रकट की, किन्तु हरिश्चन्द्र ने अपने स्वामी चाण्डाल की अनुमति पाये बिना स्वर्ग जाना भी स्वीकार नहीं किया। तभी धर्म ने जो अब तक चाण्डाल बना हुआ था, प्रकट होकर सारा रहस्योद्घाटन किया। राजा हरिश्चन्द्र अपनी सत्यवादिता की परीक्षा में उत्तीर्ण हुए। राजा ने अपना पुण्य अयोध्यावासियों में बाँटा और रोहित को राज्य सौंप कर अयोध्या के वृद्ध नागरिकों तथा अपनी पत्नी को साथ लेकर स्वर्गारोहण किया।

'मार्कण्डेय पुराण'[789] में इस कथा का रूप अधिकांशतः **'देवीभागवत पुराण'** की उपरिलिखित कथा से मिलता-जुलता है, केवल कुछ बातों में भिन्नता है। इसमें

वसिष्ठ-विश्वामित्र में हरिश्चन्द्र की श्रेष्ठता को लेकर विवाद नहीं होता और न विश्वामित्र हरिश्चन्द्र को मिथ्याचारी सिद्ध करने का बीड़ा ही उठाते हैं। यहाँ विश्वामित्र अपने को दान प्राप्त करने योग्य ब्राह्मण सिद्ध कर राजा हरिश्चन्द्र से उनका समुद्र-पर्यन्त समस्त राज्य, समस्त राज्य-कोष, प्रासाद, सेना आदि सब-कुछ दान में माँग लेते हैं। उनके पास केवल उनके पुत्र रोहिताश्व और पत्नी शैव्या को छोड़ते हैं। हरिश्चन्द्र ने जो राजसूय यज्ञ किया था, उसकी दक्षिणा भी विश्वामित्र ने माँगी। राजा ने एक माह के भीतर उन्हें दक्षिणा चुकाने का वचन दिया। विश्वामित्र ने हरिश्चन्द्र का सारा राज्य लेकर उसे अपना बना कर अपने राज्य से निकल जाने की आज्ञा दी। राजा ने शंकर भगवान् द्वारा बसायी काशी नगरी को त्रिलोक से न्यारी मान कर वहाँ जाने का निश्चय किया। पर, मार्ग में ही एक महीना का समय व्यतीत हो गया। अंतिम दिन भी आधा बचा था, तब वे लोग काशी में पहुँचे। सामने विश्वामित्र मिले। विश्वामित्र ने सूर्यास्त के पूर्व दक्षिणा न मिलने पर शाप देने का डर दिखाया। शैव्या और रोहिताश्व को एक वृद्ध ब्राह्मण खरीद ले गया और हरिश्चन्द्र को एक चाण्डाल। इसके आगे की कथा **'देवीभागवत पुराण'** के अनुसार ही है। एक स्थल पर अन्तर है कि शैव्या जब अपने मृत पुत्र को लेकर विलाप करती हुई आती है, उसके कुछ क्षण पूर्व ही हरिश्चन्द्र श्मशान में रात्रि के अंधकार में खड़े-खड़े स्वप्न भी देखते हैं कि उनके पुत्र को साँप ने काट खाया है और उनकी स्त्री विलाप कर रही है। आँखें खोलते ही सामने शैव्या मृत पुत्र को हाथों पर लिए मिलती है। जब इन्द्रादि देवता उपस्थित होते हैं, तब उनके साथ विश्वामित्र भी आते हैं। रोहिताश्व को इन्द्र यहाँ भी अमृत से जिला देते हैं। हरिश्चन्द्र अपने पुरवासियों के साथ सदेह स्वर्ग चले जाते हैं।

सन्दर्भ

1. महाभारत, वन पर्व, अ. 101-105
2. वही, वन पर्व, अ. 101-104
3. वही, वन पर्व, अ. 105
4. पद्म पुराण, सृष्टि खण्ड 22/1-13
5. वही, सृष्टि खण्ड, 22, 14-18
6. वही, सृष्टि खण्ड, 22-19-21
7. वही, सृष्टि खण्ड 22/33-48
8. भविष्य पुराण, उत्तरार्द्ध, अ. 106
9. स्कन्द पुराण, नागर खण्ड, अध्याय 33-35
10. मत्स्य पुराण अ. 61
11. पीतोयं जलधिः पूर्वश्रुतं क्रोधादगस्तिना।
    मूत्र द्वारा द्वहिस्त्यक्तो यस्मात्क्षारत्वमागतः॥
    —आनन्द, रामायण, विलास 9, श्लोक 21

12. शतपथ ब्राह्मण, 3/34/17-19
13. इन्द्रो वै यज्ञस्य देवता तस्मादाह इन्द्रागच्छेति। हरिव आगच्छ मेघातिथेमेष वृषणश्वस्य मेने गौरावस्कन्दिन अहल्यायै जारेति। तद् यान्येवास्य चरणानि तैरेवैनमेतत् प्रमुमोदयिस्यति। (शतपथ ब्राह्मण, 3/3/4/18)
14. दे. 'रामचरितमानस की अन्तर्कथाओं का आलोचनात्मक अध्ययन' : डॉ. वागीशदत्त पाण्डेय (अप्रकाशित शोध-प्रबन्ध : आगरा विश्वविद्यालय पुस्तकालय में संगृहीत), पृ. 121
15. विष्णु पुराण 4।19।16 और वायु पुराण 99।200
16. वाल्मीकि रामायण, उत्तर काण्ड, 30।22-23
17. अष्टादश पुराण-दर्पण : पं. ज्वालाप्रसाद मिश्र, प्रकाशक : वेंकटेश्वर स्टीम प्रेस, बम्बई, पृ. 415-416
18. वाल्मीकि रामायण, बालकाण्ड, सर्ग 48-49 और उत्तर काण्ड, सर्ग 30
19. मुनिवेषं सहस्राक्षं विज्ञाय रघुनन्दन।
मतिं चिकार दुर्मेधा देवराज कुतूहलात्। (वही, बालकाण्ड 48।19)

× × ×

कृतार्थस्मि सुरश्रेष्ठ गच्छशीघ्रमितः प्रभो।
आत्मानं मां च देवेश रक्ष गौतमात्॥ (वही, बाल. 48।20)
20. वही, बालकाण्ड, 48।28-29
21. वही, बाल., 48।30-31
22. वही, बाल., 48।32।33
23. वही, बाल., 48।27
24. महाभारत, शान्ति पर्व, 342।23
25. ब्रह्म पुराण, अ. 87
26. पद्म पुराण, सृष्टि खण्ड, अ. 56
27. भागवत पुराण, 9।21।33-34
28. देवीभागवत पुराण, 6।8।12-13
29. ब्रह्मवैवर्त्त पुराण, कृष्ण-जन्म खण्ड, अ. 47 तथा 61-62
30. लिंग पुराण, अ. 29/27
31. स्कन्द पुराण, नागर खण्ड 207-208 और अवन्ती खण्ड अ. 136
32. आनन्द रामायण, सार काण्ड, 3।16-23
33. योगवासिष्ठ 3।89-90
34. कथा सरित्सागर, लम्बक 3, तरंग 3, श्लो. 137-147
35. हरिवंश पुराण, भविष्य पर्व, 40
36. वही, भविष्य पर्व 40।18-19
37. वही, भविष्य पर्व, 40।20
38. महाभारत, सभापर्व, अ. 38 दाक्षिणात्य पाठ, श्रीकृष्ण चरित्र के अन्तर्गत 28 श्लोकों में
39. वही, आदि पर्व, 185।17
40. वही, सभा 38। दाक्षिणात्य पाठ का श्लोक, पृ. 821
41. हरिवंश पुराण, विष्णुपर्व, अ. 117-128
42. वही, विष्णुपर्व, 117।19
43. वही, विष्णु, 117।28-59
44. वही, विष्णुपर्व 118।1-43

45. वही, विष्णु., 118 ।50-54
46. वही, विष्णु., 118 ।58-74
47. वही, विष्णु., 118 ।75-95
48. वही, विष्णु., 119 ।1-20
49. वही, विष्णु., 119 ।21-54
50. वही, विष्णु., 119 ।55-63
51. वही, विष्णु., 119 ।64-75
52. वही, विष्णु., 119 ।76-92
53. वही, विष्णु., 119 ।63-64
54. वही, विष्णु., 119 ।95-195
55. वही, विष्णु., 121-126
56. वही, विष्णु., 127
57. विष्णु पुराण, 5 ।32
58. शिव पुराण, पूर्वार्द्ध, पंचमखण्ड, अ. 51-53
59. भागवत पुराण, 10/62-63
60. वही, 10/62/12
61. अग्नि पुराण, 12/41-52
62. ब्रह्मवैवर्त्त पुराण, कृष्ण-जन्म खण्ड, अ. 114-120
63. अध्याय 76-77
64. महाभारत, आदिपर्व, 76 ।12-16
65. वही, आदिपर्व, 76 ।17-26
66. वही, आदिपर्व, 76 ।26-32
67. वही, आदिपर्व, 76 ।33-42
68. वही, आदिपर्व, 76 ।43-62
69. वही, आदिपर्व, 77 ।16
70. वही, आदिपर्व, 77 ।18-20
71. स्कन्द पुराण, काशीखण्ड, अ. 16
72. मत्स्य पुराण, अ. 25-26
73. अध्याय 63, 67, 110, 131, 135
74. अध्याय 308, 309
75. 98वाँ श्लोक।
76. महाभारत, आदिपर्व, 67 ।132-150
77. वही आदिपर्व, 67 ।138
78. वही, आदिपर्व, 67 ।139-143
79. वही, आदिपर्व, 110/2-3
80. वही, आदिपर्व, 131 ।11-12
81. वही, आदिपर्व, 135 ।11-14
82. वही, आदिपर्व, 135 ।37-38
83. देवीभागवत पुराण, 2/6 ।14-38
84. वही, 6 ।25 ।45

85. अग्नि पुराण, 13 ।11
86. महाभारत, आदि पर्व, 63 ।98, 110 ।18
87. वही, वन पर्व, 308 ।4-7-27
88. वही, आदि पर्व, 67 ।143 और वन पर्व, 309 ।23-25
89. वही, वन पर्व, अ. 300-302
90. वही, वन पर्व, अ. 310 और आदि पर्व 67 ।144-146 तथा 110 ।28-29
91. वाल्मीकि रामायण, बालकाण्ड, सर्ग 36-37
92. महाभारत, वन पर्व, अ. 224-231
93. वही, शल्य पर्व, अ. 44
94. वही, अनुशासन पर्व, अ. 84
95. ब्रह्म पुराण, 128 ।7-23
96. पद्म पुराण, सृष्टि खण्ड, अ. 46
97. शिवपुराण, रुद्र संहिता, कुमार खण्ड, अ. 1-10 और पूर्वार्द्ध, 2-4
98. ब्रह्मवैवर्त्त पुराण, गणपति खण्ड, अ. 1-2 तथा 14-17
99. वही, गणपति खण्ड, अ. 1
100. वही, गणपति खण्ड, अ. 2
101. वही, गणपति खण्ड, अ. 14
102. वही, गणपति खण्ड, अ. 15
103. वाराह पुराण, अ. 25
104. स्कन्द पुराण, माहेश्वर खण्ड (केदार खण्ड), अध्याय 20-27; कौमारिका खण्ड, अ. 15-32; अवन्ती खण्ड, अ. 34; वैष्णव खण्ड, अ. 9; ब्रह्म खण्ड, अ. 31
105. वामन पुराण, अ. 57
106. मत्स्य पुराण, अ. 158-160
107. ब्रह्माण्ड पुराण, मध्यभाग, उपोद्घातपाद, अ. 10
108. महाभारत, सभापर्व, अ. 38 ।29 के बाद दाक्षिणात्य पाठ, पृ. 797-826
109. ब्रह्म पुराण अ. 182-184
110. पद्मपुराण, उत्तर खण्ड, अ. 245-252
111. विष्णु पुराण, 5 । 1-4
112. वायु पुराण, अ. 96
113. भागवत पुराण, 10 ।2-5
114. देवी भागवत पुराण, 4 ।23
115. अग्नि पुराण, अ. 12
116. ब्रह्मवैवर्त्त पुराण, कृष्ण-जन्मखण्ड, अ. 7
117. लिंग पुराण, अ. 195
118. विष्णु पुराण, 5 ।3 ।18
119. श्रीमद्भागवत पुराण, 10 ।3 ।32-43
120. विष्णु पुराण, 5 ।5 ।16 और भागवत पुराण, 10 ।3/48-53
121. देवी भागवत पुराण, 4 ।23/16-26
122. महाभारत, सभापर्व, 38 । पृष्ठ 799
123. महाभारत, सभापर्व 38 ।29 के बाद पृष्ठ 798; ब्रह्म पुराण, 184-190; पद्म पुराण, उत्तर खण्ड,

245 ।80-83; विष्णु पुराण 5 ।6; भागवत पुराण, 10 ।7 ।4-17; देवी भा. पु. 4 ।24; अग्नि पुराण 12 ।16-27; ब्रह्म वै. पु., कृष्ण., 14

124. महा. सभा., 3 ।29 के बाद पृ. 798; ब्रह्म पुराण 184-190; पद्म पु., उत्तर. 245 ।72-77; विष्णु. 5 ।5; भागवत. 10 ।6; देवी भाग. 4 ।24; अग्नि. 12 ।16-27; ब्रह्म वै., कृष्ण. 10

125. महा. सभा. 28, पृ. 798; ब्रह्म. 184-190; पद्म, उत्तर. 245 ।87-95; विष्णु., 5 ।6; भाग. 10 ।10; देवी भाग., 4 ।24; अग्नि. 12 ।16-27; ब्रह्म वै., कृष्ण., 14

126. महा. सभा., 38, पृ. 800; ब्रह्म. 184-190; पद्म., उत्तर. 245 ।87-95; विष्णु., 5 ।7; भाग., 10 ।16-17; देवी भाग. 4 ।24; अग्नि. 12 ।16-27; ब्रह्म वै., कृष्ण., 19

127. ब्रह्म. 184-190; पद्म. उत्तर., 245, 136-137; विष्णु. 5 ।8; भाग. 10 ।15 ।20-40; देवी भाग. 4 ।24; अग्नि. 12-16-27; ब्रह्म वै. कृष्ण., 22

128. ब्रह्म., 184-190; पद्म, उत्तर., 245 ।139-140; विष्णु. 5 ।9; भाग., 10 ।18; देवी भाग, 4 ।24; अग्नि. 12 ।16-27; ब्रह्म वै., कृष्ण., 16

129. ब्रह्म. 184-190; भाग. 10 ।11 ।46-53; ब्रह्म वै. कृष्ण. 16

130. पद्म. उत्तर., 245 ।85-86; भाग. 10 ।7 ।20-23; देवी भाग., 4 ।24; ब्रह्म वै., कृष्ण; 11

131. महा. सभा. 38 । पृष्ठ 801; ब्रह्म. 184-190; पद्म. उत्तर. 245 ।141-146; भाग. 10 ।35 ।1-15; देवी भाग 4 ।24; अग्नि 12 ।16-27

132. महा. सभा. 38 । पृ. 801; ब्रह्म. 184-190; पद्म., उत्तर. 245 ।147-155; विष्णु. 5 ।16; भाग. 10 ।37 ।1-9; देवी भाग. 4 ।24; अग्नि. 12 ।16-27; ब्रह्म वै. कृष्ण. 16

133. भाग. 10 ।11 ।41-44; देवी भाग. 4 ।24

134. भागवत. 10 ।12

135. भागवत. 10 ।19; ब्रह्म वै., कृष्ण 16-22

136. महाभारत, सभा. 38 । पृ. 801; ब्रह्म., 184-190; विष्णु. 5 ।10-11; भाग., 10-24-25; देवी भाग., 4-24; अग्नि., 12 ।16-27; ब्रह्म वै. कृष्ण. 21

137. भागवत. 10 ।28

138. भागवत. 10 ।37 ।27-34

139. भागवत. 10 ।34

140. महाभारत, सभा., 38 । पृ. 801; हरिवंश पुराण, विष्णु पर्व, 30; विष्णु. 5 ।20; भाग. 10 ।43 ।2-14; देवी भाग. 4 ।24; अग्नि. 12 ।16-27; ब्रह्म. वै. कृष्ण. 22

141. महा. सभा. 38 । पृ. 801; हरिवंश विष्णु. 28 ।27-26 और 30-55; विष्णु. 5 ।20; भाग. 10 ।44 ।1-25; देवी भाग. 4 ।24; अग्नि. 12 ।16-26

142. महाभारत, सभा पर्व, 38 । पृ. 825

143. महा. सभा., 38 । पृ. 801; हरिवंश. विष्णु. 30 ।63-64; ब्रह्म. 193; पद्म. उत्तर. 245, 376-380, विष्णु. 5 ।20 ।82-87; भाग. 10 ।44 ।30-38; देवी भाग. 4 ।24 ।6-14; अग्नि. 12 ।27

144. महाभारत, सभापर्व, अ. 38-29 के बाद दाक्षिणात्य पाठ, पृ. 800

145. ब्रह्मपुराण, 185

146. पद्म पुराण, उत्तर खण्ड, 245 ।127-132

147. विष्णु पुराण, 5 ।7

148. भागवत पुराण, 10 ।16-171

149. वही, 10 ।17 ।12

150. अग्निपुराण, 12 ।18-181 ।2

151. ब्रह्मवैवर्त्त पुराण, कृष्ण-जन्म खण्ड, अ. 19
152. भागवत पुराण, 10 ।22
153. वही, 10 ।29-33
154. वही, 10 ।33 । 126
155. ब्रह्मवैवर्त्त पुराण, कृष्ण-जन्मखण्ड, अ. 28-29
156. हरिवंश पुराण, विष्णु पर्व, 26
157. वही, हरिवंश, 34 ।11
158. ब्रह्म पुराण. 191-192
159. पद्मपुराण, उत्तरखण्ड, 245 ।253-330
160. विष्णु पुराण, 5 ।18-31
161. भागवत पुराण, 10 ।38-39
162. देवी भागवत पुराण, 4 ।24 । 8-10
163. अग्नि पुराण, 12 ।22
164. ब्रह्म वैवर्त्त पुराण, कृष्ण-जन्म खण्ड, 70-71
165. पद्म पुराण, उत्तरखण्ड, 245 ।292-295
166. विष्णु पुराण, 5 ।18 ।12-31
167. भागवत पुराण, 10 ।39 ।10-37
168. ब्रह्मवैवर्त्त पुराण, कृष्ण-जन्म खण्ड, अ. 70-71
169. हरिवंश पुराण, विष्णु पर्व, 27 ।25-39
170. वही, विष्णु, 27 ।25
171. वही, विष्णु. 27 ।28-34
172. वही, विष्णु. 27 ।35
173. वही, विष्णु. 27 ।36-39
174. ब्रह्म पुराण, 193
175. पद्म पुराण, उत्तरखण्ड, 245 ।338-340
176. विष्णु पुराण, 5 ।20 ।1-13
177. भागवत पुराण, 10 ।42 ।1-12-1/2
178. वही, 10 ।48 ।1-11
179. अग्नि पुराण, 12 ।24
180. ब्रह्मवैवर्त्त पुराण, कृष्ण-जन्म खण्ड, अ. 72
181. महाभारत सभा पर्व, अ. 38 ।29 के बाद दक्षिणात्य पाठ, पृ. 801
182. वही, पृ. 803-804
183. हरिवंश, पुराण, विष्णु पर्व, 30 ।63-88
184. वही, विष्णु, 30 ।63-64
185. वही, विष्णु. 30 ।71-88
186. वही, विष्णु 30 ।69-90
187. ब्रह्म पुराण, अ. 193
188. पद्म पुराण, उत्तर खण्ड, 245 ।376-380
189. विष्णु पुराण, 5 ।20 ।82-91
190. वही, 5 ।20 ।79 ।80

191. वही, 5 ।20 ।85-87
192. भागवत पुराण, 10 ।44 ।30-38
193. देवी भागवत पुराण, 4 ।20 ।63-65
194. वही, 4 ।24 ।6-14
195. अग्नि पुराण, 12 ।27
196. श्रीमद्भागवत पुराण, 10 ।46-47
197. ब्रह्मवैवर्त्त पुराण, कृष्ण-जन्म खण्ड अ. 91-98
198. हरिवंश पुराण, भविष्य पर्व, 127
199. वही, भविष्य पर्व, 115 ।25-26
200. वही, भविष्य पर्व, 130 ।1-3
201. वही, भविष्य पर्व, 130 ।6-12
202. भागवत पुराण, 10 ।62
203. वही, 10 ।82 ।32-45
204. ब्रह्मवैवर्त्त पुराण, कृष्ण-जन्म खण्ड, अ. 91-98
205. वही, कृष्ण-जन्म खण्ड, अ. 54
206. वही, कृष्ण-जन्म खण्ड, अ. 67
207. वही, कृष्ण-जन्म खण्ड, अ. 69
208. वही, कृष्ण-जन्म खण्ड, अ. 73
209. वही, कृष्ण-जन्म, खण्ड, अ. 121-127
210. महाभारत, सभा पर्व, 38/29 के बाद दाक्षिणात्य पाठ, पृ. 802
211. हरिवंश पुराण, विष्णु पर्व, अ. 33
212. वही, विष्णु, 33 ।13
213. वही, विष्णु. 33 ।16
214. वही, विष्णु 33 ।17
215. वही, विष्णु 33 ।19-20
216. वही, विष्णु. 33 ।21-21 1 ।2
217. पद्म पुरण, उत्तर खण्ड, 246 ।4
218. विष्णु पुराण, 5 ।21 । 18 ।18-31
219. श्रीमद्भागवत पुराण, 10 ।45 ।31
220. अग्नि पुराण 12 ।33-34
221. ब्रह्मवैवर्त्त पुराण, कृष्ण-जन्म खण्ड, 102
222. स्कन्द पुराण, अवन्ती खण्ड, अ. 33
223. भागवत पुराण, 10 ।80-81
224. वही, 10 ।80 ।6-15
225. वही, 10 ।80 ।15-45
225. वही, 10 ।81 ।1-20
227. वही, 10 ।81 ।21-23
228. वही, 10 81 ।24-38
229. अध्याय 4 ।22-24
230. महाभारत, अनुशासन पर्व, 159 ।25-44-1/2

231. वही मौसल पर्व, अ. 4 ।8-24
232. भागवत पुराण, 11 ।30 ।27-40
233. ब्रह्मवैवर्त्त पुराण, कृष्ण-जन्म खण्ड, अ. 127
234. लिंग पुराण, अ. 197
235. दे. पद्मावत : संजीवनी टीका (वासुदेव शरण अग्रवाल), पृ. 226
236. महाभारत, आदिपर्व. 27-34
237. विनता द्वारा कद्रू का दासीत्व स्वीकार करने की कथा संक्षेप में इस प्रकार है—कश्यप मुनि की दो पत्नियाँ थीं—कद्रू और विनता। कद्रू के पुत्र एक हज़ार नाग हुए और विनता के दो पुत्र—वरुण और गरुड़। एक बार कद्रू ने विनता से उच्चैःश्रवा घोड़े की पूँछ के रंग को लेकर शर्त बदी। कद्रू कहती थी कि उसका रंग काला है और विनता उसे सफेद बताती थी। यह निश्चय रहा कि जो शर्त हारे, वह विजयिनी का दासीत्व स्वीकार करे। कद्रू ने अपने नागपुत्रों से अश्व की पूँछ से लिपट जाने को कहा जिससे उसका रंग काला दिखाई पड़े। माता के शाप के डर से नागों ने ऐसा ही किया। कद्रू शर्त जीत गयी। और विनता को उसकी दासी बनना पड़ा। गरुड़ को भी अपनी माता के साथ ही कद्रू और उसके नागपुत्रों का वाहन होना पड़ा। यह कथा 'महाभारत', आदिपर्व, अ. 16; 'पद्म पुराण', सृष्टिखण्ड, 44 ।40-182; 'वायु पुराण' 69 ।343-50; 'स्कन्द पुराण', काशीखण्ड, अ. 50 और ब्रह्मखण्ड सेतु-माहात्म्य, अ. 38 और 'कथा सरित्सागर', खण्ड 4, अ. 2 में आयी है। स्कन्द पुराण के ब्रह्मखण्ड और कथासरित्सागर में उच्चैःश्रवा की जगह सूर्य के घोड़े के रंग पर शर्त लगायी गयी है।
238. पद्म पुराण, सृष्टि खण्ड, 44 ।40-182
239. वायु पुराण, 69 ।343-50
240. स्कन्द पुराण, काशी खण्ड, अ. 50
241. अथर्ववेद, 19 ।9 ।10
242. ऋग्वेद, 10 ।68 ।10 तथा 10 ।85 ।18-19
243. वाल्मीकि रामायण, बालकाण्ड, 45 ।15-42
244. महाभारत, आदि पर्व, 17 ।18
245. वही, आदि पर्व, 19
246. वही, आदि पर्व, 19 ।9
247. ब्रह्मवैवर्त्त पुराण, कृष्ण-जन्म खण्ड, अ. 80-81
248. वही, अ. 79
249. हरिवंश पुराण, हरिवंश पर्व, 25 ।3-6 और 25 ।20-49
250. ब्रह्म पुराण, अ. 9 तथा 152
251. पद्म पुराण, सृष्टि खण्ड, अ. 12 तथा उत्तर खण्ड, अ. 211
252. वही, सृष्टि खण्ड, अ. 12
253. विष्णु पुराण, 4 ।6
254. वायु पुराण, अ. 90
255. भागवत पुराण, 9 ।14
256. देवी भागवत, स्कन्द 1, अ. 11
257. अग्निपुराण, अ. 274
258. भविष्य पुराण उत्तरार्द्ध, अ. 88, पूर्णिमा व्रत के प्रसंग में।
259. ब्रह्मवैवर्त्त पुराण, प्रकृति खण्ड, अ. 58-61 तथा कृष्ण-जन्म खण्ड, अ. 80-81

260. वाराह पुराण, अ. 32
261. स्कन्द पुराण, काशी खण्ड, पूर्वार्द्ध अ. 15
262. मत्स्य पुराण, अ. 23-24
263. ब्रह्माण्ड पुराण, मध्यभाग, उपोद्‌घात, पाद, अ. 65
264. गरुड़ पुराण, पूर्व खण्ड, 139 ।1-2
265. पुराण वर्म : श्री कालूराम शास्त्री, प्रकाशक : श्रीकृष्ण प्रेस, अमरोधा (कानपुर), सं. 1986, वि. द्वि. सं.
266. काठक. संहिता 11 ।3, तैत्तिरीय संहिता 2 ।35 ।1-3, 3 ।4 ।7 ।1, वाजसनेयि संहिता 18 ।40
267. शतपथ ब्राह्मण 9 ।4 ।1 ।9, षडब्राह्मण 3 ।12 ।5
268. ऐतरेय आरण्यक 1 ।11 ।6, 5 ।12 ।1
269. महाभारत, शल्य पर्व, अ. 35
270. ब्रह्म पुराण, अ. 152
271. वायु पुराण, अ. 90
272. शिव पुराण, कोटि रुद्र संहिता, अ. 14
273. भविष्य पुराण, उत्तरार्द्ध, अ. 88
274. ब्रह्मवैवर्त्त पुराण, कृष्णजन्म खण्ड, अ. 80-81
275. वाराह पुराण, अ. 35
276. स्कन्द पुराण, अवन्ती खण्ड (रेवा खण्ड), अ. 85; प्रभास खण्ड (अर्बुद खण्ड) अ. 20; नागर खण्ड, अ. 63; प्रभास खण्ड (प्रभास क्षेत्र, माहात्म्य) अ. 20-23
277. देखिए, महाभारत आदि पर्व, अ. 55-56
278. वही, आदि पर्व, अ. 3 और 49-58
279. वही, आदि पर्व, 49 ।22-31
280. वही, आदि पर्व, 50 ।10-11
281. वही, आदि पर्व, 50 ।12-54
282. वही, आदि., 51 ।11-17
283. वही, आदि., अ. 52
284. वही, आदि., 53 ।4-10
285. वही, आदि., 53 ।11-26
286. वही, आदि., 54 ।1-13
287. वही, आदि., 55-56
288. पद्‌म पुराण, सृष्टि खण्ड, 31
289. भागवत पुराण, 9 ।22 ।36 और 12 ।6 ।16-27
290. ब्रह्मवैवर्त्त पुराण, प्रकृति खण्ड, 14 ।50-54
291. महाभारत, वनपर्व, अ. 262-263
292. वही, वनपर्व, 262 ।1-4
293. वही, 262 ।21-23
294. वही, वनपर्व, 263 ।22-25
295. वही, वनपर्व, 263 ।26-35
296. वही, वनपर्व, अ. 52-79 ।4
297. 'The ocean of Story' Penzer, page 275 और भी देखिए—'Story of Nala', Ed. Monmier Williams, 2nd Ed., Oxford, Preface pp. vi : "The story of Nala is

not part of the main plot of the poem, and probably belongs to a much earlier period of India. Agni, Varuna and Yama, and the absence of all allusions to the great Hindu Triad, connect the narrative more with Vedic than with the Epic and Puranic periods." वही, पृ. 9

298. वायु पुराण, अध्याय 88 श्लोक 174-175 और मत्स्य पुराण, द्वादश अध्याय, श्लोक 56

299. राम > कुश > अतिथि > निषध > नल > नभस्। देखिये > 'स्टोरी आफ् नल', सम्पादक श्री मोनियर विलियम्स, ऑक्सफोर्ड, द्वि. सं., प्रस्तावना, पृ. 11, मत्स्य पुराण, द्वादश अध्याय, श्लोक 50-52

300. विष्णु पुराण, चतुर्थ अंश, चतुर्थ अध्याय, श्लोक 36-37

301. श्रीमद्भागवत पुराण, नवम स्कन्ध, नवम अध्याय, श्लोक 16-17

302. विष्णु पुराण, चतुर्थ अंश, चतुर्थ अध्याय, श्लोक 38-87

303. विष्णु पुराण, चतुर्थ अंश, चतुर्थ अध्याय, श्लोक 36-37
भागवत पुराण, नवम स्कन्ध, नवम अध्याय, श्लोक 16-17;
वायु पुराण, अध्याय 88, श्लोक 114

304. शिव पुराण, शतरुद्र संहिता, अध्याय 37। यही कथा शिव पुराण के एक अन्य संस्करण में, ज्ञान संहिता, अध्याय 62 में भी आयी है।

305. स्कन्द पुराण, नागर खण्ड, 105-106

306. 'नलोदय काव्यम्' के रचयिता महाकवि कालिदास माने जाते हैं। (दे. 'स्टोरी आफ् नल,' सं. श्री मोनियर विलियम्स, प्रस्तावना पृ. 9 और 'नलोदय काव्यम्' प्रका. वेंकटेश्वर प्रेस, बम्बई, पृ. 1)। इस काव्य के चार उच्छ्वासों एवं 219 श्लोकों में नल-दमयन्ती की कथा दी हुई है। ए.वी. कीथ कालिदास का रागय 100 ई. के आसपास मानते हैं, किन्तु कुछ लोग इनका काल पहली शती ई. पू. तक ले जाते हैं। (दे. ए हिस्ट्री आफ् संस्कृत लिटरेचर, श्री ए.वी. कीथ और 'संस्कृत साहित्य का संक्षिप्त इतिहास' : श्री वाचस्पति गैरोला)।

307. 'नल-चम्पू' या 'दमयन्ती-कथा' : रचयिता त्रिविक्रम भट्ट : 10वीं शती ई. पूर्वार्द्ध : इस काव्य की शैली दुरूह। इसमें नल-कथा का पूर्वार्द्ध ही वर्णित, उत्तरार्द्ध नहीं। प्रकाशक : निर्भयसागर प्रेस, बम्बई, तृ. सं. 1931

308. 'नैषधीय चरितम्' : श्रीहर्ष : 12वीं शती ई. उत्तरार्द्ध। टीकाकार, पं. शिवदत्त शर्मा, प्रकाशक निर्भयसागर प्रेस, बम्बई, 1933 ई., सप्तम संस्करण। इस काव्य के 22 सर्गों के 2830 श्लोकों में आलंकारिक शैली में उन्मुक्त कल्पना-विलास के साथ नल-दमयन्ती प्रेमाख्यान वर्णित।

309. कथा-सरित्सागर : कश्मीरी कवि सोमदेव : प्रथम खण्ड, प्रकाशक बिहार राष्ट्रभाषा परिषद, पटना, भूमिका : डॉ. वासुदेवशरण अग्रवाल, पृ. 5, अलंकारवती शीर्षक नवम लम्बक, छठी तरंग। 'कथा-सरित्सागर की रचना 1063-1081 ई. के मध्य। प्रथम शती ई. में गुणाढ्य ने पैशाची में 'बड्डकहा' (बृहत्कथा) लिखी। उसका सार कश्मीरी कवि क्षेमेन्द्र ने 'बृहत्कथा मंजरी' में दिया। 'कथा-सरित्सागर' में भी 'बृहत्कथा' का वृत्त। क्षेमेन्द्र के ग्रन्थ के 20 वर्ष बाद यह रचा गया। इसमें यह सूचित होता है कि 'कथा-सरित्सागर' में आया हुआ नलाख्यान कभी 'बड्डकहा' में आ चुका होगा।

310. हरिवंश पुराण, भविष्य पर्व, 72 ।53-56-1/2

311. पद्म पुराण सृष्टि खण्ड, अ. 31

312. ऋग्वेद, 8 ।3 तथा 9 ।104-105; अथर्ववेद 5 ।19 ।9 तथा 7 ।4 ।16 ऐतरेय ब्राह्मण, 7 ।13; छांदोग्य उपनिषद्, 7 ।1 ।1

313. मत्स्य पुराण, 3 ।6-8
314. भागवत पुराण, 1 ।3 ।8 तथा 3 ।12 ।28
315. वही, 1 ।5 ।6
316. ब्रह्मवैवर्त्त पुराण, ब्रह्म खण्ड, 8 ।21
317. शिव पुराण, रुद्रसंहिता, सृष्टि खण्ड, अ. 2-5
318. देवी भागवत पुराण, 6 ।26-27
319. भविष्य पुराण, उत्तरार्द्ध, अ. 3
320. ब्रह्मवैवर्त्त पुराण, ब्रह्म खण्ड, 8-21
321. लिंगपुराण, उत्तरार्द्ध, अ. 5
322. अद्भुत रामायण, सर्ग 3-4
323. रामचरितमानस, बालकाण्ड, 124 ।5, 187 ।6; अरण्यकाण्ड, 41 ।6; उत्तरकाण्ड, 59 ।6, 64 ।8 और 70 ।6-7
324. तैत्तिरीय ब्राह्मण, 1 ।5 ।9
325. महाभारत, आदि पर्व, 65 ।17-19, विष्णु पुराण 1 ।16, भागवत, पु. 7 ।4
326. भागवत पुराण, 7 ।10 ।21
327. महाभारत, सभापर्व, 38 ।29 के बाद पु. 785-789
328. हरिवंश पुराण, भविष्य पर्व, 41-47
329. ब्रह्मपुराण, अ. 149, 213
330. पद्म पुराण, सृष्टि खण्ड, अ. 47 तथा उत्तर खण्ड, अ. 174 और 237/238
331. विष्णु पुराण, 1 ।17-20
332. वही, 1 ।20 ।32
333. वायु पुराण, अ. 67
334. शिव पुराण, रुद्रसंहिता, युद्ध खण्ड, अ. 43 और शतरुद्रसंहिता, अ. 10-12
335. भागवत पुराण, 7 ।2-10
336. अग्नि पुराण, अ. 4
337. लिंग पुराण, पूर्वार्द्ध, अ. 95
338. कूर्म्म पुराण, पूर्वार्द्ध, अ. 16
339. मत्स्य पुराण, अ. 160-162
340. ऋग्वेद, 10 ।110
341. वही, 3 ।62 ।18, 8 ।101 ।8, 9 ।63 ।64, 9 ।65 ।25
342. अथर्ववेद 2 ।32 ।3 और 5 ।18 ।10
343. तैत्तिरीय संहिता, 3 ।1 ।7 ।3
344. वाल्मीकि रामायण, बालकाण्ड, सर्ग 74-75
345. वही, बाल., 74 ।18
346. वही, बाल., 74 ।22 ।23
347. वही, बाल., 75 ।6
348. वही, बाल., 75 ।24
349. वही, बाल., 75 ।26-7
350. वही, बाल., 76 ।6
351. महाभारत, आदि पर्व 2 ।3-10, 64 ।4-5

352. वही, सभा पर्व, 38 ।29 के बाद दाक्षिणव्य पाठ, पृ. 791-793

353. वही, वन पर्व, अ. 115-117

354. वही, द्रोण पर्व, अ. 70

355. वही, शान्ति पर्व, 48-49

356. वही, आश्वमेधिक पर्व, 29 ।11-18

357. वही, द्रोण पर्व, 70 ।20

358. हरिवंश पुराण, हरिवंश पर्व, अ. 33

359. ब्रह्म पुराण, अ. 13

360. पद्म पुराण, उत्तर खण्ड 241-248

361. विष्णु पुराण, 4 ।11

362. वायु पुराण, 2 ।32

363. भागवत पुराण, 9 ।15-16

364. अग्नि पुराण, अ. 4

365. ब्रह्मवैवर्त्त पुराण, गण., 24-25

366. वही, 3 ।33-40

367. लिंग पुराण, 1 ।68

368. मत्स्य पुराण, अ. 43

369. ब्रह्माण्ड पुराण, 21 ।47

370. वही, मध्य. उपोद्घातपाद, अ. 40-47

371. महाभारत, भीष्म पर्व, 21 ।10-11

372. वही, श्लोक 12

373. वही, द्रोण पर्व, 80-81

374. वही, द्रोण पर्व, 146 ।62-72 और 104-119

375. वही, कर्ण-वध पर्व, 90 ।29-31

376. विष्णु पुराण, 5 ।38 ।28-53

377. वही, 5 ।38 ।25

378. वही, 5 ।38 ।31-33

379. महाभारत, महाप्रस्थानिक पर्व, '2 ।5-6

380. वही, म. प्र. पर्व, 2 ।10

381. वही, म. प्र. पर्व, 2 ।16-17

382. वही, म. प्र. पर्व, 2 ।21

383. वही, म. प्र. पर्व, 2 ।25

384. विष्णु पुराण, 5 ।38

385. भागवत पुराण, 1 ।15 ।20-21

386. वाल्मीकि रामायण, बालकाण्ड, सर्ग 38-43

387. महाभारत, वनपर्व, 106-109

388. वही, द्रोण पर्व, 60

389. वही, वनपर्व, 106 ।17-22 और 107 ।1-4

390. वही, भीष्म पर्व, 6 ।30-1 ।2

391. हरिवंश पुराण, हरिवंश पर्व, अ. 14-15

392. ब्रह्मपुराण, अ. 8 और 78
393. वही, 8 ।75-77
394. पद्म पुराण, उत्तर खण्ड, अ. 22
395. विष्णु पुराण, 2 ।8 ।116-117
396. भागवत पुराण 9 ।8-9
397. वही, 9 ।8 ।1-4
398. वही, 9 ।8 ।20
399. शिव पुराण, उमा संहिता, 38-39
400. देवी भागवत पुराण, 9 ।11
401. बृहन्नारदीय पुराण, 7-8
402. ब्रह्मवैवर्त्त पुराण, प्रकृति खण्ड, अ. 10
403. गरुड़ पुराण, पूर्व खण्ड, अ. 138 ।28-30
404. ब्रह्माण्ड पुराण, मध्य भाग, उपोद्घातपाद, अ. 47-56
405. रामचरितमानस : गो. तुलसीदास, गीता प्रेस गोरखपुर, चतुर्थ आवृत्ति, बालकाण्ड, दोहा 14 (ङ)
406. ऋग्वेद, प्रथम मण्डल, सूक्त 126, मन्त्र 4
407. वही, दशम मण्डल, सूक्त 193, मन्त्र 4
408. कृष्ण यजुर्वेदीय तैत्तिरीय ब्राह्मण, 3, 10 ।9
409. शतपथ ब्राह्मण 11 ।3 ।1 ।2 ।4, 11 ।4 ।3 ।10, 11 ।6 ।2 ।1 ।10 और 11 ।6 ।3 ।1
410. कृ. य. तैत्तिरीय ब्राह्मण, 2 ।3 ।10
411. ऋग्वेद, चतुर्थ मण्डल, सूक्त 57, मन्त्र 6-7
412. पारस्कर गृह्य-सूत्र, 2 ।17 ।9
412. ऋग्वेद, षष्ठ मण्डल, सूक्त 66, मन्त्र 11
414. वाल्मीकि रामायण, बालकाण्ड, सप्तदश सर्ग, श्लोक 10-16
415. 'राम-कथा' : डॉ. कामिल बुल्के, पृ. 480
416. मध्ययुगीन हिन्दी साहित्य का लोकतात्विक अध्ययन : डॉ. सत्येन्द्र, प्र. सं., पृ. 51
417. ए. हिस्ट्री आफ इण्डियन लिटरेचर : डॉ. विटनित्ज, पहली जिल्द, पृ. 516
418. वाल्मीकि रामायण, 1 ।66 ।14
419. वाल्मीकि रामायण के उत्तरकाण्ड पूर्वार्द्ध के अध्याय 17 में सीता के पूर्व-जन्म का एक वृत्तान्त इस प्रकार दिया है : राजा कुशध्वज की वेद-वाणी-स्वरूपा कन्या वेदवती भगवान् विष्णु को पति रूप में पाने के लिए हिमालय पर्वत पर कठोर तपस्या कर रही थी। रावण कहीं से घूमता-फिरता वहाँ आ निकला। उस अपूर्व सुन्दरी को देख कर वह काम-पीड़ित हो गया। अपने ऐश्वर्य का बखान कर उसने वेदवती को लुभाना चाहा, परन्तु उस तपस्विनी पर इसका कोई प्रभाव नहीं पड़ा। तब रावण ने बलपूर्वक उसके केश पकड़ लिए। वेदवती ने तुरन्त अपने केश अपने हाथ से काट डाले और चूँकि रावण ने उसके शरीर को स्पर्श कर दिया था, इसलिए योग-बल से अग्नि उत्पन्न कर वह उसमें जल मरी, किन्तु मरते-मरते रावण को चेता गयी कि वह किसी धर्मात्मा पुरुष की अयोनिजा कन्या के रूप में उत्पन्न होगी, भगवान् विष्णु ही उसके पति होंगे और वह रावण के वध का कारण बनेगी। वही सतयुग की वेदवती त्रेतायुग में अयोनिजा सीता बनी, जिसका हरण रावण के विनाश का कारण बना।
420. वही, बाल काण्ड सर्ग 66-67
421. वही, अयोध्या काण्ड, सर्ग 1-6

422. वही, अयोध्या काण्ड, सर्ग 11
423. वही, अयोध्या काण्ड, सर्ग 37-38
424. वही, अयोध्या काण्ड, सर्ग 63-64
425. वही, अरण्य काण्ड, सर्ग 46
426. वही, अरण्य काण्ड, सर्ग 52
427. वही, अरण्य काण्ड, सर्ग 61-63
428. वही, किष्किन्धा काण्ड, सर्ग 3-16
429. वही, किष्किन्धा काण्ड, सर्ग 44 और सुन्दर काण्ड, सर्ग 36
430. वही, सुन्दर काण्ड सर्ग 41
431. वही, सुन्दर काण्ड सर्ग, 53-54
432. वही, सुन्दर काण्ड, सर्ग 38 और 66
433. वही, युद्ध काण्ड, सर्ग 14-17
434. वही, युद्ध काण्ड, सर्ग 21-22
435. वही, युद्ध काण्ड, सर्ग 41
436. वही, युद्ध काण्ड, सर्ग 44
437. वाल्मीकि रामायण, युद्ध काण्ड, 74 ।61-74
438. वही, युद्ध काण्ड, 102 ।20-38
439. वही, युद्ध काण्ड, सर्ग 114-117
440. वही, युद्ध काण्ड, सर्ग 118
441. वही, युद्ध काण्ड, सर्ग 119
442. वही, युद्ध काण्ड, सर्ग 127-128
443. वाल्मीकि रामायण, उत्तरकाण्ड, सर्ग 97, श्लोक 14
444. वन पर्व, अध्याय 273-292
445. द्रोण पर्व, अ. 59
446. शान्ति पर्व में राज्यधर्मानुशासन पर्व, अ. 29, श्लोक 51-61
447. सभा पर्व के अन्तर्गत अर्धाभिहरण पर्व में
448. 'मानस की राम कथा' : आ. परशुराम चतुर्वेदी, किताब महल, इलाहाबाद, प्र. सं., पृ. 76-77
449. दे. 'राम-कथा' : डॉ. कामिल बुल्के, पृ. 55-7
450. वही, पृ. 57-8
451. 'मानस की रामकथा' : आ. परशुराम चतुर्वेदी, पृ. 79
452. वही, पृ. 80-81
453. जैन साहित्य और इतिहास : श्री नाथूराम 'प्रेमी, हिन्दी ग्रन्थ-रत्नाकर कार्यालय, बम्बई, पृ. 279
454. 'मानस की रामकथा', पृ. 82-84
455. अध्याय, 176, श्लोक 37-51
456. पद्म पुराण, पाताल खण्ड, अध्याय 1 ।11, 30, 43-46, 52-68, 104-105, 116-117
457. पद्म पुराण, उत्तर खण्ड, अध्याय 242-244
458. पद्म पुराण, उत्तर खण्ड, अ. 242, श्लोक 29-30
459. वही, श्लो. 59-61
460. वही, श्लो. 99

461. वही, श्लो. 82-88
462. वही, श्लो. 113-114
463. वही, श्लो. 195-211
464. वही, श्लो. 246
465. वही, श्लो. 255 और 258
466. वही, श्लो. 254-255
467. वही, श्लो. 267-270
468. वही, श्लो. 273-274
469. वही, श्लो. 297-298
470. 'पद्म पुराण', पाताल खण्ड, सर्ग 54 और 60-62
471. वही, सर्ग 63-64
472. वही, सर्ग 66
473. वही, सर्ग 67
474. वही, सर्ग 56, श्लो. 23-25
475. वही, सर्ग 44
476. वही, सर्ग 46
477. विष्णु पुराण, अंश 4, अध्याय 5, श्लो. 99-113
478. वही, 415 ।14-28
479. वायु पुराण, अनुषंगपाद के अन्तर्गत, अ. 88
480. भागवत पुराण, 9 ।10-11
481. वही, अ. 10, श्लो 7
482. वही, अ. 10, श्लो 13
483. वही, अ. 10 श्लोक 21
484. वही, अ. 10, श्लोक 30
485. वही, अ. 11, श्लो. 8-9
486. वही, अ. 11, श्लो. 15
487. वही, अ. 11, श्लो. 18
488. अध्याय 5-11
489. अग्नि पुराण, अ. 5, श्लो. 1
490. अग्नि पुराण, अ. 12, श्लो. 13
491. ब्रह्मवैवर्त्त पुराण, प्रकृति खण्ड, अध्याय 14
492. ब्रह्मवैवर्त्त पुराण, प्रकृति खण्ड, 14 ।50-54
493. ब्रह्मवैवर्त्त पुराण, कृष्णजन्म खण्ड, अध्याय 62
494. स्कन्द पुराण, माहेश्वर खण्ड, अध्याय 8
495. अध्याय 2 और 44-47 तथा 52
496. अध्याय 30-35
497. अध्याय 28-29-30
498. अध्याय 16
499. ब्रह्मवैवर्त्त पुराण, प्रकृति खण्ड, अ. 14
500. अध्याय 21

501. दे. 'ए हिस्ट्री आफ् इंडियन लिटरेचर', जिल्द 1। डॉ. विंटरनित्ज, पृ. 579
502. अध्यात्म रामायण, बालकाण्ड, सर्ग 2, श्लो. 24
503. वही, सर्ग 2, श्लो. 25-26
504. वही, सर्ग 2, श्लो, 27-28
505. अध्यात्म रामायण, बालकांड, सर्ग 4, श्लो. 12-18
506. पद्म पुराण, उत्तरखण्ड, अ. 242, श्लो. 59-61
507. वही, श्लोक 82-83
508. अध्यात्म रामायण, बालकाण्ड, सर्ग 3, श्लोक 16-18
509. वही, सर्ग 3, श्लोक 33
510. वही, सर्ग 5, श्लोक 2-4
511. वही, सर्ग 7, श्लोक 1
512. वही, अयोध्या काण्ड, सर्ग 1, श्लोक 32-34
513. वही, अयोध्या काण्ड, सर्ग 2, श्लोक 44-46
514. वाल्मीकि रामायण, अयोध्या काण्ड, सर्ग 11, श्लोक 18-20
515. अध्यात्म रामायण, अयोध्या काण्ड, सर्ग 2, श्लोक 67-71
516. वही, अयोध्या काण्ड, सर्ग 4, श्लोक 78
517. वही, अयोध्या काण्ड, सर्ग 9, श्लोक 55-68
518. वाल्मीकि रामायण, अयोध्या काण्ड, सर्ग 112, श्लोक 27
519. अध्यात्म रामायण, अरण्य काण्ड, सर्ग 3, श्लोक 45-46
520. अध्यात्म रामायण, अरण्य काण्ड, सर्ग 7, श्लोक 1-3
521. वही, किष्किन्धा काण्ड, सर्ग 7, श्लोक 6
522. वही, किष्किन्धा काण्ड, सर्ग 3, श्लोक 11; और सर्ग 5, श्लोक 50
523. वही, किष्किन्धा काण्ड, सर्ग 7, श्लोक 10-12
524. वही, किष्किन्धा काण्ड, सर्ग 6, श्लोक 28-29
525. वही, सुन्दर काण्ड, सर्ग 1, श्लोक 10-12
526. वाल्मीकि रामायण, सुन्दर काण्ड, सर्ग 15, श्लोक 18-19
527. अध्यात्म रामायण, सुन्दर काण्ड, सर्ग 2, श्लोक 7-9
528. वही, सुन्दर काण्ड, सर्ग 3, श्लोक 53-60
529. वाल्मीकि रामायण, सुन्दर काण्ड, सर्ग 38, श्लोक 12-39
530. अध्यात्म रामायण, युद्ध काण्ड, सर्ग 8, श्लोक 64-66 और सर्ग 9, श्लोक 1-2
531. वही, युद्ध काण्ड, सर्ग 10, श्लोक 8-9
532. अध्यात्म रामायण, युद्ध काण्ड, सर्ग 10, श्लोक 13-14
533. वही, युद्ध काण्ड, सर्ग 13, श्लोक 22
534. वही, युद्ध काण्ड, सर्ग 13, श्लोक 38-40
535. अध्यात्म रामायण, सर्ग 4, श्लोक 35-44
536. वही, सर्ग 4, श्लोक 32-33
537. रघुवंश : कालिदास (कालिदास-ग्रन्थावली के अन्तर्गत, सं. 2001, विक्रम-परिषद्, काशी): सर्ग 10, श्लोक 60-61
538. वही, सर्ग 11, श्लोक 33-34
539. वाल्मीकि रामायण, बालकाण्ड, सर्ग 48, श्लोक 30-31

540. रघुवंश, सर्ग 12, श्लोक 11-12
541. वही, सर्ग 12, श्लोक, 22-23
542. रामचरितमानस : (गो. तुलसीदास) : बाल काण्ड, दोहा 210
543. वही, अयोध्या काण्ड, दोहा 155
544. रामचरितमानस, अरण्य काण्ड, छंद 24, चौ. 1-3
545. पद्म पुराण, उत्तर खण्ड, अ. 90-91 और 230
546. पद्म पुराण, उत्तर खण्ड, 230 ।13-32
547. भागवत पुराण, 8 ।24
548. वही, 8 ।24 ।9
549. वही, 11 ।4 ।17
550. जल-प्रलय का सर्वप्रथम वर्णन शतपथ ब्राह्मण के प्रथम काण्ड के आठवें अध्याय में मिलता है।
551. भागवत पुराण, 11 ।4 ।18
552. ऋग्वेद, 1 ।22 ।17-21; 1 ।154 ।1-4; 3 ।54 ।14; 8 ।12 ।27; 8 ।29 ।7
553. निरुक्त, 1 ।2 ।19
554. ऋग्वेद, 8 ।12 ।27
555. शतपथ ब्राह्मण 1 ।2 ।2 ।1-5
556. महाभारत, आदि पर्व, 65; सभा पर्व, 9; शान्तिपर्व 225; अनुशासन पर्व 98; श्रीमद्भागवत पुराण, 6 ।18 तथा 8 ।13; वामन पुराण, 23
557. वाल्मीकि रामायण, बालकाण्ड, 29 ।3-21
558. वही, बाल. 29 ।8
559. वही, बाल. 29 ।6 और 9
560. वाल्मीकि-रामायण, बाल. 29 ।10-19
561. वही, बाल. 29 ।20 ।21
562. महाभारत आदि. 65 ।1 ओर 20
563. वही, वन पर्व, 272 ।62-70
564. वही, सभा पर्व, 38 ।29 के बाद दाक्षिणात्य पाठ, पृष्ठ 789-61
565. वही, शान्ति पर्व, 227-7-8
566. हरिवंश पुराण, भविष्य पर्व, अ. 31, 48, 67-72
567. वही, भविष्य पर्व, अ. 31 ।3-14
568. वही, भविष्य पर्व, 31 ।15-16
569. वही, भविष्य, 48 ।18-20
570. वही, भविष्य, 48 ।21
571. वही, भविष्य, 48 ।24
572. वही, भविष्य, 67 ।10
573. वही, भविष्य, 67 ।11-18
574. वही, भविष्य, 69 ।6
575. वही, भविष्य, 71 ।10-11
576. वही, भविष्य, 72 ।53-56-1 ।2
577. वही, भविष्य, 72 ।59
578. वही, भविष्य, 72 ।90

579. वही, भविष्य 72 ।63
580. ब्रह्म पुराण, अ. 73
581. पद्म पुराण, उत्तर खण्ड, अ. 266-267
582. वही, स्वयं खण्ड, अ. 1-2
583. वही, सृष्टि खण्ड, अ. 30
584. विष्णु पुराण, 1 ।21 ।1
585. भागवत पुराण, स्कन्ध 8, अ. 15-23
586. बृहन्नारदीय पुराण, अ. 10
587. अग्नि पुराण, अ. 4
588. स्कन्द पुराण, अवन्ती खण्ड, अवन्ती क्षेत्र-माहात्म्य, अ. 63, 74; प्रभास खण्ड, गिरनार क्षेत्र-माहात्म्य, अ. 17-19; प्रभास खण्ड, द्वारका क्षेत्र माहात्म्य, अ. 18; माहेश्वर खण्ड (केदार खण्ड) अ. 17-19
589. वामन पुराण, अ. 24-31
590. कूर्म्म पुराण, अ. 16-17
591. मत्स्य पुराण, अ. 243-245
592. महाभारत, आदि पर्व, 70-74
593. वही, आदि पर्व, 70
594. वही, आदि पर्व, 71 ।4-6
595. वही, आदि पर्व, 71 ।13
596. वही, आदि पर्व, 71 ।14-15
597. वही, आदि पर्व, 71 ।20-42 और 72 ।1-13
598. वही, आदि पर्व, 72 ।13-14
599. वही आदि पर्व, 72 ।16-19
600. वही, आदि पर्व, 73 ।16-17
601. वही, आदि पर्व, 73 ।20-21
602. वही, आदि पर्व, 73 ।34-35
603. वही, आदि पर्व, 74 ।1-2
604. वही, आदि पर्व, 74 ।3
605. वही, आदि पर्व, 74 ।5-8
606. वही, आदि पर्व, 74 ।9
607. वही, आदि पर्व, 74 ।10-12
608. वही, आदि पर्व, 74 ।13-18
609. वही, आदि पर्व, 74 ।109-114-1 ।2
610. वही, आदि पर्व, 74 ।117-1 ।2
611. वही, आदि पर्व, 74 ।122
612. 'अभिज्ञान शाकुन्तल' (कालिदास-ग्रन्थावली, विक्रम परिषद, काशी)
613. वही, अंक 1, पृ. 16
614. वही, अंक 4, पृ. 42
615. वही, अंक 4, पृ. 46
616. वही, अंक 4, पृ. 46
617. वही, अंक 5, पृ. 67

618. वही, अंक 5, पृ. 67
619. वाल्मीकि रामायण, अयोध्या काण्ड, सर्ग 63-64
620. वही, अयोध्या काण्ड, 63 ।21-24
621. वही, अयोध्या., 63 ।25-52
622. वही, अयोध्या., 64 ।1-20
623. वही, अयोध्या काण्ड, 64 ।48
624. वही, अयोध्या, 64 ।49-50
625. वही, अयोध्या काण्ड, 64 ।55
626. वही, अयोध्या काण्ड, 64 ।58
627. ब्रह्मा पुराण, अ. 123
628. अग्नि पुराण, अ. 6
629. अध्यात्म रामायण, अयोध्याकाण्ड, 7 ।19-47
630. आनन्द रामायण, सार खण्ड 1 ।86-95
631. वाल्मीकि रामायण, बालकाण्ड, 45 ।15-42; महाभारत, आदि पर्व, अध्याय 17-19
632. महाभारत, अनुशासन पर्व, अ. 141
633. वही पर्व अ. 141 ।91 के बाद के दक्षिणात्य पाठ का 16वाँ श्लोक
634. वही पर्व 9 ।66
635. ब्रह्मवैवर्त्त पुराण, कृष्ण-जन्म खण्ड, अ. 81
636. पद्मावत : मूल और संजीवनी टीका, डॉ. वासुदेवशरण अग्रवाल, साहित्य सदन चिरगाँव, झाँसी, प्र. सं. 2012 वि., पृ. 201
637. पद्मावत : मूल संजीवनी टीका अर्थ परिशिष्ट टिप्पणी, पृ. 722
638. शिवपुराण, रुद्र, संहिता, सती खण्ड, अ. 1 तथा अ. 24-43, भागवत पुराण 4 ।2 ।1-34, लिंग पुराण पूर्वार्द्ध, 99-100
639. ब्रह्म पु. अ. 39, शिव पु. रुद्र. सती खण्ड अ. 1, 24-43; भागवत पु. 4 ।2 ।1-34; लिंग पुराण पूर्वार्द्ध 99-100
640. पद्म पुराण, सृष्टि., अ. 5, शिव पु. रुद्र. सती खण्ड अध्याय 24-43, भागवत पु. 4 ।2 ।1-34; लिंग पुराण, पूर्वार्द्ध 99-100
641. ऋग्वेद, 1 ।164 ।34
642. ऐतरेय ब्राह्मण, 3 ।33 ।34
643. शतपथ ब्राह्मण, 1 ।7 ।4 ।4
644. निरुक्त, 4 ।21
645. महाभारत, शान्तिपर्व, 121 ।24
646. सभा च या समितिश्चावतां प्रजापते दुहितरौ संविदाने।
येन सगच्छा उपमा स शिक्षाच्चारु वदानि पितरः संगतेषु॥—अथर्ववेद, 7 ।12 ।1
647. महाभारत, शान्तिपर्व, 121 ।24
648. वही, शान्तिपर्व, 121-35
649. शिव पुराण, द्वितीय खण्ड, अ. 1
650. शिव पुराण, तृतीय खण्ड, अ. 34
651. मत्स्य पुराण, अ. 3 ।30-40 और अध्याय 4 ।1-21
652. वही, 3 ।30-32

653. मत्स्य पुराण, 3 ।33 ।40
654. वही, 4 ।7 ।10
655. वही 4 । 10-12
656. वही, 4 ।13-18
657. पद्म पुराण, सृष्टि खण्ड, 14
658. वही, सृष्टि., 14 ।107-111
659. पद्म पुराण, सृष्टि. अ. 14 ।155
660. स्कन्द पुराण, अवन्ती खण्ड, अ. 2
661. ब्रह्म पुराण, अ. 38 तथा 71
662. वही, अ. 38 ।4-5
663. वही, अ. 38 ।10-11
664. पद्म पुराण, सृष्टि खण्ड, अ. 45 ।205-269
665. शिव पुराण, तृतीय खण्ड, अ. 34
666. भविष्य पुराण, उत्तरार्द्ध, अ. 123-124
667. ब्रह्मवैवर्त्त पुराण, कृष्ण-जन्म खण्ड, अ. 39
668. लिंग पुराण, अ. 101
669. स्कन्द पुराण, माहेश्वर खण्ड, अ. 21
670. पद्म पुराण, सृष्टि खण्ड, अ. 45 ।205-269
671. भागवत पुराण, अ. 8 ।12
672. महाभारत, अनुशासन पर्व, अ. 14 ।214
673. हरिवंश पुराण, विष्णु पर्व, अ. 85-86
674. वही, विष्णु अ. 85 ।6-8
675. वही, विष्णु, अ. 85 ।9-11
676. वही, विष्णु, अ. 86 ।38-39
677. हरिवंश पुराण, विष्णु पर्व, अ. 86 ।32-33
678. पद्म पुराण, सृष्टि खण्ड, अ. 48
679. शिव पुराण, पंचम खण्ड, अ. 40-47
680. वाराह पुराण, अ. 27
681. स्कन्द पुराण, अवन्ती खण्ड के अन्तर्गत रेवाखण्ड, अ. 45-49
682. कूर्म्म पुराण, अ. 16 ।131-222
683. मत्स्य पुराण, अ. 178 ।2-39
684. कथासरित्सागर : सोमदेव (अनु. गोपालकृष्ण कोल; प्रका. सत्साहित्य प्रकाशन, नयी दिल्ली, 1959; सत्रहवें खण्ड में पद्मावती की कथा के अन्तर्गत)।
685. महाभारत, अनुशासन पर्व, अ. 140
686. महाभारत, अनु., अ. 140 ।26-27
687. वही, अनु., अ. 140 ।29-30
688. वही, अनु., अ. 140 ।32-35
689. वही, अनु., अ. 140 ।37-38
690. वही, अनु., अ. 141 ।1-4
691. वही, अनु., 141 ।4

692. शिव पुराण, अष्टम खण्ड, अ. 49
693. अध्यात्म रामायण, अरण्य काण्ड, 3 ।45-46
694. शिव पुराण, पूर्वार्द्ध, पंचम खण्ड (युद्ध खण्ड), अध्याय 1
695. महाभारत, कर्ण पर्व, अ. 33-34
696. महाभारत, अनु. पर्व, अ. 160
697. महाभारत, कर्ण पर्व, अ. 33 ।3-11
698. वही, कर्ण पर्व, अ. 33 ।11
699. वही, कर्ण पर्व, अ. 33
700. वही, कर्ण पर्व, अ. 34 ।14
701. वही, कर्ण पर्व, अ. 34 ।4-96
702. वही, कर्ण पर्व, अ. 34 ।97 ।115
703. वही, कर्ण पर्व, अ. 160 ।25-31
704. हरिवंश पुराण, भविष्य पर्व, अ. 133
705. वही, भविष्य पर्व, अ. 133 ।2-3
706. पद्‌म पुराण, स्वर्ग खण्ड, अ. 14-15
707. शिव पुराण, पूर्वार्द्ध, पंचम खण्ड (युद्ध-खण्ड), अ. 1
708. भागवत पुराण, अ. 7 ।10
709. वही, अ. 7 ।10 ।54-68
710. कूर्म्म पुराण, अ. 18
711. लिंग पुराण, अ. 72-73
712. स्कन्द पुराण, अवन्ती खण्ड के अन्तर्गत रेवा खण्ड, अ. 27-28
713. ऋग्वेद, 6 ।502; शतपथ ब्राह्मण, 2 ।4 ।4 ।1 और 6 ।8 ।1 ।14
714. महाभारत, आदि पर्व, अ. 67 ।10
715. वही, शान्ति पर्व, अ. 283-284
716. हरिवंश, भविष्य पर्व, अ. 32
717. ब्रह्म पुराण, अ. 34, 39, 109
718. पद्‌म पुराण, सृष्टि खण्ड, अ. 5
719. वायु पुराण, अ. 30
720. शिव पुराण, रुद्र संहिता, सती खण्ड, अ. 1 तथा अ. 27-43 और वायवीय संहिता पूर्व खण्ड, अ. 18-23
721. श्रीमद्‌भागवत पुराण, अ. 4 ।2 ।1-34
722. ब्रह्मवैवर्त्त पुराण, कृष्ण-जन्म खण्ड, अ. 38 और 43
723. लिंग पुराण, पूर्वार्द्ध, अ. 99-100
724. वाराह पुराण, अ. 21-22
725. स्कन्द पुराण, काशी-खण्ड, उत्तरार्द्ध, अ. 87-89; माहेश्वर खण्ड (केदार खण्ड), अ. 1-5; प्रभास खण्ड (प्रभास क्षेत्रमाहात्म्य) अ. 199
726. वामन पुराण, अ. 4-5
727. कूर्म्म पुराण, पूर्वार्द्ध, अ. 14-15
728. मत्स्य पुराण, अ. 13 ।12-15
729. गरुड़ पुराण, अ. 5-6

730. ब्राह्मण पु., पूर्वभाग, अनुषंगपाद, अ. 13
731. कथासरित्सागर, प्रथम लम्बक, प्रथम तरंग
732. शिव पुराण, वायवीय संहिता, अ. 18-19
733. रामचरितमानस, बालकाण्ड, छन्द 48-57
734. वायु पुराण, अ. 92
735. महाभारत, शान्ति पर्व, अ. 324 ।1-9
736. वही, श्लोक 12-13
737. श्रीमद्‌भागवत पुराण, 1 ।19 ।25
738. नूनं भगवतो ब्रह्मन् गृहेषु गृहमेधिनाम्। न लक्ष्यते ह्यवस्थानमपि गोदोहनं क्वचित् (वही, 1 ।19 ।39)
739. देवीभागवत पुराण, अ. 14-19
740. वाल्मीकि रामायण, बालकाण्ड, अ. 45 ।15-42
741. वाल्मीकि रामायण, श्लोक 22-26
742. 'महाभारत', आदि पर्व, अ. 17-19
743. हरिवंश पुराण, भविष्य पर्व, अ. 30
744. वही, भविष्य पर्व, अ. 30 ।15-27
745. वही, भविष्य पर्व, अ. 30 ।28-29
746. वही, भविष्य, अ. 30 ।30-31
747. वही, भविष्य, अ. 30 ।32
748. ब्रह्म पुराण, अ. 106
749. पद्म पुराण, सृष्टि खण्ड, अ. 4
750. वही, सृष्टि., अ. 4 ।4-21
751. वही, सृष्टि., अ. 4 ।22-31
752. वही, सृष्टि., 4 ।32-89
753. वही, उत्तरखण्ड, अ. 231-232
754. विष्णु पुराण, अ. 1 ।9 ।34-112
755. वही, 1 ।9 ।88-91
756. वही, 1 ।9 ।92-105
757. वही, अ. 1 ।9 ।106-112
758. भागवत पुराण, अ. 8 ।6-12
759. वही, अ. 8 ।7 ।12-42
760. वही, अ. 8 ।8, 1-37
761. वही, अ. 8 ।9-11
762. वही, अ. 8 ।12
763. स्कन्द पुराण, माहेश्वर खण्ड, अ. 9-13 तथा वैष्णव खण्ड, अ. 10-14
764. मत्स्य पुराण, अ. 248-50
765. देवीभागवत पुराण, अ. 9 ।40-41
766. अग्नि पुराण, अ. 3
767. ब्रह्मवैवर्त्त पुराण, प्रकृति खण्ड, अ. 36
768. वाल्मीकि रामायण, उत्तर काण्ड, सर्ग 35
769. अध्यात्म रामायण, युद्ध काण्ड, अ. 6 ।30-63 और 7 ।1-33

770. वही, युद्ध., अ. 6 ।30-41
771. अध्यात्म रामायण, युद्ध., अ. 7 ।1-5
772. वही, युद्ध, काण्ड, अ. 7 ।21-28
773. वही, युद्ध अ. 29 ।32-1 ।2
774. 'रामचरितमानस' गोस्वामी तुलसीदास, गीता प्रेस, गोरखपुर, चतुर्थ सं., 2008 वि., लंका काण्ड, छन्द 56-58
775. महाभारत, वनपर्व, अ. 151 ।16-19
776. वही, वनपर्व, अ. 151 ।17-17-1 ।2
777. महाभारत, सभा पर्व, अ. 12 ।10 के बाद दाक्षिणात्य पाठ और भागवत पुराण 9 ।7
778. महाभारत, सभा पर्व, अ. 12 ।11-26
779. ऋग्वेद 1 ।24 ।1
780. ऐतरेय, ब्राह्मण, 7 ।13-18
781. तैत्तिरीय संहिता, 5 ।2 ।1 ।3
782. काठक संहिता, 19-11
783. मैत्रेयोपनिषद, 1 ।4
784. सांख्यायन श्रोत सूत्र, 15 ।17-20
785. श्रीमद्भागवत पुराण, 9 ।7
786. वही, 9 ।7 ।24
787. देवीभागवत पुराण, स्कन्ध 7, अ. 17-27
788. देवीभागवत पुराण, 7 ।17 ।53
789. मार्कण्डेय पुराण, अ. 7-8

परिशिष्ट

सहायक पुस्तक-सूची

हिन्दी

1. अपभ्रंश-साहित्य	डॉ. हरिवंश कोछड़; प्रका. भारती साहित्य मन्दिर, दिल्ली; प्र. सं., 1956 ई.।
2. अष्टादश पुराण-दर्पण	पं. ज्वालाप्रसाद मिश्र; प्रका. श्री वेंकटेश्वर प्रेस, बम्बई।
3. जैन साहित्य और इतिहास	नाथूराम प्रेमी; प्रका. हिन्दी ग्रन्थ रत्नाकर कार्यालय, बम्बई; द्वि. सं., अक्तूबर, 1956 ई.।
4. पद्मावत : मूल और संजीवनी व्याख्या	सम्पा. डॉ. वासुदेवशरण अग्रवाल, साहित्य सदन, चिरगाँव (झाँसी); प्र. सं., सं. 2012 वि.।
5. पुराण-दिग्दर्शन	पं. माधवाचार्य शास्त्री (श्री विद्याविवर्द्धन पुस्तकालय, नवलगढ़ से प्राप्त)।
6. पुराण-कथा-कौमुदी	पं. रघुनाथदत्त बन्धु; नेशनल पब्लिशिंग हाउस, दिल्ली; प्र. सं., 1962 ई.।
7. पुराण-वर्म	कालूराम शास्त्री; प्रका. श्रीकृष्ण प्रेस, अमरोधा, कानपुर; द्वि. सं., सं. 1986 वि.।
8. पौराणिकता का हिन्दी साहित्य पर प्रभाव	डॉ. इन्द्रावती सिन्हा; (शोध-प्रबन्ध, टंकित प्रति) आगरा विश्वविद्यालय पुस्तकालय में सुरक्षित।
9. ब्रज लोक-साहित्य का अध्ययन	डॉ. सत्येन्द्र; प्रका. साहित्य रत्न-भण्डार, आगरा; तृ. सं., 1961 ई.।
10. भारतीय आर्यभाषा और हिन्दी	डॉ. सुनीतिकुमार चाटुर्ज्या; राजकमल प्रकाशन, दिल्ली; प्र. सं., 1954 ई.।
11. मध्ययुगीन हिन्दी साहित्य का लोकतात्त्विक अध्ययन	डॉ. सत्येन्द्र; प्रका. विनोद पुस्तक मन्दिर, आगरा, प्र. सं., 1962 ई.।

12. मानस की राम-कथा — आचार्य परशुराम चतुर्वेदी; प्रका. किताब महल, इलाहाबाद; प्र. सं., 1953 ई.।
13. मानस-माधुरी — डॉ. बल्देव प्रसाद मिश्र; प्रका. साहित्य रत्न-भण्डार, आगरा; प्र. सं., दिसम्बर, 1958 ई.।
14. मार्कण्डेय पुराण : एक सांस्कृतिक अध्ययन — डॉ. वासुदेवशरण अग्रवाल; हिन्दुस्तानी एकेडेमी, इलाहाबाद; प्र. सं., 1961 ई.।
15. राम-कथा : उत्पत्ति और विकास — डॉ. कामिल बुल्के।
16. रामचन्द्रिका (भाग 1-2) — आचार्य केशवदास; सम्पादकः लाला भगवानदीन; प्रकाशक, रामनारायण लाल, 1950 ई.।
17. रामचरितमानस — गोस्वामी तुलसीदास; गीता प्रेस गोरखपुर।
18. रामचरितमानस की अन्तर्कथाओं का आलोचनात्मक अध्ययन — डॉ. वागीशदत्त पाण्डेय, शोध-प्रबन्ध की टंकित प्रति आगरा विश्वविद्यालय पुस्तकालय में सुरक्षित।
19. रामावतार शर्मा निबन्धावली — महामहोपाध्याय पं. रामावतार शर्मा; प्रका. बिहार राष्ट्रभाषा परिषद्, पटना-3, प्रथम संस्करण।
20. लोकसाहित्य-विज्ञान — डॉ. सत्येन्द्र; प्रका. शिवलाल अग्रवाल एण्ड कं., आगरा; प्र. सं., 1962 ई.।
21. वैदिक देव-शास्त्र (वैदिक माइथालॉजी, मैकडॉनेल) — सम्पा. डॉ. सूर्यकान्त; प्रका. भारत भारती प्रा. लि., दिल्ली-6; प्र. सं., 1961 ई.।
22. वेदिक माइथॉलाजी — श्री मैकडॉनेल : अनु. रामकुमार राय; प्रका. चौखम्बा विद्याभवन, वाराणसी; प्र. सं. 2018 वि.।
23. संस्कृत साहित्य का संक्षिप्त इतिहास — वाचस्पति गैरोला : प्रका. चौखम्बा विद्याभवन, वाराणसी; प्र. सं., 1960 ई.।
24. हरिवंश पुराण का सांस्कृतिक विवेचन — श्रीमती वीणापाणि पाण्डे; प्रकाशन शाखा, सूचना विभाग, उत्तर प्रदेश; प्र. सं. 1960 ई.।
25. हिन्दी के पौराणिक नाटकों का अध्ययन — डॉ. देवर्षि सनाढ्य; शोध-प्रबन्ध की टंकित प्रति अलीगढ़ विश्वविद्यालय पुस्तकालय में सुरक्षित।
26. हिन्दी महाकाव्य का स्वरूप विकास — डॉ. शम्भूनाथ सिंह; प्रका. हिन्दी प्रचारक पुस्तकालय, वाराणसी; प्रथमावृत्ति, नवम्बर 1956 ई.।
27. हिन्दी साहित्य का बृहत् इतिहास (प्रथम भाग) –हिन्दी साहित्य की पीठिका — सम्पा. डॉ. राजबली पाण्डेय; प्रका. नागरी प्रचारिणी सभा, काशी; प्र. सं., सं. 2015 वि.।
28. हिन्दी साहित्य का बृहत् इतिहास (षोडश भाग) — सम्पा. महापंडित राहुल सांकृत्यायन और डॉ. कृष्णदेव उपाध्याय; प्रका. ना. प्र. स., काशी; प्र. सं.।
29. हिन्दी विश्वकोश — नागेन्द्रनाथ वसु।

30. हिन्दुत्व — रामदास गौड़; प्रका. बाबू शिवप्रसाद गुप्त, सेवा-उपवन, काशी।

संस्कृत/पालि/प्राकृत/अपभ्रंश

1. अग्नि पुराणम् — प्राक. मनसुख राय मोर, 5 क्लाइव रो, कलकत्ता-1; प्र. सं., 1957 (2014 वि.)।
2. अथर्ववेद — श्री विद्याविवर्द्धन पुस्तकालय, नवलगढ़ (राज.) से प्राप्त।
3. अद्भुत रामायण (भाषा टीका) — पं. ज्वाला प्रसाद मिश्र।
4. अध्यात्म रामायण (हिन्दी अनुवाद सहित) — अनु. मुनिलाल; प्रका. गीता प्रेस, गोरखपुर; द्वि सं., 1961 वि.।
5. अनामकं जातक-जातक — सम्पा. भदन्त आनन्द कौसल्यायन।
6. आनन्द रामायण — काशी पण्डित पुस्तकालय, काशी।
7. ऋग्वेद भाष्यम् — स्वामी दयानन्द सरस्वती, श्री विद्याविवर्द्धन पुस्तकालय, नवलगढ़ से प्राप्त।
8. उत्तर पुराण — गुणभद्र-कृत।
9. कथा-सरित्सागर (सोमदेव) — सम्पा. गोपीकृष्ण कौल; प्रका. सस्ता साहित्य मंडल, नयी दिल्ली; प्र. सं., 1959 ई.।
10. कथा-सरित्सागर (प्रथम खण्ड) का भूमिका-भाग — सं. डॉ. वासुदेवशरण अग्रवाल; प्रका. बिहार राष्ट्रभाषा, परिषद्, पटना।
11. कथा-सरित्सागर (सोमदेव) — अनु. स्व. पं. केदारनाथ शर्मा सारस्वत; बिहार राष्ट्रभाषा परिषद्, पटना; प्रथम संस्करण, 1960 ई.।
12. कल्कि पुराण (भाषानुवाद) — प्रका. श्री भारत धर्म महामण्डल, काशी, सं. 1963 वि.।
13. कल्कि-पुराण (भाषानुवाद) — अनु. पं बलदेव प्रसाद मिश्र; प्रका. श्री वेंकटेश्वर प्रेस, बम्बई, मार्गशीर्ष सं. 1959 वि.।
14. कालिदास-ग्रन्थावली — सम्पा. पं. सीताराम चतुर्वेदी, प्रका. अखिल भारतीय विक्रम परिषद्, काशी; प्र. सं., सं. 2001 वि.।
15. कूर्म्म-पुराणम् — प्रका. मनसुखराय मोर, 5 क्लाइव रो कलकत्ता; प्र. सं., 1962 ई.।
16. कूर्म्म पुराण (मूल) — सम्पा. नीलमणि मुखोपाध्याय, प्रका. एशियाटिक, सोसायटी, 57, पार्कस्ट्रीट, कलकत्ता, 1886 ई.।
17. गरुड़ पुराण — नवल किशोर प्रेस, लखनऊ।
18. छान्दोग्य उपनिषद् (सटीक) — गीता प्रेस, गोरखपुर।

19. जैमिनीयाश्वमेध (सटीक) ('महाभारत', पत्रिका के अन्तर्गत) — प्रका. गीता प्रेस, गोरखपुर, वर्ष 4, संख्या 9 से 11 तक।

20. देवी भागवतांक ('कल्याण' का विशेषांक वर्ष 34, संख्या 1) — गीता प्रेस, गोरखपुर।

21. देवी भागवत् पुराणम् (पूर्वार्द्ध और उत्तरार्द्ध) — प्रका. मनसुखराय मोर, 5 क्लाइव रो, कलकत्ता, 1960 ई.।

22. नल-चम्पू — त्रिविक्रम भट्ट; निर्णय सागर प्रेस, बम्बई; तृ. सं., 1931 ई.।

23. नलोदय काव्यम् — प्रका. वेंकटेश्वर प्रेस, बम्बई-4।

24. नारद पुराणम् — अनु. रामचन्द्र शर्मा; सनातन धर्म प्रेस, मुरादाबाद।

25. निरुक्त — मुनि यास्क, गुरुग्रन्थमाला प्रकाशन, 5 क्लाइव रो, कलकत्ता-1

26. नैषधीय चरितम् — श्री हर्ष; टीकाकार : पं. शिवदत्त शर्मा; निर्णय सागर प्रेस, बम्बई, सप्तम सं., 1933 ई.।

27. पउम चरिय — विमल सूरि : सम्पा. : डॉ. जैकोबी : जैन धर्म प्रचारक सभा, भावनगर, 1914 ई.।

28. पद्म पुराण (भाषा) — स्वर्ग खण्ड : लखनऊ 1895 ई.।
तृतीय खण्ड लखनऊ 1906 ई.।
चतुर्थ (पाताल) खण्ड लखनऊ 1908 ई.।
चतुर्थ (ब्रह्म) खण्ड लखनऊ 1924 ई.।
सप्तम खण्ड लखनऊ 1924 ई.।

29. पद्मपुराण (पाँच भाग) — मनसुखराय मोर, 5 क्लाइव रो, कलकत्ता-1, 1957 ई.।

30. पुराण-विषयानुक्रमणी (प्रथम भाग) — डॉ. राजबली पाण्डेय; काशी विश्वविद्यालय, काशी।

31. ब्रह्माण्ड पुराण — अनु. दुर्गाप्रसाद; नवलकिशोर प्रेस, लखनऊ, सं. 1886 वि.।

32. ब्रह्म पुराण भाग (1-2) — प्रका. मनसुखराय मोर, 5 क्लाइव रो, कलकत्ता; प्र. सं., 1954 ई.।

33. ब्रह्मवैवर्त्त पुराण (भाग 1-2) — प्रका.: राधाकृष्ण मोर, 5 क्लाइव रो, कलकत्ता-1, प्र. सं. 1955 ई. (सं. 2012 वि.)।

34. संक्षिप्त ब्रह्मवैवर्त्त पुराणांक (कल्याण) — गीता प्रेस, गोरखपुर : वर्ष 37, अंक-1।

35. बृहदारण्यक उपनिषद् — गीता प्रेस, गोरखपुर।

36. भविष्य पुराण (भाषा) — अनु. श्री दुर्गाप्रसाद; प्रका. नवलकिशोर प्रेस, लखनऊ, सन् 1891 ई.।

37. भागवत पुराण (दो खण्ड) — गीता प्रेस, गोरखपुर; तृतीय सं., सं. 2013 वि.।
38. मत्स्य पुराण (सटीक) — अनु. पं. बस्तीराम तथा कालीचरण; अवध अखबार, लखनऊ, मुद्रक : नवलकिशोर प्रेस, जुलाई, सन् 1892 ई.
39. मत्स्य महापुराण — अनु. रामप्रताप त्रिपाठी शास्त्री; हिन्दी साहित्य सम्मेलन, प्रयाग; प्रथम संस्करण, सं. 2003 वि.।
40. मत्स्य पुराण — नन्दलाल मोर, 5 क्लाइव रो, कलकत्ता-1 : प्र. संस्करण, 1954 ई. (सं. 2011)।
41. मार्कण्डेय पुराण (भाषा-तीन खण्ड) — सम्पा.: गोविन्द शास्त्री; आर्य महिला हितकारिणी महापरिषद्, बनारस; द्वितीय संस्करण, 1931 ई.।
42. मार्कण्डेय पुराण (भाषा) — अनु. पं. कन्हैयालाल मिश्र; प्रका. वेंकटेश्वर प्रेस, बम्बई; सन् 1959 ई.।
43. लिंग पुराण — मनसुखराय मोर, 5 क्लाइव रो, कलकत्ता-1, प्र. संस्करण, 1960 ई. (सं. 2017 वि.)।
44. वामन पुराण — नवलकिशोर प्रेस, लखनऊ।
45. वायु पुराण — अनु. रामप्रताप त्रिपाठी शास्त्री; हिन्दी साहित्य सम्मेलन, प्रयाग; सं. 2008 वि.।
46. वायु पुराण — अनु. मनसुखराय मोर, 5 क्लाइव रो, कलकत्ता-1; 1959 ई., (सं. 2016)।
47. वाराह पुराण — अनु. श्री ऋषिकेश शास्त्री; बंगाल एशियाटिक सोसाइटी; सं. 1893 वि.।
48. वाल्मीकि रामायण — (हिन्दी भाषानुवाद सहित) : अनु. चतुर्वेदी द्वारका प्रसाद शर्मा; रामनारायण लाल, पब्लिशर्स और बुकसेलर्स, इलाहाबाद; प्र. सं., 1927 ई.।
49. विष्णु पुराण — अनु. श्री मुनिलाल गुप्त : गीता प्रेस, गोरखपुर, सं. 2009,
50. शतपथ ब्राह्मण — भाष्य : श्री वासुदेव ब्रह्म भागवत्।
51. शिव पुराण (भाषा) — अनु. प्यारेलाल; प्रका. तेजकुमार बुक डिपो; त्रयोदश सं., 1956 ई.।
52. स्कन्द महापुराण (पाँच भाग) — मनसुखराय मोर, 5 क्लाइव रो, कलकत्ता; संस्करण क्रमशः सन् 1959, 1960, 1961, 1962।
53. स्कन्द पुराण, (काशी-खण्ड—भाषा) — अनु. नारायण पति; वेंकटेश्वर स्टीम प्रेस, बम्बई; संवत् 1965 वि.।
54. संस्कृत वाङ्मय — डॉ. बलदेव उपाध्याय।
55. हरिवंश पुराण (भाषानुवाद) — अनु. पं. ज्वाला प्रसाद मिश्र; प्रका. श्री वेंकटेश्वर

स्टीम प्रेस, बम्बई; सन् 1954 ई., तदनुसार सम्वत् 2011 वि.।

56. हरिवंश पुराण (सटीक) — (महाभारत पत्रिका के अन्तर्गत) : गीता प्रेस, गोरखपुर; वर्ष 4, संख्या 1 से 8 तक।

अंग्रेजी

1. ए हिस्ट्री आफ् इण्डियन लिटरेचर : (खण्ड 1) — डॉ. विंटरनित्ज; कलकत्ता विश्वविद्यालय, 1927 ई.।
   लिटरेचर (खण्ड 2) — डॉ. विंटरनित्ज; कलकत्ता विश्वविद्यालय, 1927 ई।
2. ए हिस्ट्री आफ् संस्कृत लिटरेचर — डॉ. ए. बी. कीथ; ऑक्सफर्ड; 1928 ई.।
3. ऐन्श्येन्ट इण्डियन हिस्टारिकल ट्रेडिशन — एफ. ई. पार्जिटर; ऑक्सफर्ड; 1922 ई.।
4. चैम्बर्स काम्पैक्ट डिक्शनरी — डब्ल्यू. एण्ड आर. चैम्बर्स लि. लन्दन एण्ड एडिनबर्ग
5. गुजरात एण्ड इट्स लिटरेचर — के. एम. मुंशीः लाँगमैन्स, 1935 ई.।
6. डाइनेस्टीज ऑफ् द कलि एज — एफ. ई. पार्जिटर, आक्सफर्ड, 1913 ई.।
7. डिक्शनरी आफ् फोकलोर (भाग-2) — मेरिया लीच।
8. डिक्शनरी आफ् दि वर्ल्ड लिटरेचर — शिप्ले।
9. दि ओसेन आफ् स्टोरी — पेंजर।
10. दि गरुड़ पुराण — सम्पादक पं. मन्मथनाथदत्त शास्त्री; कलकत्ता सोसाइटी फॉर रिससीटेशन आफ् इण्डियन लिटरेचर, 3, फुरियार-पुकुर स्ट्रीट, पो. आ. शामबाजार, कलकत्ता; संस्करण 1908 ई.।
11. दि पुराण इंडेक्स (जिल्द 1, 2 और 3) — सम्पादक : डॉ. के. आर. रामचन्द्र दीक्षितार; प्रका., मद्रास विश्वविद्यालय, 1951, 1952 ई. तक
12. दि ब्रह्मवैवर्त्त पुराण दि ब्रह्माण्ड द प्रकृति खण्ड) — अनु. राजेन्द्रनाथ सेन, दि दाणिनि आफिस, भुवनेश्वरी आश्रम, बहादुरगंज, इलाहाबाद।
13. दि हिस्ट्री एण्ड कल्चर आफ् दि इण्डियन पीपुल दि क्लासिकल एज : जिल्द 2 — सम्पा. आर. सी. मजूमदार, प्रका. भारतीय विद्या-भवन, बम्बई प्रथम संस्करण, 1954 ई.।
14. फोक टेल — स्टिथ थामसन।
15. माइथॉलॉजी — एडिथ हैमिल्टन; ए मेन्टर बुक, दि न्यू अमेरिकन लाइब्रेरी न्यूयार्क; अष्टम संस्करण, नवम्बर, 1957 ई.।
16. रशियन फोकटेल — सोलोकोव।

17. वेदिक इंडेक्स — मैकडॉनेल : आगरा विश्वविद्यालय, पुस्तकालय से प्राप्त।

18. स्टैन्डर्ड डिक्शनरी आफ् फोकलोर : माइथॉलॉजी एण्ड लीजेण्डः भाग 1-2 — सम्पा. मेरिया लीच, न्यूयार्क, प्र. सं., 1956 ई.।

19. स्टोरी आफ् नल — सम्पा. एम. मोनियर विलियम्स; ऑक्सफर्ड, प्रिफेस, द्वितीय संस्करण।

20. हिन्दूइज्म — एम. मोनियर विलियम्स; सुशील गुप्त (इण्डिया) लि., कलकत्ता; द्वितीय संस्करण, 1951 ई.।

सहायक लेख-सूची

1. आख्यानक काव्य — सत्यजीवन वर्मा; नागरी प्रचारिणी पत्रिका, काशी, भाग 6, अंक 3, सं. 1982 वि., पृ. 287।

2. नरपति व्यास कृत 'नल-दमयन्ती कथा' — डॉ. शिवगोपाल मिश्र; नागरी प्रचारिणी पत्रिका, काशी, भाग 20, अंक 2, अप्रैल-जून, 1959 ई.।

3. भारत की स्वर्णयुगीन संस्कृति का परिचायक—मार्कण्डेय पुराण — डॉ. वासुदेवशरण अग्रवाल; साप्ताहिक हिन्दुस्तान, नयी दिल्ली।